Kohlhammer

Die Herausgebenden

Franz Kolland ist Leiter des Kompetenzzentrums Gerontologie und Gesundheitsforschung an der Karl Landsteiner Privatuniversität Krems.

© Sissi Furgler

Anita Brünner ist freiberufliche Erwachsenenbildnerin und Bildungsforscherin.

© S. Holzner Photography

Julia Müllegger ist Bildungsforscherin und Lektorin mit den Schwerpunkten lebenslanges Lernen und aktives Altern sowie wissenschaftliche Mitarbeiterin am Fachbereich Bildungswissenschaften an der Universität Salzburg.

© Luiza Puiu

Vera Gallistl ist wissenschaftliche Mitarbeiterin (Post-Doc) am Kompetenzzentrum Gerontologie und Gesundheitsforschung an der Karl Landsteiner Privatuniversität Krems.

Franz Kolland,
Anita Brünner,
Julia Müllegger,
Vera Gallistl (Hrsg.)

Bildung in der nachberuflichen Lebensphase

Ein Handbuch

Verlag W. Kohlhammer

Im Auftrag des Bundesministeriums für Soziales, Gesundheit, Pflege und Konsumentenschutz

Bundesministerium
Soziales, Gesundheit, Pflege
und Konsumentenschutz

1. Auflage 2023

Gesamtherstellung: W. Kohlhammer GmbH, Stuttgart

Print:
ISBN 978-3-17-040772-5

E-Book-Formate:
pdf: ISBN 978-3-17-040773-2
epub: ISBN 978-3-17-040774-9

Vorwort

Dieses Vorwort ist an Frau MR.^{in} Dr.^{in} Elisabeth Hechl gerichtet, die sowohl dieses Buchprojekt als auch bahnbrechende Bildungsprojekte über zwei Jahrzehnte möglich gemacht hat.

Es gibt sie durchaus – engagierte und weit voraus denkende Menschen in der Verwaltung, die aus eben dieser Position heraus ihre humanitäre und soziale Grundgesinnung in eine wertvolle gesellschaftliche Wirkung zum Wohle jener Menschen transformieren, die der Aufmerksamkeit bedürfen. Wenn es eine verdient, unter diesen genannt zu werden, dann ist es MR.^{in} Dr.^{in} Elisabeth Hechl. Erfolgreiche Mentorin im Bildungs- und Sozialbereich, agiert sie in guter Tradition des amerikanischen Pragmatismus von William James nach der Maxime, dass die Wahrheit an ihrem praktischen Erfolg bemessen wird. Sie ist dabei eine jener Personen, die mit einem hohen Maß an Erreichbarkeit ausgestattet ist, die die Weite ihres Mitgefühls für die Bedürfnisse älterer Menschen ausdrückt.

In dieser Herangehensweise ist sie Vordenkerin und Wegbereiterin von zukunftsweisenden Projekten für ältere Menschen in Österreich und gelingt es, die Wirklichkeiten nach und nach zu bewegen und dadurch zu verändern. Typisch für diese ihre Haltung ist nach ihrem eigenen Bekunden: »Ich will einfach nicht akzeptieren, dass die ältere Generation in Österreich mit unzureichenden Bildungsangeboten altern muss. Ich stelle mir immer vor, wie ich mir persönlich mein Alter wünsche.«

Drei wesentliche Stationen auf dem Weg hin zu ihrer Tätigkeit in den letzten zwei Jahrzehnten sind einerseits ihr Studium der Politikwissenschaft an der Universität Wien, ihre Tätigkeit im Familienministerium unter Bundesministerin Gertrude Fröhlich-Sandner und im Frauenministerium unter der Leitung von Bundesministerin Johanna Dohnal. Mit dem Übertritt in das Sozialministerium Ende des Jahres 2000 verlagerte sich der thematische Schwerpunkt der Tätigkeit in Richtung ältere Menschen, wobei die Frauen nie aus dem Blick gerieten. In der Folge kam die Bildung im Alter in den Fokus ihres beruflichen Handelns. In dieser Tätigkeit konnten zahlreiche Erfolge verbucht werden. Allen voran waren es die Verankerung der Bildung im Alter im Bundesplan für Seniorinnen und Senioren und in der Strategie zum lebensbegleitenden Lernen in Österreich sowie die Umsetzung von Projekten zur Erreichung der dort verankerten Ziele. Die Vielzahl der erfolgreichen Projekte ist in der Dokumentation im Anhang dieses Buches nachzulesen.

Elisabeth Hechl verkörpert Tatkraft und die echte Fähigkeit, Lösungen zu suchen, zu finden und v. a. umzusetzen. Ihr Engagement lässt sich mit einem alten französischen Sprichwort beschreiben:

»Wenn du einmal Erfolg hast, kann es Zufall sein. Wenn du zweimal Erfolg hast, dann kann es Glück sein. Wenn du dreimal Erfolg hast, so ist es Fleiß und Tüchtigkeit«.

Franz Kolland, Anita Brünner, Julia Müllegger und Vera Gallistl

Inhaltsverzeichnis

Teil IV: Qualität der Bildung im Alter

Teil V: Lernfelder im Alter

Teil I: Einleitung

1 Bildung und Lernen in der nachberuflichen Lebensphase

Franz Kolland

Zusammenfassung

Bildung und Lernen in der nachberuflichen Lebensphase zeigen sich sowohl gesellschafts- und bildungspolitisch als auch wissenschaftlich und praktisch als anspruchsvolles Leitprogramm für das Alter. Anspruchsvoll ist es politisch deshalb, weil es darum geht, internationale Memoranden und Erklärungen auf nationaler, regionaler und lokaler Ebene wirkmächtig zu machen. Herausfordernd ist dieses Programm in theoretisch-wissenschaftlicher Hinsicht, weil es zu klären gilt, wie sich Bildung und Lernen im Umfeld anderer Konzepte wie Wissen und Kompetenz verstehen lassen und wie sich die zwei Achsen des Lernens, nämlich Ort und Zeit, zueinander verhalten. Und die Bildungspraxis ist herausgefordert, dieses Programm qualitätsvoll, nachhaltig und niederschwellig zu gestalten und umzusetzen.

1.1 Einleitung

Normative Basis findet das Leitprogramm Bildung und Lernen in der nachberuflichen Lebensphase international in den Menschenrechten und den verschiedenen Dokumenten der Europäischen Kommission. In Österreich sind in der Strategie zum lebensbegleitenden Lernen LLL:2020 (2011) und im Bundesplan für Seniorinnen und Senioren (2012) Richtlinien festgelegt. In Artikel 26 der Allgemeinen Erklärung der Menschenrechte vom 10. Dezember 1948 ist das allgemeine Recht auf Bildung verankert. Wenn auch im Artikel selbst hauptsächlich die Elementar- und Grundschulbildung angesprochen werden, so ist grundlegend das Recht auf Bildung in allen Lebensaltern formuliert. Auf dieses Recht gilt es deshalb hinzuweisen, weil sich empirisch nachweisen lässt, dass der Zugang zu Bildung nicht in allen Lebensaltern in gleicher Weise gegeben ist (Kolland & Ahmadi 2010). Die Ausrichtung der Bildung auf Qualifikation führt dazu, dass Menschen, die sich nicht mehr im Erwerbsleben befinden, wenig an organisierter Bildung teilnehmen. Dezidierter und differenzierter formuliert werden Ziele für die nachberufliche Bildung in der Strategie LLL:2020. Diese zielt in der Aktionslinie 9 auf eine Bereicherung der

Lebensqualität durch Bildung im Alter. Erreicht werden soll das dadurch, dass die Lernenden in den Mittelpunkt gestellt werden, wodurch es zu einer verstärkten Weiterbildungsteilnahme von älteren Menschen kommt. Der Bundesplan für Seniorinnen und Senioren geht in eine ähnliche Richtung, indem als Ziele Herstellung, Wahrung bzw. Hebung der Lebensqualität aller älteren Menschen formuliert sind. Angeführt werden kann an dieser Stelle noch die am 17. Juni 2022 beschlossene Ministererklärung von Rom, in der in einem eigenen Punkt zu aktivem und gesundem Altern auf die notwendige Stärkung der Teilhabe am lebenslangen Lernen hingewiesen wird. Zusätzlich wird verstärkte Forschung in diesem Feld gefordert[1].

Diese Leitprogramme sind sowohl Ausdruck von als auch Vorgabe für einen Wandel von Bildung und Lernen im Lebenslauf. Noch vor wenigen Jahrzehnten waren in Theorie und Praxis der Erwachsenenbildung Begriffe wie SeniorInnenbildung oder Weiterbildung im Alter völlig ungeläufig. Man sah weder einen Bedarf für Bildung im Alter noch ein Bedürfnis nach Weiterbildung alter Menschen. Talente und Möglichkeiten wurden nachberuflich wenig genutzt, wie die Analysen von Tagesabläufen nach der Pensionierung zeigen (ÖSTAT 1995). Während im letzten Viertel des 20. Jahrhunderts die Zeit für Lernen in jüngeren Altersgruppen deutlich gestiegen ist, blieb diese bei Personen in der nachberuflichen Lebensphase sehr niedrig. Erklärbar ist dies mit der gesellschaftlich geteilten Schwierigkeit, sich als Person außerhalb des Berufslebens neu zu positionieren und ein aktives Altern in der nachberuflichen Lebensphase umzusetzen. Selbst- und Fremdwertschätzung erfolg(t)en überproportional stark über den Beruf.

Angestiegen ist also zunächst die Bildungsbeteiligung in der Jugendphase. Diese seit den 1960er Jahren anhaltende Entwicklung hat dazu geführt, dass man von einer Bildungsexpansion spricht. Es sind »die Erfahrung des Verlustes von Hab und Gut, Haus und Hof im Verlaufe des Zweiten Weltkrieges und der unmittelbaren Folgezeit […] und die Vorstellung von Bildung als einem zunehmend wichtigeren Vehikel sozialen Aufstiegs in einer allem Anschein nach mobiler gewordenen Gesellschaft« (Krais 1996, S. 120 f.), welche diese Bildungsexpansion angetrieben haben. Mit dem Ausbau des Schulwesens sollte ein Abbau sozialer, geschlechtsspezifischer und regionaler Ungleichheiten in der Bildungspartizipation erreicht werden. In Österreich wurden über Reformen wie die Abschaffung des Schulgeldes oder der Hochschultaxen, durch Gratisschulbücher und Schulausbau im ländlichen Raum starke Impulse in Richtung mehr Bildungsgleichheit gesetzt.

Zu einem Schub in Richtung Lernen nach der Schule kam es gegen Ende des 20. Jahrhunderts. Dieser Schub soll als zweite Bildungsexpansion bezeichnet werden, die durch die gesellschaftliche Verankerung des lebenslangen Lernens angetrieben wurde. Lernen wird während der Erwerbsphase zu einem Teil der Lebensführung. In all diesen Initiativen zur Förderung des lebenslangen Lernens zeigt sich aber eine nahezu ausschließliche Konzentration der bildungspolitischen Anstrengungen auf den Erhalt wirtschaftlicher Produktivität und Wettbewerbsfähigkeit und damit einhergehend die weitgehende Reduktion lebenslangen Lernens auf das Ar-

1 https://unece.org/population/press/rome-ministerial-conference-ageing-closes-commitment-policy-action-solidarity (Zugriff: 20. 6. 2022).

beitsleben. Insbesondere die Lebensphase nach der Erwerbsarbeit wird in den frühen Konzepten des lebenslangen Lernens fast vollständig ausgeblendet. Lebenslanges Lernen wird wichtig, um die Qualifikationen der alternden Belegschaften zu erhalten und zu modernisieren. Höchst selten wird der epochale Gewinn an nachberuflicher Lebenszeit als ein Anlass für lebenslanges Lernen thematisiert. Erst zu Beginn der zweiten Dekade des 21. Jahrhunderts finden sich, wie oben angeführt, klar formulierte politische Ziele für Bildung und Lernen im späten Leben.

Es sind der technologische und soziale Wandel in der Gesellschaft und der Wandel des Alters selbst, die zu einer Veränderung der Rolle der Bildung im Lebenslauf beitragen. Zunehmend sichtbar wird eine neue Lebensphase Alter, in der nicht primär Ruhe gesucht wird, sondern Tätigkeit. Dieses Tätigsein ist nicht zu verwechseln mit der Geschäftigkeit, die sich in der zweiten Hälfte des 20. Jahrhunderts im Umfeld von SeniorInnenorganisationen und anderen ehrenamtlichen Handlungsfeldern etablierte. Während sich diese an der auf Leistung orientierten Arbeitswelt ausrichtete und da und dort zu einem Aktivsein um des Aktivseins willen führte, sucht das Tätigsein Selbsterfüllung und sozialen Sinn. Es ist v. a. das dritte Lebensalter, das sich zwischen die späte Erwerbsphase und das hilfe- bzw. pflegebedürftige Alter geschoben hat, welches neu zu gestalten ist. Dabei handelt es sich um jene Lebensphase, in der viele Menschen in den OECD-Ländern schon in Rente sind und über ausreichend Einkommen und einen guten Gesundheitszustand verfügen.

Trotz dieser Veränderungen und Fortschritte, die starke Signale in Richtung einer Bedeutungssteigerung von Bildung in der nachberuflichen Lebensphase setzen, zeigt sich eine Lücke (= »educational divide«), die auch für die Bildung in allen anderen Lebensphasen zu finden ist. Die Lücke besteht zwischen jenen, die Bildungsprivilegien sammeln, und jenen, die sie verlieren. Die Forschungslage ist hier eindeutig und belegt sowohl für Österreich selbst als auch im internationalen Vergleich eine deutlich überproportionale Weiterbildungsbeteiligung älterer Menschen mit hohem Bildungsstand (z. B. Kolland et al. 2020, Lottmann 2013, Kolland & Ahmadi 2010). Es kann sogar davon ausgegangen werden, dass sich Bildungsungleichheiten über die Lebensspanne verstärken. Eine mögliche Erklärung dafür ist im konzeptionellen Ansatz des lebenslangen Lernens selbst zu finden, eine andere in institutionellen Praktiken sowie in der Verfasstheit des Bildungssystems (Gerhartz-Reiter 2019). Das Bildungssystem ist durch erhebliche Zugangsbarrieren gekennzeichnet, und zwar sowohl in Hinsicht auf die Kosten als auch auf die Lernkulturen. Das soziokulturelle Umfeld und seine Gelegenheitsstrukturen haben einen großen Anteil an der Weiterbildungsbeteiligung im Alter (Gorges 2018). Diese sozial ungleichen Bildungsbedingungen im Alter führen zu Aufgaben für die Sozialpolitik. Es gilt nicht nur, individuellen Bildungserwerb über den gesamten Lebensverlauf zu fördern, um soziale Ungleichheiten im Zugang zu Bildung abzubauen, sondern auch, die gesellschaftliche Teilhabe und soziale Integration für bildungsbenachteiligte Gruppen im höheren Lebensalter sicherzustellen.

Die bevormundende Vorstellung, die sich im konzeptionellen Ansatz des lebenslangen Lernens findet (Brödel 1998), hat dazu geführt, dass inzwischen eher von »lebensbegleitendem Lernen« gesprochen wird (Strategie zum lebensbegleitenden Lernen 2011) bzw. einem »Lernen für ein langes Leben« (Hagestad 1999).

Gemeint ist mit letzterem, dass es keine fixen Antworten gibt, es um ein Lernen des Lernens geht, das auch in der Lage ist, Ambiguitäten zu akzeptieren und zu ertragen. Die und der Einzelne ist mit der Aufgabe konfrontiert, Brüche in der Lebensführung und Differenzhaltungen aufgrund gesellschaftlicher Modernisierungen mit lebensgeschichtlichem Sinn zu verbinden. Lebensbegleitende Bildung, die den Kern einer expansiven Lerngesellschaft darstellt, ist demnach eine Synthesearbeit zwischen Selbst- und Weltbild, die eine Realitätsprüfung einschließt. Und diese Synthesearbeit findet sowohl in intergenerationellen als auch in altershomogenen Strukturen statt und ist auch nicht an formelle Lernorte wie z. B. Volkshochschulen gebunden.

Verändert hat sich in den letzten Jahrzehnten auch die Rolle von Wissen in der Bildung. Durch die Digitalisierung der Gesellschaft wird das Wissen zu einem »doing knowledge«, zu einer Art Lebensform, die die Strukturen der Gesellschaft bestimmt und dynamisiert (Alheit & Dausien 2018, S. 884). Es geht nicht mehr um den Erwerb eines bestimmbaren Kanons von Wissensbeständen, sondern um eine ständige Veränderung über digitale Kommunikations- und Feedbackprozesse. Dieser Wandel hat mit dem Konzept der Kompetenz neben Bildung und Lernen einen dritten Schlüsselbegriff entstehen lassen.

Alle drei Basiskonzepte – Bildung, Lernen, Kompetenz – sollen im nächsten Kapitel näher ausgeführt werden, wobei diese drei Leitmotive »gerahmt« werden, und zwar sowohl durch eine Makro-Meso-Mikro-Perspektive als auch durch einen wissenschaftlichen Zugang. Dazu kommen als weitere Einflusskräfte auf das Lernen in der Spätlebensphase der Megatrend aktives Altern und die Lebenslaufperspektive. Schließlich sind die historische Entwicklung zu nennen und die Wechselwirkung, die mit den Handlungsfeldern des lebenslangen Lernens gegeben ist. Die Handlungsfelder des aktiven Alterns werden in weiterer Folge diskutiert.

Abb. 1.1: Systematik der Bildung in der nachberuflichen Lebensphase

1.2 Bildung im Alter – begriffliche Annäherungen

Eine Annäherung an den Bildungsbegriff führt in der Tradition des deutschen Humanismus früher oder später unweigerlich zu Wilhelm von Humboldt. Er bezeichnet Bildung als den Prozess der subjektiven Aneignung von Welt, in dem der (einzelne) Mensch seine Individualität und zugleich seinen Bezug auf Gesellschaft entwickelt (Pongratz & Bünger 2008). Beschränkt ist das Humboldtsche Bildungskonzept durch den ihm zugrunde liegenden statischen, auf die Einheit der Person abgestellten Identitätsbegriff. Die zweite Einschränkung ergibt sich aus der Vorstellung linear-kumulativer, letztlich zeitloser Bildungsprozesse. Modernitätskritische Analysen des Bildungsbegriffs weisen die Konzeption einer autonomen Subjektivität als idealistische Überhöhung zurück. Zurückgewiesen wird damit auch die Schwäche des traditionellen Bildungsbegriffs, der auf Höherentwicklung und Vervollkommnung zielte (Pongratz & Bünger 2008, S. 126).

Diese Diskussion zeigt bereits, dass sich der Begriff Bildung einer schlichten Definition entzieht, er ermöglicht nicht einmal eine Übersetzung in andere Sprachen. Der Konsens, dass Bildung auf Selbstbestimmung und Mündigkeit zielt, begründet noch keine eindeutige Definition. Bildung geschieht im Rahmen gesellschaftlicher Widersprüchlichkeiten von Selbstständigkeit und individueller Autonomie auf der einen, von Einordnung und gesellschaftlichem Zwang auf der anderen Seite, wie dies in der kritischen Bildungstheorie von Heinz-Joachim Heydorn formuliert ist (Euler & Pongratz 1995). Bildung erfordert und bedeutet Sachkompetenz, moralbegründete Kritik und Urteilsvermögen (Faulstich 2008). »Bildung heißt also, den gesellschaftlichen Widerspruch von eingeforderter Selbständigkeit und aufgeherrschtem Zwang aufzunehmen und auszutragen, um einer Aussicht habhaft zu werden, die über die jeweils vorfindliche Realität hinausführt« (Pongratz & Bünger 2008, S. 117). Bildung als Überschreitung bedeutet, sich nicht in der eigenen Vergangenheit festzusetzen, sondern die eigenen Erfahrungen zu hinterfragen. Indem Bildung Selbstbestimmung intendiert, setzt sie die Einzelnen zu sich frei; sie gewinnt eine notwendig emanzipatorische Dimension. Die Selbstständigkeit im Denken, die Fähigkeit, das Selbstverständliche zu bezweifeln und Zwecke zu setzen, weisen über jede Form der Fremdbestimmung hinaus.

Aus einer handlungstheoretischen Perspektive lässt sich unter Bildung der »bewusste, zielgerichtete Erwerb von neuen Erkenntnissen oder neuen Fertigkeiten« (Kalbermatten & Valach 2020, S. 81) verstehen. Unter diesen Bildungsbegriff fallen unterschiedliche Handlungen wie Kursbesuche, Lesen, die Beschaffung von verschiedenem Material, Exkursionen oder soziale Kontakte, die auf ein Bildungsziel oder Lebensprojekt hin organisiert werden. Bildung besitzt wie Handeln Prozesscharakter (ebd.). Bei einer handlungstheoretisch konzipierten Bildung steht primär die eigene Zielfindung des Individuums im Vordergrund. Es geht um das selbstaktive Individuum, das sich bildet und sein Leben bewusst gestaltet. Bildung ist lebenspraktische Klugheit und Lebensgestaltung. Dagegen wird bei den Begriffen Schulung, Erziehung oder Geragogik der Akzent auf eine Tätigkeit gesetzt, die mit einem älteren Menschen geschieht bzw. ihm angeboten wird, er wird erzogen, geschult oder auf etwas gelenkt (ebd.).

Bildung ist handlungstheoretisch zukunftsgerichtet, sie bedingt ein Wollen. Damit wird Vergangenheit nicht ausgeschlossen, aber es wird das Neue herausgestellt. Zu oft zielt Bildung im Alter auf Biografie- und Erinnerungsarbeit ab, viel seltener auf in die Zukunft gerichtete Sehnsüchte und Wünsche. Wenn im Alter der Bildungsinhalt das eigene Leben und die Auseinandersetzung mit Selektion von Sinnfindung in neuen Lebenslagen heißt, haben wir in Schule und Ausbildung zu wenig explizite Strategien erworben, wie wir Herausforderungen angehen, die nicht berufs- und wissensorientiert sind.

Bildung ist Voraussetzung für späte Freiheit. Sie verweist radikal auf Freiheit, auf die Nicht-Festgelegtheit des Individuums. Allerdings gehen die Vermittlung von Wissen und das Einüben von Können stets mit der Integration in gesellschaftliche Zusammenhänge einher. Das bedeutet, sich gesellschaftlichen Erfordernissen anzupassen, die aber die Voraussetzung für die Überschreitung bzw. Freiheit sind. »Bildung befindet sich damit«, wie Pongratz und Bünger ausführen, »in einer selbstwidersprüchlichen Situation. Sie muss verneinen, was sie bedingt« (Pongratz & Bünger 2008, S. 118). Bildung im Alter könnte dementsprechend verstanden werden als eine die Alltagserfahrung übersteigende reflexive Auseinandersetzung und soziale Ressource, die zu autonomer Lebensgestaltung und gesellschaftlicher Teilhabe führt (Bubolz-Lutz et al. 2010). Es geht um die Entfaltung von Identität und die Auseinandersetzung mit altersspezifischen Entwicklungsaufgaben in einer konkret-historischen Kultur und Gesellschaft (Kricheldorff 2010). Mit der Reflexion biografischer Erfahrungen als wichtige Orientierungshilfe für die bewusste Gestaltung des weiteren Lebens geht die Entscheidung einher, welche Lern- und Lebensziele im Alter verwirklicht werden sollen.

Schwieriger ist die Entscheidung, ob Bildung zu einer Veränderung der Perzeption und Interpretation sozialer Ereignisse im Sinne einer antizipatorischen Sozialisation führt und/oder als Kompensation von Einbrüchen sozialer Kontinuität anzusehen ist. Bildung kann einerseits zu einer Veränderung der Wahrnehmung und Interpretation sozialer Ereignisse beitragen. Sie hätte hier gewissermaßen Vorlaufcharakter: Ich lerne, wie ich Aufzüge und Rolltreppen besser bewältige, wie ich mich an betriebliche Umstellungen anpasse, wie ich durch entsprechende Ernährung und körperliche Betätigung mein Herzinfarktrisiko senke. Bildung und Lernen können aber auch nachholenden Charakter haben. Werden Bildungsprozesse erst im Nachhinein in Gang gesetzt, wenn Krisen auftreten, wenn es gilt, Einbrüchen sozialer Kontinuität gegenzusteuern (Arbeitslosigkeit, Beendigung der Erwerbstätigkeit, Tod des/der EhepartnerIn), und wenn auf technische und gesellschaftliche Entwicklungen nicht unmittelbar mit Verhaltensveränderungen reagiert wird, dann kann von einer nachholenden Bildung gesprochen werden.

1.3 Lebenslanges Lernen mit Blick auf das Alter

Im Anschluss an die Definition der Europäischen Kommission (2001) wird Lernen als *lifelong* und *lifewide* (Alheit & Dausien 2018, S. 879) begriffen und es wird davon ausgegangen, dass es nicht nur in formalen, pädagogisch gestalteten Institutionen stattfindet, sondern in großem Umfang auch in informellen Settings. So entstehen Lernumwelten, in denen sich die verschiedenen Lernarten ergänzen. Mit lifelong ist die Zeitlichkeit angesprochen, mit lifewide die Lernorte. Lernen geschieht in zeitlicher Hinsicht über den gesamten Lebenslauf. Für die Pädagogik bzw. Andragogik impliziert dies eine Abkehr von der Orientierung an unterschiedlichen Altersgruppen bzw. Lebensphasen hin zur Betrachtung der Veränderungen, Entwicklungen und Verläufe über das ganze Leben. Lernen im Lebenslauf ist eingebunden in den Lebenszusammenhang und erfordert eine Prozessperspektive. Dieses Eingebundensein in den Lebenszusammenhang wird mit lifewide beschrieben. Lernprozesse ergeben sich und entstehen im alltäglichen und beruflichen Lebenszusammenhang, in Vereinen, in politischen und kulturellen Einrichtungen und im Kontext von (Neuen) Medien.

Lernen kann verstanden werden als Ergebnis psychologischer Mechanismen der Erfahrungsverarbeitung. Dementsprechend ist Lernen als Prozess zu definieren, der zu relativ stabilen Veränderungen im Verhalten oder im Verhaltenspotenzial führt (Zimbardo 1992). Es kann aber auch im Kontext der Lebensbewältigung verstanden werden, d. h., es ist auf Lerninhalte, Aktivitäten, Kontexte und Ergebnisse gerichtet. Im Diskurs der Erziehungswissenschaft findet sich keine eindeutige Bestimmung des Lernbegriffs (Hof & Rosenberg 2018).

Ein weiterer Zugang zum Lernbegriff ist über die Unterscheidung von *expansivem* und *defensivem* Lernen möglich (Holzkamp 1995). Beim defensiven Lernen lässt sich die lernende Person von Anforderungen leiten, die von außen herangetragen werden. Defensives Lernen dient der Abwehr von Bedrohungspotenzialen. Das expansive Lernen ist im Unterschied zum defensiven Lernen vom eigenen Interesse der Lernenden bestimmt. Verknüpfen lässt sich dieses mit »lebensentfaltender Bildung« (Faulstich 2003), die das utopisch-kritische Potenzial von Lernen aufnimmt. Es geht um die Bedeutsamkeit einer erfahrenen Problematik für die Lernenden selbst, um Eigensinn und Unverfügbarkeit. Diese Perspektive beruht auf dem subjektwissenschaftlichen Begriff des Lernens von Klaus Holzkamp (1995). Begründet wurde mit dem expansiven Lernen ein Paradigmenwechsel, d. h. ein Wechsel von einem Bedingtheits- zu einem Begründungsdiskurs. Nicht ein externer Reiz bedingt unmittelbar eine Reaktion, sondern Menschen haben subjektive Gründe für ihr Lernen. Diese subjektiven Gründe sind lebensweltorientiert und ausgerichtet auf eine Erweiterung der eigenen Handlungsspielräume.

Welches Lernprofil weisen Lernende im späten Leben auf? Seit rund einem Vierteljahrhundert hat sich hier die Erkenntnis durchgesetzt, dass Lernende im mittleren und höheren Alter sowohl hinsichtlich ihrer soziodemografischen Merkmale sehr heterogen sind als auch in ihren Motivationslagen und den sich daraus ergebenden Bedürfnissen (Kolland & Ahmadi 2010). Lebenslanges Lernen im Alter vollzieht sich dabei auf unterschiedlichen Ebenen: der nachberuflichen

Sozialisation (Stichwort: Qualifizierung für nachberufliche Tätigkeitsfelder), der persönlichen Entwicklung (Stichwort: Selbstentfaltung) und der partizipativen Weltgestaltung und Problemlösung (Stichwort: Freiwilligentätigkeit).

Ein Bezugspunkt für Lernen im Alter ist das Konzept des *transformativen Lernens* (Mezirow 2000). Dabei kommt es zu einem Infragestellen des bisherigen Selbst- und Weltbilds, wobei Grundstrukturen des Denkens und Handelns berührt werden. Lernen im Alter erfordert dafür Vergessen und Selbstbezug und ermöglicht auf diesem Weg eine Erhöhung der eigenen Selbstwirksamkeit anstelle bloßen Anhäufens von Kenntnissen. Transformatives Lernen bezieht sich auf einen Prozess, bei dem wir unsere als sicher angenommenen Vorannahmen erweitern und verändern. Wer sich emotional und reflexiv öffnet, schafft die Voraussetzung dafür, sich zu verändern. In den Vordergrund gerückt werden Selbsttätigkeit und Selbstreflexion, die jedes rein funktionale Training übersteigen. Gemeint sind damit Prozesse der Selbsterfahrung, in denen sich die und der Einzelne ihrer und seiner Veränderungen »bewusst« wird, Abhängigkeiten und Fremdbestimmtheit reflektiert. Lernen bezieht sich dabei auf diskontinuierliche Veränderungen im praktischen Selbstverhältnis von Personen.

Es wäre aber ein Missverständnis, würde lebenslanges Lernen ausschließlich als eine individuelle Bringschuld verstanden werden. Was als Anforderung an die Individuen beschrieben ist, markiert zugleich und unabdingbar eine Verpflichtung für Gesellschaft und Politik, den institutionellen Rahmen und die sozialen Verhältnisse so zu gestalten, dass die Individuen die Anforderungen bewältigen, die dafür notwendigen Kompetenzen ausbilden und weiterentwickeln können. Die starke Subjektivierung des Konzepts lebenslangen Lernens entlässt die Institutionen der Weiterbildungssteuerung und die Organisationen der Erwerbsarbeit nicht aus ihrer Verantwortung für die Bereitstellung von Ressourcen und Angeboten, definiert aber das Verhältnis von Individuum und Organisation neu.

Kompetenz und ihre Bedeutung für die Bildung im Alter

Alltagssprachlich wird der Begriff Kompetenz dafür verwendet, eine hohe Leistungsfähigkeit auf einem bestimmten – klar umrissenen – Gebiet zu bezeichnen. Kompetenz ergibt sich meist aufgrund von Spezialisierung, Professionalisierung und lang andauernder Beschäftigung mit einem Gegenstand oder Fachgebiet. Wissen und der gezielte und sichere Umgang mit diesem sind Merkmale von Kompetenz. In der wissenschaftlichen Diskussion wird dem Kompetenzkonzept seit etwa zwanzig Jahren hohe Aufmerksamkeit beigemessen. Die vorhandenen Definitionen stimmen darin überein, dass sich Kompetenz auf ein komplexes und pädagogisch anwendbares Modell von persönlichem Können bzw. Handeln-Können bezieht, es also immer um Handlungskompetenz geht (Kellner 2005). Dementsprechend bezeichnet Kompetenz – sehr vereinfacht – das Handlungsvermögen einer Person (Arnold 2010, S. 172). Sie umfasst Kenntnisse, Fertigkeiten, Haltungen, Eigenschaften und Werte.

Roth (1971) verbindet den Kompetenzbegriff mit Mündigkeit:

> »Mündigkeit, wie sie von uns verstanden wird, ist als Kompetenz zu interpretieren, und zwar in einem dreifachen Sinne: a) als Selbstkompetenz (self competence), d. h. als Fähigkeit, für sich selbst verantwortlich handeln zu können, b) als Sachkompetenz, d. h. als Fähigkeit, für Sachbereiche urteils- und handlungsfähig und damit zuständig sein zu können und c) als Sozialkompetenz, d. h. als Fähigkeit, für sozial, gesellschaftlich und politisch relevante Sach- oder Sozialbereiche urteils- und handlungsfähig und also ebenfalls zuständig sein zu können« (Roth 1971, S. 180).

In der Kompetenzforschung wird zwischen (geistiger) Fachkompetenz, (instrumenteller) Methodenkompetenz, (kommunikativer) Sozialkompetenz, (reflexiver) Personalkompetenz und Handlungskompetenz unterschieden (Erpenbeck & Heyse 1999). Die Europäische Kommission hat sogar acht Kompetenzbereiche definiert, die als »Schlüsselkompetenzen« zu sozialer Inklusion führen sollen. Diese reichen von Grundkompetenzen in Mathematik und Naturwissenschaften über Lernkompetenzen bis hin zu sozialer oder unternehmerischer Kompetenz (Europäische Kommission 2007).

Kompetenzen im engeren Sinn, wie sie für die Bildungsforschung relevant sind, können nur im gesellschaftlichen Diskurs definiert werden. Niemand ist an sich kompetent, sondern Kompetenz entsteht in einem Zuschreibungsprozess (Truschkat 2010, S. 70f.), Kompetenz lässt sich also nicht absolut bestimmen. Sie ist ein Begriff, der eine Relation bezeichnet. Damit ergeben sich zwei wichtige theoretische Wurzeln, nämlich Kontextualität und Transaktionalität. Die erste verweist auf die Tatsache, dass Verhaltenspotenziale und ihre Veränderungen in der Biografie nicht aus der Wirkung einzelner Faktoren, sondern nur aus den Wirkungszusammenhängen sozialer, psychischer, ökologischer Einflussgrößen erklärbar sind. Die zweite unterstreicht, dass dieses Verhältnis zwischen Handeln einerseits und Umfeld andererseits immer als prozesshaft verstanden und analysiert werden muss. Jeder äußere Eindruck wird nach Maßgabe bereits vorhandener Schemata einer Person aufgenommen.

In der Gerontologie – speziell in der deutschsprachigen – wurde das Kompetenzmodell in den späten 1980er Jahren eingeführt. Unter Kompetenz werden aus der Sicht der Gerontopsychologie all jene Fähigkeiten verstanden, die zu »einer selbständigen, der natürlichen und sozialen Umgebung angepassten Lebensweise beitragen« (Thomae 1987, S. 9). Die mit dem Älterwerden verbundenen Rollenverluste und Normunsicherheiten bergen Chancen für Kompetenzzugewinn, aber auch Gefahren der Anomie. Kompetenzgewinne und -verluste werden dabei beeinflusst von gesellschaftlichen Werten. Aus dem Verlust gesicherter Normen im Alter wird die Aufforderung abgeleitet, im Alter eigene Normen zu entwickeln, die sich von jenen in anderen Lebensphasen unterscheiden. Kompetenz im Alter wäre demnach erst dann möglich, wenn es altersspezifische Normen gibt. Zu diesen altersspezifischen Normen gehören Gelassenheit, Freiheit, Verantwortung im intergenerationellen Gefüge etc. Eine gewisse Berechtigung hat dieses Argument deshalb, weil erst spezifische Altersnormen tatsächlich gewährleisten würden, dass das Verhalten älterer nicht ständig mit dem jüngerer Menschen verglichen wird.

Der hier vorgestellte psychogerontologische Kompetenzbegriff weist allerdings dort konzeptionelle Defizite auf, wo er die Chancen individuellen Handelns gleichsam bedingungslos postuliert. Hervorgehoben wird, dass die und der Einzelne selbst »Anstrengungen« unternehmen muss, um kompetent zu sein. Denn günstige situationelle Voraussetzungen (hohes Einkommen, gute Gesundheit) seien zwar notwendige, aber keine hinreichenden Bedingungen für soziale Kompetenz.

Auf Basis der konzeptionellen Bestimmung von Kompetenz lassen sich Indikatoren zur Kompetenzmessung bestimmen. Diese reichen von der Lösung praktischer Aufgaben (wie z. B. Kochen, Benutzung des Telefons und öffentlicher Verkehrsmittel, selbstständiges Einkaufen und Geldmanagement [North & Ulatowska 1981, S. 576]) bis hin zu Gedächtnisleistungen und allgemeinen Elementen der Umweltanpassung (wie z. B. die Fähigkeit, mit einer neuen Umgebung fertigzuwerden, die Bemühung um Ausweitung des sozialen Lebenskreises, Grad und Art außerfamiliärer Rollen [NachbarIn, Vereinsmitglied], Extension und Qualität des Zukunftsbezugs [Thomae 1987]).

Sozialpsychologisch und soziologisch gesehen ist das Individuum nicht nur kompetent durch die Fähigkeit, Alltagssituationen zu bewältigen, es braucht ebenso sehr das Gefühl sozialer Anerkennung durch die anderen wie auch das Gefühl, sozialen Einfluss zu haben. Ältere Menschen benötigen, weil Altern mit Verlustprozessen verknüpft ist, verstärkt soziale Anerkennung. Die Konsumkulturen der Freizeitwelt im Alter vermögen nur teilweise, dieses Defizit zu kompensieren. Kompetent fühlt sich jedenfalls eher die- oder derjenige Ältere, die/der von anderen anerkannt wird, indem sie/er bestimmte Tätigkeiten ausübt und in diesen die eigenen Fähigkeiten zum Ausdruck bringen kann.

Fassen wir die Diskussion zu Bildung, Lernen, Kompetenz zusammen, dann steckt in dieser Diskussion auch eine Entwicklungsgeschichte, und zwar von der Bildung als Prozess des Erwerbs und der Erweiterung von Wissen (Kurse, Vorträge) über Bildung als Prozess des Erwerbs und des Erhalts von Kompetenz (Gedächtnistraining, Führerschein, Gesundheitssport) bis hin zu einer Bildung als reflexiver und transformativer Prozess (Identitätsbildung, Projektlernen). Dieses letztere Bildungsverständnis könnte mit einem erweiterten Lernbegriff erfasst werden, nämlich dem des lebensentwerfenden Lernens, das deutlich über ein wissens- und kognitionsorientiertes Lernen hinausgeht. Das wird in dem folgenden Zitat aus dem Kinderbuch von Elaine L. Konigsburg »From the Mixed-Up Files of Mrs. Basil E. Frankweiler« (2007) ausgedrückt:

> »I think you should learn, of course, and some days you must learn a great deal. But you should also have days when you allow what is already in you to swell up inside of you until it touches everything. And you can feel it inside you. If you never take time out to let that happen, then you just accumulate facts, and they begin to rattle around inside of you. You can make noise with them, but never really feel anything with them. It's hollow.« (Konigsburg 2007, S. 153)

1.4 Wirkungen und Handlungsfelder von Bildung im Alter

Welchen Sinn hat Bildung im Alter? Der Wert von Bildung ist schwer abzuschätzen, weil es sich um kein homogenes Gut handelt und er wohl auch davon abhängt, um welche Art von Bildung es geht. Weiter erschwerend wirkt die Tatsache, dass viele Arten von Wissen fast ausschließlich innerhalb von Netzwerken, bestimmten Gruppen und selbstgesteuert angesammelt und ausgetauscht werden. Das macht es praktisch unmöglich, derartigem Wissen einen Wert zuzumessen. Weiter muss bei der Bewertung der Wirkungen einer Bildungsteilnahme auch die »Bildungskarriere« des einzelnen Individuums berücksichtigt werden.

Welche Zweifel und Unsicherheiten hinsichtlich des Wertes von Lernprozessen im Alter bei den Älteren selbst anzutreffen sind, veranschaulicht eine Untersuchung über langjährige Bildungsteilnehmende (Kade & Seitter 1996). In dieser heißt es: Zuweilen stehen die Befragten ihren langjährigen Lernprozessen eher fassungs- und begriffslos gegenüber. Die Interviewten werden vom Zweifel an ihren Aktivitäten heimgesucht und wissen dann nicht zu sagen, ob und welchen Sinn ihr Lernen überhaupt hat (ebd., S. 251). Gleichzeitig finden wir ein zunehmend marktförmig organisiertes Spektrum von BildungsanbieterInnen, die eine kaum noch überschaubare Vielfalt von Aktivitäten und Themenfeldern offerieren. Es handelt sich dabei um Angebote mit einem mehr oder weniger deutlichen Lernanspruch, die sich in zahlreichen Kombinationen von Bildung mit Freizeitgestaltung, Geselligkeit, Unterhaltung und Konsum an ältere Menschen richten.

Der OECD-Report zum lebenslangen Lernen (1996) stellt vier Wirkungen von (kontinuierlicher) Weiterbildung heraus, nämlich

1. den Abbau sozialer Ungleichheit,
2. soziale Kohäsion bzw. Integration,
3. persönliche Entwicklung und
4. Aktivität als solche.

Beim ersten Faktor, der Reduktion sozialer Ungleichheit, wird von der Überlegung ausgegangen, dass es normalerweise diejenigen mit niedrigen Bildungsabschlüssen sind, die am häufigsten und dauerhaftesten von sozialer Ausgrenzung betroffen sind, dass folglich Bildung ein wirksamer Schutz gegen soziale Ausgrenzung ist. Über eine Stimulation von Lernprozessen später im Leben könnten Chancen auch für jene gesellschaftlichen Gruppen eröffnet werden, die nicht zu den »Bildungsprivilegierten« gehören. Allerdings bilden sich beim Zugang zu lebenslangem Lernen die sozialstrukturellen »Hürden« Alter, beruflicher Status, Geschlecht und ethnische Zugehörigkeit wieder ab.

Bildungsteilnahme eröffnet – als zweiter Faktor – eine Chance der sozialen Teilhabe und sozialen Bindung. Die Teilnahme an Bildungsprozessen bedeutet eine Möglichkeit, der Ausdünnung sozialer Beziehungen gegenzusteuern (Kolland 1995). Ältere Menschen, die Institutionen aufsuchen, um zu lernen, tun dies häufig mit der Absicht, sich auszutauschen und mit anderen gemeinsam Lernerfahrungen zu machen. In Kontakten mit anderen kann sich die/der Einzelne vergleichen, sie/er konfrontiert sich, um Unsicherheiten und Ambiguitäten zu mindern. Dabei stehen Ältere eher vor Problemen sozialer Identifikation als Jüngere. Sie können sich nach dem Alter verschiedene Bezugsgruppen wählen: Jüngere oder Ältere, Jüngere und Ältere.

Persönliche Entwicklung – als dritter Faktor – ist insofern mit lebenslangem Lernen verbunden, als über Lernen Performanz und Produktivität beeinflusst werden. Da dem Lernen im dritten und vierten Lebensalter berufsvorbereitende, berufsqualifizierende oder auf den Beruf gerichtete weiterbildende Funktionen fehlen, verändert sich seine Zielorientierung. Lernen kann zu einer Aktivität werden, die ihren Sinn stärker in sich selbst finden muss, für das Wohlbefinden des Individuums von hohem Wert sein mag, nach außen hin jedoch kaum direkte Wirkungen zeigt und wenig mit materieller Vergütung zu tun hat. Dies kann entweder dazu führen, dass Ältere nach einem Anwendungsbezug ihrer Bildungsaktivitäten in nachberuflichen Aktivitätsfeldern suchen oder aber gerade in der Freiheit gegenüber unmittelbarer Verwertbarkeit des Erlernten den besonderen Vorteil sehen.

Zu berücksichtigen ist schließlich der vierte Faktor, die Rolle von Bildung als Freizeitaktivität bzw. als Aktivität, die zu anderen Aktivitäten stimuliert. Generell kann gelten, dass die verschiedenen rezeptiven und reproduktiven Aktivitäten der Lebensführung und der Symbolkultur durch wechselseitige Stimulierung miteinander verbunden sind (Rosenmayr 1983).

Handlungsfelder für ein aktives Altern

Die Bildungsangebote für ältere Menschen zeigen eine große Vielfalt in den Themen und Inhalten. Die Begründung dafür kann sowohl in den Bedürfnissen älterer Menschen gesehen werden als auch in Veränderungen der Rahmenbedingungen, d.h. in der Angebotsstruktur. Neben den traditionellen Bildungseinrichtungen finden sich weitere AnbieterInnen von Bildung im Alter. Hinsichtlich der jeweils angebotenen Inhalte und der entsprechenden Ziele sind meist nur geringe Unterschiede zwischen Erwachsenenbildungseinrichtungen und Einrichtungen, die eher im Sozial- und Freizeitbereich angesiedelt sind, zu sehen. Fast in allen Organisationen finden sich die gesamte Bandbreite der Kursthemen sowie ähnliche Zielvorstellungen. Sehr überspitzt formuliert könnte auf einer Oberflächenebene von einer Austauschbarkeit der Programme gesprochen werden. Deutliche Unterschiede bestehen aber im Detail, wo unterschiedliche Teilnehmendenstrukturen (mehr junge Alte oder mehr alte Alte, mehr bildungsnahe oder mehr bildungsferne Gruppen), unterschiedliche Ausstattungen (mehr oder weniger gut mit neuen Technologien ausgestattete Kurse), unterschiedliche Entlohnungen und unterschiedliche Lagen/Standorte gegeben sind.

Deutliche Defizite in den Angeboten werden dort sichtbar, wo sich Erwachsenenbildung primär auf berufliche Weiterbildung konzentriert und Bildungsangebote unter marktlichen Bedingungen realisiert werden. Berufliche Weiterbildung führt dazu, dass Menschen schon im mittleren Erwachsenenalter eine deutlich abnehmende Bildungsbeteiligung aufweisen. Wenn Bildung hauptsächlich auf Arbeits- und Beschäftigungsfähigkeit ausgerichtet ist, sinkt das Interesse von Menschen, auch jenseits der Erwerbsarbeitsphase an Bildung teilzunehmen. Marktförmige Bildungsangebote haben außerdem den Nachteil, dass sie bildungsferne Gruppen kaum erreichen, weil diese nicht nur von ihren Einstellungen her der Bildung fernbleiben, sondern sich bestimmte Kurse schlicht nicht leisten können.

Als Handlungsfelder des aktiven Alterns (▶ Abb. 1.2) können angeführt werden: Freiwilligentätigkeit, soziale Teilhabe/Partizipation, lebenslanges Lernen/lebenslange Bildung, Kulturaktivitäten/Bibliotheksnutzung, digitale Medien und Bildungsberatung für ältere Menschen.

Abb. 1.2: Handlungsfelder aktiven Alters[2]

2 Zur Verfügung gestellt von Elisabeth Hechl.

1.5 Aktives Altern

Ein wesentliches Konzept, das die Vergesellschaftung des Alters und das lebensbegleitende Lernen unterstützt, ist jenes des aktiven Alterns, welches in der Alternsforschung eine rund siebzigjährige Entwicklungsgeschichte hat. Die in den 1950er Jahren entwickelte Aktivitätstheorie (Havighurst & Albrecht 1953) ist nicht nur als Gegenthese zur biologischen Vorstellung zu verstehen, wonach das Alter als defizitäre Lebensphase einzustufen ist, sondern auch als ein Modell, das der Leistungsorientierung in der Gesellschaft entspricht. Aktivität in Form von Betriebsamkeit, Rastlosigkeit, Unternehmungslust ist Kennzeichen für eine okzidentale Lebensführung und wirtschaftlichen Erfolg in der Arbeitsgesellschaft. Und sie steht in einem Zusammenhang mit einer hohen Lebenserwartung. Die für das Alter lange gesellschaftlich vorgesehene und akzeptierte Ruhestandsorientierung gilt inzwischen als inadäquate Handlungsoption. In der Arbeit mit alten Menschen und in der Sozialpolitik wurden diese Werte verstärkt. So hat die Aktivitätstheorie 2002 in ein Grundlagenpapier der WHO Eingang gefunden. Die WHO versteht unter aktivem Altern den Prozess der Optimierung der Möglichkeiten von Menschen, im zunehmenden Alter ihre Gesundheit zu wahren, am Leben ihrer sozialen Umgebung teilzunehmen, ihre persönliche Sicherheit zu gewährleisten und derart ihre Lebensqualität zu verbessern (WHO 2002, S. 12).

Der Sozialpolitikforscher Alan Walker (2009) sieht aktives Altern und Wohlbefinden als einen Wechselwirkungsprozess. Fünf Schlüsselprinzipien sind für aktives Altern entscheidend:

1. Aktivität sollte aus bedeutungsvollen Tätigkeiten bestehen, die zur Lebensqualität beitragen.
2. Aktives Altern sollte primär ein präventives Konzept sein, d.h. den gesamten Lebenslauf erfassen.
3. Angesprochen werden sollten alle älteren Menschen, d.h. auch gebrechliche und pflegebedürftige Personen.
4. Intergenerationelle Solidarität ist Bestandteil des aktiven Alterns. Dabei geht es um Fairness und gemeinsames Tun.
5. Aktives Altern enthält Rechte und Verpflichtungen. Dazu gehört auch die Verpflichtung, lebenslang zu lernen.

Die Stützung der eigenen Identität ist umso spezifischer und stärker, je größer die Affinität bzw. Nähe zur jeweilig ausgeübten Aktivität, also die persönliche Involviertheit in die Aktivität, ist. Kelly und Ross (1989) kommen auf der Basis ihrer empirischen Studien zu der Schlussfolgerung, dass »High-investment«-Aktivitäten eine höhere Lebenszufriedenheit erzeugen. Ein solches erhöhtes Investment ist bei jenen Aktivitäten gegeben, »die über einen längeren Zeitraum ausgeübt werden, die eine gewisse Anstrengung und Ressourcen verlangen, den Erwerb von Fertigkeiten einschließen und deren Ergebnis zu einer erhöhten Kompetenz und Selbstwertschätzung führt« (Kelly & Ross 1989, S. 57).

Nicht berücksichtigt wurden im ursprünglichen Aktivitätsmodell die Wechselwirkungen zwischen verschiedenen Aktivitäten. Generell kann gelten, dass die verschiedenen rezeptiven und reproduktiven Aktivitäten der alltäglichen Lebensführung und der Symbolkultur durch wechselseitige Stimulierung miteinander verbunden sind. Es sind immer mehrere Faktoren, die eine zufriedenstellende Selbstrealisierung in Gang setzen und schließlich gewährleisten. Eine starke Vereinsaktivität führt z.B. nicht zu einem geringeren Engagement in anderen Freizeitbereichen, sondern verstärkt dieses vielmehr (Rosenmayr & Kolland 2002, S. 272). Menschen mit einem hohen Aktivitätsniveau neigen dazu, sich in vielen Lebensbereichen zu betätigen. Umgekehrt führt ein geringes Aktivitätsniveau zu einer Beschränkung des Handlungsfeldes auf zumeist einen Lebensbereich. In diesem Zusammenhang könnte von einer kumulativen Aktivitätssteigerung gesprochen werden.

Bildung und soziale Teilhabe

Bildung im Alter ist nicht nur an Kompetenzerwerb und Reflexion orientiert, sie ist auch eine sozial gerichtete Tätigkeit. Damit wird kompetenzorientiertes Lernen in Richtung einer sozial-reflexiven Tätigkeit erweitert. Statt Anpassung der Individuen an den sozialen Wandel geht es um die Betonung der Handlungsfähigkeit älterer Menschen (»agency«) in Richtung einer Stärkung der kollektiven Kapazität. Statt um Kompetenzentwicklung geht es um eine Orientierung an der Praxis der Teilnehmenden. Neben einer wissenschaftlich und fachlich fundierten Vermittlung braucht es Lehrende, die in die Milieus ausgegrenzter Gruppen eingebunden sind und deren Lebenswelt thematisieren.

Soziale Teilhabe bzw. Ausgrenzung beginnen bereits beim Zugang zu Bildungsangeboten. Wer nicht die entsprechenden Voraussetzungen mitbringt, d.h. auf eine erfolgreiche Bildungskarriere zurückblickt, nimmt seltener an Bildungsprozessen teil. Ältere Menschen werden in einer wirtschaftlich orientierten Gesellschaft einfach nicht mehr gebraucht, weshalb gegenwärtig ein vergleichsweise geringes Bildungsinteresse älterer Menschen festzustellen ist. Bildung ist für große Gruppen älterer Menschen nicht üblich und interessiert daher nicht. Sie werden durch die gängigen Bildungsprogramme nicht angesprochen. Fremdsprachenangebote, Seidenmalerei, Fotobearbeitungskurse und Tai-Chi »passen« nicht in ihren Lebensalltag.

Ältere Menschen mit wenig Bildungserfahrung »rechnen« die Wahrscheinlichkeit des Erfolgs oder Scheiterns von Lernbemühungen mit den Zumutungen, Entbehrungen und Chancen auf. Es ist das »Risiko des Scheiterns«, welches verständlich werden lässt, warum entsprechende Schritte unterlassen werden. So findet sich dann bei lernungewohnten älteren Menschen das Einstellungsmuster »Ich konnte mich nicht aufraffen« und »Es zahlt sich nicht aus« (Kolland & Ahmadi 2010).

Mangelnde soziale Teilhabe bedingt eine doppelte soziale Exklusion, sie führt zu Gefühlen der Einsamkeit und reduziert soziale Aktivität, weil entsprechende Kompetenzen durch fehlende Lernaufforderungen und Lernmöglichkeiten verloren gehen. Bei alleinlebenden älteren Menschen, die keine sozialen Netzwerke aufweisen, besteht bei sonst gleichen Bedingungen ein größeres Risiko für Demenzerkrankungen (Fratiglioni et al. 2004).

Für die Realisierung von sozialer Teilhabe und lebenslangem Lernen ist es ganz entscheidend, über ökonomische, soziale und kulturelle Ressourcen zu verfügen bzw. diese mobilisieren zu können. Es geht nicht nur um soziale Integration der/des Einzelnen, sondern um eine Veränderung bestehender Strukturen und Auffassungen, die zu Bedingungen führen, die Bildungsteilnahme und Bildungsteilhabe gewährleisten.

Beratung für ein aktives Altern

Der Europäische Rat schuf 2004 für die Bildungsberatung im Alter eine Grundlage durch den Beschluss, besonderes Augenmerk auf den Ausbau der Bildungsberatung für Personen jeden Alters und jedes Lebensabschnitts zu richten. In Österreich findet sich eine entsprechende Empfehlung in der Strategie zum lebensbegleitenden Lernen. In dieser ist in der Aktionslinie 9 das Ziel der Bildungsberatung für ein aktives Altern angeführt. Qualifizierte Unterstützung und Begleitung sollen einen Rahmen bieten, in dem Selbstreflexion und Auseinandersetzung stattfinden und sich Menschen in einem geschützten Raum neu orientieren können. Eine entsprechende Zielvorgabe ist auch im Bundesplan für Seniorinnen und Senioren enthalten. Mit einem eigenen Weiterbildungsprogramm unterstützt das österreichische Sozialministerium die Qualifizierung von Personen für die Tätigkeit der Bildungsberatung im Alter.

Die Notwendigkeit einer eigenen Bildungsberatung für ältere Menschen ergibt sich aus dem Umstand, dass das gegenwärtige Altern deutungsoffen ist und diese Offenheit sowohl Chancen eröffnet als auch Unsicherheiten und Irritationen auslöst. Wenn auch das Altern selbst als eine Art natürlicher Reifungsprozess begriffen werden kann, der durch Anpassungsprozesse gekennzeichnet ist und dadurch keiner Intervention bedarf, so bietet Bildungsberatung eine Gelegenheit, die gewonnenen Lebensjahre reflexiv zu gestalten. Die Bildungsberatung stellt nicht nur eine Möglichkeit zur Selbstreflexion dar und ist damit selbst ein Bildungsprozess, sie ist darüber hinaus ein Instrument, um innovative Projekte in Gang zu setzen.

Bildungsberatung vermittelt zwischen der individuellen Lebenssituation und Bildungsentscheidungen. Diese Lebenswelt- bzw. Alltagsnähe gewährleistet, dass Bildung sozial niederschwelliger wird. Niederschwelligkeit heißt, dass Bildungsangebote leicht zugänglich und kostengünstig sind. Beratung hilft dabei, individuelle Lerninteressen in einem persönlichen Gespräch in Bildungsbeteiligung, freiwilliges Engagement oder selbst organisierte Lernprozesse zu übersetzen (Bubolz-Lutz 2003). Niedrigschwellige Bildung braucht es für jene älteren Menschen, die Ängste haben, zu versagen, die um ihr Selbstvertrauen ringen.

Bildungsberatung für Menschen im Alter unterscheidet sich von herkömmlicher Bildungs- und Berufsberatung v. a. in ihrer Motivation und ihren Zielen. Ihr liegt ein breiterer Bildungsbegriff zugrunde (vgl. dazu Kolland et al. 2018). Statt auf Verwertbarkeit von Bildung auf dem Arbeitsmarkt zielt die Bildungsberatung in der nachberuflichen Lebensphase auf die Vergesellschaftung älterer Menschen im weiteren Sinn. Anstelle von Karrierezielen stehen Sinnfragen im Alltag und die individuelle Lernbiografie im Vordergrund.

Wechselwirkungen zwischen Freiwilligentätigkeit, Bildung und aktivem Altern

Im Factsheet »Freiwilligentätigkeit und Bildung im Alter« (Kolland & Oberbauer 2017) ist angeführt, dass 72% der befragten ÖsterreicherInnen über 15 Jahre als Beweggrund für ihr Engagement angeben, damit die Möglichkeit zu haben, dazuzulernen (BMASK 2013). Höher gebildete Personen finden eher einen Zugang ins freiwillige Engagement. Im Engagement selbst zeigt sich jedoch keine höhere Weiterbildungsbeteiligung dieser Gruppe, denn sobald sich weniger gebildete Personen engagieren, unterscheidet sich ihre Teilnahmewahrscheinlichkeit nicht von jener der Personen mit höherer Bildung (Simonson et al. 2016).

Wird dieser Zusammenhang in Hinsicht auf die Lebensphase Alter diskutiert, dann zeigen sich mehrere Spezifika. Ein erstes Spezifikum ist die mit fortschreitendem Alter zunehmende Bedeutung des unmittelbaren Lebensraumes. Sowohl die Freiwilligentätigkeit als auch die mit ihr verknüpften Lernprozesse haben im Alter einen anderen Raumbezug als in anderen Lebensphasen. Ein zweites Spezifikum ist der Erfahrungsbezug. Bildungsprozesse sind genauso wie freiwilliges Engagement im Alter stets von Erfahrungen begleitet und wirken wechselseitig. Die Freiwilligen bringen mit, was sie vom Leben gelernt haben (Kade 2009). Ein drittes Spezifikum lässt sich in der Aktivitätsform finden. Sowohl die Freiwilligentätigkeit als auch die Bildung im Alter sind wenig formalisiert, haben einen starken Charakter der Selbststeuerung. Nicht zuletzt beeinflussen sich Freiwilligentätigkeit und Bildungsaktivität gegenseitig positiv: Freiwillig tätige Personen nehmen häufiger an Weiterbildungsangeboten teil und Menschen, die Weiterbildung in Anspruch nehmen, sind auch häufiger ehrenamtlich tätig (Baumgartner et al. 2013). Es erhöht also nicht nur die Weiterbildungsbeteiligung im Alter die Bereitschaft, sich ehrenamtlich zu engagieren, sondern das ehrenamtliche Engagement fördert Bildungsprozesse und Kompetenzentwicklung über den Weg des Erfahrungslernens.

Kulturelle Bildung – die Bibliothek als Lernort

Der Bereich von Kunst und Kultur wird als besonders geeignet für Lernen und Bildung für ältere Menschen hervorgehoben (z. B. Clift 2012). In Anlehnung an De Groote und Neubauer (2008) ist kulturelle Bildung jede Aneignung und Sicherung von künstlerischen Kompetenzen in den Erfahrungsräumen kultureller Bildung, wobei sowohl die aktive Praxis als auch das Erlernen neuer Fertigkeiten als Aneignung verstanden werden. Zudem umfasst kulturelle Bildung auch die Nutzung kulturpädagogischer Methoden zu allgemeinbildenden Zielen. Als Erfahrungsräume kultureller Bildung lassen sich bildende Kunst, Theater, Musik, Literatur und

Medien anführen, aber auch darstellende Kunst, politische Bildung, interkulturelle Bildung oder Fremdsprachen.

Kulturelle Bildung kann einerseits durch »education in the arts« und andererseits »education through the arts« erfolgen (Bamford 2009). Bei »Bildung in den Künsten« können in kulturpädagogischen Angeboten Wissen und Fertigkeiten zum Verständnis und zur Ausübung künstlerisch-kreativer Aktivitäten in den verschiedenen Kunstsparten (z. B. bildende Kunst, Musik, Literatur) erworben werden. Bei »Bildung durch die Künste« können durch die Beschäftigung mit Kunst und Kultur Schlüsselkompetenzen wie Kreativität, Kommunikations- und Reflexionsfähigkeit auch in vielen anderen Arbeits- und Lebenszusammenhängen Wirkung entfalten. Durch das Medium der Künste finden Lern- und Auseinandersetzungsprozesse des Menschen mit sich, seiner Umwelt und der Gesellschaft statt, Veränderungsprozesse können reflektiert, kommuniziert und verarbeitet werden (z. B. Ermert et al. 2008). Kulturelle Bildung und Teilnahme an kulturellen Angeboten werden damit zu einem Schlüssel für Integration und Lebensqualität, auch im höheren Alter.

Die UNESCO (2006) beschreibt vor dem Hintergrund des Menschenrechts auf Bildung und Kultur, dass kulturelle Bildung dazu befähigen soll, den eigenen kulturellen Interessen zu folgen, künstlerisch-ästhetische Wahrnehmung zu entwickeln und am kulturellen Leben teilzuhaben. Kulturelle Bildung soll so zur Ausformung der Individualität und Integration in der Gesellschaft beitragen (Weißhaupt & Zimmer 2013). Bildung in der Kunst lehrt praktische Herangehensweisen und theoretische Grundsätze der künstlerischen Disziplinen und soll dazu beitragen, kulturelle Identität zu entwickeln (Bamford 2009). Es geht darum, Wissen und Fähigkeiten zum Verständnis künstlerisch-kreativer Arbeit in unterschiedlichen Kunstsparten aufzubauen und selbst kreativ aktiv zu werden.

Digitale Medien/Kompetenz

Digitale Technologien, v. a. Informations- und Kommunikationstechnologien (IKT) wie Computer oder Smartphones, sind wesentlicher Bestandteil der meisten Lebensbereiche geworden. Daher haben digitale Kompetenzen in den letzten Jahren an Bedeutung gewonnen und wurden 2018 vom Rat der Europäischen Union als zentrale Grundkompetenzen neben Lesen, Schreiben und Rechnen genannt (Rat der Europäischen Union 2018). Während die Zahl von IKT-NutzerInnen weltweit stetig gestiegen ist, bestehen weiterhin deutliche Altersunterschiede (Seifert & Rössel 2019). In einer Eurostat-Erhebung von 2019 haben 41 % der 65- bis 74-Jährigen angegeben, das Internet nicht zu nutzen (Eurostat 2019). Es ist aber nicht nur die Nutzung der Technologie, sondern es sind auch die digitalen Kompetenzniveaus stark alterskorreliert, wobei ältere NutzerInnen (50–65 Jahre) niedrigere computerbasierte Problemlösungskompetenzen aufweisen als jüngere (16–49 Jahre) (Kolland et al. 2014). Dies verweist darauf, dass sowohl der Zugang als auch die Kompetenz und die daraus resultierenden Effekte der Internetnutzung nach Altersgruppen sehr unterschiedlich sind.

1.6 Fazit

Im vorliegenden Buch geht es darum, die Lernbedürfnisse und Lernsituationen von Menschen in der dritten Lebensphase darzustellen. Der Blick richtet sich auf die heute Lernenden bzw. Teilnehmenden von Bildungsveranstaltungen in diesem Lebensabschnitt. Aber es geht dabei nicht nur um die Gegenwart, sondern auch um die Zukunft mit mehreren Trends und Entwicklungen.

Erstens ist der demografische Wandel zu nennen: Durch die demografische Entwicklung kommen bereits heute verstärkt Menschen in die nachberufliche Lebensphase, die aufgrund der bildungspolitischen Maßnahmen der 1970er Jahre in Österreich eine höhere Schulbildung als die vorhergehenden Generationen aufweisen. Mit großer Wahrscheinlichkeit kann davon ausgegangen werden, dass die höheren Schulbildungsniveaus im Alter zu einem stärkeren Interesse an Weiterbildung führen. Dieser Trend wurde schon in den letzten beiden Jahrzehnten deutlich spürbar.

Zweitens ist eine weiter steigende soziale Heterogenität in der Lebensphase Alter feststellbar: Die Heterogenität im Alter ergibt sich aus Veränderungen in den Lebensformen und Lebensstilen. Der starke Anstieg von Singlehaushalten und die Varianz in den Lebensstilen führen zu einer Vielfalt von Lerninteressen. Das bedingt eine starke Differenzierung der Zielgruppe mit neuen Herausforderungen und Chancen für die Bildung im Alter.

Drittens ist Alter zunehmend durch Entwicklung gekennzeichnet: Der Blick auf die Bildungsangebote für Menschen in der nachberuflichen Lebensphase, wie er in diesem Buch vermittelt wird, verweist sehr deutlich auf einen Paradigmenwechsel. Standen noch vor zwei Jahrzehnten kompensatorische Lernangebote wie Gedächtnistraining im Vordergrund, so richten sich Bildungsangebote heute viel stärker auf die Hebung des Alterspotenzials, auf Entwicklung und persönliches Wachstum.

Darstellen wollen wir in diesem Buch auch, wie Bildung wirkt. Was gewinnen ältere Menschen aus der sozialen Inklusion in Bildungsprozesse? Auch wenn wir unser ganzes Leben lernen und dies nicht notwendigerweise in organisierter Form tun müssen, so sehen wir erhebliche positive Wirkungen auf die Lebensqualität im Alter, wenn ältere Menschen geleitet und unterstützt lernen.

Es braucht eine Weltzugewandtheit des einzelnen älter werdenden Menschen. Gemeint sind damit Wachheit, Interesse, Anteilnahme, Mitverantwortung (Stricker 2021). Im Gegenzug dazu ist aber auch ein gesellschaftliches Umdenken erforderlich. So sind wir aufgefordert, das eigene Altersbild zu überprüfen und gegebenenfalls zu revidieren. Es gilt zu überlegen, was die Gesellschaft, was wir alle dazu beitragen können.

Wenn es um die Teilhabe und Partizipation der älteren Generation geht, dann braucht es ein besonderes Augenmerk auf die sozial und wirtschaftlich benachteiligten älteren Menschen. Niederschwellige Möglichkeiten der Bildungsteilnahme erhöhen die aktive Teilhabe. Um die in diesem Kontext entstandenen fortschrittlichen Potenziale einer kritischen Geragogik nutzen zu können, bedarf es einer übergeordneten Strategie eines neuen Gesellschaftsvertrages, in dem ältere Menschen selbst im Bündnis einer pluralen Bewegung zu gesellschaftspolitischen AkteurInnen werden.

Aus der Tatsache, dass in der Praxis zwar ein vielfältiges Angebot und Wissen um die Bedürfnisse älterer Menschen gegeben sind, dieses Wissen aber nicht systematisch beobachtet und weiterentwickelt wird, leitet sich ein ständiger Forschungsbedarf ab. Neue Modelle, Module und Ansätze für die Bildungsarbeit mit älteren Menschen müssen entwickelt und erprobt werden. Dabei ist ein ständiger Austausch zwischen Wissenschaft und Praxis zur Weiterentwicklung des Feldes günstig. Das Stichwort dazu lautet: partizipative Forschung. Soziale Teilhabe gilt es nicht nur im Zusammenhang mit der Teilnahme von älteren Menschen zu gewährleisten, sondern auch über partizipative Prozesse im Konnex von Wissenschaft und Praxis.

Das hier vorgelegte Buch belegt über die Vielfalt der Beiträge die äußerst lebendige Entwicklung des Bildungs- und Lerngeschehens in der nachberuflichen Lebensphase. Gezeigt und analysiert werden die Errungenschaften der letzten zwanzig Jahre, die auch schon auf die künftigen Entwicklungen hinweisen.

Literaturverzeichnis

Alheit, P. & Dausien, B. (2018). Bildungsprozesse über die Lebensspanne und lebenslanges Lernen. In B. Schmidt-Hertha (Hrsg.), Handbuch Bildungsforschung (S. 877–903). Heidelberg: Springer.

Arnold, R. (2010). Kompetenz. In R. Arnold, S. Nolda & E. Nuissl (Hrsg.), Wörterbuch Erwachsenenbildung (S. 172–177). Bad Heilbrunn: Utb.

Bamford, A. (2009). The Wow-factor. Global research compendium on the impact of the arts in education (2. Aufl.). Münster: Waxmann.

Baumgartner, K., Kolland, F. & Wanka, A. (2013). Altern im ländlichen Raum. Entwicklungsmöglichkeiten und Teilhabepotentiale. Stuttgart: Kohlhammer.

Brödel, R. (1998). Lebenslanges Lernen – lebensbegleitende Bildung. In R. Brödel (Hrsg.), Lebenslanges Lernen – lebensbegleitende Bildung (S. 1–32). Neuwied: Luchterhand.

Bubolz-Lutz, E. (2003). Beratung – ein Basiskonzept der Geragogik. In E. Gösken & M. Pfaff (Hrsg.), Lernen im Alter – Altern lernen (S. 198–217). Oberhausen: Athena-Verlag.

Bubolz-Lutz, E., Gösken, E., Kricheldorff, C. & Schramek, R. (2010). Geragogik. Bildung und Lernen im Prozess des Alterns. Stuttgart: Kohlhammer.

Bundesministerium für Arbeit, Soziales und Konsumentenschutz (BMASK) (2013). Erhebung zum Freiwilligenengagement. Wien: BMASK.

Clift, S. (2012). Creative arts as a public health resource: moving from practice-based research to evidence-based practice. Perspectives in Public Health, 132(3) (S. 120–127).

De Groote, K. & Neubauer, F. (2009). Die Phantasie ist ewig jung. Kulturelle Bildung im Alter. In A. Hausmann (Hrsg.), Demografischer Wandel und Kultur: Veränderungen im Kulturangebot und der Kulturnachfrage (S. 177–201). Wiesbaden: VS-Verlag.

Ermert, K., Dallmann, G., Ehlert, A. & Lang, T. (2008). »Alte Meister«. Wie Ältere Kompetenzen in kultureller Bildung leben und nutzen. Wolfenbüttel: Bundesakademie für kulturelle Bildung.

Erpenbeck, J. & Heyse, V. (1999). Die Kompetenzbiographie. Strategien der Kompetenzentwicklung durch selbstorganisiertes Lernen und multimediale Kommunikation. Münster: Waxmann.

Euler, P. & Pongratz, L. A. (1995). Kritische Bildungstheorie. Weinheim: Deutscher Studien-Verlag.

Europäische Kommission (2001). Mitteilung der Kommission: Ein europäischer Raum des lebenslangen Lernens. Brüssel: EU.

Europäische Kommission (2007). Schlüsselkompetenzen für Lebensbegleitendes Lernen. Ein Europäischer Referenzrahmen. Luxemburg: Amt für Veröffentlichungen der Europäischen Gemeinschaften.
Eurostat (2019). Individuals – internet use: Individuals who have never used the internet. https://appsso.eurostat.ec.europa.eu/nui/submitViewTableAction.do. Zugegriffen: 9. April 2021.
Faulstich, P. (2003). Weiterbildung. Begründungen lebensentfaltender Bildung. Oldenbourg: de Gruyter.
Faulstich, P. (2008). Lernen. In H. Faulstich-Wieland & P. Faulstich (Hrsg.), Erziehungswissenschaft. Ein Grundkurs (S. 33–57). Reinbek bei Hamburg: Rowohlt.
Fratiglioni, L., Paillard-Borg, S. & Winblad, B. (2004). An active and socially integrated lifestyle in late life might protect against dementia. Lancet Neurol, 3(6) (S. 242–253).
Gerhartz-Reiter, S. (2019). Bildungsungleichheit und vorzeitiger Bildungsausstieg in Österreich. In G. Quenzel & K. Hurrelmann (Hrsg.), Handbuch Bildungsarmut (S. 523–544). Wiesbaden: Springer.
Gorges, J. (2018). Zur Rolle affektiver Erinnerungen und weiterbildungsbezogener Wertüberzeugungen. Zeitschrift für Entwicklungspsychologie und Pädagogische Psychologie, 50(3) (S. 149–159).
Hagestad, G. (1999). Thinking about Age in New Ways. Conturen, 3a(4) (S. 11–25).
Havighurst, R. J. & Albrecht, R. (1953). Older people. New York u. a.: Longmans Green.
Hof, C. & Rosenberg, H. (2018). Lernen im Lebenslauf. Heidelberg: Springer.
Holzkamp, K. (1995). Lernen. Frankfurt a. M.: Campus.
Kade, J. & Seitter, W. (1996). Lebenslanges Lernen. Mögliche Bildungswelten. Opladen: Leske + Budrich.
Kade, S. (2009). Altern und Bildung. Eine Einführung. Bielefeld: Bertelsmann.
Kalbermatten, U. & Valach, L. (2020). Psychologische Handlungstheorie in angewandter Forschung und Praxis. Wiesbaden: Springer.
Kellner, W. (2005). Freiwilligenarbeit, und das informelle Lernen – das Kompetenz-Portfolio für Freiwillige des Rings Österreichischer Bildungswerke. In K. Künzel (Hrsg.), Internationales Jahrbuch der Erwachsenenbildung. Bd. 31/32: Informelles Lernen – Selbstbildung und soziale Praxis (S. 207–221). Bielefeld: wbv.
Kelly, J. R. & Ross, J. (1989). Later-life leisure. Beginning a new agenda. Leisure Sciences, 11, (S. 47–59).
Kolland F. (2005). Bildungschancen für ältere Menschen. Ansprüche an ein gelungenes Leben. Münster/Wien: Lit.
Kolland, F. & Ahmadi, P. (2010). Bildung und aktives Altern. Bielefeld: Bertelsmann.
Kolland, F., Gallistl, V. & Hengl, L. (2020). Wandel der Bildung im Alter im 21. Jahrhundert – Entwicklung eines Praxisfeldes 2011–2020. Die Österreichische Volkshochschule, 271(71) (S. 21–28).
Kolland, F. & Oberbauer, M. (2017). Freiwilligentätigkeit und Bildung im Alter. Wien: BMASK.
Kolland, F., Wanka, A. & Gallistl, V. (2014). Ältere Generationen und ihre Kompetenzen. In Statistik Austria (Hrsg.), Schlüsselkompetenzen von Erwachsenen (S. 206–225). Wien: Statistik Austria.
Konigsburg, E. L. (2007). From the Mixed-up Files of Mrs. Basil E. Frankenweiler. London: Walker Books.
Krais, B. (1996). Bildungsexpansion und soziale Ungleichheit in der Bundesrepublik Deutschland. In A. Bolder, W. R. Heinz & K. Rollax (Hrsg.), Die Wiederentdeckung der Ungleichheit (S. 118–146). Opladen: Leske + Budrich.
Kricheldorff, C. (2010). Bildungsarbeit mit älteren und alten Menschen. In K. Aner & U. Karl (Hrsg.), Handbuch Soziale Arbeit und Alter (S. 99–109). Wiesbaden: VS-Verlag.
Lottmann, R. (2013). Bildung im Alter – Für alle? Bielefeld: wbv.
Mezirow, J. (2000). Learning as transformation. Critical Perspectives on a Theory in Progress. San Francisco: Jossey-Bass.
North, A. J. & Ulatowska, H. K. (1981). Competence in Independently Living Older Adults: Assessment and Correlates. Journal of Gerontology, 36 (S. 576–582).

OECD (1996). Lifelong Learning for All. Paris: OECD.
Pongratz, L. A. & Bünger C. (2008). Bildung. In H. Faulstich-Wieland & P. Faulstich (Hrsg.), Erziehungswissenschaft. Ein Grundkurs (S. 110–129). Reinbek bei Hamburg: Rowohlt.
Rat der Europäischen Union (2018). Empfehlung des Rates zu Schlüsselkompetenzen für lebenslanges Lernen (Mai 2018). Interinstitutionelles Dossier: 2018/0008 (NLE) (9009/18).
Rosenmayr, L. (1983). Die späte Freiheit. Berlin: Severin & Siedler.
Rosenmayr, L. & Kolland, F. (2002). Altern in der Großstadt – Eine empirische Untersuchung über Einsamkeit, Bewegungsarmut und ungenutzte Kulturchancen in Wien. In G. M. Backes & W. Clemens (Hrsg.), Zukunft der Soziologie des Alter(n)s (S. 251–278). Opladen: Leske + Budrich.
Roth, H. (1971). Pädagogische Anthropologie. Bd. 2. Entwicklung und Erziehung. Hannover: Schroedel.
Seifert, A. & Rössel J. (2019). Digital Participation. In D. Gu & M.E. Dupre (Hrsg.), Encyclopedia of Gerontology and Population Aging. Cham: Springer. https://doi.org/10.1007/978-3-319-69892-2_1017-1.
Simonson, J., Vogel, C. & Tesch-Römer, C. (2016). Freiwilliges Engagement in Deutschland. Berlin: DZA.
Statistik Österreich (ÖSTAT) (1995). Zeitverwendung 1992/1981. Ergebnisse des Mikrozensus März/September
1992 und September 1981. Beiträge zur Österreichischen Statistik. Heft 1.171. Wien: ÖSTAT.
Stricker, E. (2021). Bildung im Alter – Bildung fürs Alter. Leidfaden, 10(1), (S. 52–55).
Thomae, H. (1987). Gerontologische Längsschnittstudien. In U. Lehr & H. Thomae (Hrsg.), Formen seelischen Alterns. Ergebnisse der Bonner gerontologischen Längsschnittstudie (S. 1–6). Stuttgart: Enke.
Truschkat, I. (2010). Kompetenz – Eine neue Rationalität sozialer Differenzierung? In T. Kurtz & M. Pfadenhauer (Hrsg.), Soziologie der Kompetenz (S. 69–84). Wiesbaden: VS.
UNESCO (2006). Leitfaden für kulturelle Bildung. Wien: UNESCO-Kommission.
Walker, A. (2009). Commentary: The Emergence and Application of Active Aging in Europe. Journal of Aging & Social Policy, 21(1), (S. 75–93).
Weißhaupt, H. & Zimmer, K. (2013). Indikatoren kultureller Bildung. Zeitschrift für Erziehungswissenschaft, 16(3), (S. 83–98).
WHO (2002). Aktiv Altern. Madrid: WHO
Zimbardo, P. (1992). Psychologie (5. Aufl.). Heidelberg: Springer.

2 Soziale Teilhabe und Bildung in der nachberuflichen Lebensphase

Anton Amann

Zusammenfassung

Was befähigt den Menschen, am Leben teilzuhaben? Welche individuellen und strukturellen Gegebenheiten lassen die Teilhabe gestalten oder misslingen? Und nach welchen Vorstellungen wird sie bewertet? Diese drei Fragen bergen die bedeutsamsten Ansatzpunkte für sehr unterschiedliche mögliche Antworten und es ist unbestritten, dass Teilhabe weder fraglos gegeben ist noch im Selbstlauf zustande kommt. Von frühester Kindheit an bereitet sie sich vor, bildet sich heran, gestaltet sich aus. Ihre Ziele, Inhalte und Gestaltungsweisen sind vielfältig und ändern sich in der Geschichte und im individuellen Lebensverlauf aus den verschiedensten Gründen, wobei Teilhabe im Alter – oder spezifischer: Teilhabe in der nachberuflichen Lebensphase – eine eigene Spezifikation der Bedingungen bedeutet, die in den eben genannten drei Fragen enthalten sind. An der Gesellschaft teilhaben zu können, gehört zur Grundverfassung der menschlichen Daseinsform, die Möglichkeit, an ihr teilhaben zu können, eben deshalb zur Grundverfassung der Gesellschaft. Die Suche nach Determinanten der Teilhabe hat in jüngerer Zeit als einen der wichtigsten Faktoren die Bildung aufgewiesen. Allerdings hängt diese ihrerseits mit einem Komplex anderer Faktoren systematisch zusammen, die wiederum Einfluss auf das Teilhabeverhalten haben können. Zu beachten ist: Ältere Menschen wollen lernen und sie können lernen, aber sie lernen anders als jüngere, selbstbestimmter und ihren aktuellen Interessen entsprechend. Bildung und Lernen in der nachberuflichen Phase haben komplexe Voraussetzungen. Sowohl der Versuch einer gründlichen Konzeptualisierung als auch dichtes empirisches Material sollen diese Überlegungen stützen.

2.1 Einleitung

Einer zur Gewohnheit gewordenen Vorstellung folgend wird soziale Teilhabe im Alter weithin aufgefasst als die Gesamtheit bestimmter Verhaltensweisen oder Tätigkeitsformen, die in verschiedenen gesellschaftlichen Bereichen durch ältere Menschen geübt werden. Dieselbe Gewohnheit will es, dass diese gesellschaftlichen

Bereiche (Subsysteme) als wirtschaftliche, politische, soziale und kulturelle bezeichnet werden – eine Unterteilung, die unter pragmatischen Gesichtspunkten als eine Art des »cognitive mapping« weithin gepflogen wird. Der »Madrid International Plan of Action on Ageing« der Vereinten Nationen aus dem Jahr 2002 spiegelt diese Logik mehr oder weniger ebenso (vgl. Amann 2003) wie nationale oder internationale Berichte und Pläne bzw. Umsetzungsstrategien.

Mit der internationalen Entwicklung der hier zu besprechenden Thematik stehen die österreichischen Bemühungen um die Themen Teilhabe und Bildung in der nachberuflichen Lebensphase seit vielen Jahren in enger Verbindung. Der wissenschaftliche Status und die Aktualität und politische sowie praktische Bedeutung vieler Ergebnisse aus Forschung und Praxisinitiativen sind unbestritten. Das veranschaulichen einige ausgewählte Beispiele: Im Jahr 1999 wurde unter der Vorgabe der Vereinten Nationen im Rahmen des »Internationalen Jahres der älteren Menschen« in sieben Arbeitskreisen ein »Weg zu einer neuen Seniorenpolitik« diskutiert (Bundesministerium für Soziale Sicherheit und Generationen 2001); 2000 erschien ein umfassender SeniorInnenbericht (Bundesministerium für Soziale Sicherheit und Generationen 2000), in dem in dreizehn Kapiteln und einer Synthese über die Lebenssituation älterer Menschen berichtet wurde; im zwölften Kapitel, das eine Dokumentation zur Altersforschung in Österreich bietet, lassen sich die Bemühungen um die Bildungsthematik bis in die 1970er Jahre zurückverfolgen. 2009 wurde eine Bestandsaufnahme zur Situation Hochaltriger vorgelegt (Bundesministerium für Arbeit, Soziales und Konsumentenschutz 2009); 2010 folgte eine umfassende Expertise zu einem Bundesplan für Seniorinnen und Senioren (Wiener Institut für Sozialwissenschaftliche Dokumentation und Methodik 2010) und 2012 wurde der erste »Bundesplan für Seniorinnen und Senioren« im Parlament vorgelegt und angenommen (Bundesministerium für Arbeit, Soziales und Konsumentenschutz 2012). Ergänzend sind die sogenannten Freiwilligenberichte zu nennen, deren dritter 2019 erschien (Bundesministerium für Soziales, Gesundheit, Pflege und Konsumentenschutz 2019).

Halten wir fest: Gegenwärtig wird Teilhabe zumeist als ein Handeln verstanden, das bestimmten »Handlungslogiken« folgt, wodurch es den genannten vier verschiedenen Bereichen zugeordnet werden kann, und als Ergebnis mehr oder weniger gelungene Integration in die Umgebungsgesellschaft zeitigt.

Die drei bedeutsamsten Fragen zu den Voraussetzungen der Teilhabe wurden bereits genannt. Die Ziele, Inhalte und Ausgestaltung der Teilhabe variieren in ungemein vielfältiger Weise, sie sind in ihren institutionellen Ausprägungen einem beachtlichen historischen Wandel unterworfen und sie ändern sich auch im individuellen Lebensverlauf. Die erwähnte Spezifikation ist ein empirischer Sachverhalt und gestaltet sich sowohl nach externen gesellschaftlichen Bedingungen als auch nach individuellen Ressourcen und Kompetenzen aus. Die Suche nach Determinanten der Teilhabe im Alter hat in jüngerer Zeit als einen der wichtigsten Faktoren die Bildung wiederholt bestätigt. Allerdings ist diese ihrerseits systematisch im Kontext anderer Variablen zu sehen, die wiederum Einfluss auf das Teilhabeverhalten nehmen. Die Einsicht hat sich inzwischen durchgesetzt, dass diese Zusammenhänge am besten mit komplexen statistischen Analysemethoden untersucht werden. Die vielfältigen Verflechtungen zwischen Bildung und Teilhabe werden später anhand empirischer Ergebnisse beleuchtet, aus konzeptologischer Sicht ist hier festzuhalten: Teilhabe ist die auf Handlungskompetenz, Denken und Sprache beruhende, unterschiedlich gut gelingende Einbindung in die soziale Mitwelt. Bildung stellt, in einem sehr weiten Sinn gefasst, das Medium dar, in dem dieser Prozess sich ausgestaltet. Als Generalhypothese könnte formuliert werden: Je geringer das Ausmaß und die Qualität erworbener Bildung sich darstellen, desto geringer sind die Chancen der sozialen Integration allgemein; je weniger in der nachberuflichen Phase in Bildung investiert wird, desto schneller sinken die Teilhabemöglichkeiten im Alter. Angesichts dieses Sachverhalts wollen viele der üblichen bei empirischen Erhebungen eingesetzten Konzeptualisierungen eher unbefriedigend erscheinen. Es soll daher der Versuch unternommen werden, ein breiter angelegtes Konzept der sozialen Teilhabe im Alter kurz zu skizzieren, obwohl die verfügbaren empirischen Befunde nur einzelne Aspekte erfassen können[1].

2.2 Zum Verständnis sozialer Teilhabe

Teilhabe ist unausweichliche Bedingung des Lebens in der Gesellschaft. Geboren ist diese Unausweichlichkeit aus der anthropologischen Konstellation des Menschen (Dux 2017, S. 63), die ein gegenseitiges Aufeinander-verwiesen-Sein zur Voraussetzung sozialen Lebens überhaupt macht. Menschen sind, anders als Tiere, von der direkten Instinktgeleitetheit abgekoppelt und müssen sich Handlungssysteme als kulturelle Organisation aufbauen. Jeder Mensch muss in seiner Ontogenese (der Werdegang der individuellen Entwicklung) jene Handlungskompetenz, Sprache und jenes Denken erwerben, welche die Gesellschaft ermöglicht und erwartet. Erst dieser Erwerb erlaubt Teilhabe. Der Mensch kann gar nicht anders, als die Befriedigung seiner Bedürfnisse im Handeln mit anderen zu Interessen auszuformulieren und über kontrollierte Handlungsformen zu erreichen versuchen. Deshalb werden Bedürfnisse, deren Befriedigung unter Konkurrenz erfolgt und vom Handeln anderer abhängig wird, als Interessen bezeichnet. Menschliche Gesellschaft baut sich über Handlungen auf. Sie ist ein Organisationsgefüge von Handlungen und nicht einfach ein Ensemble von Subjekten. In den Handlungsabläufen werden mit dem Handeln die Lebensinteressen der beteiligten Subjekte konkret und sie werden intentional verfolgt. Der letzte Zweck des Handelns ist immer die/der Handelnde selbst. Jede Interessenverfolgung bringt aber auch Machtpotenziale ins Spiel. Macht ist ein sozialer Tatbestand und kein Naturtrieb. Sie entsteht als kulturelle Form des Handelns und jedes Machtpotenzial formt sich unter jenen der anderen aus. Was ein Mensch an Macht prozessiert, ist durch dessen Einbindung in die soziale Organisation und deren Verteilung und Chancenzuweisung bestimmt. Selbstsorge, die sich im Wege über die Verfolgung der Befriedigung von Bedürfnissen im Kontakt und in

1 Zu einer ausführlichen Darstellung siehe Amann, A. (2019). *Leben, Teilhaben, Altwerden. Vermutungen und Gewissheiten.* Wiesbaden: Springer.

Konkurrenz mit anderen in Interessen transformiert, muss als der Angelpunkt gesehen werden, aus dem sich Handeln kristallisiert und an dem Teilhabe verankert ist.

Teilhabe am Leben kann daher, so eine erste Annäherung, als eine mehr oder weniger gelingende Einbindung und Entbindung[2] im Prozess des Interessenkampfes in der Gesellschaft gelten, der ubiquitär ist. Diese Einbindung/Entbindung ist immer eine zu leistende Balancearbeit zwischen Eingebunden-Werden und Sich-Einbinden bzw. Entbunden-Werden und Sich-Entbinden. Beide sind lebenswichtig, sodass auch von vitaler Einbindung und vitaler Entbindung gesprochen werden könnte. In beiden Fällen sind die Umwelt und das wollende Individuum angesprochen, denn beide sind unabdingbar in wechselseitiger Wirkung an den Prozessen beteiligt. Das genannte Mehr oder Weniger bestimmt sich nach den ontologisch erworbenen Potenzialen und Ressourcen einerseits und nach den kulturellen institutionalisierten Normierungen und Machtstrukturen andererseits, gefasst in der Vorstellung der Integration in die Gesellschaft. Das Ausmaß und die Form der Integration oszillieren über den Lebenszyklus hinweg und über die Zeiten in der Geschichte hin. Wenn nun die Zeit mit in Rechnung gestellt wird, so wird Teilhabe am Leben eine Verhaltensform, eine zweite Annäherung, die aufgrund des gesellschaftlichen Wandels sich historisch als äußerst variabel und individuell (im Lebenszyklus) als Aufgabe darstellt und nicht beliebig realisierbar ist.

Normative Regelungen können ganze Gruppen von Menschen von einer spezifischen Form von Teilhabe ausschließen (Minderjährige von Rechtsgeschäften, Ältere vom Arbeitsleben etc.) oder sie dazu zwingen (Eintritt in ein Versicherungsverhältnis, Befolgung religiöser Rituale etc.). Individuell misslungene Einbindungen oder misslungene Entbindungen können negative Auswirkungen auf den Lebensverlauf haben. Ebenso sind bei nicht gelingender Einbindung größerer Gruppen erhebliche Veränderungen in den Strukturen der Umwelt die Folge. Für alle weiteren Überlegungen soll Teilhabe am Leben also heißen: die Einbindung/Entbindung im historisch sich ständig wandelnden gesellschaftlichen Interessenkampf bzw. Interessenausgleich auf dem Weg zu gesellschaftlicher Integration, gespeist aus der anthropologisch bestimmten Situation des Menschen, der über Handeln, Denken und Sprache gezwungen ist, seine Lebensformen selbst konstruktiv zu entwickeln. In unserer Gegenwartsgesellschaft ist Bildung für diesen Prozess nahezu universal geworden und begleitet uns als ermöglichtes und ermöglichendes Medium buchstäblich »von der Wiege bis zum Grabe«.

Werden die Grundgedanken dieses Konzeptes auf die sogenannte nachberufliche Phase angewandt, so können einige Bedingungen für Teilhabe sichtbar gemacht werden, die in dieser Phase wirksam werden. Die zentrale normative Regelung, die Erreichung der gesetzlichen Altersgrenze, schließt (mit Ausnahmen) die Menschen aus jenem Bereich der Gesellschaft aus, in dem die zentralen Mechanismen der sozialen Integration dem Prinzip nach angelegt sind, dem Erwerbsleben. Der Ab-

---

2 Für das Begriffspaar Einbindung/Entbindung kann eine terminologische Nähe zu Erik Eriksons involvement/evolvement oder zu Anthony Giddens' Einbettung/Entbettung vermutet werden. Konzeptologisch hat es mit jenen nichts zu tun, da im ersten Fall die strukturellen Bedingungen nahezu unberücksichtigt sind, im zweiten Fall die konstruktive Eigentätigkeit des Subjekts unterbewertet bleibt (vgl. Erikson et al. 1986; Giddens 1995).

hängigkeit vom Verkauf der Arbeitskraft folgt die Abhängigkeit von staatlichen Transferleistungen. Berufsspezifische Kenntnisse und Fähigkeiten, ein Teil der gesamten Bildung, werden in der Regel nutzlos. Bestimmte Interessen, die im Berufsleben durchzusetzen wichtig waren, fallen weg, der Interessenkampf verschiebt sich in andere Lebensbereiche. Die Machtpotenziale im Interessenkampf schwinden bei vielen mit dem Austritt aus dem Erwerbsleben. Mit der Ausgliederung ändern sich die sozialen Netzwerke und damit die relevanten Anderen, auf die die Menschen für die Einbindung angewiesen sind, zum Teil entschwinden sie aus dem Blickfeld, zum Teil sterben sie. Die Selbstsorge verlagert sich auf andere, möglicherweise neue Bereiche, jedenfalls müssen neue oder bisher zu wenig berücksichtigte Bildungsformen und Bildungsinhalte ins Auge gefasst werden. Die Selbstsorge findet ihren möglichen Ausdruck auch in einer neu erforderlich werdenden Selbstorganisation des Lebens. Von einem umfassenden Bildungsbegriff ausgehend könnte gesagt werden, dass der Weltbezug des Menschen durch ihn selbst zu einem erheblichen Teil neu gestaltet werden muss und dass ihm dabei nichts hilfreicher sein kann als Lernen.

2.3 Empirische Konstellationen[3]

Ein kurzer Überblick im Kontext

Ein Artikel der vorliegenden Art sollte, das ist zumindest eine wichtige Forderung, einen dichten Überblick über empirische Forschungsergebnisse bieten und rezente Entwicklungen aufzeigen, zugleich erzwingt aber die räumliche Beschränkung eine Selektion, die vieles unberücksichtigt lassen muss. Daher mag eine allgemeine Bemerkung zur Forschungslage dienlich sein. Unter materieller Perspektive bietet sich in Österreich – auch dank der Förderung durch das Bundesministerium für Soziales, Gesundheit, Pflege und Konsumentenschutz – ein reichhaltiges Feld an Forschungen, Initiativen und Aktivitäten dar, aus dem ein zutreffendes und gutes Bild über die tatsächlichen Verhältnisse gewonnen werden kann. Aus theoretischer und methodischer Sicht variieren auf der einen Seite in der Forschung die konzeptuellen Zugänge erheblich, führen auch manchmal zu nicht oder schwer vergleichbaren Ergebnissen, zeigen auf der anderen Seite aber auch die Vielfalt an Aspekten, die von Bedeutung sind. Aus dem Blickwinkel einer Forschung über Forschung fehlen weitgehend jene Projekte, in denen vorhandene Konzepte, Methoden und empirische Ergebnisse analysiert werden, um neue und allgemeinere Thesen zu formulieren und diese wiederum zu überprüfen.

Teilhabe formiert sich über die soziale Lage der Menschen aus, denn sowohl die äußeren Gegebenheiten (externe Ressourcen) als auch die inneren Dispositionen

3 Die hier referierten empirischen Ergebnisse sind entnommen aus: Kolland (2016); Amann et al. (2018); Fonds Gesundes Österreich (2018); Kolland & Oberbauer (2019).

und Fähigkeiten (interne Ressourcen) bestimmen das Ausmaß und die Qualität des Teilhabens (Amann 2019). Eine völlige Gleichverteilung der Teilhabechancen gehört daher zum Unwahrscheinlichsten, das sich vorstellen lässt. Die folgende Übersicht, noch nicht analytisch geordnet, jedoch als Kontextillustration intendiert, verdeutlicht dies.

Jüngeres Lebensalter, höhere Schulbildung und bessere ökonomische Lage bewirken höhere Bildungsaktivität, ähnliche Effekte erzeugen ein großes Verwandtschaftsnetzwerk und Erwerbstätigkeit (die ihrerseits selbstverständlich mit jüngerem Lebensalter zusammenhängt), wobei langfristig angelegte Muster von Bedeutung sind: Je regelmäßiger berufliche Weiterbildung stattgefunden hat und je regelmäßiger private Weiterbildung praktiziert worden ist, desto eher kommt es zu Bildungsbeteiligung in der nachberuflichen Phase; sie ist beeinflusst von Schul- und Berufserfahrung und geht mit geschlechtsspezifischen Rollenzuschreibungen und mit der sozialräumlichen Lebenssituation einher. Als benachteiligt in der Altersbildung und damit stärker entbunden als andere können die folgenden sozialen Gruppen eingeschätzt werden: Hochaltrige, schon länger Pensionierte, im Haushalt tätige Personen und Personen aus kleinen Ortschaften (damit sind die wichtigsten Faktoren, die teilhabeabweisend wirken, bereits genannt). Wenn es eine biografische Verankerung der Bildungsteilnahme gibt, dann kommt es auch im Alter eher zu organisiertem Lernen. Die kulturellen Angebote in der Umgebung nutzen v. a. die jüngeren Alten, doch Ältere, die in Vereinen tätig sind, nutzen diese Angebote auch öfter; wer nur einen Volks- und Hauptschulabschluss vorzuweisen hat, zeigt einen deutlich geringeren Nutzungsgrad, ebenso wie jene mit niedrigem Einkommen. Geistige Fähigkeiten durch Bildungsaktivitäten zu trainieren, scheint zu den stärksten Motiven zu gehören, gefolgt von der Wissensvertiefung und der Möglichkeit, sich mit anderen zu treffen. Für die sogenannten bildungsfernen Schichten fallen Kosten, Anerkennung und Training geistiger Fähigkeiten ins Gewicht. Nicht zu unterschätzen ist der subjektiv wahrgenommene Lerneffekt, der auftaucht, wenn Menschen zahlreichen Tätigkeiten nachgehen; allerdings gibt es einen deutlichen Unterschied zwischen Männern und Frauen – insgesamt ist unter den Frauen der Anteil der informell Lernenden und der Lernfernen höher, was unter der Tatsache, dass Bildungsteilnahme nicht nur zu stärkerer sozialer Integration, sondern auch zu erweiterter sozialer Teilhabe führt, eine besondere Bedeutung erhält (Amann et al. 2018). Mit einiger Freizügigkeit lässt sich resümieren, dass aus diesen Befunden das ganz traditionelle Ungleichheitsgesicht hervorschielt, wie es unsere Gegenwartsgesellschaft trotz aller und gegen alle Lobreden über das Alter beharrlich bewahrt.

In der weiteren Ergebnisdarstellung werden achtzehn Indikatoren vorgestellt, die sechzehn Dimensionen betreffen. Mit dieser Analyse wurde versucht, ein komplexes Feld abzudecken, in dem nicht nur Teilhabeaktivitäten, sondern auch Voraussetzungen und Folgen von Teilhabe berücksichtigt wurden. Die Analyse war selbstverständlich auf jene Items zu beschränken, die in den genannten Surveys aus den Jahren 2015 und 2016 zur Verfügung standen, es ist dies eine Beschränkung, die jeder Sekundäranalyse auferlegt ist. Die analysierten Bereiche, auf die sich die Dimensionen/Indikatoren beziehen, sind

- gesellschaftliche und politische Partizipation und Freiwilligenarbeit, Lebensqualität;
- ökonomische Lage, soziale Differenzierung und Generationengerechtigkeit;
- Gesundheitsförderung und Gesundheitssituation;
- soziale Beziehungen, Generationenbeziehungen und Generationenverhältnisse;
- Wohnbedingungen, Technik und Mobilität;
- Pflege und neue Betreuungsformen;
- Altern und Medien;
- Diskriminierung, Gewalt und Exklusion;
- Sicherung der Infrastruktur und Mobilität.

Die Indikatoren entsprechen sieben Mal dem Typ »Teilhabeaktivität«, acht Mal dem Typ »Voraussetzungen« für Teilhabeaktivität und drei Mal dem Typ »Voraussetzung *und* Folge« von Teilhabeaktivität. Die Auswertung wurde mittels der Datensätze SHARE (Survey of Health, Ageing and Retirement in Europe: sechste Welle, Datenerhebung 2015), EU-SILC (European Union Statistics on Income and Living Conditions, Datenerhebung 2016) und ESS (European Social Survey: achte Welle, Datenerhebung 2016) durchgeführt[4]. Verwendet wurden die jeweils aktuell verfügbaren Datensätze. Von den achtzehn Indikatoren stammen zehn aus SHARE, sechs aus EU-SILC und zwei aus ESS. Zur Auswertung gelangten nur befragte Personen mit einem Alter von mindestens fünfzig Jahren, somit ergibt sich für SHARE eine Fallzahl von 3.391 Personen, für EU-SILC eine von 5.360 Personen und für ESS eine von 959 Personen. Durch die relativ hohe Fallzahl ergeben sich kleine Konfidenzintervalle, daher unterliegen die berechneten Ergebnisse einer geringen Schwankungsbreite. Die Datensätze wurden vor der Auswertung mit den vorgesehenen Designgewichten versehen. Bildung und Besiedelungsdichte wurden in den drei Datensätzen sehr unterschiedlich erhoben und aufbereitet, aus diesem Grund wurden diese beiden Informationen harmonisiert (Amann et al. 2018, Kap. 4).

In internationalen Studien werden, entsprechend der Institutionalisierung formaler Bildung in den einzelnen Ländern, auch unterschiedliche Messungen von Bildung bzw. Bildungsabschlüssen vorgenommen. Die hier vorliegende Analyse war an die Klassifikationen gebunden, die in den genannten Surveys zum Einsatz kommen: Pflichtschule; Lehre, berufsbildende mittlere Schule; Matura; Universität, Fachhochschule.

In der Fachliteratur gibt es die Unterscheidung zwischen formal learning, nonformal learning und informal learning. Das planmäßig organisierte, gesellschaftlich anerkannte und in Einrichtungen des öffentlichen Bildungssystems angebotene Lernen (z.B. in Volkshochschulen) ist die erstgenannte Form. Alles Lernen außerhalb dieser Institutionen ist non-formal learning. Eine zunehmend bedeutsame Rolle spielt das informelle Lernen: Erfahrungslernen, implizites Lernen, Alltagslernen, selbstgesteuertes Lernen und Lernen am Arbeitsplatz – eine Unmenge von Definitionen gibt es hier. Die Teilnahme an diesen Lernformen sowie ihre konkreten Erscheinungsformen werden in empirischen Projekten sehr unterschiedlich

4 Alle Berechnungen stammen von Christian Bischof.

definiert und gemessen, weshalb Ergebnisvergleiche schwierig bis unzulässig sind. Auf die methodischen Probleme kann hier nicht eingegangen werden.

Teilhabe, Weiterbildung und freiwilliges Engagement[5]

Mit höherer Bildung steigt die Wahrscheinlichkeit einer Teilnahme an Fort- und Weiterbildungskursen. Mit dem Alter (mit folgenden Gruppierungen: 50–59; 60–74; 75+) sinkt die Wahrscheinlichkeit einer Teilnahme. Abnehmende Besiedelungsdichte (dicht – mittel – gering besiedeltes Gebiet) senkt die Wahrscheinlichkeit einer Teilnahme. Dies bedeutet im Zusammenhang mit der angemahnten Kontextbetrachtung, dass ein multifaktorielles Muster auftritt, demzufolge finanzielle Deprivation mit einer höheren Besiedelungsdichte steigt, mit einem höheren Bildungsabschluss aber sinkt, manifeste Armut (Armutsgefährdung und finanzielle Deprivation treten gemeinsam auf und wirken in Richtung stark abnehmender Integration) ebenfalls in dicht besiedelten Gebieten deutlich häufiger auftritt.

Bei einem nächsten Aktivitätsindikator, der Teilnahme an Aktivitäten in einer politischen Organisation oder BürgerInneninitiative, ist das Geschlecht eine erklärende Variable: Frauen nehmen in einem geringeren Ausmaß an derartigen Veranstaltungen teil. Die Bildung ist aber doch ein weiterer Faktor für die Teilnahme an politischen Veranstaltungen. Das freiwillige Engagement bei Wohltätigkeitsorganisationen/-veranstaltungen steht im Zusammenhang mit Bildung: Mit einer höheren Bildung steigt die Wahrscheinlichkeit der freiwilligen Aktivität.

Auf die Frage, ob jemand in den letzten zwölf Monaten an einem Fort- oder Weiterbildungskurs teilgenommen hat, gibt es stark unterschiedliche Antworten. Die größten Differenzen zeigen sich bei der Bildung: Personen, die den höchsten Bildungsabschluss Universität/Fachhochschule aufweisen, haben im vorangegangenen Jahr zu 36 % an einem Fort- oder Weiterbildungskurs teilgenommen, Personen mit einem Pflichtschulabschluss nur zu 4 %. Weitere große Differenzen gibt es hinsichtlich des Alters: Mit einem höheren Alter sinkt die Wahrscheinlichkeit für einen Kursbesuch stark. Daraus ergibt sich, dass Kursbesuche hauptsächlich im Kontext des Erwerbslebens stattfinden und wenn zumindest die Matura absolviert wurde. In dicht besiedelten Gebieten gibt es, da dort das Bildungsniveau höher ist, einen höheren Anteil.

Bei der Teilnahme an Aktivitäten einer politischen Organisation oder BürgerInneninitiative im letzten Jahr ist ebenfalls die Bildung der Faktor, der die größten Differenzen zeitigt. Personen mit Pflichtschulabschluss haben mit 3 % teilgenommen, in der höchsten Bildungskategorie waren es hingegen 16 %. Die Unterschiede hinsichtlich der Besiedelungsdichte lassen sich wiederum durch das niedrigere Bildungsniveau in den mittel und gering besiedelten Gebieten erklären. Die Altersgruppe 75+ weist einen eher geringen Anteil auf. Bei Männern ist mit 10 % die Teilnahme deutlich höher als bei Frauen (5 %). Diese Ergebnisse bestätigen eine

5 Die in diesem Subkapitel referierten Ergebnisse und ihre methodischen Kontexte sowie weitere Befunde können in folgenden Quellen gefunden werden: Bundesanstalt Statistik Österreich (2017); Amann et al. (2018); Amann (2019).

Kontextüberlegung insofern, als dass ältere Personen weniger häufig an politischen Demonstrationen teilnehmen und politische Aktivitäten und Teilhabe eher von Männern getätigt werden. Anzumerken ist, dass diese Einzelbefunde zum Zweck stärkerer Aussagekraft in den Kontext anderer Dimensionen gestellt werden müssten wie z. B. Mitgliedschaft in Parteien und Verbänden (z. B. Gewerkschaft), Beteiligung in Selbsthilfegruppen etc.

Der gesellschaftliche Ausschluss bzw. die Entbindung von gesellschaftlicher Teilhabe durch das Alter wurden durch folgende Frage erhoben: Wie oft denken Sie sich, dass Ihr Alter Sie daran hindert, Dinge zu tun, die Sie gerne tun möchten? Die Antwortkategorien häufig und manchmal wurden zu *ja* zusammengefasst, aus selten und nie wurde die Kategorie *nein*. Mit einem Gesamtwert von 40 % fühlen sich relativ viele Personen in dieser Hinsicht durch ihr Alter beeinträchtigt. Mit höherem Alter steigt der Anteil, so hat die Altersgruppe 75+ mit 63 % den höchsten Wert. Des Weiteren sticht der zweithöchste Wert von 49 % bei den PflichtschulabsolventInnen hervor und Männer in gering besiedelten Gebieten (55 %) empfinden sich durch ihr Alter besonders gehindert, an der Gesellschaft teilzuhaben.

Bei der Frage, ob in den letzten zwölf Monaten unentgeltliches bzw. freiwilliges Engagement bei Wohltätigkeitsorganisationen/-veranstaltungen geleistet wurde, ist wiederum Bildung der wichtigste Faktor. Bei Vorliegen von zumindest Maturaabschluss steigt die Wahrscheinlichkeit stark an. Gesamt betrachtet ist das Niveau mit 20 % relativ gering, d. h., nur jede fünfte Person über 50 Jahren hat sich im letzten Jahr zumindest einmal freiwillig engagiert. Der höchste Wert bei der Untersuchung nach der Altersgruppe tritt mit 23 % bei Personen mit einem Alter von 60–74 Jahren auf. Dies lässt vermuten, dass diese Altersgruppe nach dem Ende des Erwerbslebens etwas mehr Zeit zur Verfügung hat und für derartige Aktivitäten körperlich tendenziell nicht stark eingeschränkt ist.

Ökonomische Lage (Armutsgefährdung), Gesundheit und soziale Beziehungen

Als allgemeine Perspektive gilt: Die Armutsgefährdung weist bei 60 % des Medianettoeinkommens einen klaren Zusammenhang mit der Bildung auf. Die psychische Gesundheit steht im Zusammenhang mit Geschlecht, Alter und Bildung. Bei Frauen ist eine schlechtere psychische Gesundheit erkennbar, aber mit einer höheren Bildung steigt die Wahrscheinlichkeit für eine bessere psychische Gesundheit auch bei ihnen. Bei den Fragen nach moderaten körperlichen Anstrengungen und körperlich anstrengenden Aktivitäten bestehen die gleichen Zusammenhänge. Mit höherem Alter nehmen beide Indikatoren ab und mit einer höheren Bildung steigen die Werte an. Bei körperlich anstrengenden Aktivitäten tritt im Zusammenhang mit dem Alter die größte Effektstärke auf. Alter und Bildung sind auch für den Indikator Einsamkeit und soziale Isolation von Bedeutung.

Die soziale Sicherung im Alter (die Altersgrenze ist mit 60 Jahren definiert), mithin die materielle Voraussetzung für die Teilhabe am Leben, sind für 81 % der Älteren ihre Pensionsbezüge. Aber auch nicht pensionsbeziehende Personen, die mit im gleichen Haushalt leben, sind oft auf diese Pensionsbezüge angewiesen. Die

Bedeutung dieser Einkommensform im Alter wird am deutlichsten daran sichtbar, dass 78 % der Menschen über 60 ohne Pensions- und Sozialleistungen unter die Armutsgefährdungsschwelle fallen würden. »Durch den Bezug von Pensions- und Sozialleistungen sinkt die Armutsgefährdungsquote dieser Gruppe auf 14 %« (Eiffe et al. 2012, S. 15). Wer tatsächlich im Alter arm ist, bestimmt sich nach der beruflichen Position. Am stärksten sind Frauen von Armutsgefährdung im Alter betroffen, Personen in höherem Alter, alleinstehende Pensionistinnen sowie Personen ohne Erwerbseinbindung bzw. mit niedrig qualifizierter beruflicher Stellung im früheren Erwerbsalter. Frauen sind zu 16 % armutsgefährdet, Männer zu 11 %, die Gefährdung nimmt in beiden Gruppen mit steigendem Alter zu. Von hier lässt sich eine Brücke zu Teilhabefragen schlagen. Soziale Isolation betrifft Personen im höheren Alter häufiger als die Bevölkerung im Durchschnitt. In Österreich waren es immerhin 215.000 Personen ab 60 Jahren, die keine regelmäßigen Kontakte mit Verwandten, FreundInnen oder NachbarInnen hatten. Die statistischen Analysen zeigen jedenfalls eindeutig, dass soziale Isolation kein Schicksal im Alter ist, sondern eng mit einschränkenden Lebensbedingungen zusammenhängt (Eiffe et al. 2012, S. 19). Damit steht nicht nur die ungleiche Verteilung von materiellen Mitteln zur Diskussion, sondern auch die Stärke und Reichweite sozialer Netze und die kulturelle Einbindung. Gerade diese Netzwerke aber sind eine wichtige Voraussetzung für die Bewältigung von finanziellen oder sozialen Notlagen.

Als armutsgefährdet (nach Sozialleistungen) gelten Personen mit einem äquivalisierten Haushaltsnettoeinkommen unterhalb eines festgelegten Schwellenwertes nach EU-Konvention. Die Personengruppe, die mit Abstand die höchste Armutsgefährdung (22 %) aufweist, sind Personen mit einem Pflichtschulabschluss. Auch bei Frauen und Personen ab 75 Jahren ist die Wahrscheinlichkeit der Armutsgefährdung höher als bei den Vergleichsgruppen. In dicht besiedelten Gebieten tritt in Kombination mit der Altersgruppe 50–59 und Pflichtschulabschluss der hohe Wert von 39 % auf. Demnach zeigt eine Kontextüberlegung, dass finanzielle Deprivation und damit einhergehende Armutsgefährdung mit höherer Besiedelungsdichte steigen (mit höherem Bildungsabschluss aber sinken), somit in Richtung stark abnehmender Integration wirken.

Wie steht es nun mit sogenannten Ausprägungsextremen in diesen Analysen? Zuallererst und am deutlichsten wird sichtbar, dass Armutsgefährdung von allein lebenden Personen in der Altersgruppe 60+ überwiegend weiblich ist. In 84 % der Ein-Personen-Haushalte, die unterhalb der Armutsgefährdungsgrenze liegen, leben Frauen. Weiter leidet die Gruppe der Armutsgefährdeten häufiger als die Gesamtbevölkerung unter schlechter Gesundheit. Nicht von Armut gefährdete Personen ab 60 berichten in 45 % von einem sehr guten oder guten Gesundheitszustand, unter den armutsgefährdeten Personen gleichen Alters sind es 23 % (Eiffe et al. 2012, S. 167). Das Herausfallen aus sozialen Netzwerken, die Entbindung aus der Teilhabe, wurde bereits mehrfach erwähnt. Mit ein wenig Aufwand könnte in der Alterspsychologie auch Wissenswertes über Resignation, Rückzug, Einsamkeitserleben, über misslingende Kontaktversuche und Sehnsucht nach einem volleren Leben bei diesen Menschen gefunden werden. Ersichtlich geben solche Analysen genügend Material an die Hand, um Vorurteilen entgegenzutreten oder sie zu korrigieren.

Die psychische Gesundheit wird mittels der EURO-D-Skala erfasst, die auf dem Vorliegen oder Nicht-Vorliegen depressiver Symptome basiert, aber keine Diagnosen verschiedener seelischer Erkrankungen beinhaltet. Es sind 15 % der Männer betroffen, aber 26 % der Frauen. In der Altersgruppe 75+ tritt unabhängig vom Geschlecht mit 30 % der höchste Wert auf. PflichtschulabsolventInnen liegen mit 28 % ebenfalls deutlich über den anderen Bildungsabschlüssen. Dass depressive Verstimmungen und andere seelische Belastungen hinderlich für die soziale Teilhabe sind, versteht sich von selbst.

Ähnliche Zusammenhänge gelten für körperliche Aktivitäten. Bei moderaten körperlichen Anstrengungen weist, nicht überraschend, die älteste Altersgruppe 75+ den geringsten Wert auf: Nur 71 % dieser Gruppe gehen mindestens einmal pro Woche einer moderaten körperlichen Anstrengung nach, wohingegen die anderen beiden Altersgruppen bei rund 90 % liegen. Es lässt sich ebenso erkennen, dass mit einer höheren Bildung der Anteil der Personen, die eine moderate körperliche Anstrengung ausüben, ansteigt. Die Altersgruppe 75+ in Kombination mit einem Pflichtschulabschluss weist mit 61 % einen besonders niedrigen Wert auf. Die anderen Bildungsabschlüsse gemeinsam mit der Alterskategorie 75+ zeigen deutlich höhere Werte: Lehre bzw. BMS (73 %), Matura (82 %), Universität bzw. Fachhochschule (83 %). Dies bedeutet, dass das Bildungsniveau bis ins hohe Alter die körperliche Anstrengung und Aktivität beeinflusst und folglich auch die Netzwerkbildung und Teilhabechancen erhöht. Dies bestätigt und führt zum Teil auch eine andere Kontextüberlegung fort, da höher gebildete bzw. sozioökonomisch besser situierte Personen aufgrund eines höheren sozialen Kapitals über ein größeres soziales Netzwerk und dementsprechend mehr nicht-verwandte NetzwerkpartnerInnen verfügen als Personen mit geringerer Bildung bzw. geringerem sozioökonomischem Status.

Bei körperlich anstrengenden Aktivitäten zeigt sich das gleiche Antwortverhalten wie bei moderaten körperlichen Anstrengungen, nur auf einem deutlich niedrigeren Niveau. Des Weiteren zeigt sich hier der Rückgang der körperlichen Leistungsfähigkeit mit höherem Alter. Der Anteil der Personen, die mindestens einmal pro Woche einer körperlich anstrengenden Aktivität nachgehen, sinkt von 73 % in der Altersgruppe 50–59 über 57 % in der Altersgruppe 60–64 auf 34 % bei Personen, die 75 Jahre oder älter sind. Wie zuvor sind in der Altersgruppe 75+ auch hier die PflichtschulabsolventInnen (24 %) deutlich seltener körperlich aktiv als Personen mit höherem Bildungsniveau: Lehre bzw. BMS (33 %), Matura (51 %), Universität bzw. Fachhochschule (55 %).

Die Analyse des Indikators Einsamkeit (nicht von Isolation) zeigt, dass sich alle Gruppen sehr nahe am niedrigsten Wert von nie einsam befinden. Der höchste Wert tritt gleichzeitig bei der Gruppe 75+ und PflichtschulabsolventInnen auf. Demnach scheint die Überlegung bestätigt, dass gesellschaftliche Einbindung zwar über sozioökonomische Merkmale mitgeformt wird, z. B. Hochaltrigkeit, Verwitwetsein und Kinderlosigkeit sich gegenseitig verstärken, diese Zusammenhänge auf spezielle Gruppen zutreffen, dass aber in der Gesamtschau das Niveau der subjektiv erfahrenen Eingebundenheit Älterer relativ hoch ist.

2.4 Fazit

Teilhabe ist Handeln, das von Ressourcen ausgeht, im Vollzug auf soziale Organisationsformen angewiesen ist und seine Wirkung im Kontext sozialer Integration zeitigt. Gesteuert wird Handeln durch Potenziale oder Ressourcen, die sich sowohl im Individuum als auch in der Umwelt finden. Solches Handeln spielt sich in sozialen Settings (Organisationsformen) ab, in denen sie Sinn erzeugen und durch ihre Repetitivität wiederum zur Verfestigung der sozialen Organisationsformen beitragen. Teilhabe an der und Integration in die Gesellschaft sind ein universelles Erfordernis, das die Verfasstheit der Gesellschaft geradezu kennzeichnet. Die Zielvorgabe sozialer Integration ist ein selbstständiges, von Sinn erfülltes Leben, zumindest idealiter im Kontext westlicher Demokratien. Dass diese Zielvorgabe realitätsangemessen ist, mögen manche bezweifeln. Doch selbst bei berechtigtem Zweifel muss benennbar bleiben, was der Vorstellung entgegensteht.

Was die Situation der alternden Bevölkerungen in der nachberuflichen Lebensphase kennzeichnet und zugleich einer ihren Fähigkeiten und Möglichkeiten entsprechenden Teilhabe am Leben oft im Wege steht, ist die lapidare Tatsache, dass die Gegenwartsgesellschaft in ihrer Selbstwahrnehmung und Selbstgestaltung schlichtweg noch nicht realisiert hat, dass sie eine entschieden alternde Gesellschaft ist, und unverdrossen alte Ordnungen reproduziert. Dass Frauen in der Teilhabe benachteiligt sind, dass höhere Bildung Vorteile bringt, dass niedrige Bildung, niedriger materieller Status und schlechte Gesundheit Hand in Hand gehen, ist längst bekannt. Dass diese Ungleichheit schon früh im Lebenslauf grundgelegt wird, dass Ärmere einen schlechteren Zugang zu Gesundheitsdienstleistungen haben etc., ist ebenfalls sattsam bekannt. All diese bekannten Verhältnisse können sich pausenlos mit wenig Wandel reproduzieren, was v. a. eine Folge der mangelnden Kenntnisnahme von den Konsequenzen des Altersstrukturwandels und von den verderblichen Folgen zunehmender sozialer Ungleichheit ist, die gesellschaftliche Ordnungen destabilisiert und die Demokratie gefährdet. Der Code hinter der Teilhabe heißt nicht jung/alt, sondern privilegiert/benachteiligt.

Literaturverzeichnis

Amann, A. (2003). Die UN-Weltversammlung über das Altern in Madrid 2002. In L. Rosenmayr & F. Böhmer (Hrsg.), Hoffnung Alter. Forschung, Theorie, Praxis (S. 301–313). Wien: Universitätsverlag.

Amann, A. (2019). Leben, Teilhaben, Altwerden. Vermutungen und Gewissheiten. Wiesbaden: Springer.

Amann, A., Bischof, C. & Findenig, I. (2018). Teilhabe im Alter: Theoretische Konzeptionen, praktische Gegebenheiten (Forschungsbericht an das Bundesministerium für Arbeit, Soziales, Gesundheit und Konsumentenschutz). Wien: BASGK.

Bundesanstalt Statistik Österreich (Statistik Austria) (Hrsg.) (2017). Armut und soziale Ausgrenzung 2008 bis 2016. Entwicklung von Indikatoren und aktuelle Ergebnisse zur Vererbung von Teilhabechancen in Österreich. Wien: Statistik Austria.

Bundesministerium für Arbeit, Soziales und Konsumentenschutz (Hrsg.) (2009). Hochaltrigkeit in Österreich. Eine Bestandsaufnahme. Wien: BMASK.

Bundesministerium für Arbeit, Soziales und Konsumentenschutz (Hrsg.) (2012). Altern und Zukunft. Bundesplan für Seniorinnen und Senioren. Wien: BMASK.
Bundesministerium für Soziale Sicherheit und Generationen (Hrsg.) (2000). Ältere Menschen – Neue Perspektiven. Seniorenbericht 2000: Zur Lebenssituation älterer Menschen in Österreich. Wien: BMSG.
Bundesministerium für Soziale Sicherheit und Generationen (Hrsg.) (2001). Internationales Jahr der älteren Menschen. Auf dem Weg zu einer neuen Seniorenpolitik. Wien: BMSG.
Bundesministerium für Soziales, Gesundheit, Pflege und Konsumentenschutz (Hrsg.) (2019). 3. Bericht zum freiwilligen Engagement in Österreich 2019. Wien: BMSGPK.
Dux, G. (2017). Die Evolution der humanen Lebensform als geistige Lebensform. Handeln – Denken – Sprechen. Wiesbaden: Springer.
Eiffe, F. F., Till, M. & Datler, G. et al. (2012). Soziale Lage älterer Menschen in Österreich. Sozialpolitische Schriftenreihe des BMASK, Bd. 11. Wien: BMASK.
Erikson, E. H., Erikson, J. M. & Kivnick, H. Q. (1986). Vital Involvement in Old Age. New York, London: Norton & Co.
Fonds Gesundes Österreich (Hrsg.) (2018). Faire Chancen gesund zu altern. Beiträge zur Förderung gesundheitlicher Chancengerechtigkeit älterer Menschen in Österreich (Forschungsbericht). Wien: Gesundheit Österreich GmbH.
Giddens, A. (1995). Konsequenzen der Moderne. Frankfurt a. M.: Suhrkamp.
Kolland, F. (2016). Bildungsmotivation im Alter. Modelle und Forschungserkenntnisse. Forschungsbericht. Wien: BMASK.
Kolland, F. & Oberbauer, M. (2019). Factsheet: Freiwilligentätigkeit und Bildung im Alter. Wien: BMASK.
Wiener Institut für Sozialwissenschaftliche Dokumentation und Methodik (Hrsg.) (2010). Altern und Zukunft. Wissen und Gestalten. Forschungsexpertise zu einem Bundesplan für Seniorinnen und Senioren (Forschungsbericht an das Bundesministerium für Arbeit, Soziales und Konsumentenschutz). Wien: BMASK.

Teil II: Zielgruppen der Bildung im Alter

3 Ältere als Bildungszielgruppe. Eine differenzierte Bestandsaufnahme

Julia Müllegger

Zusammenfassung

Qualitätsvolle nachberufliche Bildungskonzepte haben zum Ziel, partizipativ Bildungsangebote mit Älteren zu konzipieren und zu gestalten. Sie orientieren sich primär an den divergierenden Interessen, Motiven und variierenden Bildungsvoraussetzungen ihrer Zielgruppe. Immer mehr Ältere stehen in einem Spannungsfeld zwischen der Freiheit der autonomen Lebensgestaltung und einer ständig drohenden sozialen sowie gesellschaftlichen Exklusionsgefahr. Die im Laufe des Lebens zunehmend differierenden biografischen Erfahrungen und ungleichen sozioökonomischen Lebenslagen machen das Alter zu einer heterogenen Lebensphase, in der soziale Ungleichheiten anwachsen (Gallistl et al. 2018). Mit dem Zielgruppenansatz wird versucht, Chancengleichheit durch Bildungsangebote zu ermöglichen.

Der folgende Beitrag erörtert die Bedeutung des Begriffs Zielgruppe für die »Bildung im Alter«[1]. Es werden Zielgruppenanalyse sowie Zielgruppenorientierung als gestalterische Instrumente, Zielgruppenansatz als Instrument für Chancengleichheit und Zielgruppe Ältere als politisch-strategisches Instrument definiert und differenziert. Anschließend werden wissenschaftliche und gesellschaftliche Entwicklungen skizziert, die Ältere zu einer Bildungszielgruppe machen. Erkenntnisse sowie historische und aktuelle Entwicklungen über die Zielgruppe Ältere im österreichischen Forschungs- und Praxisfeld der Bildung im Alter werden weiters dargestellt. Im Schlussteil werden Zielgruppentypisierungen Älterer kritisch diskutiert und abschließend wesentliche Befunde kurz zusammengefasst.

1 In Österreich findet sich aus Gründen der Abgrenzung zur Erwachsenenbildung im berufsfähigen Alter der Begriff Bildung im Alter, synonym auch nachberufliche Bildung.

3.1 Einleitung

»Wir brauchen einen Paradigmenwechsel, bei dem ältere Menschen auf allen Ebenen in die Gesellschaft einbezogen werden«, forderte Rosa Kornfeld-Matte[2] im Jahr 2018 (Figl 2018). Damit die Zielgruppe Ältere ihre Potenziale in die Gesellschaft einbringen kann und Chancengleichheit sowie Teilhabe möglich sind, ist eine Sensibilisierung der Verantwortlichen auf unterschiedlichsten politischen und institutionellen Ebenen wünschenswert. Der in der Wissenschaft bereits vollzogene Perspektiven- und Paradigmenwechsel von einem defizitären hin zu einem wertschätzenden Altersbild hat sich in der Gesellschaft noch nicht durchgesetzt. Notwendig scheint hier ein breit kommunizierter und differenziert gedachter, sorgsam von Wissenschaft und Praxis begleiteter Zielgruppenansatz, der Ältere in ihrer Diversität wertschätzend zu fassen versucht.

3.2 Begriffliche Ein- und Abgrenzungen

Der Begriff Zielgruppe ist nicht eindeutig fassbar. Aus Bildungsperspektive wird mit dem Begriff Zielgruppe der Fokus auf das erwachsene Subjekt mit seinen (Bildungs-) Motiven und (Bildungs-)Interessen, seinen Erwartungen an organisierte sowie informelle Lernkontexte verbunden, einschließlich möglicher (Bildungs- bzw. Zugangs-)Barrieren (Tippelt 2019, S. 11 ff.). Im Kontext von Bildung im Alter sind v. a. die Zielgruppenanalyse und die Zielgruppenorientierung als Handlungsanleitungen für Bildungsorganisationen und deren Angebotsentwicklung, der Zielgruppenansatz im Zusammenhang mit der viel propagierten Schaffung von Bildungsgleichheit und die Kategorisierung »Ältere« in diverse Zielgruppen als politisch-strategisches Instrument von Bedeutung.

Zielgruppenanalyse und Zielgruppenorientierung

Zielgruppenanalyse und Zielgruppenorientierung dienen Bildungsorganisationen primär als Instrumente, um ihre Bildungsangebote an die Bedürfnisse der jeweiligen Zielgruppe anpassen und folglich zielgruppenorientiert konzipieren und gestalten zu können. Handelt es sich um Bildungsangebote für Ältere, geht es dabei um den Versuch, ältere Menschen zu differenzieren, denen einige Merkmale gemeinsam sind wie z. B. ihr soziales Milieu bzw. ihr sozialer Raum, ihre soziale Lage, ihre gesundheitliche Verfasstheit, ihre Biografien, ihr Alter, ihr Geschlecht, ihr Bildungsabschluss, ihr Lebensstil, ihre Lernerfahrungen. Diese Homogenität in ein-

2 Rosa Kornfeld-Matte ist Altersforscherin und unabhängige Expertin der Vereinten Nationen für die Rechte älterer Menschen.

zelnen Lebensbereichen kann sich aber auch auf Grundlage gemeinsamer Interessen (z.B. Angebote im Kulturbereich), eines gemeinsamen Ziels (z.B. Förderung der Gesundheit), gemeinsamer Motive oder Bedürfnisse (z.B. geringe Bildungserfahrung, Freiwilligenengagement) oder aufgrund einer spezifischen Finanzierungssituation ergeben (Hippel et al. 2018; Siebert 2006). Typenbildungen bzw. Gruppendifferenzierungen im Bildungsbereich veranschaulichen demnach differierende Lernbedürfnisse und Voraussetzungen. Die Zielgruppenanalysen versuchen laut Arnold et al. (2017), diese individuell unterschiedlichen Lebens- und Lernweisen zu bündeln und daraus Kategorien abzuleiten, z.B. Lernthemen und Lerninteressen, Lernstile und Lernstrategien oder fördernde und hemmende Voraussetzungen, denn trotz großer individueller Varianzen im Lernen Erwachsener sind gemeinsame typische Muster des Denkens und Lernens festzustellen (ebd., S. 127). In diesem Sinne fungieren Zielgruppenanalysen als Planungsinstrument für die Programmplanung, die Bildungsberatung und die Konzeption von Inhalten. Partizipation, also die Beteiligung der Zielgruppe an der Planung und Durchführung aller Maßnahmen, beginnt dann schon bei der Bedarfserhebung. Die Zielgruppenorientierung wird so zu einem methodisch-didaktischen Instrument, das die Rahmenbedingungen und die Lehr- und Lernsituationen nach den Bedürfnissen der Teilnehmenden ausrichtet (siehe dazu Müllegger 2018 und ► Kap. 7). Die nationale Erwachsenenbildungsstrategie »Strategie zum lebensbegleitenden Lernen in Österreich« (LLL:2020-Strategie)[3] nennt hier u.a. »Lernende in den Mittelpunkt stellen« oder »Lebensphasenorientierung« (Republik Österreich 2011).

Zielgruppenansatz

Der Zielgruppenansatz soll auf institutioneller und politischer Ebene zum Ausgleich von Bildungschancen beitragen.[4] Vorrangiges Ziel ist die Verbesserung des (Bildungs-)Zugangs bildungsungewohnter Menschen. Es geht also darum, »benachteiligten Gruppen im Rahmen von Programmen der Chancengerechtigkeit Möglichkeiten zu eröffnen und damit demokratischen Zielen besser zu entsprechen« (Tippelt 2019, S. 11). Grundlage dieses Ansinnens sind die in der Erwachsenenbildung seit den 1960er Jahren verstärkt stattfindende Zielgruppendiskussion und -forschung sowie die Entwicklung des Konzepts des lebenslangen Lernens. Nennenswert ist hier der 1972 erschienene »Faure-Bericht«[5], der zu einem nach-

3 Die LLL:2020-Strategie ist eine nationale Strategie für die Erwachsenenbildung, die von vier Ministerien ausgearbeitet und 2011 beschlossen wurde. Auf europäischer Ebene unterstützt sie den strategischen Rahmen für die europäische Zusammenarbeit auf dem Gebiet der allgemeinen und beruflichen Bildung (ET 2020) und die Strategie für intelligentes, nachhaltiges und integratives Wachstum (Europa 2020).

4 Im Bildungsfeld werden die Begriffe Zielgruppenorientierung und Zielgruppenansatz teilweise synonym verwendet, so möglicherweise auch von anderen Beiträgen in diesem Buch.

5 Die Faure-Kommission wurde 1971 von der UNESCO, Organisation der Vereinten Nationen für Bildung, Wissenschaft und Kultur, einberufen, um internationale Ziele und Entwicklungen für das Bildungswesen zu entwerfen. Benannt nach dem Leiter der Kommission

haltigen Perspektivenwechsel in der Bildungswelt führte. Wesentliche Erkenntnisse haben auch heute noch für den Bereich Bildung im Alter Gültigkeit: Lebenslangem Lernen wird seither eine zentrale Wichtigkeit für gesellschaftliche Chancengleichheit und individuelle Gestaltungsfähigkeit zugesprochen. Jedem Menschen solle die Möglichkeit gegeben werden, während seines gesamten Lebenslaufs zu lernen (Dohmen 1996; Simon 2019). Im Sinne des Zielgruppenansatzes finden sich in national relevanten politischen Dokumenten wesentliche Empfehlungen:

- Im »Bundesseniorinnen und -seniorenplan«, die Empfehlungen und Ziele zu »Bildung und lebensbegleitendem Lernen« in Kapitel 3.5 (BMASK 2015, S. 49 ff.).
- In der Erwachsenenbildungsstrategie »LLL:2020« in der Aktionslinie 9 »Bereicherung der Lebensqualität durch Bildung in der nachberuflichen Lebensphase« die Maßnahmen 9.2 »Förderung von niederschwelligen Bildungsberatungsangeboten« und 9.3 »Ausbau von niederschwelligen Bildungsangeboten« (BMASK 2015, S. 43).

Ungleichheiten, die durch Bildung im Laufe des Lebens zunehmen, sollen derart im Alter minimiert werden.

Zielgruppe Ältere in sozial- und bildungspolitischen Dokumenten

Die Kategorisierung in Zielgruppen ist auch ein politisch-strategisches Instrument. Durch die Zuweisung »Alter« bzw. »nachberuflich« findet eine deutliche Abgrenzung der Bildung für Ältere von anderen Bildungsbereichen statt, z. B. von dem Ausbildungsbereich sowie der beruflichen Weiterbildung. Damit einhergehend verändern sich politische Zuständigkeiten, Budgetmittel und Interessen. Auf internationaler Ebene haben die Vereinten Nationen (UN) bzw. die Europäische Wirtschaftskommission der UN (UNECE) und die Weltgesundheitsorganisation (WHO) Strategien und Ziele für die gesellschaftliche Sicherstellung der Teilhabe Älterer entwickelt. Nennenswert, weil noch immer von Relevanz, sind der von den UN 2002 verfasste »Madrid International Plan of Action on Ageing« (MIPAA) sowie dessen Umsetzungsstrategie »Regional Implementation Strategy« (RIS), die vom Ministerrat der UNECE 2007 beschlossen wurde (Müllegger & Hechl 2021, S. 5 ff.). 2017 veröffentlichte die WHO den Band »Global strategy and action plan on ageing and health«. Ziel 4 widmet sich der Gewährleistung qualitätsvoller Bildung und der Förderung lebenslanger Lernmöglichkeiten für alle (ebd.). Die Bildungspolitik der EU orientiert sich aktuell an dem »Memorandum über Lebenslanges Lernen« (2000), an der »Lissabon-Strategie« (2001) und der Mitteilung »Einen europäischen Raum des lebenslangen Lernens schaffen« (2001) (ebd.). In Österreich wurde 1997 im Sozialministerium eine Abteilung für Seniorenpolitische Grundsatzfragen geschaffen, in deren Aufgabenbereich auch Altern und Bildung fällt. In deren Auftrag

---

Edgar Faure. Der Gesamttitel des Berichts lautet »Learning to be. The world of education today and tomorrow«.

wurden wissenschaftliche Forschungen, Bildungsberatung, die Qualitätsentwicklung und Weiterbildung für ReferentInnen und Bildungsverantwortliche im Bereich Ältere und Bildung und die Förderung von Modellprojekten forciert. Aktuellen und visionären Themen der Lebenswelten älterer Menschen widmete sich der 2012 veröffentlichte und in Europa bislang einzigartige Bundesplan »Altern und Zukunft. Bundesplan für Seniorinnen und Senioren« (ebd.). Ein zweites wichtiges Dokument ist die »Strategie zum lebensbegleitenden Lernen in Österreich« (Republik Österreich 2011). Die Aktionslinie 9 »Bereicherung der Lebensqualität durch Bildung in der nachberuflichen Lebensphase« legt wesentliche Ziele für den Bildungsbereich fest (ebd., S. 41 ff.).

3.3 Genese der Bildungszielgruppe Ältere

Bis vor wenigen Jahrzehnten, so scheint es, wurden Ältere in Theorie und Praxis der Erwachsenenbildung nur selten als eigene Zielgruppe mit eigenen Bildungsbedürfnissen wahrgenommen. Ein wesentlicher Schritt für die Bewusstseinsänderung war die internationale Etablierung der Konzepte des »lifelong learning« (Bildungsbereich) und des »active ageing« (Sozialbereich). Es kam zu einem Perspektivenwechsel, wenn nicht sogar Paradigmenwechsel bezüglich Älterer und Bildung in den zugrunde liegenden Wissenschaften (Simon 2015). Lebenslange Lern- und Bildungsprozesse gelten seither als fundamentale Bausteine für eine aktive Gestaltung der Lebensphase Alter (Kolland & Klingenberg 2011).

Konzepte von aktivem Altern und lebenslangem Lernen

Ab den 1960er Jahren begannen sich in der Altersforschung theoretische Ansätze zu etablieren, die Altern als aktiv gestaltbaren Prozess verstanden (z. B. Aktivitätstheorie, Theorie des erfolgreichen Alterns oder Kompetenztheorie). Seither stehen im Fokus gerontologischer Forschungen die Ressourcen und/oder Aktivitätspotenziale Älterer, die deren selbstbestimmte Lebensgestaltung fördern. Bis dato vorherrschende Forschungsansätze, Theorien und Konzepte, die Ältere ausschließlich hinsichtlich ihrer Defizite, ihrer Verluste und Abbauprozesse betrachteten, verloren an Bedeutung (Thomae 1983; Simon 2015).

Parallel dazu wurde, ausgehend von den umfassenden Bildungsreformen der späten 1960er und frühen 1970er Jahre, das Konzept des lebenslangen Lernens entwickelt. Die Reformen zielten darauf ab, ein den »Erfordernissen der modernen Weltsituation entsprechendes Bildungswesen zu entwickeln« (Dohmen 1996, S. 15). Fortan wurde im Bildungsbereich davon ausgegangen, dass der ökonomische und gesellschaftliche Wandel eine permanente, lebenslange Entwicklung erfordert. Lebenslanges Lernen war eine Folge und wurde zugleich zu einer Antwort für die sich ständig verändernde Welt (Nuissl 2001). Ursprünglich von der Leitvorstellung geprägt, dass Lernen Chancengleichheit herstellen kann und gleichzeitig den gesellschaftlichen Gestaltungswillen aller Individuen fördert, fokussieren heutige Strategien zum lebenslangen Lernen darauf, »am Ball der Zeit zu bleiben«, um etwas »aufzuholen«, und weniger darauf, unsere Gesellschaft gleichberechtigt mitzugestalten (Kraus 2001; Schlögl 2013).

Gesellschaftliche Entwicklungen und Ältere

Als grundlegende gesellschaftliche Ursache für das gestiegene Interesse an Älteren und deren Lernprozessen kann festgemacht werden, dass sich die Lebenssituation Älterer durch eine höhere Lebenserwartung, veränderte Familien- und Sozialstrukturen und nicht zuletzt durch die Individualisierung von Lebensverläufen verändert hat. Zudem steigen sowohl die Lebensqualität als auch die subjektiv gesunden Jahre Älterer konstant (EU-SILC/Statistik Austria 2020a, 2020b, Kolland 2015). Hinzu kommt, dass rasche gesellschaftliche Veränderungen Ältere vor nie da gewesene Herausforderungen stellen (Schlagwort: Digitalisierung) und der Anteil Älterer an der Gesamtbevölkerung stetig zunimmt: 1991 gab es in Österreich erstmalig mehr Personen über 60 Jahre als in der Altersgruppe unter 15 Jahren. 2030 werden voraussichtlich mehr als 30 % aller Personen älter als 60 Jahre sein – 2000 waren es 21 %, 1950 waren es 15 % (Statistik Austria 2018, 2020a).

3.4 Zielgruppenbestimmung Älterer – eine Bestandsaufnahme

Der Versuch, die Zielgruppe Ältere zu beschreiben, darf nicht als statisches Moment gesellschaftlicher Realität verstanden werden. Betrachtet man unterschiedliche Gruppen bzw. Generationen, ist es unumgänglich, ihren soziohistorischen Kontext und die jeweiligen normativen, politischen, ökonomischen und kulturellen Bedingungen ihrer Lebensphasen zu berücksichtigen. Beispielsweise weisen die Geburtskohorten der heute über 80-Jährigen durch das Erleben des Zweiten Weltkrieges und der Nachkriegsjahre eine gemeinsam durchlaufene Lebensgeschichte auf. Bei aller sozialer Differenz innerhalb dieser Altersgruppe erlebten sie die gleichen gesellschaftlichen Bedingungen; Erfahrungen, die sie von den jüngeren Generationen Älterer wesentlich unterscheiden, beispielsweise den »BabyboomerInnen«. So differenziert sich die Gesamtgruppe Älterer je nach erlebten Werten, Normen und kulturellen Mustern, die durch Politik, Ökonomie und den gesellschaftlichen Entwicklungsstand geprägt sind. Backes und Clemens (2013) sehen damit »Gelegenheitsstrukturen hinsichtlich Bildung, Ausbildung, beruflicher Chancen und sozialer Positionierung [verbunden], die sich allerdings sozialstrukturell Gruppen- bzw. Individuen bezogen unterschiedlich verteilten« (Backes & Clemens 2013).

Welche altersspezifischen Merkmale können nun für eine Zielgruppeneinteilung Älterer herangezogen werden? In Bildungsstatistiken wird meist das kalendarische Alter als Bezugsgröße herangezogen. Iller und Wienberg (2010) halten jedoch fest, dass das kalendarische Alter kein sinnvolles Kriterium für die Zielgruppenbestimmung Älterer ist. Inter- und intraindividuelle Unterschiede, die im Laufe des Lebens zunehmen, werden dadurch verdeckt. Stattdessen plädieren sie für eine Zielgruppeneinteilung, die an lebensphasenspezifischen Themen ausgerichtet ist. Aus gerontologischer Perspektive hat sich mit der Anerkennung der Eigenständigkeit der Lebensphase Alter die Unterscheidung von Laslett (1995) des autonomen Alters vom abhängigen Alter etabliert. Autonomes Alter beschreibt die Phase im Älterwerden, in der die Älteren noch Engagement und Interesse an gesellschaftlichen Prozessen haben. Laslett definiert diese Phase zwischen dem Ende des Berufslebens und dem Start der Pflegebedürftigkeit als Zeit der persönlichen Freiheit und der Befriedigung persönlicher Ziele. Im Gegensatz dazu ist das vierte Lebensalter von gesundheitlichen Problemen und Einschränkungen geprägt.

Nicht nur die Zielgruppe Ältere verändert sich ständig, auch die Lebensphase Alter ist allgemein als Ergebnis gesellschaftlicher Dynamiken und Entwicklungsgeschichte zu verstehen. Zukünftige Generationen werden entsprechend den sich ändernden gesellschaftlichen Bedingungen die Lebensphase Alter neu gestalten (Backes & Clemens 2013). In der Sozialgerontologie und Geragogik wird mittlerweile diskutiert, die Unterteilung in drittes und viertes Lebensalter unter neuen Aspekten aufzugliedern (Schramek et al. 2018).

(Forschungs-)Erkenntnisse

In Österreich intensivierte sich in den letzten Jahren die Forschungstätigkeit rund um das unterschiedliche Lern- und Bildungsverhalten älterer Menschen. Im Fokus standen zugrunde liegende Einflussfaktoren, Motive und die Auswirkungen auf die Bildungspraxis. Das wissenschaftliche Forschungsfeld setzt sich interdisziplinär vorwiegend aus SozialgerontologInnen sowie (Erwachsenen-)BildungsforscherInnen zusammen. Die Forschung selbst findet zu einem Teil in außeruniversitären Einrichtungen statt, da in Österreich »Bildung im Alter« nicht wissenschaftlich institutionalisiert ist. Das Besondere an der österreichischen Bildungslandschaft rund um Bildung im Alter und ihrer Zielgruppendiskussion sind der regelmäßig stattfindende wertschätzende Austausch und die Diskussionen der WissenschaftlerInnen, der ExpertInnen aus der Bildungspraxis und der Verantwortlichen aus der Verwaltung. Erwähnenswert sind hier die jährlichen Workshops, die im Rahmen der thematisch-strategischen Kooperation des Sozialministeriums, Abteilung Seniorenpolitische Grundsatzfragen und Freiwilligenarbeit, mit dem Bundesinstitut für Erwachsenenbildung (bifeb) von 2004 bis 2020 angeboten wurden. Sie führten zu einem regelmäßigen Diskurs zwischen PraktikerInnen und WissenschaftlerInnen sowie zu einer Weiterentwicklung im Bildungsfeld und der Zielgruppenperspektive. Folgende Workshops beschäftigten sich in den letzten Jahren aus unterschiedlichen Perspektiven mit Älteren als Bildungszielgruppe:

- 2020 »Praxis trifft Wissenschaft«
- 2019 »Fokusgruppen als Instrument für Zielgruppenanalyse und -orientierung«
- 2018 »Zielgruppen« und »Freiwilliges Engagement«
- 2017 »Soziale Dimension« sowie »Methodik und Didaktik«
- 2016 »Niederschwelligkeit in hoher Qualität« sowie »Chancengleichheit«.

Eine österreichische Austauschplattform für ExpertInnen fand in den Jahren 2011 bis 2017 jährlich mit dem »Forum Bildung im Alter« am Zentrum für Weiterbildung der Universität Graz in Kooperation und mit Förderung des Sozialministeriums statt. Das hat in mancher Hinsicht zu einer stärkeren empirischen Verortung der Thematik geführt. Gemeinsam wurde von den Verantwortlichen die Wichtigkeit der Zielgruppenorientierung und der Analyse der Zielgruppe Älterer erkannt. Zudem hat der Zielgruppenansatz zur Schaffung von Chancengleichheit für Ältere eine große Bedeutung. Das Konzept der »Niederschwelligkeit« im Sinne eines Abbaus von Zugangsbarrieren ist im Bildungsfeld weitverbreitet (Müllegger 2018).

In den letzten zehn Jahren entstanden mehrere Forschungsarbeiten, die sich mit dem Thema Zielgruppe Ältere aus unterschiedlichen Perspektiven befassten:

Kolland und Ahmadi (2010) analysierten die Zielgruppe Ältere anhand soziodemografischer Merkmale und stellten diese in Zusammenhang mit deren Bildungsteilnahme. Sie erkannten, dass die Bildungsteilnahme Älterer durch deren vorangegangene Bildungsaktivitäten[6] bedingt wird, d. h., das Bildungsverhalten setzt sich im Alter fort. Dabei stellten sie fest, dass Menschen mit weniger Bildungsaktivität speziell im Alter zunehmend von sozialen Ungleichheiten wie schlechterem Gesundheitszustand, geringerer Lebenserwartung oder schlechterem sozioökonomischen Status betroffen sind. Generell fördere Bildung in der nachberuflichen Lebensphase – mehr denn in anderen Lebensphasen – soziale Integration, Lebensqualität und freiwilliges Engagement: »Mit Bildung kann also eine höhere soziale Integration und Lebensqualität erreicht werden […]. Es besteht sowohl ein Zusammenhang zwischen Bildungsteilnahme und sozialem Engagement« (ebd., S. 154; siehe dazu auch 3. Freiwilligenbericht, BMASGK 2019).

Baumgartner et al. (2013) zeigten, dass die Bildungsteilnahme Älterer vom sozialen Raum abhängig ist: Ältere Menschen, die im urbanen Raum leben, sind bildungsaktiver und haben vielfältigere Bildungsmöglichkeiten als jene, die im ländlichen Raum leben.

Kolland et al. (2018) entwickelten im Rahmen ihrer Forschungsaktivitäten zur Bildungsberatung Älterer ein Zielgruppenmodell anhand sozialer Milieus. Auf Basis von empirischen Erhebungen mit Älteren entwarfen sie fünf Zielgruppen:

- Aktivitätsorientierte
- Menschen im Übergang
- Sozialorientierte
- physisch Belastete
- Ruhestandsorientierte

6 Mit Ausnahme von beruflichen Weiterbildungsaktivitäten, sie haben keinen Einfluss auf späteres Bildungsverhalten.

Die Zielgruppencharakterisierung erfolgte anhand der Alltagsgestaltung, der Verortung im sozialen Raum (v. a. anhand des Bildungsstands) und des Interesses an Bildungsberatung (hoch, mittel, niedrig) (siehe dazu ebd., S. 104 ff.).

Müllegger (2018) unternahm anhand statistischer Analysen und ExpertInneninterviews mit Bildungsverantwortlichen aus dem Bereich der Bildung im Alter eine Bestandsaufnahme und entwarf Empfehlungen für die Bildungspraxis. Sie konnte zeigen, dass heute über 70-Jährige generell einen niedrigeren Bildungsstand aufweisen als jüngere Generationen. Kompetenzmessungen zeigten, dass Ältere signifikant geringere Kompetenzen als jüngere Generationen aufweisen. Ursache hierfür sind die unterschiedlichen Bildungsbedingungen der jeweiligen Generationen. Hinsichtlich der Lernformen zeigte sich, dass Ältere non-formelle und soziale Lernsettings bevorzugen, die sie selbstbestimmt mitgestalten können. Aus den Empfehlungen der ExpertInnen ging hervor, dass Bildungsangebote mit Älteren einer größeren und regelmäßigen Zielgruppenorientierung und Zielgruppenanalyse bedürfen, beispielsweise durch Fokusgruppen mit Älteren.

Im vorliegenden Buch werden weitere Studienerkenntnisse über die Zielgruppe Ältere und ihre Bildungsbedingungen beschrieben: Simon (2019) widmete sich umfassend einer Darstellung der Zielgruppe älterer Frauen und macht auf geschlechts- und teilweise bildungsbedingte Altersarmut sowie das negative gesellschaftliche Frauenaltersbild aufmerksam (▶ Kap. 4). Amann (2018) erforschte ausführlich individuelle und strukturelle Gegebenheiten, die Teilhabe und Bildung beeinflussen (▶ Kap. 2). Kolland et al. (2019) untersuchten den Zusammenhang von kultureller Teilhabe Älterer und Bildung (▶ Kap. 13).

Bildungspraxis des Bereichs Bildung im Alter

Bis zur Jahrtausendwende gab es in Österreich über die Zielgruppe Ältere, ihre Bildungsaktivitäten und ihre Bildungsmotive nur wenig dokumentierte Befunde. Für den Seniorenbericht 2000 (Filla & Vater 2000, S. 348 ff.) wurde der Versuch unternommen, damalige Bildungsangebote für Ältere darzustellen. Dabei zeigte sich, dass es bereits seit den 1970er Jahren, jedoch nur marginal und punktuell, Angebote für Ältere gab. Ältere Teilnehmende wurden in den Einrichtungen der KEBÖ (Konferenz der österreichischen Erwachsenenbildung) kaum statistisch als eigene Gruppe erhoben – und wenn, dann vorwiegend als eine in sich homogene Gruppe dargestellt.

Um die Anliegen der Zielgruppe Ältere im Bildungsbereich besser erfassen und vertreten zu können, verfolgte die Abteilung Seniorenpolitische Grundsatzfragen und Freiwilligenarbeit des Sozialministeriums jahrelang konsequent das Ziel, bundesweit Leitlinien für Bildung im Alter zu schaffen. ExpertInnen aus unterschiedlichen Institutionen der Bildungspraxis und Wissenschaft widmeten sich in Arbeitsgruppen (2000 bis 2011) unter Konsultation des Sozialministeriums diesem Ziel. 2007 entstand ein »Positionspapier« (Heidecker& Hechl 2007) und 2011 ein umfangreicher »Leitlinien- und Prioritätenkatalog« (Waxenegger 2011). Im Zusammenhang mit der Erstellung des Bundesplans für Seniorinnen und Senioren wurden zwei umfassende Forschungsexpertisen über die österreichische SeniorInnenpolitik durchgeführt und im Jahr 2010 der Endbericht »Alter und Zukunft. Wissen und gestalten. Forschungsexpertise zu einem Bundesplan für Seniorinnen und Senioren« vorgelegt. Er enthält ein eigenes Kapitel, das sich mit der Bedeutung von Bildung und lebenslangem Lernen für Ältere auseinandersetzt. Empfohlen werden u.a. Maßnahmen, die die Verantwortlichen und die Öffentlichkeit für die Zielgruppe und die Wichtigkeit von Bildung im Alter sensibilisieren (Amann 2010, Kolland & Rojatz 2010). Die Ergebnisse aller genannten Berichte flossen in die Verhandlungen der nationalen sozial- und bildungspolitischen Strategien der »LLL:2020-Strategie« (2011) und des »Bundesplans für Seniorinnen und Senioren« (2012) ein. Nach der Jahrtausendwende gab es durch die internationalen und nationalen Bestrebungen einen kontinuierlichen Anstieg an Angeboten für und Forschungsarbeiten über die Zielgruppe Ältere. In den letzten zehn Jahren haben die Vielfalt und die Qualität der Angebote zugenommen. Deutlich zeigt sich das in den vom Sozialministerium seit 2007 regelmäßig ausgezeichneten qualitätsvollen »Good-Practice-Projekten« (Kolland 2005; Kolland & Ahmandi 2010; Kolland et al. 2019).

3.5 Partizipativer Ansatz als Weg aus der Typisierung

Zielgruppen sind und bleiben immer ein Konstrukt derjenigen, die diese definieren. Eine Zielgruppenanalyse bzw. -definition klassifiziert Personen nach bestimmten Merkmalen (z.B. Alter, Geschlecht, Herkunft, Interessen, Ziele). Gleichzeitig werden andere Merkmale vernachlässigt und Individuen somit auf bestimmte Erkennungszeichen reduziert. Es handelt sich stets um eine simplifizierende Betrachtungsweise, die aus bestimmten erwachsenenbildnerischen Begründungen sinnvoll erscheint (Siebert 2006; Hippel et al. 2018, S. 1133). Bremer (2010) hält fest, dass im Fokus stets die Interessen der Einzelnen stehen sollten und es nicht darauf ankommt, Gruppen anhand äußerer Merkmale zu beschreiben, sondern sie als handelnde Gruppen zu begreifen (ebd., S. 3).

BildungsexpertInnen warnen vor einer Stereotypisierung von Teilnehmenden, besonders hinsichtlich des Merkmals Alter. Typenbildungen können von orientierendem Nutzen sein. Es besteht jedoch die Gefahr einer Stigmatisierung aufgrund der Differenzierungsmerkmale (Arnold et al. 2017, Siebert 2006). Zielgruppenzuschreibungen, die typische Altersstereotype und Altersbilder vermitteln, beinhalten die Gefahr defizitärer Zuschreibungen. Der deutsche Altersforscher Andreas Kruse (2011) macht darauf aufmerksam, dass die Heterogenität des Alterns differenzierte Altersbilder erfordert: »Differenzielles Altern braucht differenzierte Altersbilder, die die Vielfalt der möglichen Lebensumstände älterer Menschen widerspiegeln« (ebd., S. 29). Er warnt vor einseitig – negativ oder positiv – überzeichneten Altersdarstellungen und plädiert für eine vermehrte Reflexion von Altersstereotypen. Alter ist laut deutscher Antidiskriminierungsstelle nach wie vor das meistverbreitete Diskriminierungsmerkmal (Deutsches Institut für Menschenrechte 2017, S. 12). Aus der Zugehörigkeit eines Menschen zu spezifischen sozialen Gruppen schließen wir auch auf das (Nicht-)Vorhandensein spezifischer Eigenschaften. Stereotype beeinflussen unsere Wahrnehmung, Deutung und Beurteilung dieses Menschen ebenso wie unser Verhalten in sozialen Interaktionen mit diesem. Holzer (2010) ortet hinter den definitorischen Merkmalen von Zielgruppen zumeist einen Hinweis auf versteckte Defizitzuschreibungen, die auch gesellschaftspolitische Dimensionen haben und strukturell bedingt sind. Ähnlich wie bei defizitären Altersbildern sieht sie speziell Menschen mit wenig Bildungserfahrung durch defizitäre Zuschreibungen zusätzlich benachteiligt: »Bildungsabstinenten Personen wird mit den Defiziten zusätzlich noch der Stempel der ewig Unzureichenden aufgedrückt. Diese verfügen aber über keine Handlungsmöglichkeiten, diese ›Mängel‹ zu beheben, da viele Barrieren strukturell bedingt sind« (ebd., S. 4). Bubolz-Lutz et al. (2010) sehen zudem die Gefahr, dass »einseitige und exklusive« Kurse nur für Ältere auch zu Desintegration führen können. Sie plädieren daher im Sinne eines partizipativen Bildungsverständnisses im Rahmen von Zielgruppenorientierung, Ältere stets in die Planung und Gestaltung miteinzubeziehen.

Typisierungen können auch von Macht und Herrschaftsstrukturen gekennzeichnet sein. Es stellt sich folgende Frage: Wer legt bestimmte Lern- und Bildungsdifferenzierungen und -voraussetzungen fest und warum? Bremer (2010) kritisiert, dass vielen heutigen Zielgruppenkonzepten eine normativ-kritische Perspektive abhandengekommen sei. Im Vordergrund steht zunehmend eine Marktorientierung für zahlungskräftige und bildungsaktive Zielgruppen und Bildungsbenachteiligte treten in den Hintergrund. Er plädiert, die eigentliche Intention des Zielgruppenansatzes, die Aufhebung von Bildungsungleichheiten, stets im Auge zu behalten, um der »Verschärfung von sozialer Selektivität und von (Weiter-)Bildungsungleichheit« entgegenzuwirken (ebd., S. 9).

3.6 Fazit

Im Gegensatz zur beruflichen Erwachsenenbildung orientiert sich die Bildung für Ältere stärker an der Zielgruppe. Für BildungsanbieterInnen stellt sich angesichts der zunehmend divergenten Lebenslagen und Lebensformen Älterer sowie der damit verbundenen divergierenden Bildungsbedürfnisse die Frage nach aktuellen Entwicklungen in der Zielgruppe. Mittels Zielgruppenforschung kann ein differenziertes Bild der Zielgruppe entworfen werden, um qualitätsvolle Konzepte für die jeweiligen Bildungsbedürfnisse zu entwerfen und Chancengleichheit durch Bildungsangebote zu ermöglichen.

Bundesweite strategische Leitlinien haben nicht nur zu einer richtungsweisenden Weiterentwicklung der Bildung im Alter geführt, sondern die einleitend dargestellten Bestrebungen der Zielgruppenorientierung und des Zielgruppenansatzes sowie der Zielgruppenanalyse im Bildungsbereich forciert.

Die durch Zielgruppendarstellungen entstehenden Typisierungen pauschalieren und es besteht die Gefahr der Stigmatisierung, besonders von Älteren. Kategorisierungen Älterer sind daher auf allen Ebenen der Erwachsenenbildung stets kritisch zu reflektieren. Nur dann kann die Zielgruppenforschung ihren vollen Handlungsspielraum in der Bildungsarbeit mit Älteren ausschöpfen.

Literaturverzeichnis

Amann, A. (2010). Alter und Zukunft. Wissen und Gestalten. Forschungsexpertise zu einem Bundesplan für Seniorinnen und Senioren. Endbericht. Wien: BMASK.

Amann, A. (2018). Teilhabe im Alter: Theoretische Konzeptionen, praktische Gegebenheiten. Wien: BMASGK.

Arnold, R., Nuissl, E. & Rohs, M. (2017). Erwachsenenbildung. Eine Einführung in Grundlagen, Probleme und Perspektiven. Hohengehren: Schneider.

Backes, G. & Clemens, W. (2013). Lebensphase Alter. Eine Einführung in die sozialwissenschaftliche Alternsforschung (4. Aufl.). Weinheim, Basel: Beltz-Juventas.

Baumgartner, K., Kolland, F. & Wanka, A. (2013). Altern im ländlichen Raum. Entwicklungsmöglichkeiten und Teilhabepotentiale. Stuttgart: Kohlhammer.

Bremer, H. (2010). Zielgruppen in der Praxis. Erwachsenenbildung im Gefüge sozialer Milieus. In MAGAZIN erwachsenenbildung.at, Ausgabe 10. Wien: erwachsenenbildung.at, BMBF.

Bubolz-Lutz, E., Gösken, E., Kricheldorff, C. & Schrambek, R. (2010). Geragogik. Bildung und Lernen im Prozess des Alterns. Das Lehrbuch. Stuttgart: Kohlhammer.

Bundesministerium für Arbeit, Soziales, Gesundheit und Konsumentenschutz (Hrsg.) (2019). 3. Bericht zum freiwilligen Engagement in Österreich 2019. Wien: BMASGK.

Bundesministerium für Arbeit, Soziales und Konsumentenschutz (2015). Altern und Zukunft. Bundesplan für Seniorinnen und Senioren (4. Aufl.). Wien: BMASK.

Deutsches Institut für Menschenrechte (2017). Altersdiskriminierung und das Recht Älterer auf Freiheit von Gewalt, Misshandlung und Vernachlässigung. Fachgespräche zur Vorbereitung der 8. Sitzung der UN Open Ended Working Group on Ageing (OEWG-A). https://www.institut-fuer-menschenrechte.de/fileadmin/user_upload/Publikationen/Dokumentation/Dokumentation_Fachgespraech_Rechte_Aelterer.pdf. Zugegriffen: 5. Februar 2020.

Dohmen, G. (1996). Das lebenslange Lernen. Leitlinien einer modernen Bildungspolitik. Bonn: Bundesministerium für Bildung, Wissenschaft, Forschung und Technologie.

Figl, B. (2018). Ageism ist allgegenwärtig. Interview mit UN-Expertin Rosa Kornfeld-Matte. Wiener Zeitung. https://www.wienerzeitung.at/nachrichten/welt-europa/weltchronik/1005633_Altersdiskriminierung-ist-allgegenwaertig.html. Zugegriffen: 6. Oktober 2020.

Filla, W. & Vater, S. (2000). Bildung im Alter. In BMSG (Hrsg.), Ältere Menschen – Neue Perspektiven. Seniorenbericht 2000: Zur Lebenssituation älterer Menschen in Österreich (S. 344–365). Wien: BMSG.

Gallistl, V., Wanka, A., Stöckl, C., Müllegger, J. & Kolland, F. (2018). Bildung im Dritten Lebensalter – Erwachsenen- und Weiterbildungsforschung in Österreich. In D. Holzer, B. Dausien, P. Schlögl & K. Schmid (Hrsg.), Forschungsinseln. Beobachtungen aus der österreichischen Erwachsenenbildungsforschung (S. 151–166). Münster: Waxmann.

Heidecker, D. & Hechl, E. (2007). Weiter Bildung im Alter. Positionen und Perspektiven. Arbeitsgruppe Weiter Bildung im Alter. Strobl, Wien: bm:ukk.

Hippel, A. von, Tippelt, R. & Gebrande, J. (2018). Adressaten-, Teilnehmer- und Zielgruppenforschung in der Erwachsenenbildung. In R. Tippelt & A. von Hippel (Hrsg.). Handbuch Erwachsenenbildung/Weiterbildung (6., überarbeitete Aufl.) (S. 1131–1147). Wiesbaden: Springer.

Holzer, D. (2010). Benennen wir doch endlich Defizite! Ein kritischer Kommentar zur Defizitorientierung in Zielgruppendiskussionen. In MAGAZIN erwachsenenbildung.at, Ausgabe 10. Wien: erwachsenenbildung.at, BMBF.

Iller, C. & Wienberg, J. (2010). »Ältere« als Zielgruppe in der Erwachsenenbildung oder Ansätze einer Bildung in der zweiten Lebenshälfte? In MAGAZIN erwachsenenbildung.at, Ausgabe 10. Wien: erwachsenenbildung.at, BMBF.

Kolland, F. (2005). Bildungschancen für ältere Menschen. Ansprüche an ein gelungenes Leben. Wien: LIT-Verlag.

Kolland, F. (2015). Neue Kultur des Alterns. Forschungsergebnisse, Konzepte und kritischer Ausblick. Wien: BMASK.

Kolland, F. & Ahmadi, P. (2010). Bildung und aktives Altern. Bewegung und Ruhestand. Bielefeld: wbv.

Kolland, F., Birke, J., Fassl, A. & Gallistl, V. (2019). Good Practice in der SeniorInnenbildung. Wien: BMASGK.

Kolland, F., Gallistl, V. & Wanka, A. (2018). Bildungsberatung für Menschen im Alter. Stuttgart: Kohlhammer.

Kolland, F. & Klingenberg, H. (2011). Lebenslanges Lernen im späteren Lebensalter. Grundlagen und Begriffsklärung. In A. Waxenegger (Hrsg.), Lernen und Bildung im späteren Lebensalter. Leitlinien und Prioritäten 2020 (S. 17–32). Graz: Universität Graz.

Kolland, F. & Rojatz, D. (2010). Bildung und Lebensbegleitendes Lernen. In A. Amann, Alter und Zukunft. Wissen und Gestalten. Forschungsexpertise zu einem Bundesplan für Seniorinnen und Senioren. Endbericht. Wien: BMASK.

Kraus, K. (2001). Lebenslanges Lernen – Karriere einer Leitidee. Bielefeld: Bertelsmann.

Kruse, A. (2011). Altersbilder im Wandel. In Bundesministerium für Familie, Senioren, Frauen und Jugend: Dokumentation der Konferenz »Altersbilder im Wandel« (S. 12–34.). Berlin: bmfsfj.

Laslett, P. (1995). Das Dritte Alter. Historische Soziologie des Alterns. Weinheim, München: Beltz.

Müllegger, J. (2018). Ältere als Zielgruppe der Erwachsenenbildung: Bedarfe – Entwicklungen – Perspektiven. Befundaufnahme und Empfehlungen von Expertinnen und Experten für die Bildungspraxis. Wien: BMASGK.

Müllegger, J. & Hechl, E. (2021). Nachberufliche Bildung. Sozial- und bildungspolitische Dokumente. Wien: BMSGPK.

Nuissl, E. (2001). Vorbemerkungen zu Lebenslanges Lernen – Karriere einer Leitidee. In K. Kraus Lebenslanges Lernen – Karriere einer Leitidee. Bielefeld: Bertelsmann.

Republik Österreich (2011). Strategie zum lebensbegleitenden Lernen in Österreich. Wien: BMUKK, BMWF, BMASK, BMWJ.

Schlögl, P. (2013). Falstaffs Nase. Oder warum lebenslang nicht zwingend mit Einsperren in Verbindung gebracht werden sollte. In Magazin Erwachsenenbildung, Ausgabe 18. Wien.

Schramek, R., Kircheldorff, C., Schmidt-Hertha, B. & Steinfort-Diedenhofen, J. (2018). Alter(n) – Lernen – Bildung. Stuttgart: Kohlhammer.

Siebert, H. (2006). Lernmotivation und Bildungsbeteiligung. Bielefeld: Bertelsmann.

Simon, G. (2015). Lernen und Bildung als Bausteine für »erfolgreiches« Altern? Ein Beitrag zur Bildung im Alter (LLL). Wien: BMASK.

Simon, G. (2019). Frauen (60+) in Österreich. Fakten, Fragen, Forschungslücken: Grundlagen zum Empowerment. Unter Mitarbeit von Benischke C. Wien: BMASGK.

Statistik Austria (2018). Bevölkerungsprognose 2018: Vorausberechnete Bevölkerungsstruktur für Österreich 2017–2100 laut Hauptszenario. Wien: Statistik Austria.

Statistik Austria (2020a). Bevölkerung nach Alter und Geschlecht. Bevölkerung seit 1869. Wien: Statistik Austria.

Statistik Austria (2020b). Tabellenband EU-SILC 2019. Einkommen, Armut und Lebensbedingungen. Wien: Statistik Austria.

Thomae, H. (1983). Alternsstile und Altersschicksale. Ein Beitrag zur Differentiellen Gerontologie. Bern: Hans Huber.

Tippelt, R. (2019). Teilnehmer- und Zielgruppenorientierung in der Bildungsarbeit mit Erwachsenen – lebensweltliche Perspektiven der Bildungspraxis und der Weiterbildungsforschung. In J. Gebrande, C. Pfrang & G. Frericks, Bildungsangebote für Menschen ab 50 Jahre zielgruppenspezifisch planen. Bielefeld: wbv.

Tippelt, R. & Hippel, A. von (Hrsg.) (2018). Handbuch Erwachsenenbildung/Weiterbildung (6., überarbeitete Aufl.). Wiesbaden: Springer.

Waxenegger, A. namens der Projektgruppe Lernen im späteren Lebensalter (Hrsg.) (2011). Lernen und Bildung im späteren Lebensalter. Leitlinien und Prioritäten 2020. Graz: Universität Graz.

4 Frauen 60+ als Zielgruppe. Überlegungen und Vorschläge zur Gestaltung von Bildungsangeboten

Gertrud Simon

Zusammenfassung

Dieser Beitrag skizziert in der Einleitung den historischen Stellenwert von Lernen und Bildung für die Gleichstellung der Geschlechter und die heutige Bedeutung spezifischer Bildungsangebote für ältere Frauen (60+ Jahre) in der nachberuflichen Lebensphase (laut Statistik Austria 2020: 14,01 % der österreichischen Bevölkerung). Dazu stellt er wichtige bildungspolitische Maßnahmen der letzten Jahrzehnte dar. Anschließend werden Pro und Kontra des Zielgruppenkonzepts für diese Bevölkerungsgruppe diskutiert und am Beispiel zentraler Themen und Fakten zur Lebenssituation älterer Frauen Diversität und gemeinsame Problemfelder aufgezeigt. Auf dieser Basis werden praxisbezogene Vorschläge für die didaktisch-methodische Gestaltung von Bildungsangeboten beschrieben und vor dem Hintergrund der Strategie zum lebensbegleitenden Lernen (Republik Österreich 2011) Perspektiven entwickelt.

4.1 Einleitung

Leben heißt lernen. Der Bedarf an Lernen und Bildung ist an kein Alter oder Geschlecht gebunden. In einer Zeit des langen Lebens und des schnellen gesellschaftlichen Wandels, wie wir ihn gegenwärtig erleben, sind alle älteren Menschen doppelt gefordert: sich einerseits mit dem eigenen Alterungsprozess und der Lebensgestaltung in der nachberuflichen Lebensphase *und* andererseits mit den sich schnell verändernden Umweltbedingungen (z. B. Digitalisierung) auseinanderzusetzen. Auch genderspezifische Aspekte spielen dabei eine wichtige Rolle (Kolland et al. 2016, S. 14). Mit der »besonderen Lage« (Kolb 2010) von älteren Frauen in Österreich und den Möglichkeiten des lebensbegleitenden Lernens wird sich der folgende Beitrag befassen.

Fragen zu Alter und Geschlecht werden in der gerontologischen Literatur des angloamerikanischen Raums seit den 1980er Jahren verzeichnet (Hartung 2005, S. 10). Auch in Europa bzw. im deutschsprachigen Raum beginnt die Auseinandersetzung mit Alter und Geschlecht und genderspezifischen Altersbildern etwa in dieser Zeit (Backes 1983; Lehr 1987; Höpflinger 1994; Simon & Haring 1999; Dausien 2001; Maierhofer 2003).

Historisch gesehen gehörte die gleichberechtigte Teilhabe an Bildung zu den frühen Forderungen emanzipierter Frauen seit der Aufklärung und Französischen Revolution im 18. Jahrhundert (Petersen 1989). Die Erste Frauenbewegung des 19. Jahrhunderts wollte *auch* über Bildung die gesellschaftliche Gleichstellung der Frau, ihre persönliche Entwicklung und ihre beruflichen Möglichkeiten für eine unabhängig gesicherte Existenz verbessern. In den USA und in vielen Ländern Europas kämpften damals Frauen für diese Ziele, in Österreich als Pionierinnen z. B. Marianne Hainisch, Auguste Fickert und Marie Schwarz (Weiland 1983; Flich 1992; Simon 1993). 1897 wurden in Wien und Graz erstmals Frauen als ordentliche Hörerinnen zum Studium zugelassen, erst ab 1919 durften sie in Österreich wählen und öffentliche Gymnasien besuchen (Weiland 1983; Heindl & Tichy 1990; Feigl 2016).

Die Zweite oder Neue Frauenbewegung des 20. Jahrhunderts griff auch in Österreich seit den 1970er Jahren die zentrale Bedeutung des Faktors Bildung im Diskurs um Geschlechtergerechtigkeit wieder auf, um Frauen zu stärken und ihnen ihre Kompetenzen bewusst zu machen. Im Umkreis der autonomen Frauenbewegung gründeten damals (meist) junge Frauen Gesprächskreise, in denen sie nach dem Motto »Das Private ist politisch« ihre persönliche Betroffenheit und Alltagserfahrungen austauschten, gesellschaftliche Machtverhältnisse kritisierten und ihre Forderungen zur Veränderung formulierten (Feigl 2016, S. 8; Zach 2003). Es ging darum, im Diskurs mit anderen einerseits »den eigenen Weg zu suchen« (Simon 1986) und andererseits gemeinsam gesellschaftliche Veränderungen zu bewirken.

Vor diesem Hintergrund entwickelte sich eine neue, weniger traditionelle Frauenbildung, bezogen auf veränderte Rollenbilder, orientiert an Biografie, Alltagswelt und spezifischen Problemlagen besonderer Gruppen in verschiedenen Lebensphasen und sozialen Situationen (z. B. Alleinerziehende). Ähnlich wie in Deutschland (Schiersmann 1994, S. 152) öffneten sich in Österreich Einrichtungen der Erwachsenenbildung aller Couleurs, trotz mancher Widerstände, zunehmend den Anliegen der Frauen und boten z. B. das Seminarmodell »Selbstbewusstsein kann man lernen« an, von Johanna Dohnal als Staatssekretärin für Frauenangelegenheiten gefördert (Feigl 2016). Die Probleme jüngerer Frauen und Mütter standen im Mittelpunkt, Themen des Älterwerdens spielten bis zu diesem Zeitpunkt kaum eine Rolle.[1]

Seit der Jahrtausendwende wächst jedoch das Bewusstsein, dass auch die Dimension Alter im Zusammenhang mit Gleichstellung und Bildung wichtig ist. Für diese Thematik setzte die Abteilung für Seniorenpolitische Grundsatzfragen des österreichischen Sozialministeriums wesentliche Schritte. 2002 fand in Wien die Tagung »Chancengleichheit älterer Frauen in Österreich« statt (Bundesministerium für Soziale Sicherheit und Generationen 2002a). In der Broschüre »Unsere Politik für alle Generationen. Strategien und best practices der österreichischen Seniorenpolitik« (Bundesministerium für Soziale Sicherheit und Generationen 2002b) fand im selben Jahr die Chancengleichheit älterer Frauen erstmals Eingang in eine offi-

1 Die Entwicklung der Frauenbildung im Rahmen der österreichischen Erwachsenenbildung ist allerdings bisher wenig systematisch erforscht und dokumentiert.

zielle Publikation zur SeniorInnenpolitik. Im Jahr 2004 wurden die europäische MERI-Studie (Stiehr 2004), ein vergleichender Bericht zum Forschungsstand über Lebenslagen älterer Frauen in Europa, durchgeführt sowie die Studie »Die Lebenssituation älterer Frauen in Österreich« publiziert (Giedenbacher & Strümpel 2004). Im folgenden Jahr fand dazu ein Expertinnenworkshop statt (Giedenbacher & Strümpel 2005). 2006 enthielt der Vortrag an den Ministerrat zum SeniorInnenplan, der einstimmig angenommen werden sollte, erstmals die Lebenssituation älterer Frauen als eigens zu behandelndes Thema. Es folgte die Studie »Gender Mainstreaming in der Politik für Seniorinnen und Senioren« (Strümpel 2007). Die Forschungsexpertise zum BundesseniorInnenplan hob die kumulative Benachteiligung älterer Frauen mit Hinweis auf den österreichischen EU-SILC 2008 hervor (Kolb 2010). Der Bundesplan für Seniorinnen und Senioren von 2012 behandelt in Kapitel 6 »Alter- und Genderfragen: Die besondere Lage älterer Frauen« (Bundesministerium für Arbeit, Soziales und Konsumentenschutz 2012).

Die Erkenntnisse sollten Eingang in die Bildungsarbeit finden. Einige Workshops, die das Sozialministerium gemeinsam mit dem Bundesinstitut für Erwachsenenbildung (bifeb) zum Thema »Bildung im Alter« durchführte, widmeten sich zwischen 2008 und 2013 der Genderfrage: »Ältere Frauen – neue Bilder, neue Wege«, »Ältere Frauen – zwischen Tradition und Moderne« und »Bildungschancen für ältere Frauen«. Der Bundesplan für Seniorinnen und Senioren (2012) enthält die Thematik in Kapitel 3.5 und 3.6. In der Strategie zum lebensbegleitenden Lernen in Österreich (Republik Österreich 2011) werden »Gender und Diversity« unter den vier Grundprinzipien der Aktionslinien ausdrücklich genannt.

Anschließend an die Studie »Die Lebenssituation älterer Frauen in Österreich« von Giedenbacher und Strümpel (2004) wurden in einem folgenden Forschungsprojekt von 2017 bis 2019 damalige Fragestellungen wieder aufgegriffen und erweitert, diesmal bezogen auf Frauen in der nachberuflichen Lebensphase. Für diese Literaturstudie »Frauen (60+) in Österreich. Fragen, Fakten, Forschungslücken. Grundlagen zum Empowerment« (Simon & Benischke 2019) wurde in wissenschaftlichen Publikationen[2] zum Thema recherchiert, die Ergebnisse analysiert und die Situation anhand aktueller Daten und Berichte quantitativ und qualitativ dargestellt. Die Ergebnisse fließen in diesen Beitrag ein, wurden zum Teil ergänzt und aktualisiert.

2 Zu den untersuchten Quellen gehörten v. a. Publikationen von österreichischen Ministerien, z. B. Frauenbericht (2010), Aktionsplan Frauengesundheit (2017), zahlreiche Berichte des Sozialministeriums wie der 2. Freiwilligenbericht (2015), Veröffentlichungen der Statistik Austria 2015–2018 wie z. B. die Gender-Statistik und der EU-SILC 2016, die IFES-Studie zur Lebensqualität (2010) und weitere sozialwissenschaftliche Studien.

4.2 Vorüberlegungen zur Bildungsarbeit mit Frauen in der nachberuflichen Lebensphase

In den 1970er Jahren wurde Zielgruppenorientierung generell *das* Thema emanzipatorischer Erwachsenenbildung, um nicht nur den Bildungseliten, sondern breiteren Bevölkerungsgruppen durch spezifische Angebote einen besseren Zugang zur Weiterbildung zu öffnen. Heute stellt sich die Frage, ob dieses Konzept auch für die Bildungsarbeit mit Frauen in der nachberuflichen Lebensphase geeignet ist.

Pro und Kontra einer zielgruppenorientierten Bildungsarbeit

Vier Grundprinzipien, an erster Stelle »Gender und Diversity« (Republik Österreich 2011, S. 10), und fünf Leitlinien liegen der Strategie zum lebensbegleitenden Lernen zugrunde. Die beiden ersten der fünf Leitlinien heißen »Lebensphasenorientierung« und »Lernende in den Mittelpunkt stellen« (Republik Österreich 2011, S. 9). Damit werden zentrale didaktische Prinzipien der Pädagogik und Erwachsenenbildung angesprochen, über die heute fachlicher Konsens besteht. Von diesen Leitlinien ausgehend soll hier die Verbindung zum Konzept der Zielgruppenorientierung hergestellt und darüber nachgedacht werden, was dieses für die Bildungsarbeit mit Frauen in der nachberuflichen Lebensphase leisten kann. Das Konzept wird zwar kontrovers diskutiert, ist aber in Forschung und Praxis, auch für die Bildung älterer Menschen, immer noch bzw. wieder sehr aktuell (Müllegger 2018). Kritisch bemerkt wird einerseits, dass Teilnehmende nicht selbstverständlich durch ein ähnliches kalendarisches Alter oder durch ihre Geschlechtszugehörigkeit eine homogene Gruppe sind, sondern vielmehr durch verschiedene soziale Einflussfaktoren eine jeweils höchst heterogene Gruppe bilden. Andererseits wird argumentiert, es gehe auch im Zielgruppenkonzept darum, unter Teilnehmenden Gemeinsamkeiten und Unterschiede zu thematisieren und die Diversität produktiv zu nutzen (Simon 2007).

Um über Zielgruppenarbeit mit älteren Frauen, über Inhalte und Methoden weiter nachdenken zu können, braucht es Erkenntnisse über »unsichtbare« Gruppen der Gesellschaft (Hamann 2008). Am 1. Jänner 2020 lebten in Österreich 8.901.064 Menschen, 2.259.262 davon waren 60 Jahre und älter (Männer 11,36 %, Frauen 14,01 % der Gesamtbevölkerung), wobei die Lebenserwartung von Frauen um fast fünf Jahre höher ist als die der Männer (84,2 vs. 79,5 Jahre ab Geburt) (Statistik Austria 2020).

Frauen in der nachberuflichen Lebensphase sind allein vom Alter her eine vielfältige Gruppe. Sie unterscheiden sich in vielerlei Hinsicht und sind doch auch von gemeinsamen Problemen betroffen. Differenzen ergeben sich durch ihre individuelle Biografie und eine Reihe von sozialen Dimensionen, z. B. Lebensabschnitt, Bildungsgrad, Familienstand, Einkommen, früherer Beruf, ethnische Zugehörigkeit, religiöses Bekenntnis, Wohnsituation und Wohnortgröße, sexuelle Orientierung und körperliche/psychische Gesundheit.

Es kann also einerseits um Bildungsangebote gehen, die möglichst viele Adressatinnen in der nachberuflichen Lebensphase ansprechen, oder andererseits um solche, die auf spezielle Gruppen von Teilnehmerinnen und deren spezifische Interessen zugeschnitten sind. Bei der Entscheidung, ob die Zielgruppe weiter zu differenzieren ist, hilft die Orientierung am jeweiligen Bildungsziel der Veranstaltung und an der Strategie zum lebensbegleitenden Lernen in Österreich. Hier erscheinen zur »Bereicherung der Lebensqualität durch Bildung in der nachberuflichen Lebensphase« (Republik Österreich 2011, S. 42) neben dem Grundprinzip »Gender und Diversity« die beiden ersten der fünf strategischen Leitlinien, nämlich »Lebensphasenorientierung« und »Lernende in den Mittelpunkt stellen«, besonders wichtig (Republik Österreich 2011, S. 10). Eine vorbereitende Recherche unter Adressatinnen und eine kooperative Planung können wichtige Informationen liefern und zur Entscheidung beitragen.

Die Zielgruppe Frauen (60+) in Österreich

Um sich mit den Themen, Anliegen und Bildungsbedürfnissen von Frauen in der nachberuflichen Lebensphase zu befassen, ist im Voraus zu fragen: Welche Fakten, Daten und Tendenzen kennzeichnen diese wenig beachtete Bevölkerungsgruppe insgesamt? Unter welchen Bedingungen leben diese Frauen durchschnittlich, was ist ihre »besondere Lage« (Kolb 2010, S. 105 ff.) und mit welchen Differenzen ist zu rechnen? Von welchen gemeinsamen Themen können sie allgemein betroffen sein?

In der oben erwähnten Literaturstudie (Simon & Benischke 2019) wurden am Beispiel Österreichs exemplarisch für elf zentrale Themenbereiche Wissen und Wissenslücken über Frauen in der nachberuflichen Lebensphase behandelt. Für eine Reihe von Themenbereichen (Altersbilder und Geschlechterrollen, demografische Struktur, gesellschaftliche Teilhabe und freiwilliges Engagement, sozioökonomische Situation, Arbeit und Übergang in die Pension, Gesundheit, Lebensqualität und soziale Beziehungen, Betreuung und Pflege, Lernen und Bildung, Generationenbeziehungen sowie Informations- und Kommunikationstechnologien) wurden Gemeinsamkeiten und Diversität, Potenziale und Defizite untersucht. Im folgenden Abschnitt werden ausgewählte Ergebnisse aus den Dimensionen Bildung, sozioökonomische Lage, Gesundheit, Lebensqualität, Freiwilligenarbeit und digitale Kompetenz zusammengefasst, referiert und durch aktuelle Daten ergänzt.

Zur Bildung: Frauen in Österreich als Gewinnerinnen der Bildungsexpansion

Im Bereich der formalen Bildung zeigten sich insgesamt überaus positive Entwicklungen in Richtung Gleichstellung der Geschlechter: Im Zuge der 5. und der 7. Schulorganisationsnovelle (1975; 1982) und durch die Bildungsexpansion im letzten Drittel des 20. Jahrhunderts nahm seit dem Geburtsjahrgang 1950 der Anteil von Frauen mit höchstens Pflichtschulabschluss ständig ab. Seit dem Geburtsjahrgang 1960 absolvierten mehr Frauen als Männer tertiäre Bildung an Hochschulen und Universitäten, allerdings mit genderspezifischer Studienwahl (eher geisteswissenschaftliche, seltener technische Studien). An *beruflicher* Weiterbildung nehmen über die Lebensspanne gesehen zwar Männer noch häufiger als Frauen teil, insgesamt ältere Personen seltener als jüngere, aber die Beteiligung von Frauen der Altersgruppe von 55 bis 64 Jahren an nonformaler Bildung wächst. Noch wenig wirkte sich die positive Entwicklung auf die Altersgruppe der Frauen über 65 Jahre aus, von denen 2016 laut Statistik Austria/EU-SILC noch 41 % (Männer 19 %) maximal Pflichtschulabschluss hatten (Simon & Benischke 2019, S. 62 ff.). Im Jahr 2019 absolvierten noch 20,9 % der weiblichen (15,1 % der männlichen) Bevölkerung zwischen 25 und 64 Jahren höchstens die Pflichtschule (Statistik Austria 2019).[3]

Zur sozioökonomischen Lage: trotz besserer Bildung oft in prekären Verhältnissen

Für die Lebensqualität im Alter spielen neben Bildung weitere Faktoren eine gravierende Rolle. So sind Frauen im Alter, teilweise trotz guter Ausbildung, deutlich schlechter ökonomisch abgesichert als Männer. Unterbrechungen und Teilzeitarbeit wegen familiärer Sorgeleistungen bei mangelnder Vereinbarkeit von Beruf und Familie prägten ihre Berufslaufbahn. Dabei bestimmen das Einkommen in der Aktivzeit und das faktische Pensionsantrittsalter die Höhe des Alterseinkommens. Frauen blicken im Ruhestand einerseits häufiger auf Berufe in Niedriglohnbranchen zurück, andererseits erhielten sie, außer im öffentlichen Dienst, oft geringere Gehälter als ihre männlichen Kollegen, auch bei Berücksichtigung des Ausmaßes der Beschäftigung (Simon & Benischke 2019, S. 27 ff.). Das hat Auswirkungen auf die Höhe der Pensionen. Trotz Verbesserungen liegt der Gender-Pay-Gap immer noch mit 22,2 % über dem EU-Durchschnitt. Frauen erhalten 38 % weniger Pension als Männer (Medianwert: Männer 1.736 und Frauen 909 Euro/Monat) (Hauptverband der Österreichischen Sozialversicherungsträger 2019).

Zur Gesundheit: im Alter häufiger von chronischen Krankheiten betroffen

Frauen in Österreich (Lebenserwartung 84,2 Jahre bei der Geburt) leiden im Vergleich zu Männern (79,5 Jahre) im Alter eher an mehreren chronischen Krankheiten. Zwar verbesserte sich der subjektive Gesundheitszustand aller befragten Menschen in den vergangenen Jahrzehnten, aber es zeigten sich laut EU-SILC 2016 (European Statistic on Income and Living Conditions) (Statistik Austria 2017) genderspezifische Unterschiede, die sich mit zunehmenden Lebensjahren noch verstärken. Obwohl Frauen gesundheitsbewusster leben und sich risikoärmer verhalten, sind sie laut Selbsteinschätzung *und* ärztlichen Diagnosen stärker von gesundheitlichen Einschränkungen betroffen als Männer. Verschiedene Gründe dafür werden diskutiert. Insgesamt zeigt sich ein deutlicher Zusammenhang der Ge-

3 Leider beziehen sich die Ergebnisse des Adult Education Survey (AES) 2016/17 zur nonformalen Weiterbildung nur auf die Altersgruppe 25 bis 64 Jahre (Statistik Austria 2018, S. 25). Auch die PIAAC-Erhebung zu Schlüsselkompetenzen erfasst nur die Altersgruppe 16 bis 65 Jahre (Statistik Austria 2014).

sundheit mit dem Bildungsgrad, der sozialen Situation und dem Einkommen (Simon & Benischke 2019, S. 37ff.).

Zur Pflege und Betreuung im Alter: überwiegend Frauen als Pflegende und Gepflegte

Frauen sind in mehrfacher Hinsicht vom Thema Pflege und Betreuung betroffen: als häufig alleinstehende Frauen, die im Alter auf Hilfe angewiesen sind, *und* als selbst Betreuende und Pflegende, professionell und privat. Als Partnerinnen, Töchter und Schwiegertöchter übernehmen sie häufiger die familiäre Pflege, vielleicht unterstützt von ambulanten Diensten und (ausländischen) Hilfskräften. Viele pflegende Töchter sind doppelt gefordert: Die einen stehen noch mitten im Beruf, die anderen sind schon pensioniert, aber oft gleichzeitig bei Enkelkindern oder im freiwilligen Bereich engagiert. Dabei stellen die Diagnosen Demenz und Depression besondere Herausforderungen für die Betroffenen und die Betreuenden dar. Oft sind pflegende Angehörige selbst schon betagt, körperlich und seelisch überlastet (Simon & Benischke 2019, S. 54ff.). Sie nehmen Informations- und Beratungsangebote häufig zu wenig an.

Zur Freiwilligenarbeit: auch hier geschlechtsspezifische Muster

Fast die Hälfte von Österreichs Frauen und Männern (46%) sind formell oder informell freiwillig engagiert. Frauen beteiligen sich eher im Sozial-, Gesundheits- und Bildungsbereich, in kirchlichen Einrichtungen oder informell (z.B. in der NachbarInnenschaftshilfe), Männer in der Katastrophenhilfe bzw. bei Rettungsdiensten, in politischen Parteien und dem Sportsektor. Die höchste Beteiligungsquote im informellen Bereich weist die Altersgruppe der 60- bis 69-jährigen Frauen auf (Simon & Benischke 2019, S. 20ff.). Der dritte Bericht zum freiwilligen Engagement (BMASGK 2019) zeigt zwischen 2012 und 2019 die zunehmende Beteiligung von Frauen auch im *formellen* Bereich. In der Altersgruppe der 60- bis 69-Jährigen sind gleich viele Frauen wie Männer freiwillig in Organisationen tätig (BMASGK 2019, S. 17f.). Insgesamt werden noch bestehende Unterschiede im Engagement zwischen den Geschlechtern durch die ungleiche Verteilung von bezahlter Erwerbs- und unbezahlter Haus- und Familienarbeit geprägt. Informelle Leistungen von Frauen werden seltener als die von Männern wahrgenommen und gesellschaftlich anerkannt (Simon & Benischke 2019, S. 20ff.). Generell wirkt sich Freiwilligenarbeit positiv auf die psychosoziale Gesundheit aus, stärkt persönliche und soziale Ressourcen und trägt zum Erwerb von Fähigkeiten bei (Kolland & Oberbauer 2017).

Zur digitalen Kompetenz: in bildungsfernen Schichten deutliche geschlechtsspezifische Unterschiede

Digitale Kompetenz und die entsprechende technische Ausstattung sind wichtige Grundlagen für ein aktives und selbstbestimmtes Leben. Die Unterschiede sind bei

Frauen und Männern mit hohen Bildungsabschlüssen eher gering, bei Personen mit niedriger Bildung eher stark ausgeprägt. Ältere Frauen aus bildungsbenachteiligten Schichten gehören zu jenen Bevölkerungsgruppen, die digitale Medien am seltensten nutzen. Mangelnde Kompetenzen im Umgang mit digitalen Medien erschweren die Bewältigung des Alltags und die gesellschaftliche Teilhabe bildungsferner älterer Frauen (Simon & Benischke 2019, S. 75 ff.). Neue Erhebungen der Statistik Austria zeigen, dass 2018 das Internet von 88 % der 16- bis 74-Jährigen genutzt wurde und sich die Nutzungsgewohnheiten von Männern und Frauen tendenziell angleichen. Unter den 65- bis 74-Jährigen ist der Anteil der »OfflinerInnen« bei Frauen (47 %) noch deutlich höher als bei Männern (32 %). Auch die Merkmale Ausbildungsniveau und Lebensunterhalt wirken sich signifikant auf die Nicht-Nutzung des Internets aus (Statistik Austria 2019, S. 17 f.).

Zur Lebensqualität: geringer durch soziale Risikofaktoren

Zur Lebensqualität und sozialen Beziehungen befragt, bezeichnen sich die meisten älteren Menschen in Österreich als überwiegend zufrieden. Laut EU-SILC 2016 und Aktionsplan Frauengesundheit 2017 sehen sich Frauen v. a. ab dem 75. Lebensjahr hinsichtlich der Gesundheit, der Mobilität und der finanziellen Ressourcen in ihrer Lebensqualität stärker beeinträchtigt als Männer. Sie wohnen mit steigendem Alter immer häufiger allein, sind verwitwet, geschieden oder haben immer als Single gelebt. Dies bedeutet nicht unbedingt, dass sie unter Einsamkeit leiden. Aber umso wichtiger sind andere soziale Beziehungen (Familie, FreundInnen, NachbarInnen) und darüber hinaus gehende soziale Kontakte für die objektive und subjektive Lebensqualität (Simon & Benischke 2019, S. 46 ff.). Hier können Angebote des lebensbegleitenden Lernens in der nachberuflichen Zeit eine wichtige Rolle spielen.

Zwischenfazit

Zur Lebenssituation älterer Frauen zeigten sich positive Entwicklungen und Tendenzen, aber auch nach wie vor problematische Themenfelder, die eng miteinander verbunden sind. Bildungsstand und Erwerbsbeteiligung sind Bereiche, in denen sich im Schnitt die Unterschiede zwischen den Geschlechtern verringerten. Sogar bei der Internetnutzung holen Frauen mit höheren Schulabschlüssen auf. Umso deutlicher wird der Bedarf an niederschwelligen und innovativen Weiterbildungsangeboten in der nachberuflichen Lebensphase. Die große Bedeutung von lebensbegleitendem Lernen für die Faktoren Gesundheit, Einkommen, freiwilliges Engagement, gesellschaftliche Teilhabe und soziale Beziehungen – und damit für die objektive und subjektive Lebensqualität (Amann et al. 2010) – weist auf die besonderen Probleme bildungsferner Frauen hin. Als »roter Faden« durchzieht das Thema der genderspezifischen Arbeitsteilung den gesamten Lebenslauf aller Schichten. Ein großer Teil älterer Frauen lebte im Spannungsfeld von mehrfachen Belastungen zwischen Erwerbsarbeit, Familien- und Freiwilligenarbeit. Der Mangel an monetärer und gesellschaftlicher Anerkennung ist immer noch ein Hauptproblem, das sich auf viele Bereiche auswirkt: auf die Gesundheit, die ökonomische Situation im Alter, auf

Pflege und Betreuung, auf soziale Beziehungen und gesellschaftliche Teilhabe. Wer für ältere Frauen und mit ihnen Projekte entwickeln und durchführen will, sollte die oben beschriebenen Fakten kennen und sich mit möglichen Perspektiven befassen.

4.3 Gestaltung von Bildungsangeboten für/mit Frauen (60+)

Frauen sind bei einer um rund fünf Jahre längeren Lebenserwartung in besonderer Weise von den Herausforderungen des Alters betroffen. Weiterbildung stellt eine Chance dar, die verschiedenen Phasen des Alterns und die damit verbundenen Herausforderungen auch im Sinne der gerontologischen Kompetenztheorie in einem »Balanceakt« (Baltes 2007) gut zu meistern. Im Alter und für das Altern zu lernen (Kade 2007), bedeutet deshalb für sie, sich über altersrelevante Themen zu Gesundheit und Prävention, zu Pflege und Betreuung, zu Wohnen im Alter, zu freiwilligem Engagement, zu Umgang mit digitalen Medien und vielem mehr zu informieren. *Und* es bedeutet immer auch »persönliche Entwicklungsarbeit« (Haug 2011) durch »Selbstaufmerksamkeit« (Amann et al. 2010, S.64), nämlich Auseinandersetzung mit dem neuen Lebensabschnitt und der Begrenztheit des Lebens. Bildungsprojekte mit älteren Frauen könnten in diesem Sinn auch persönliche Entwicklungsarbeit unterstützen, für die im bisherigen Leben durch die Mehrfachbelastung wenig Platz war.

Übergänge im Älterwerden als Impulse zur Neuorientierung

Die genaue Kenntnis der besonderen Lebenszusammenhänge, der gesellschaftlichen Rahmenbedingungen einer Gruppe und ihrer inneren Diversität, wie sie für ältere Frauen oben skizziert wurden, bildet immer die Basis für die Entwicklung und Ausschreibung von zielgruppenorientierten Angeboten. Bei Menschen, die schon ein langes Leben in verschieden Abschnitten oder »Stufen« (Erikson 1980) hinter sich haben, ist es sinnvoll, typische Lebensereignisse zu beachten, die im Alter individuelle Anpassungsleistungen verlangen und die als zentrale Themen problemorientiert angesprochen werden können. Lebensereignisse in der zweiten Lebenshälfte, die Lernanlässe darstellen, können z. B. sein: Geburt des ersten Enkelkindes, Ende der Erwerbstätigkeit, Übergang in die nachberufliche Lebensphase, Diagnose einer eigenen ernsten Erkrankung, Eintritt der Pflegebedürftigkeit eines Elternteils oder des/der PartnerIn, Verlusterfahrungen in der Familie oder im FreundInnenkreis, Übergabe des Hauses/des Betriebs, Einzug in eine Pflegeeinrichtung (Kricheldorff 2018). Viele dieser Ereignisse haben genderspezifische Aspekte. Sowohl die Betreuungsarbeit in der Rolle als Großmutter als auch die Pflegearbeit in der Partnerschaft oder die der Eltern/Schwiegereltern betrifft Frauen besonders. Auch andere einschneidende Erlebnisse, Übergänge oder Statuspassagen können als belastend, als ambivalent oder als Chance erlebt werden. In jedem Fall verlangen sie von den Betroffenen Neuorientierung und Anpassung (Kricheldorff 2018; Kolland 2005; Simon 2012).

So stellt z. B. der Übergang in die nachberufliche Lebensphase für viele Menschen ein kritisches Lebensereignis dar. Wie er bewältigt wird, hängt von verschiedenen Faktoren ab: vom eigenen körperlichen Befinden, von der Art des Berufs, der vorherigen Berufszufriedenheit, von den Erwartungen an die folgende Lebenszeit, von den ökonomischen Bedingungen, vom psychischen Befinden der/des Betroffenen, von den sozialen Beziehungen und nicht zuletzt vom eigenen Altersbild (Simon 2012). Gespräche mit anderen Frauen können in dieser Lebenssituation die eigene Perspektive erweitern, um den kommenden oder gegenwärtigen Lebensabschnitt bewusst zu gestalten. Angebote für Bildung, Begleitung und Beratung können dazu beitragen, Perspektiven zu entwickeln und zu überlegen, was man vielleicht noch lernen möchte (Kolland et al. 2018). Gerade im ländlichen Raum zeigten befragte Frauen ein deutlich höheres Interesse (33 %) als Männer (25 %) daran, versäumte Bildung nachzuholen (Baumgartner et al. 2013).

Kooperative Planungsarbeiten

Was ergibt sich daraus für die Planung von Angeboten für ältere Frauen? Kann man so etwas wie didaktische »Wegweiser« für Angebote und Bildungsprozesse mit ihnen formulieren? Ältere Frauen selbst nennen in qualitativen Interviews Ziele bzw. Motive ihrer Bildungsbeteiligung: Sie möchten Bildung nachholen, Defizite ausgleichen, den eigenen Wissenshorizont erweitern, am sozialen Leben teilhaben und mitwirken, Alltagskompetenzen erhalten und neue erwerben, gesellschaftliche Entwicklungen beurteilen und sich mit dem eigenen Leben auseinandersetzen (Haring et al. 2012).

Nach meiner langjährigen Erfahrung als Erwachsenenbildnerin in der Entwicklung, Planung und Durchführung von Seminaren für ältere Frauen können Impulse für die Entwicklung eines Bildungsprojekts sehr unterschiedlich sein: Ein »brennendes Thema« aus einem bestimmten Themenbereich scheint Planenden zunächst aufgrund von eigenen Beobachtungen, Rückmeldungen, kritischen Analysen, wissenschaftlicher Literatur, Medienberichten oder Evaluationen wichtig. Wer für und mit Seniorinnen Bildungsangebote entwickeln möchte, die sie wirklich ansprechen und motivieren, sich zu beteiligen, wird einige Adressatinnen in eine Planungsgruppe einbeziehen, die ihre Ideen für die Ausschreibung und Feinplanung einbringen können. Gemeinsam wird man sich überlegen, welche Potenziale und Problemlagen künftige Teilnehmerinnen vermutlich mitbringen, welche Unterschiede zwischen ihnen zu erwarten sind und wie man methodisch mit der Vielfalt umgehen will. Diese *planende und vorbereitende Erkundung* vor dem Hintergrund unterschiedlicher Lebenssituationen von Adressatinnen ist wichtig, um Themen schärfen und im Prozess auf die Diversität von Teilnehmenden eingehen zu können.

Didaktisch-methodische Gestaltung[4]

Vor Jahrzehnten wurden junge Frauen trotz unterschiedlicher Lebenskonzepte, wie oben beschrieben, in Gesprächskreisen und Frauenforen bestärkt, zu Veränderungen im eigenen Leben motiviert und zu politischen Aktionen angeregt. Das Gefühl der gemeinsamen Betroffenheit wird heute bei den Älteren nach einem langen Leben möglicherweise nicht mehr so leicht zu finden sein. Deshalb benötigt gerade die Bildungsarbeit mit Seniorinnen speziell ausgebildete ModeratorInnen, die sich mit dem eigenen Altersbild und den Lebenssituationen älterer Frauen auseinandergesetzt haben. Für die methodische »Feinarbeit« brauchen sie *moderierende Gesprächsmethoden*, die jeder einzelnen Teilnehmerin die Möglichkeit geben, ihren persönlichen Zugang zum Thema zu finden, aktiv zu werden, mit eigenen Meinungen und biografischen Erfahrungen ernst genommen zu werden und Wertschätzung zu erfahren (vgl. Brünner et al. 2006). Gleichzeitig brauchen sie aber neben der *eigenen* Erfahrung die Auseinandersetzung mit der *anderer* Menschen. Und bei vielen Themen sind sachliche, wissenschaftlich begründete und praxisbezogene Informationen wichtig. Nur so können sich fundierte Meinungen bilden und im Sinne des Empowerments gemeinsame Strategien der Veränderung entwickeln.

Methodische Erfahrungen der Pädagogik/Erwachsenenbildung, wie Vielfalt produktiv werden kann, erweisen sich auch bei diesen Adressatinnen als sinnvoll: So gilt es, die individuellen biografischen Erfahrungen einzubeziehen, bei Bekanntem anzuknüpfen, die Diversität unter den Teilnehmerinnen in allen Phasen wahrzunehmen, den Lernprozess als gemeinsame Aufgabe zu sehen, die Kompetenzen der Teilnehmerinnen zu nutzen, Kontakte anzuregen, Erfahrungsaustausch und wertschätzende Kommunikation zu fördern, Methoden der inneren Differenzierung (z. B. Kleingruppen) anzuwenden, zu kritischen Sichtweisen anzuregen und Information über Fakten zuzumuten (Simon 2007). Diese Prinzipien decken sich mit Vorschlägen für eine alters- und gendersensible Didaktik (Brünner et al. 2006). Differenzielle Bildung und biografisches Lernen werden gerade für ältere Teilnehmende immer wieder als wichtig bezeichnet (Dausien 2001; Kade 2007; Bubolz-Lutz et al. 2010, S. 129).

Auch integrative Lernmodelle der humanistischen Psychologie beachten den Biografiebezug, wie auch im Modell des »Living Learning« der themenzentrierten Interaktion nach Cohn (Farau & Cohn 1984). Um engagiert lernen zu können, werden Teilnehmende hier angeleitet, vier Aspekte zu beachten: sich mit Inhalten auseinanderzusetzen, die individuellen Bezüge einzubringen, Erfahrungen mit anderen auszutauschen und neue Sichtweisen zu entwickeln und diese Aspekte im Kontext der Rahmenbedingungen von Gesellschaft und Umwelt zu reflektieren (Farau & Cohn 1984, S. 352 ff.).

4 Siehe auch den Beitrag Geragogik von Simon und Stöckel, ▶ Kap. 5.

Beispiel eines Bildungsprojekts zum Umgang mit digitalen Medien

Nehmen wir an, dass sich eine Seniorin entschlossen hat, an einem Seminar zum Gebrauch von Tablets und Smartphones teilzunehmen, um nicht immer auf die Hilfe ihrer Enkel angewiesen zu sein. Wie auch immer die gesamte Lerngruppe zusammengesetzt ist, jede Teilnehmerin kann von den Prinzipien »Lebensphasenorientierung« und »Lernende in den Mittelpunkt stellen« (Republik Österreich 2011) profitieren. Hier können anfangs z. B. Impulsfragen gestellt werden: »Worum geht es mir für meinen Alltag genau? Was ist mein erstes Ziel? Was weiß/kann ich schon? Welche Erfahrungen habe ich gemacht? Was fördert/behindert mich bei der Umsetzung von Gelerntem im Alltag? Wie geht es den anderen Teilnehmerinnen? Wie erleben wir den gesellschaftlichen Kontext?«

Für die Lehrenden oder ModeratorInnen bedeutet die strategische Leitlinie »Lebensphasenorientierung« und »Lernende in den Mittelpunkt stellen«, ältere Frauen bei diesem Thema als Individuen mit ihrer eigenen Biografie und ihrem Lebenszusammenhang ernst zu nehmen, sie im sozialen und gesellschaftlichen Kontext zu sehen, sie auch mit Inhalten und Fakten zu konfrontieren, kritische Diskussionen zu leiten und damit Bildungsprozesse zu ermöglichen. Auch Bildungsberatung wird aus dieser umfassenden Sicht immer wichtiger. Gerade ältere Frauen brauchen Ermutigung durch individuelle, alters- und gendersensible Beratung für ihre weitere Entwicklung und Teilhabe (Kolland et al. 2018).

4.4 Fazit

Einerseits wird mit dem Altersstrukturwandel und dem Eintritt späterer Jahrgänge in die Pension insgesamt die Bildungsbeteiligung Älterer zunehmen (Schröder & Gilberg 2005) und Ältere werden neue und andere Interessen mitbringen als frühere Kohorten. Der Anteil selbstbewusster, aktiver, gut ausgebildeter Frauen im »dritten Lebensalter« (Laslett 1995) aus der Babyboom-Generation, durch Mehrfachbelastung sozialisiert und autonomes Entscheiden gewohnt, wird vermutlich wachsen. Diese Frauen werden auch für ihr Leben im Alter mehr Partizipation fordern als bisherige Generationen: Frauen, die Hilfe benötigen und ihre Autonomie bewahren wollen, die Selbstständigkeit *und* soziale Kontakte, Rückzug *und* Aktivität brauchen und dafür neue (leistbare) Wohnformen für das vierte (hohe) Alter suchen. Dies könnte ein zentrales Thema für ältere Frauen (60+) werden. Andererseits befinden sich »große Anteile der Bevölkerungsgruppe älterer Frauen in objektiv und subjektiv benachteiligten Lebensbedingungen, die durch gesellschaftliche Rahmenbedingungen produziert, aber veränderbar sind« (Lang 2013, S. 138). Weniger bildungsgewohnte Frauen sind mit neuen Zugängen und Formaten anzusprechen, in denen *ihre* Themen, Kompetenzen und Lernbedürfnisse besonders berücksichtigt werden, damit sie nicht aus der gesellschaftlichen Teilhabe ausgeschlossen werden. Bildung ist für gesellschaftliche Beteiligung notwendig, aber nicht ausreichend. Für soziale Inklusion und Partizipation braucht es Maßnahmen auf vielen Ebenen (Lang 2013). *Alle* Gruppen älterer Frauen sollten möglichst in alle Phasen des Bildungsprozesses einbezogen und grundsätzlich als Lernende *und* als Vermittlerinnen von Wissen und Fähigkeiten gesehen werden. Aus Evaluationen sind neue Erkenntnisse zu generieren für eine insgesamt wichtige und wachsende Bevölkerungsgruppe und ihre differenzierten Bedürfnisse für ein lebenswertes Alter.

Anfangs wurde überlegt, inwiefern ältere Frauen eine eigene Zielgruppe darstellen und wie divers diese sein kann. Sowohl das Alter als auch das Geschlecht sind Kategorien, die es für eine adressatinnenorientierte Bildungsarbeit zu beachten gilt. Ob für eine konkrete Veranstaltung »ältere Frauen« aber direkt angesprochen oder besser ohne Nennung der Lebensphase einfach zu einem für sie spannenden, relevanten Thema eingeladen werden sollen (wollen?), um Klischees und Vorurteile nicht zu verfestigten, kann nicht allgemein beantwortet werden. In der Arbeit mit verschiedenen Generationen merkt man z. B., wie irrelevant Kategorien wie Geschlecht und kalendarisches Alter manchmal sind und wie sehr Vielfalt ein Motor für lebendiges Lernen werden kann.

Literaturverzeichnis

Amann, A., Ehgartner, G. & Felder, D. (2010). Sozialprodukt des Alters. Über Produktivitätswahn, Alter und Lebensqualität. Wien: Böhlau V.

Backes, G. M. (1983). Frauen im Alter: ihre besondere Benachteiligung als Resultat lebenslanger Unterprivilegierung (2. Aufl.). Bielefeld: AJZ-V.

Baltes, P. B. (2007). Altern als Balanceakt. In P. Gruss (Hrsg.), Die Zukunft des Alterns. Die Antwort der Wissenschaft. Ein Report der Max-Planck-Gesellschaft (S. 15–34). München: C. H. Beck.

Baumgartner, K., Kolland, F. & Wanka, A. (2013). Altern im ländlichen Raum. Entwicklungsmöglichkeiten und Teilhabepotentiale. Stuttgart: Kohlhammer.

Brünner, A., Huss, S. & Kölbl, K. (2006). Alters- und gendersensible Didaktik in der betrieblichen Weiterbildung. Eine Literaturstudie. Klagenfurt: Universität Klagenfurt.

Bubolz-Lutz, E., Gösken, E., Kricheldorff, C. & Schramek, R. (2010). Geragogik: Bildung und Lernen im Prozess des Alterns. Das Lehrbuch. Stuttgart: Kohlhammer.

Bundesministerium für Arbeit, Soziales, Gesundheit und Konsumentenschutz (Hrsg.). (2019). 3. Bericht zum freiwilligen Engagement in Österreich 2019. Wien: BMASGK.

Bundesministerium für Arbeit, Soziales und Konsumentenschutz (2012). Altern und Zukunft. Bundesplan für Seniorinnen und Senioren. Wien: BMASK.

Bundesministerium für Soziale Sicherheit und Generationen (2002a). Chancengleichheit älterer Frauen in Österreich. Dokumentation der Tagung v. 25./26. 02. 2002. Wien: BMSG.

Bundesministerium für Soziale Sicherheit und Generationen (2002b). Unsere Politik für alle Generationen. Strategien und best practices der österreichischen Seniorenpolitik. Wien: BMSG.

Dausien, B. (2001). Bildungsprozesse in Lebensläufen von Frauen. In W. Gieseke (Hrsg.), Handbuch der Frauenbildung (S. 101–114). Opladen: Leske + Budrich.

Erikson, E. H. (1980). Identität und Lebenszyklus. Drei Aufsätze. Frankfurt a. M.: Suhrkamp.

Farau, A. & Cohn, R. C. (1984). Gelebte Geschichte der Psychotherapie. Zwei Perspektiven. Stuttgart: Klett.

Feigl, S. (2016). Factsheet: 150 Jahre Frauenrechte in Österreich. Wien: BMASK.

Flich, R. (1992). Wider die Natur der Frau. Entstehungsgeschichte der höheren Mädchenschulen in Österreich. Wien: BMUK, Frauenabteilung.

Giedenbacher, Y. & Strümpel, C. (2004). Die Lebenssituation älterer Frauen in Österreich. Wissen und Wissenslücken. Wien: Europäisches Zentrum für Wohlfahrtspolitik und Sozialforschung.
Giedenbacher, Y. & Strümpel, C. (2005). Expertinnen-Workshop »Die Lebenssituation älterer Frauen in Österreich und in Europa«. Wien: Europäisches Zentrum für Sozialpolitik.
Hamann, S. (2008). Die Unsichtbaren. In Der Standard 06./07.01.2008, Album.
Haring, S., Bacher, H. & Benischke, C. (2012). Bildungsbedürfnisse älterer Frauen (60+) in Österreich. Projektbericht. Wien: Bundesministerium für Arbeit, Soziales und Konsumentenschutz.
Hartung, H. (2005). Zwischen Verfalls- und Erfolgsgeschichte. Zwiespältige Wahrnehmungen des Alter(n)s. In H. Hartung (Hrsg.), Alter und Geschlecht. Repräsentationen, Geschichten und Theorien des Alter(n)s. (S. 7–18). Bielefeld: transcript.
Haug, F. (2011). Die Vier-in-einem-Perspektive. Politik von Frauen für eine neue Linke. Hamburg: Argument V. mit Adriane.
Hauptverband der österreichischen Sozialversicherungsträger (2019). Die österreichische Sozialversicherung in Zahlen. Ausgabe 42. August 2019. Wien: Hauptverband der österreichischen Sozialversicherungsträger.
Heindl, W. & Tichy, M. (Hrsg.). (1990). »Durch Erkenntnis zu Freiheit und Glück ...«. Frauen an der Universität Wien (ab 1897). In Schriftenreihe des Universitätsarchivs, Universität Wien (Bd. 5). Wien: WUV-Universitätsverlag.
Höpflinger, F. (1994). Frauen im Alter – Alter der Frauen. Ein Forschungsdossier. Zürich: Seismo-Verlag.
Kade, S. (2007). Altern und Bildung. Eine Einführung. Bielefeld: Bertelsmann.
Kolb, B. (2010). Alter- und Genderfragen. Die besondere Lage älterer Frauen. In Wiener Institut für Sozialwissenschaftliche Dokumentation und Methodik, Altern und Zukunft. Wissen und Gestalten. Forschungsexpertise zu einem Bundesplan für Seniorinnen und Senioren. Forschungsbericht an das Bundesministerium für Arbeit, Soziales und Konsumentenschutz (S. 105–115). Wien: BMASK.
Kolland, F. (2005). Bildungschancen für ältere Menschen. Ansprüche an ein gelungenes Leben. Wien: LIT-Verlag.
Kolland, F., Gallistl, V. & Wanka, A. (2018). Bildungsberatung für Menschen im Alter. Grundlagen, Zielgruppen, Konzepte. Stuttgart: Kohlhammer.
Kolland, F. & Oberbauer, M. (2017). Factsheet: Freiwilligentätigkeit und Bildung im Alter. Wien: BMASK.
Kolland, F., Wanka, A., Gallistl, V. & Heinrich, M. (2016). Good Practice in der SeniorInnenbildung. Wien: BMASK.
Kricheldorff, C. (2018). Alter(n) – Lernen – Bildung aus der Perspektive der Sozialen Gerontologie. In R. Schramek, C. Kricheldorff, B. Schmidt-Hertha & J. Steinfort-Diedenhofen (Hrsg.), Altern – Lernen – Bildung. Ein Handbuch. Stuttgart: Kohlhammer.
Lang, G. (2013). Zur sozialen Lage und Lebensqualität von Frauen in Österreich. In F. Kolland & K. H. Müller (Hrsg.), Altern und Gesellschaft im Umbruch. Festschrift für Anton Amann (S. 121–138). Wien: edition echoraum.
Laslett, P. (1995). Das Dritte Alter. Historische Soziologie des Alterns. Weinheim & München: Juventa.
Lehr, U. (1987). Die Situation der älter werdenden Frau. Bestandsaufnahme und Perspektiven bis zum Jahr 2000. München: Beck.
Maierhofer, R. (2003). Salty Old Women. Frauen, Altern und Identität in der amerikanischen Literatur. Essen: Verlag Die blaue Eule.
Müllegger, J. (2018). Ältere als Zielgruppe der Erwachsenenbildung: Bedarfe – Entwicklungen – Perspektiven. Wien: Bundesministerium für Arbeit, Soziales, Gesundheit und Konsumentenschutz.
Petersen, S. (1989). Frauen in der Französischen Revolution. In Erwachsenenbildung in Österreich, Nr. 2, 1989. Sonderbeilage (S. 20–36).
Republik Österreich (2011). Strategie zum lebensbegleitenden Lernen in Österreich. LLL:2020. Wien: Bundesministerien für Unterricht, Kunst und Kultur; Wissenschaft und Forschung; Arbeit, Soziales und Konsumentenschutz; Wirtschaft, Familie und Jugend.

Schiersmann, C. (1994). Weiterbildung im Interesse von Frauen. In W. Lenz (Hrsg.), Modernisierung der Erwachsenenbildung (S. 150–163). Wien: Böhlau V.
Schröder, H. & Gilberg, R. (2005). Weiterbildung Älterer im demographischen Wandel. Empirische Bestandsaufnahme und Prognose. Bielefeld: Bertelsmann.
Simon, G. (1986). Frauenbildung. Die Suche nach dem eigenen Weg. In Steirische Berichte 1 (S.10–11).
Simon, G. (1993). Hintertreppen zum Elfenbeinturm. Geschichte der Mädchen- und Frauenbildung in Österreich. Wien: Wiener Frauen-Verlag.
Simon, G. (2007). Lernen und Bildung im Interesse älterer Menschen. Konzepte zum Lebenslangen Lernen im 3. und 4. Lebensalter. Projektbericht. Wien: Bundesministerium für soziale Sicherheit und Generationen.
Simon, G. (2012). Entwicklungsaufgaben für das spätere Leben. In R. Egger & E. Gruber (Hrsg.), Anspruch, Einspruch, Widerspruch. Durch lebenslanges Lernen auf dem Weg in eine offene Gesellschaft. Festschrift für W. Lenz (S. 163–176). Berlin, Münster, Wien: LIT.
Simon, G. & Benischke, C. (2019). Frauen (60+) in Österreich. Fakten, Fragen, Forschungslücken, Grundlagen zum Empowerment. Wien: BMASGK.
Simon, G. & Haring, S. (1999). Altern als Herausforderung (Bd. 1). Soziale Teilhabe und Integration älterer Menschen. In Arbeitsgemeinschaft für Sozialplanung und Sozialforschung, Schriftenreihe (Bd. 6). Graz: Leykam.
Statistik Austria (2014). Schlüsselkompetenzen von Erwachsenen. Vertiefende Analyse der PIAAC-Erhebung 2011/12. Wien: Statistik Austria.
Statistik Austria (2017). Tabellenband EU SILC 2016. Einkommen, Armut, Lebensbedingungen. Wien: Statistik Austria.
Statistik Austria (2018). Adult Education Survey (AES) 2016/17. Wien: Statistik Austria.
Statistik Austria (2019). IKT in Haushalten. Einsatz von Informations- und Kommunikationstechnologien in Haushalten 2018. Wien: Statistik Austria.
Statistik Austria (2020). Pressemitteilung 12.272–112/20, Auskunft Mag. A. Wisbauer und eigene Berechnungen.
Stiehr, K. (2004). Ältere Frauen in Europa. Ergebnisse des 12-Länder-Projekts MERI. Frankfurt: ISIS-Institut für soziale Infrastruktur.
Strümpel, C. (2007). Gender Mainstreaming in der Politik für Seniorinnen und Senioren. Expertise erstellt im Auftrag des Bundesministeriums für Soziale Sicherheit und Konsumentenschutz. Wien: BMSK.
Weiland, D. (1983). Geschichte der Frauenemanzipation in Deutschland und Österreich. Biographien, Programme, Organisationen. Hermes Handlexikon. Düsseldorf: Econ.
Zach, A. (2003). Die autonome Frauenbewegung in Österreich. https://frauenmachengeschichte.at/autonome-frauenbewegung-in-oesterreich, aktualisiert 2020. Zugegriffen: 10. August 2020.

Teil III: Bildungs- und Lernkonzepte im Alter

5 Geragogik

Gertrud Simon & Claudia Stöckl

Zusammenfassung

Dieser Beitrag zeigt den Diskurs der vergangenen Jahrzehnte um das relativ junge Fach Geragogik als multidisziplinäres, praxisorientiertes Wissenschaftsfeld an der Schnittstelle von Altern, Lernen, Bildung und Begleitung sowie die Einbettung des Themas in die sozial- und bildungspolitischen Strategien Österreichs. Er skizziert den wichtigen Diskussionsprozess um Verortung, Abgrenzungen und Überschneidungen. Es wird deutlich, dass Geragogik heute versucht, sich als eigenständige angewandte Wissenschaft zu etablieren, die eng mit anderen Disziplinen und Professionen verflochten ist, deren VertreterInnen zwar unterschiedliche Schwerpunkte fokussieren, deren gemeinsame Orientierung an gerontologischen Theorien aber eine multidisziplinäre Sicht ermöglicht. Der Gegenstandsbereich wird mit Zielgruppen, Zielen und Anforderungen für Kursleitende und gute Praxis umrissen. Als Beispiel für die interdisziplinären Ansätze in der Ausbildung von GeragogInnen wird der erste geragogische Hochschullehrgang im deutschsprachigen Raum beschrieben. Im Fazit werden Perspektiven für die Entwicklung in Österreich formuliert.

5.1 Einleitung

Für die österreichische Situation zum Thema Lernen und Bildung älterer Menschen waren seit den 1990er Jahren Forschungsaktivitäten, Lehrveranstaltungen und Publikationen des Instituts für Soziologie der Universität Wien (Leopold Rosenmayr, Franz Kolland, Anton Amann u. a.) und des Ludwig-Boltzmann-Instituts für Sozialgerontologie von wesentlicher Bedeutung. Mit zunehmendem internationalem politischem und wirtschaftlichem Interesse am aktiven Altern und am lebenslangen Lernen als Strategien zum Umgang mit dem demografischen Wandel entwickelten sich hier auf das Alter bezogene bildungssoziologische Forschungen, etwa die Studie »Altenbildung und sozialstruktureller Wandel« (Kolland & Rosenmayr 1990). In einer Publikation zum späten Studium werden von Kolland ausdrücklich »Positionen der Geragogik« untersucht (Kolland 1991). Parallel zur sozial- und bildungspolitischen Entwicklung seit 2002, die im Folgenden skizziert wird, entstand eine Fülle von Forschungsarbeiten und Praxisprojekten zu Lernen und Bildung im Alter und zur Geragogik, oft gefördert oder beauftragt von der seniorInnenpolitischen Grundsatzabteilung des Sozialministeriums.

Ein erstes Grundlagenwerk zur Geragogik in Österreich erschien mit der Studie »Bildungschancen für ältere Menschen. Ansprüche an ein gelungenes Leben« (Kolland 2005). Der Diskurs um die Geragogik ist nicht zu trennen von internationalen, europäischen und nationalen politischen Entschließungen und Strategien, einerseits zum Altern und andererseits zum lebensbegleitenden Lernen, denn Bildung wird auch für die Lebensqualität und Partizipation Älterer als wesentlicher Bestandteil des lebensbegleitenden Lernens gesehen (Ludescher et al. 2016).

International und national wichtige Dokumente für diese Entwicklung sind der im Jahr 2002 in Madrid von der 2. Weltversammlung über das Altern beschlossene Weltaltenplan (Madrid International Plan of Action on Ageing – MIPAA) und die regionale Umsetzungsstrategie der UNECE-Region Österreich (BMASK 2011), europäische Dokumente wie das im Jahr 2000 veröffentlichte Memorandum zum lebenslangen Lernen der Europäischen Union und die 2006 erschienenen Schlüsselkompetenzen für lebenslanges Lernen (Müllegger & Hechl 2021).

Die nationale Entwicklung in Österreich basiert im internationalen Kontext auf einer umfassenden Analyse unter Einbeziehung von AkteurInnen aus Wissenschaft und Praxis. Für die Strategie zum lebensbegleitenden Lernen in Österreich (Republik Österreich 2011) erarbeitete ein Team aus vier Ministerien Leitlinien, Grundprinzipien, Schlüsselkompetenzen, Ziele und Maßnahmen von Lernen und Bildung in allen Lebensabschnitten, auch für ältere Menschen nach der Erwerbstätigkeit. Als Aktionslinie 9 werden für die nachberufliche Lebensphase die Vision »Bereicherung der Lebensqualität durch Bildung, persönliche Weiterentwicklung, Aktualisierung der Alltagskompetenz, Gesundheitsprävention, soziale Integration und gesellschaftliche Mitwirkung« genannt (Republik Österreich 2011, S. 41). Das Bundes-Seniorengesetz (2011 vom Ministerrat beschlossen, 2012 im Parlament angenommen), ebenfalls ein wichtiges österreichisches Dokument, bildet die Grundlage für den Bundesplan für Seniorinnen und Senioren »Altern und Zukunft« (BMASK 2012), der Lernen und Bildung nach der Erwerbsphase ausdrücklich behandelt (BMASK 2012, S. 16 ff.). Geragogik erforscht und unterstützt die praktische Umsetzung.

5.2 Definition und Verortung

Geragogik (so genannt in Analogie zur Pädagogik) verknüpft als junges Wissenschaftsfeld und praktische Profession Erkenntnisse zu Altern, Lernen und Bildung miteinander und bezieht sie auf die Lebenspraxis älterer Menschen (Kolland & Klingenberg 2011). In der Literatur finden sich teils unterschiedliche Versionen über Auftauchen und erstmalige Verwendung des Begriffs »Geragogik« neben »Gerontagogik« (z. B. Marcel & Petzold 1976, S. 9; Bubolz-Lutz et al. 2010; Kern 2018, S. 18 f.). Die internationale Perspektive einer Modellbildung' z. B. des amerikanisch-englischen Raums mit »Educational Gerontology« bzw. des französischen Begriffs »Éducation Permanente«, ist bei Kern (2018, S. 15 f.) zu finden. Definition und Verortung des Fachs Geragogik sind immer noch nicht abgeschlossen. Unterschiedliche Sichtweisen ergeben sich hinsichtlich der Bezugsdisziplinen, d. h. der Zuordnung zu bestehenden Wissenschaftsdisziplinen bzw. der Ein- oder Unterordnung in bestehende Disziplinen, aber auch hinsichtlich der Differenzierung zwischen Geragogik als Wissenschaft und Geragogik als praktischer Profession.

So wird Geragogik etwa »als eine Fortführung von Pädagogik – Kindererziehung – und Andragogik – Erwachsenenbildung« – gesehen (Veelken 2000, S. 88) bzw. als ein Teilbereich der Erwachsenenbildung verstanden (Gallistl et al. 2018, S. 151 f; Müllegger 2018) und damit sowohl dem wissenschaftlichen als auch dem praktischen Kontext zugeordnet. Aus anderer Perspektive wird sie als Teil der Gerontologie und ebenso als Teil der Pädagogik/Erwachsenenbildung doppelt verortet (Kolland 2011, S. 2 ff, Bubolz-Lutz 2007, S. 11; Veelken 2000, S. 89).[1] Zugleich wird die Nähe zur Sozialpädagogik betont, da weniger der Wissenserwerb als die Entfaltung der menschlichen Persönlichkeit mit ihren Krisen im Mittelpunkt stünden (Veelken 2000, S. 89). In den letzten Jahren hat sich daher auch die Teildisziplin »Sozialgeragogik« entwickelt (Steinfort-Diedenhofen 2018; Bubolz-Lutz & Stöckl 2017). Wie wir in diesem Beitrag zeigen, wird Geragogik in Österreich mit vielen Themen auch von der Soziologie her bearbeitet.

Aktuell schlägt Kricheldorff (2018) vor, Geragogik als Schnittstellenthematik zwischen Gerontologie, Erziehungs-/Bildungswissenschaft und sozialer Gerontologie zu positionieren (Kricheldorff 2018, S. 47). Ähnlich formulieren es Gallistl et al. (2018):

> »Geragogik ist [...] keine Spezialdisziplin für eine spezielle Zielgruppe, sondern prüft einerseits allgemeine (erwachsenen-)pädagogische Prinzipien hinsichtlich der Bedürfnisse und Bedarfe älterer Lernender und stellt andererseits Erkenntnisse aus der Bildungsarbeit mit Älteren für andere pädagogische Felder zur Verfügung« (Gallistl et al. 2018, S. 163).

Im Diskurs um die Frage nach der Eigenständigkeit der Geragogik als Fach und Profession gibt es unterschiedliche Argumente. Für die Eigenständigkeit des Fachs wird vorgebracht, dass Bildung im Alter und Bildungsarbeit mit Älteren einen eigenen Gegenstandsbereich definierten. Dieser Eigenständigkeitsthese stehe eine enge Vernetzung mit anderen Disziplinen (besonders mit Gerontologie und Erziehungswissenschaft) nicht entgegen. Innerhalb der multidisziplinären Gerontologie sei die Geragogik eine Subdisziplin neben anderen und im Verhältnis zu Nachbardisziplinen eine integrierende Disziplin, die einerseits auf Grundlagen anderer Disziplinen, etwa Pädagogik, Soziologie, Psychologie, Ökonomie, Gesundheitswis-

1 Gerontologie als die multidisziplinäre oder interdisziplinäre Wissenschaft vom Alter und Altern vereint sehr unterschiedliche wissenschaftliche Disziplinen in ihrem jeweiligen Fokus auf die komplexen Realitäten des Alter(n)s, etwa Psychologie, Gesundheitswissenschaften, Soziologie, soziale Arbeit, Pädagogik/Geragogik, Altersmedizin etc. (Wahl & Heyl 2015, S. 79 ff.).

senschaften, Gerontologie etc., angewiesen sei, andererseits auch Impulse für diese Disziplinen setze (Bubolz-Lutz et al. 2010, S. 57f.).

Sowohl für Forschung als auch für Ausbildung und Praxis lässt sich feststellen, dass Geragogik derzeit meist noch als Zusatzqualifikation und Spezialisierung angesehen wird, aber viele Merkmale einer eigenen Profession aufweist und als mehr betrachtet werden muss als eine Spezialisierung (Bubolz-Lutz et al. 2010, S. 56). Erst in den letzten Jahren haben sich eigenständige Ausbildungslehrgänge im Fachgebiet Geragogik entwickelt.[2] In Österreich fehlt bislang ein eigener Lehrstuhl für Geragogik.

Für Lern- und Bildungsaktivitäten im Alter sowie für Angebote zu deren Ermöglichung und Anregung sind sehr viele Begriffe gebräuchlich: Bildung im Alter, Altersbildung, Alternsbildung, Bildung in der nachberuflichen Lebensphase, geragogische Bildungsarbeit, SeniorInnenbildung, lebenslanges Lernen, lebensbegleitendes Lernen u. v. m. Die begriffliche Vielfalt spiegelt die Kontexte und Konjunkturen der politischen und erwachsenenbildnerischen bzw. gerontologischen Auseinandersetzungen wider. Wenngleich es beispielsweise zwischen Lernen und Bildung deutliche und wesentliche Unterschiede gibt, die seit Langem thematisiert werden – Bildung umfasst einen kritischen und emanzipatorischen Bezug zu gesellschaftlichen Verhältnissen, der so im Begriff des Lernens nicht impliziert ist (Borst 2016, S. 16f.; Kolland 2005, S. 18; Kolland 1998, S. 78) –, so verschwimmen dennoch die Bezeichnungen in ihrer Anwendung auf konkrete Projekte und Vorhaben. Geragogik umfasst und bezeichnet all diese Anstrengungen zur Förderung, Reflexion und Erforschung der Bildung und des Lernens im Alter und für das Alter.

Ebenso verhält es sich mit der Bezeichnung und Definition der »Älteren« als AdressatInnen der entsprechenden Angebote. Abhängig vom Kontext werden entweder ein bestimmtes kalendarisches Alter (etwa 60+), das Ende der Erwerbsarbeit (»nachberufliche und nachfamiliäre Lebensphase«, SeniorInnen) oder Aktivitätsniveaus bzw. funktionale Merkmale (»drittes«, »viertes« und auch schon »fünftes Lebensalter« [Wahl & Heyl 2015, S. 94ff.]) herangezogen.

5.3 Gegenstandsbereiche der Geragogik

Die Erforschung der Bedingungen und Zusammenhänge von Lernen und Bildung im Alter und die Gestaltung von Bildungsprozessen sind Gegenstand der Geragogik (Kolland 2011). Damit ist Geragogik sowohl als wissenschaftliche Disziplin (For-

2 Die Kirchliche Pädagogischen Hochschule Wien/Krems bietet gegenwärtig einen viersemestrigen Hochschullehrgang Geragogik mit Masterabschluss an (KPH Wien/Krems 2020), der weiter unten beschrieben wird. Ebenfalls einen viersemestrigen weiterbildenden Masterstudiengang Geragogik hat die Pädagogische Hochschule Karlsruhe im Angebot (PH Karlsruhe 2020).

schung) als auch als Bereich der praktischen Bildung im Alter zu verstehen (Bubolz-Lutz 2007). Drei Aspekte sind voneinander zu unterscheiden:

Erstens bezieht sich Geragogik auf das Lernen *im Alter*, d. h. auf Bildungsangebote *für ältere Menschen* und *mit* ihnen, denn Teilnehmende sind – anders als ein verbreitetes Verständnis von Bildungsangeboten es nahelegt – nicht nur als Konsumierende, sondern ganz wesentlich als AkteurInnen in Bildungsprozessen zu sehen (Simon 2012, S. 18; Bubolz-Lutz 2007). Zweitens thematisiert Geragogik Altern als individuellen Prozess im gesellschaftlichen Zusammenhang, also Lernen *für das Altern* und/oder *über* Altern mit seinen Veränderungsprozessen und seinen spezifischen Herausforderungen (ebd.). Veelken (2000) betont die Aspekte von Lebensbewältigung, Lebensgestaltung, Selbstverwirklichung und Empowerment. »Es geht dabei sowohl um die Entfaltung der Identität im Sozialisationsprozess als auch um kritische Analyse und Veränderung vorgegebener Sozialisationsagenturen und mit ihnen verbundenen Rollenmustern« (Veelken 2000, S. 88). Drittens leistet Geragogik (in enger Verbindung mit der Gerontologie) auch gesellschaftliche Bewusstseinsbildung in Bezug auf Altersbilder. Dabei wendet man sich nicht nur an Ältere selbst, sondern an Menschen in jedem Lebensalter, die sich mit der Thematik auseinandersetzen wollen und die beruflich oder in der Freiwilligenarbeit mit SeniorInnen leben, lernen, sie begleiten oder beraten (Bubolz-Lutz 2007; Bubolz-Lutz et al. 2010).

Geragogik nimmt sowohl in der Forschung als auch in der Praxis eine individuelle *und* gesellschaftliche Perspektive ein. Einerseits werden die individuellen Lerninteressen, Lebenslagen und Lebensstile im Alter, andererseits die strukturellen Gefährdungen der menschlichen Entwicklung in der zweiten Lebenshälfte erforscht und in der geragogischen Bildungsarbeit reflektiert (Bubolz-Lutz et al. 2010, S. 12). Dabei wird deutlich, wie wichtig die Vernetzung mit anderen Disziplinen ist. Eine mögliche Definition stammt von der Geragogin Elisabeth Bubolz-Lutz:

> »Als Geragogik wird eine wissenschaftliche Disziplin bezeichnet, die […] Bildungsprozesse in der zweiten Lebenshälfte erforscht, Bildungskonzepte mit Älteren und für das Alter entwickelt und erprobt und diese in die Aus-, Fort- und Weiterbildung für die Arbeit mit Älteren einbringt« (Bubolz-Lutz et al. 2010, S. 14).

Thematisch wurden in der geragogischen Forschung in Österreich u. a. die Bereiche Kulturstile im Alter und kulturelle Bildung im Alter (Kolland 2015b; Kolland 1996), Bildung im Alter als Beitrag zu Lebensqualität (Kolland 2015a) und »erfolgreichem« Altern (Simon 2015a), Qualitätssicherung in der geragogischen Bildungsarbeit (Brünner 2015), Digitalisierung (ÖIAT 2014), Bildungsbedürfnisse (Haring 2012) und Bildungsmotivation (Kolland 2016), Didaktik der Bildung im Alter (Haring 2014; Haring & Bacher 2014) und geragogisches Grundwissen (Simon 2012, Simon 2015b), intergenerationelles Lernen (Kolland 1998; Ludescher et al. 2016; Paulweber et al. 2016), Lernen bis ins hohe Alter (Haring 2017a, 2017b) oder nachberufliche Bildungsberatung (Kolland et al. 2018) fokussiert. Diese Themenbereiche leiten sich aus den in der Einleitung genannten maßgeblichen Policy-Dokumenten sowie aus Bedarfen der geragogischen Praxis und gesellschaftlichen Fragestellungen ab.

Seit 2005 werden im Auftrag des Sozialministeriums Studien zu »Good Practice in der SeniorInnenbildung« durchgeführt (Kolland et al. 2009), seit 2014 sind geragogische Qualifikation und Professionalität, d.h. der Bezug zu geragogischem Wissen bzw. der Nachweis geragogischer Ausbildungen, ausdrücklich ein Qualitätskriterium bei der Bewertung von Good-Practice-Projekten im Rahmen dieser Studien (Good Practice 2014, 2016, 2019 – siehe dazu Kolland et al. 2014b, 2016, 2019). In Österreich wird geragogische Bildungsarbeit weitgehend von TrägerInnen der Erwachsenenbildung angeboten, aber selten als »geragogisch« bezeichnet, wie die Projektbeschreibungen zeigen (siehe ebd.).

5.4 Ziele und Aufgaben der Geragogik

Die wesentlichen Ziele der Geragogik sind der Erhalt bzw. die Verbesserung der Lebensqualität älterer Menschen, ihre Partizipation und gesellschaftliche Integration, um die Möglichkeiten der Einflussnahme Älterer in allen Lebensbereichen zu fördern – von Politik über Kultur und Bildung bis hin zu Gesundheit (Bubolz-Lutz et al. 2010, S. 12). Dabei sind in Bildungskontexten die Bedingungen der sich verändernden Gesellschaft mit den individuellen Deutungs- und Bewältigungsmustern zu vermitteln: »Will man den älteren Menschen nicht aus dem Lebenszusammenhang herausnehmen, [...] hat Bildung, hat Lernen die Aufgabe, die Transferprozesse einer sich wandelnden Gesellschaft und eines sich im Lebenslauf entfaltenden Individuums herzustellen« (Veelken 2000, S. 89f.). Hierin sieht Veelken die Hauptaufgabe der Geragogik, die drei Ziele verfolgt: die Alternsbildung selbst, die gerontologische Aus-, Fort- und Weiterbildung für Mitarbeitende und TrainerInnen auf allen Ebenen der Bildungsinstitutionen und Verbände sowie die geragogische Forschung (ebd., S. 90ff.). Denn eine wichtige Aufgabe der Geragogik ist auch, Lebensbewältigung im Alter und Auseinandersetzung mit zentralen Themen, die Ältere besonders beschäftigen, zu ermöglichen, z.B. Ende der Erwerbsarbeit, Beginn der Großelternschaft, Verluste in der Familie/im Kreis von FreundInnen, Pflegebedürftigkeit einer/eines Angehörigen oder eigene Erkrankung (Kricheldorff 2018, S. 48f.). Dazu ist es nötig, Raum für gemeinsame Reflexion zu geben, Austausch zu fördern und Informationen und Beratung anzubieten.

AdressatInnen und Zielgruppen geragogischer Bildungsangebote

Die Auseinandersetzung um das Verhältnis von Geragogik und Erwachsenenbildung spiegelt sich u.a. in den verschiedenen Positionen wider, die sich in der Literatur pro bzw. kontra »altershomogene« Kursgruppen finden (Simon 2011). Bildungsarbeit mit älteren Menschen verfolgt das Ziel, SeniorInnen Möglichkeiten zu persönlicher Weiterentwicklung und gesellschaftlicher Teilhabe zu schaffen

(Amann 2019). Dies impliziert Kontakte zu Menschen unterschiedlichen Alters – auch in der Bildung. Die Jahrzehnte dauernde nachberufliche Phase, die kohortenspezifisch unterschiedlichen Voraussetzungen für Lernen und Bildung, die Bedeutung der nachberuflichen und nachelterlichen Lebensphase und die speziellen Bedürfnisse sehr alter, vulnerabler Menschen fordern dazu auf, die Herstellung von altershomogenen Gruppen in der Bildungsarbeit differenziert zu beurteilen.

Gegen eine Verengung der Zielgruppe auf altershomogene Gruppen spricht einerseits die Frage, ob Bildungsarbeit, die nach Altersklassen organisiert ist, nicht die Marginalisierung Älterer verstärkt und eher zu Ausgrenzung als zu gesellschaftlicher Integration beiträgt (Kolland 2006, S. 12; Kolland & Kahri 2004), und andererseits die Tatsache, dass das Kriterium Alter noch keine einheitliche Lerngruppe ergibt (Kalbermatten 2000, S. 66), weshalb immer individuelle Unterschiede in einer Lerngruppe zu berücksichtigen sind. In der großen Gruppe Älterer (60+) zeigen sich wesentliche sozial- und bildungsbedingte, auch kohortenspezifische Unterschiede (Kolland et al. 2014a, S. 219). Seit der Novelle des österreichischen Schulorganisationsgesetzes 1962 und der Bildungsoffensive der 1970er Jahre steigt das Bildungsniveau in Österreich, somit treten Menschen mit höherem Bildungsabschluss in die nachberufliche Lebensphase ein (Kolland 2005, S. 24f.). Dadurch wird auch eine wachsende Teilnahme Älterer an der Erwachsenenbildung erwartet (Schlögl et al. 2014; Simon 2007). Zunehmende Heterogenität und Individualität verändern schon gegenwärtig Bildungsverhalten und Bildungsansprüche innerhalb der Zielgruppe Ältere (Müllegger 2018). Umgekehrt bestehe aber ohne die Hervorhebung der Differenzen zwischen Geragogik und Erwachsenenbildung die Gefahr, nachberufliche/nachfamiliäre Bildungsprozesse aus den Augen zu verlieren und in Forschung, Lehre und Praxis zu vernachlässigen (Veelken 2000, S. 89).

Besonders konzipierte intergenerationelle Angebote erhöhen die Akzeptanz der Generationen untereinander und das Verständnis füreinander. In Österreich gibt es zum intergenerationellen Lernen seit einigen Jahren erfolgreiche Projekte (KBW 2015; Haring 2016). Gemeinsames Lernen fördert, sofern es geeignet didaktisch begleitet wird, das Miteinander der Generationen, trägt dazu bei, einander in umfassender Perspektive zu betrachten, und kann Defizitzuschreibungen zwischen Angehörigen unterschiedlicher Generationen vermeiden (Kolland & Klingenberg 2011).

Folgendes Fazit aus dem geragogischen Diskurs kann gezogen werden: Bildungsforschung und praktische Angebote der Erwachsenbildung wenden sich überwiegend an Personen im aktiven Berufsleben. Menschen in der nachberuflichen Lebensphase bringen aber spezielle Bedürfnisse, Herausforderungen, Motive und Themen mit. Es erscheint daher grundsätzlich sinnvoll, spezielle und differenzierte Bildungsangebote für SeniorInnen zu entwickeln. Letztlich ist aber bei zielgruppenspezifischen Angeboten für ältere Lernende die Vielfalt der AdressatInnen und Teilnehmenden mit ihren persönlichen Unterschieden zu berücksichtigen. Differenzen innerhalb der Zielgruppe Ältere sind oft wichtiger als Unterschiede gegenüber jüngeren Generationen.

Sonderstatus einer geragogischen Didaktik?

Eng verbunden mit der Zielgruppenthematik ist die der Didaktik. Zwar ist die Nähe der Geragogik zur Erwachsenenbildung unbestritten, uneinig ist man sich allerdings darüber, inwiefern der Geragogik bzw. der Bildung älterer Menschen ein methodisch-didaktischer Sonderstatus zukommen müsse. Im Unterschied zu älteren Publikationen (Petzold & Bubolz 1976, S. 43) betonen einige neuere Beiträge, dass allgemeine didaktische Grundsätze der Erwachsenenbildung wie etwa innere Differenzierung oder Lernendenorientierung für alle Altersstufen gelten sollten (Simon 2007). Spezielle didaktische Konzeptionen für ältere Menschen erscheinen aus dieser Sicht nicht sinnvoll.

Für die Etablierung eines eigenständigen methodisch-didaktischen Ansatzes der Geragogik wurden dennoch folgende Argumente vorgebracht: Die nachberufliche Phase dauere immer länger und bedürfe deshalb gesonderter Beachtung, auch im Sinne von weiterer Differenzierung. Entwicklungsaufgaben, Interessen, Erfahrungen, Bedürfnisse nach Sozialkontakt und besondere Lebenslagen älterer Menschen würden sich deutlich von denen anderer Altersgruppen unterscheiden (Kalbermatten 2000, S. 63; Veelken 2000, S. 89). Einerseits sei die Bildungsarbeit entsprechend den Bedürfnissen und Interessen Älterer zu gestalten und andererseits seien Schwellen und Barrieren zu vermeiden. Man könne auf die Erfahrungsschätze älterer Erwachsener aufbauen. Diese Erfahrungen könnten aber auch Hindernis für Bildungsaktivitäten sein (Kalbermatten 2000, S. 63). Die Voraussetzungen für Lernen und Bildung seien auch kohortenspezifisch unterschiedlich und bedürften jeweils besonderer Berücksichtigung bei der Entwicklung didaktischer Konzepte. Dabei seien auch die speziellen Bedürfnisse sehr alter Menschen zu berücksichtigen wie ihre zunehmende Vulnerabilität (Bubolz-Lutz et al. 2010, S. 59).

Gegen einen eigenen Ansatz wird betont, dass *jede* Erwachsenenbildung auf individuelle Unterschiede in einer Lerngruppe einzugehen habe (Kalbermatten 2000, S. 66) und eine besondere Hervorhebung der Altersbildung die Randstellung des Alters eher begünstige als behebe (Kolland 2006).

Als Fazit im geragogischen Diskurs um ein eigenes methodisch-didaktisches Vorgehen in der Bildungsarbeit mit und für SeniorInnen gibt es wie bei der Zielgruppenthematik viele Argumente für und gegen eine altersspezifische Fokussierung. Schon allein aufgrund der unterschiedlichen Vorlieben und Bedarfe der älteren Teilnehmenden ist die Frage nicht eindeutig zu beantworten, sondern sind sowohl altershomogene, altersheterogene als auch intergenerationelle Bildungsgelegenheiten zu schaffen. Wichtig ist jedenfalls ein bewusst differenzierendes Vorgehen. Das heißt, in der Planung und Werbung Interessen, Ziele, Themen, Bedürfnisse und auch Hindernisse für Bildungsbeteiligung (Simon 2007, S. 5) der älteren AdressatInnen zu berücksichtigen; in der Durchführung zusätzlich ad hoc auf Bildungsniveau, Lernerfahrungen und Lerntempo der individuellen Teilnehmenden einzugehen und ihre Kompetenzen einzubeziehen, also »Lernende in den Mittelpunkt« zu stellen (Republik Österreich 2011, S. 9). Letztere Forderung ist neben »Lebensphasenorientierung, Life Long Guidance, Kompetenzorientierung und Förderung der Teilnahmen an LLL« als eine von fünf Leitlinien in der Strategie des lebensbegleitenden Lernens verankert (ebd.).

5.5 Qualitätsmerkmale geragogischer Bildungsangebote

In allen gesellschaftlichen Bereichen wird heute Qualität gefordert, werden Standards formuliert und kontrolliert. Die Frage ist, woher bzw. aus welchem Wissenschaftsbereich die Qualitätsstandards kommen. Dies gilt auch für die Geragogik, für die der bildungswissenschaftliche Bezug in diesem Punkt besonders wichtig ist. Qualitätsentwicklung in der Altenbildung/Geragogik dürfe nicht von außen vorgegeben werden, sondern solle Teil eines Reflexions- und Diskursprozesses aller Beteiligten sein (Köster et al. 2006, S. 66; Bubolz-Lutz et al. 2010, S. 219).

Zusammenfassend können folgende Kriterien für qualitätsvolle Angebote der Altersbildung formuliert werden (Simon 2015b; Kolland 2006, S. 12 ff.):

- Erstens soll die Lebenswelt der (potenziellen) Teilnehmenden Orientierungspunkt für die Planung und Gestaltung von Bildungsprozessen sein, da Bildung dem Aufbau lebensweltlicher Handlungskompetenzen dient.
- Zweitens sollen Teilnehmende an der Kursplanung und -gestaltung partizipieren.
- Drittens berücksichtigen zukunftsfähige Angebote die Heterogenität innerhalb der Teilnehmenden und das intergenerationelle Miteinander.
- Viertens sind geragogische Angebote durch eine »multiple sensorische Aktivierung« (Kolland 2006, S. 13) der Teilnehmenden charakterisiert, d. h., sie sprechen die Menschen auf unterschiedlichen Ebenen sinnlich an und integrieren die Dimensionen ganzheitlicher Bildung: Körper – Bewegung; Geist/Psyche – Entwicklung; soziale Umwelt – Beziehungen; materielle Umwelt – Natur (Kalbermatten 2000, S. 69).
- Schließlich sollen vernetztes Lernen, elektronische Lernplattformen, selbstgesteuertes Lernen sowie eine nachgehende/zugehende Bildungsarbeit eine neue Lernkultur anregen, die sich deutlich von schulischem Lernen unterscheidet. Systematische Weiterbildung soll den Kursleitenden angeboten werden.

Köster, Schramek und Dorn (2008) differenzieren zwischen Zugangsqualität, Durchführungsqualität und Transferqualität von geragogischen Angeboten/Projekten, machen ausführliche Vorschläge für die Umsetzung und Überprüfung von Qualitätszielen und entwickeln dazu Reflexionsfragen.[3] Sie orientieren sich am Kompetenzmodell des Alterns und an selbstständiger und selbstbestimmter gesellschaftlicher Teilhabe (Köster et al. 2008, S. 148; Simon 2012, S. 30 ff.). Dies zeigt, dass sowohl die Qualitätssicherung als auch die geragogische Bildungsarbeit selbst

3 Z. B. werden bezüglich des Qualitätskriteriums »professionelle LernbegleiterInnen« innerhalb des Qualitätsziels »Selbstorganisation« (Transferqualität) folgende Reflexionsfragen angeboten: Lautet das Prinzip des Bildungsangebotes Selbstbestimmung und Eigenzuständigkeit statt Entmündigung? Stehen bei Bedarf LernbegleiterInnen für jede selbst organisierte Gruppe zur Verfügung? Existiert ein fehlerfreundliches Lernklima? Besteht Offenheit bzgl. der Lernziele und Lerninhalte? (Köster et al. 2008, S. 140).

theoretischer Modelle und damit spezifischer Qualifikationen bedürfen. Diese werden im folgenden Abschnitt dargestellt.

5.6 Anforderungen an Kursleitende und an geragogische Ausbildungsgänge

Gute Bildungsarbeit braucht gute Leitung. Bezüglich der breiten Anforderungen an Kursleitende gibt es große Übereinstimmung in der Literatur. So ist Fachwissen zum Thema des Kurses nötig, methodisch-didaktische Kompetenzen bzw. Ausbildungen, wie sie für die Erwachsenenbildung allgemein benötigt werden, Kenntnisse über Altersbilder und Konzepte des Alterns und über Lernsituationen, Lebenslagen, pädagogische Besonderheiten und spezielle Themen für Bildung mit älteren Menschen sind erforderlich (Kalbermatten 2000, S. 63; Veelken 2000, S. 92; Kolland 2007, S. 78; Simon 2007). Darüber hinaus sind Selbsterfahrung und Selbstreflexion in Bezug auf eigene Altersbilder und die Auseinandersetzung mit dem eigenen Altern wesentlich. Die Ansprüche an gute Kursleitende sowie ModeratorInnen sind also hoch.

Abbildung 5.1 zeigt zentrale Aspekte eines sozialgeragogischen Kompetenzprofils und veranschaulicht die vielschichtigen Anforderungen, die an GeragogInnen in ihrer Praxis gestellt werden (► Abb. 5.1).

Hochschullehrgänge in Österreich als Beispiele wissenschaftlicher Weiterbildung für die Arbeit mit älteren Menschen[4]

In Reaktion auf den demografischen Wandel gab es in Österreich um die Jahrtausendwende im universitären Bereich zwei wichtige Initiativen zur wissenschaftlichen Weiterbildung für die Arbeit mit älteren Menschen. Zum einen wurde 1999 an der Universität Graz unter der Leitung der Bildungswissenschaftlerin und Gerontologin Gertrud Simon der österreichweit erste Universitätslehrgang »Interdisziplinäre Gerontologie« (ULIG) für Personen unterschiedlichster Berufsfelder eingerichtet (Simon 2002). In einer Zeit des demografischen Wandels erschien es notwendig, Fachleute aus Medizin, Pflege, Pharmazie, Bildung, Beratung, sozialer Arbeit und Verwaltung fächerübergreifend über individuelle und gesellschaftliche Aspekte des Alterns weiterzubilden und damit das Verständnis für Bedürfnisse und Potenziale Älterer zu verbessern. 1998 wurde nach Recherchen und ExpertInnenbefragungen im In- und Ausland ein Curriculum entwickelt und 1999 durch den

4 Wir danken dem Lehrgangsleiter an der KPH Wien/Krems, Philipp Rogner, für die Auskünfte zur Entwicklungsgeschichte des Hochschullehrganges Geragogik.

Akademischen Senat der viersemestrige »Universitätslehrgang Interdisziplinäre Gerontologie« mit dem Abschluss »Akademische(r) Gerontologin/Gerontologe« eingerichtet (Simon 2004). Vortragende von Universitäten Österreichs, Deutschlands und der Schweiz konnten dafür gewonnen werden. Von 1999 bis 2009 absolvierten in fünf je zweijährigen Durchgängen rund 120 Studierende erfolgreich diesen Lehrgang. Durch die Neukonzeption des Curriculums (2009–2012) konnten von 2013 bis 2016 an der Uni for Life in Graz Universitätslehrgänge »Interdisziplinäre Gerontologie« mit dem Abschluss Master of Arts (Leitung: Roberta Maierhofer) stattfinden; danach wurden sie aus finanziellen und organisatorischen Gründen eingestellt. Die Thematik »Ageing« blieb aber v.a. in bildungs- und kulturwissenschaftlichen Studien in Forschung und Lehre präsent und verschiedene neue Möglichkeiten der Implementierung werden im Rahmen einer universitären Arbeitsgruppe weiterhin diskutiert.

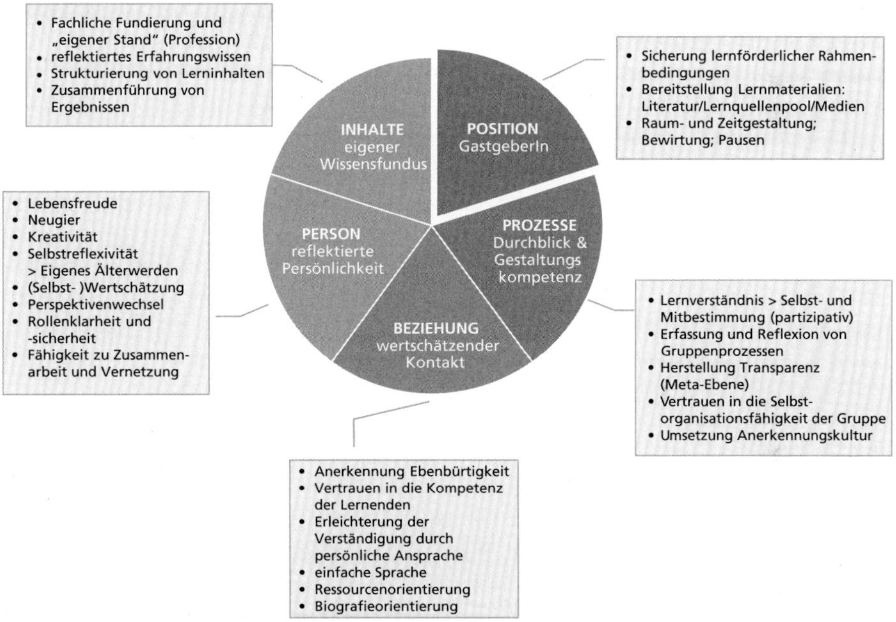

Abb. 5.1: Sozialgeragogisches Kompetenzprofil (Bubolz-Lutz & Stöckl 2017, S. 120)

Zum anderen entwickelte die Kirchliche Pädagogische Hochschule Wien/Krems (bzw. ihre Vorgängerinstitutionen) den ersten Diplomlehrgang für »Geragogik« im deutschsprachigen Raum. Dieser wurde ab 2005 angeboten und vom Wiener Soziologen und Gerontologen Franz Kolland begleitet. Damit betrat die Kirchliche Pädagogische Hochschule innerhalb der damaligen Professionalisierungs- und Umstrukturierungsprozesse der LehrerInnenbildung Neuland.

Der viersemestrige Diplomlehrgang »Geragogik. Mit älteren Menschen lernen« stand aber nicht nur LehrerInnen zur Fortbildung offen, sondern bot eine Aus- und Weiterbildungsmöglichkeit für unterschiedliche Berufsgruppen, darunter SozialarbeiterInnen oder ErziehungswissenschaftlerInnen, sowie für Teilnehmende, die sich in der nachberuflichen Lebensphase für ein neues Tätigkeitsfeld – die Bildungsarbeit mit älteren Menschen – qualifizieren wollten. Da das Berufsfeld und Berufsbild »Geragogin/Geragoge« bis dahin in Österreich weitgehend unbekannt war, wurden alle oben theoretisch genannten Fragen nach der Verortung, Ausrichtung und didaktischen Gestaltung geragogischer Bildungsangebote im Studium aus unterschiedlichsten Perspektiven diskutiert und in den Abschlussprojekten erprobt. Der »Pioniergeist« verband sich in der Vielfalt der Erprobungsfelder (von Ansätzen »aufsuchender Geragogik« über Selbstverteidigung für ältere Frauen bis hin zur Entwicklung geragogischer Materialien nach Montessori-Prinzipien) auch mit Themen der Professionalisierung und Qualitätssicherung.

Im Anschluss an den Pilotlehrgang von 2005 wurde an der KPH Wien/Krems der erste Geragogiklehrgang mit Masterabschluss konzipiert, der von 2007 bis 2011 angeboten und evaluiert wurde, bevor er – ebenfalls im Kontext institutioneller Veränderungen der pädagogischen Hochschulen in Österreich – zu einem Hochschullehrgang weiterentwickelt wurde, welcher von 2013 bis 2016 stattfand. 2016 wurde der Lehrgangstitel um die Themen »Lern- und Lifecoaching für die 2. Lebenshälfte« erweitert.

Die Lehrgänge vermitteln ein thematisch breites Verständnis von Geragogik, das den breiten Kompetenzanforderungen an GeragogInnen (► Kap. 5.6, ► Abb. 5.1) entspricht. Neben geragogisch-didaktischen Inhalten (mit Schwerpunkt auf Biografiearbeit) werden verschiedene Teilbereiche der angewandten Gerontologie, Zugänge zu Forschung, Evaluation und Qualitätssicherung, Zugänge zu den Lebenswelten und dem Sozialraum älterer Menschen sowie Grundlagen des Projektmanagements vermittelt. Einen Schwerpunkt bilden Kulturen und Religion als Kontexte, in denen geragogische Bildungsarbeit sensible Beiträge leisten kann.

Wenngleich GeragogInnen im Rahmen dieser Lehrgänge fundiert qualifiziert wurden und werden, ist eine Etablierung des Berufes in Österreich immer noch ausständig. Wie in anderen Feldern der Erwachsenenbildung behindern fehlende Anstellungsverhältnisse und finanzielle Ressourcenknappheit im Sozial- und Pflegesektor bisher die Entwicklung eines eigenständigen Berufsstandes, sodass Geragogik häufig dennoch nur als – unbezahlte – Zusatzqualifikation im Bereich der Pflege oder im Bereich der Erwachsenenbildung fungiert. Diese fehlenden Berufsperspektiven und schwierige Berufsbedingungen für GeragogInnen in Österreich mindern die Anreize für eine spezifische, privat zu finanzierende Ausbildung in diesem Bereich, sodass die bestehenden Lehrgänge beständig um Teilnehmende kämpfen und in ihrem Fortbestand gefährdet sind.

5.7 Fazit

Der Stand des Diskurses um Eigenständigkeit und Vernetzung der Geragogik, wie er sich gegenwärtig darstellt (Schramek et al. 2018), ist immer noch nicht abgeschlossen. Für Österreich hat die Entwicklung seit den 1990er Jahren eine zunehmende Anzahl an Forschungen, Publikationen, berufsbezogenen Weiterbildungen und innovativen Praxisprojekten gezeigt. Der wachsende Stellenwert von Bildung in der nachberuflichen Lebensphase und damit der Geragogik entstand als Antwort auf den demografischen und gesellschaftlichen Wandel und die veränderten Lebenslagen und Bildungsbiografien heute älterer Menschen (Kolland 2005, S. 215 f.).

Der Diskurs um Interdisziplinarität, Theorie-Praxis-Verschränkung, Partizipation, Lebenslauforientierung mit intergenerationeller Perspektive und Wertorientierung wurde »grenzüberschreitend« weitergeführt (Schramek et al. 2018; Kricheldorff 2018; Steinfort-Diedenhofen 2018). Anders als in der Deutschen Gesellschaft für Gerontologie und Geriatrie hat sich in der Sektion »Sozialgerontologie« der Österreichischen Gesellschaft für Geriatrie und Gerontologie (ÖGGG) keine eigene Arbeitsgruppe gebildet, die sich spezifisch mit geragogischen Fragestellungen befasst. Dies mag an der überschaubaren Community in Österreich liegen, aber auch daran, dass die ÖGGG stärker medizinisch geprägt ist als ihre deutsche Nachbargesellschaft und sozialwissenschaftliche oder geragogische Forschungen daher weniger Raum gewinnen konnten. Daher wurden die theoretische Weiterentwicklung und Positionsbestimmung der Geragogik durch Beteiligung im Arbeitskreis Geragogik der Sektion IV der Deutschen Gesellschaft für Gerontologie und Geriatrie gesucht. Aktuelles Ergebnis ist ein theoretisches Modell, das die Geragogik an der Schnittstelle von Bildungswissenschaft/Erwachsenenbildung, sozialer Arbeit und Gerontologie verortet, die die besondere Perspektive des jeweiligen Bereichs einbindet (Kricheldorff 2018). Damit wird es der Multidisziplinarität und der Komplexität des Fachs gerecht.

Entwicklungspotenziale der Geragogik mit dem Ziel echter interdisziplinärer Zusammenarbeit sind im Aufbau einer gemeinsamen Sprache, im Diskurs um gerontologische Bezugstheorien, im Austausch von fächerübergreifenden Forschungsprojekten und in der Verankerung der Geragogik in der österreichischen Hochschullandschaft und Praxis der Erwachsenenbildung zu sehen.

Literaturverzeichnis

Amann, A. (2019). Factsheet Teilhabe im Alter: Theorie, Empirie, Praxis. Wien: BMASK. https://www.digitaleseniorinnen.at/fileadmin/redakteure/Downloads/Factsheet_Teilhabe_im_Alter.pdf. Zugegriffen: 15. März 2020.

Borst, E. (2016). Theorie der Bildung. Eine Einführung. Baltmannsweiler: Schneider-Verlag Hohengehren.

Brünner, A. (2015). Qualitätssichernde Maßnahmen in der erwachsenenpädagogischen Bildungsarbeit in Österreich unter Berücksichtigung der nachberuflichen Lebensphase. Dreiteiliges Forschungsprojekt im Auftrag des Bundesministeriums für Soziales, Arbeit und Konsumentenschutz. Wien: BMASK.

Bubolz-Lutz, E. (2007). Geragogik – Wissenschaftliche Disziplin und Praxis. informationsdienst altersfragen, 34(5) (S. 11–14).

Bubolz-Lutz, E., Gösken, E., Kricheldorff, C. & Schramek, R. (2010). Geragogik. Bildung und Lernen im Prozess des Alterns. Das Lehrbuch. Stuttgart: Kohlhammer.

Bubolz-Lutz, E. & Stöckl, C. (2017). Sozialgeragogische Perspektiven: Folgerungen aus einem lebensweltlichen und relationalen Bildungsverständnis. In C. Stöckl (Hrsg.), Ältere Menschen in der Wissensgesellschaft. Die Bedeutung von Nicht-Wissen (S. 113–122). Graz: Leykam.

Bundesministerium für Arbeit, Soziales und Konsumentenschutz (2011). 2. Nationalbericht über die Umsetzung der UN-ECE regionalen Implementierungs-Strategie (RIS) zum Internationalen Aktivitätsplan über das Altern von Madrid (MIPAA) 2002. https://www.unece.org/fileadmin/DAM/pau/age/country_rpts/AUT_report_a.pdf. Zugegriffen: 29. Mai 2020.

Bundesministerium für Arbeit, Soziales und Konsumentenschutz (2012). Altern und Zukunft. Bundesplan für Seniorinnen und Senioren. Herausgegeben vom Bundesministerium für Arbeit, Soziales und Konsumentenschutz. Wien: BMASK.

Gallistl, V., Wanka, A., Stöckl, C., Müllegger, J. & Kolland, F. (2018). Bildung im Dritten Lebensalter – Erwachsenen- und Weiterbildungsforschung in Österreich. In D. Holzer, B. Dausien, P. Schlögl & K. Schmid (Hrsg.), Forschungsinseln. Beobachtungen aus der österreichischen Erwachsenenbildungsforschung (S. 151–166). Münster: Waxmann.

Haring, S. (2012). Bildungsbedürfnisse älterer Frauen (60+) in Österreich. Ein Projekt im Auftrag des Bundesministeriums für Arbeit, Soziales und Konsumentenschutz, unter Mitarbeit von Bacher, H., Benischke, C., Brünner, A., Gerdenitsch C. & Tscherny, M. Graz. https://solways.mur.at/wp-content/uploads/2019/10/Endbericht_Bildungsbed.pdf. Zugegriffen: 15. März 2020.

Haring, S. (2014). Methodenhandbuch für die Bildungsarbeit mit älter werdenden Frauen und Männern. Im Auftrag des Bundesministeriums für Arbeit, Soziales und Konsumentenschutz und unter Mitarbeit von H. Bacher & V. Stigler, Wien: BMASK. https://www.digitaleseniorinnen.at/fileadmin/redakteure/Downloads/Methodenhandbuch_Bildungsarbeit_aelter_werdenden_F_M.pdf. Zugegriffen: 19. Februar 2020.

Haring, S. (2016). Intergenerationelles Lernen. Forschungsfilm im Auftrag des Bundesministeriums für Arbeit, Soziales und Konsumentenschutz. Wien: BMASK. https://www.youtube.com/watch?v=1T722OOo6wc&feature=youtu.be. Zugegriffen: 15. Jänner 2020.

Haring, S. (2017a). Lernen bis ins hohe Alter. Eine videographische Studie zur Darstellung der Montessori-Geragogik in den USA und in Österreich. Forschungsbericht. Gefördert vom Bundesministerium für Soziales, Arbeit und Konsumentenschutz. Wien: BMASK. https://solways.mur.at/wp-content/uploads/2013/03/Bericht_Lernen_bis_ins_hohe_Alter_Montessori_Geragogik-1.pdf. Zugegriffen: 17. März 2020.

Haring, S. (2017b). Lernen bis ins hohe Alter. Am Beispiel der Montessori-Geragogik. Forschungsfilm im Auftrag des Bundesministeriums für Arbeit, Soziales und Konsumentenschutz. Wien: BMASK. https://youtu.be/Ec7yHWQmMCA. Zugegriffen: 17. März 2020.

Haring, S. & Bacher, H. (2014). Didaktik Leitfaden für die Bildungsarbeit mit älter werdenden Frauen und Männern. Im Auftrag des Bundesministeriums für Arbeit, Soziales und Konsumentenschutz. Wien: BMASK. https://www.digitaleseniorinnen.at/fileadmin/redakteure/Downloads/Didaktik_Leitfaden_Bildungsarbeit_aelter_werdenden_F_M.pdf. Zugegriffen: 19. Februar 2020.

Kalbermatten, U. (2000). Didaktisch-methodische Aspekte in der Erwachsenenbildung mit älteren Menschen. Handlungsanleitung. Bern: Berner Lehrmittel- und Medienverlag.

Katholisches Bildungswerk Steiermark (KBW) (2015). treff.generationen. Intergenerationelle Good Practice-Modelle. Graz: KBW.

Kern, D. (2018). Prolog: Theoretische Modelle für die Bildung älterer Erwachsener: eine kritische Analyse aus erziehungswissenschaftlicher Perspektive. In R. Schramek, C. Kricheldorff, B. Schmidt-Hertha & J. Steinfort-Diedenhofen (Hrsg.), Alter(n) – Lernen – Bildung. Ein Handbuch (S. 13–29). Stuttgart: Kohlhammer.

Kirchliche Pädagogische Hochschule Wien/Krems (KPH) (2020). Hochschullehrgang Geragogik. https://www.kphvie.ac.at/institute/zentrum-fuer-weiterbildung/hochschullehrgaenge-im-ueberblick/geragogik-lern-und-lifecoaching-fuer-die-2-lebenshaelfte.html. Zugegriffen: 20. Februar 2020.

Kolland, F. (1991). Intergenerationelles Lernen: Ein Paradigma (?) auf dem Prüfstand. Positionen der Geragogik im »Spätstudium«: Ergebnisse einer Befragung von Spätstudierenden. Unterrichtswissenschaft, 19(2) (S. 167–186).

Kolland, F. (1996). Kulturstile älterer Menschen. Jenseits von Pflicht und Alltag. Wien: Böhlau.

Kolland, F. (1998). Intergenerationelles Lernen – Zwischen Nähe und Distanz. Ergebnisse einer Untersuchung aus Österreich. In S. Keil & T. Brunner (Hrsg.), Intergenerationelles Lernen (S. 75–88). Grafschaft: Vektor-Verlag.
Kolland, F. (2005). Bildungschancen für ältere Menschen. Ansprüche an ein gelungenes Leben. Wien: LIT-Verlag.
Kolland, F. (2006). Bildungsangebote für ältere Menschen. Bildungsforschung, 3(2). https://bildungsforschung.org/ojs/index.php/bildungsforschung/article/view/37/35. Zugegriffen: 25. Februar 2020.
Kolland, F. (2007). Qualität in der Altersbildung. – Geragogik zwischen Bildungsorientierung und sozialer Integration. In K. Aner (Hrsg.), Die neuen Alten. Retter des Sozialen? (S. 163–184). Wiesbaden: Verlag für Sozialwissenschaften.
Kolland, F. (2011). Bildung und aktives Altern. Magazin erwachsenenbildung.at, 13. www.erwachsenenbildung.at/magazin/11-13/meb11-13.pdf. Zugegriffen: 17. Jänner 2020.
Kolland, F. (2015a). Bildung und Lebensqualität. Wien: BMASK.
Kolland, F. (2015b). Neue Kultur des Alterns. Forschungsergebnisse, Konzepte und kritischer Ausblick. Wien: BMASK.
Kolland, F. (2016). Bildungsmotivation im Alter. Modelle und Forschungserkenntnisse. Wien: BMASK. https://www.digitaleseniorinnen.at/fileadmin/redakteure/Downloads/Bildungsmotivation_im_Alter_Modelle_Forschungserkenntnisse_Wien_2016.pdf. Zugegriffen: 19. Februar 2020.
Kolland, F., Ahmadi, P. & Haas, K. (2009). Good Practice in der Seniorenbildung. Wien: Bundesministerium für Arbeit, Soziales und Konsumentenschutz.
Kolland, F., Birke, J., Fassl, A. & Gallistl, V. (2019). Good Practice in der SeniorInnenbildung. Im Auftrag des Bundesministeriums für Arbeit, Soziales, Gesundheit und Konsumentenschutz. Wien: BMASGK. https://www.sozialministerium.at/dam/jcr:d895ee42-b3f4-4fc1-99cd-d619c879a5e1/Good%20Practice%20in%20der%20SeniorInnenbildung.pdf. Zugegriffen: 16. Februar 2020.
Kolland, F., Gallistl, V. & Wanka, A. (2018). Bildungsberatung für Menschen im Alter. Grundlagen, Zielgruppen, Konzepte. Stuttgart: Kohlhammer.
Kolland, F. & Kahri, S. (2004). Bildung im Alter. Zwischen Exklusion und sozialer Differenzierung. SWS-Rundschau, 44(4) (S. 464–488).
Kolland, F. & Klingenberg, H. (2011). Lebenslanges Lernen im späten Lebensalter. Grundlagen und Begriffsklärungen. In A. Waxenegger (Hrsg. namens der Projektgruppe Lernen im späteren Lebensalter), Lernen und Bildung im späteren Lebensalter. Leitlinien und Prioritäten 2020 (S. 17–32). Karl-Franzens-Universität Graz.
Kolland, F. & Rosenmayr, l. (1990). Altenbildung und sozialstruktureller Wandel. In P. Berner & K. Zapotoczky (Hrsg.), Gesundheit im Brennpunkt (Bd. 2) (S. 372–387). Linz: Veritas.
Kolland, F., Wanka, A. & Gallistl, V. (2014a). Ältere Generationen und ihre Kompetenzen. In Statistik Austria (Hrsg.), Schlüsselkompetenzen von Erwachsenen – Vertiefende Analysen der PIAAC-Erhebung 2011/12 (S. 206–222). Wien: Statistik Austria.
Kolland, F., Wanka, A. & Heinrich, M. (2014b). Good Practice in der SeniorInnenbildung. Gefördert vom Bundesministerium für Arbeit, Soziales und Konsumentenschutz. Wien: BMASK.
Kolland, F., Wanka, A. & Nentwich, K. (2012). Good Practice in der Seniorenbildung. Im Auftrag des Bundesministeriums für Arbeit, Soziales und Konsumentenschutz und unter Mitarbeit von Carmen Keckeis. Wien: BMASK.
Kolland, F., Wanka, A., Gallistl, V. & Heinrich, M. (2016). Good Practice in der SeniorInnenbildung. Im Auftrag des Bundesministeriums für Arbeit, Soziales, Gesundheit und Konsumentenschutz. Wien: BMASK.
Köster, D., Schramek, R. & Dorn, S. (2008). Qualitätsziele moderner SeniorInnenarbeit und Altersbildung. Das Handbuch. Oberhausen: Althena.
Kricheldorff, C. (2018). Altern – Lernen – Bildung aus der Perspektive der Sozialen Gerontologie. In R. Schramek, C. Kricheldorff, B. Schmidt-Hertha & J. Steinford-Diedenhofen (Hrsg.), Alter(n) – Lernen – Bildung. Ein Handbuch (S. 45–56). Stuttgart: Kohlhammer.
Ludescher, M., Waxenegger, A. & Simon, G. (2016). Intergenerationelles Lernen. Ein Leitfaden für die wissenschaftliche Weiterbildung in der nachberuflichen Lebensphase. Gefördert

vom Bundesministerium für Arbeit, Soziales und Konsumentenschutz. Graz: BMASK. https://static.uni-graz.at/fileadmin/Weiterbildung/WEB_leitf_intergen_wwb_barr.pdf. Zugegriffen: 14. Jänner 2020.

Marcel, G. & Petzold, H. (1976). Anthropologische Vorbemerkungen zur Bildungsarbeit mit alten Menschen. In H. Petzold & E. Bubolz (Hrsg.), Bildungsarbeit mit alten Menschen (S. 9–18). Stuttgart: Klett.

Müllegger, J. (2018). Ältere als Zielgruppe der Erwachsenenbildung: Bedarfe – Entwicklungen – Perspektiven. Befundaufnahme und Empfehlungen im Auftrag des Bundesministeriums für Arbeit, Soziales, Gesundheit und Konsumentenschutz. Wien: BMASGK. https://www.sozialministerium.at/dam/jcr:bbac247c-d2b7-4103-af96-e342dd29fc74/%C3%84ltere%20als%20Zielgruppe%20der%20Erwachsenenbildung.pdf. Zugegriffen: 13. Juli 2020.

Müllegger, J. & Hechl, E. (2021). Nachberufliche Bildung. Sozial- und bildungspolitische Dokumente. Wien: BMSGPK.

Österreichisches Institut für angewandte Telekommunikation (ÖIAT) (2014). Maßnahmen für Senior/innen in der digitalen Welt. Studie im Auftrag des Bundesministeriums für Arbeit, Soziales und Konsumentenschutz. Wien: BMASK. https://www.digitaleseniorinnen.at/fileadmin/redakteure/Downloads/studie_massnahmen_fuer_senorinnen_in_der_digitalen_welt.pdf. Zugegriffen: 14. Jänner 2020.

Paulweber, U., Haring, S. & Kreilinger, B. (2016). Intergenerationelles Lernen. Ein Leitfaden für die Erwachsenenbildung in der nachberuflichen Lebensphase. Gefördert vom Bundesministerium für Arbeit, Soziales und Konsumentenschutz. Graz: BMASK.

Petzold, H. & Bubolz, E. (1976). Konzepte zu einer integrativen Bildungsarbeit mit alten Menschen. In H. Petzold & E. Bubolz (Hrsg.), Bildungsarbeit mit alten Menschen (S. 37–63). Stuttgart: Klett.

Pädagogische Hochschule Karlsruhe (2020). Berufsbegleitender Masterstudiengang Geragogik. https://www.ph-karlsruhe.de/studieren/studienangebot/master/geragogik. Zugegriffen: 20. Jänner 2020.

Republik Österreich (2011). Strategie zum lebensbegleitenden Lernen in Österreich. LLL:2020. Wien. https://www.qualifikationsregister.at/wp-content/uploads/2018/11/Strategie1.pdf. Zugegriffen: 16. Jänner 2020.

Schlögl, P., Iller, C. & Gruber, E. (2014). Teilnahme und Teilnahmechancen an formaler und nicht-formaler Erwachsenen- bzw. Weiterbildung. In Statistik Austria (Hrsg.), Schlüsselkompetenzen von Erwachsenen – Vertiefende Analysen der PIAAC-Erhebung 2011/12 (S. 82–97). Wien: Statistik Austria.

Schramek, R., Kricheldorff, C., Schmidt-Herta, B. & Steinfort-Diedenhofen, J. (Hrsg.) (2018). Alter(n), Lernen, Bildung. Ein Handbuch. Stuttgart: Kohlhammer.

Simon, G. (2002). Universitätslehrgang Interdisziplinäre Gerontologie. In G. Knapp (Hrsg.), Wissenschaftliche Weiterbildung im Aufbruch (S. 202–220). Klagenfurt: Verlag Hermagoras/Mohorjeva.

Simon, G. (2004). Gerontologische Weiterbildung als kritische Bildung. Lehrgang Interdisziplinäre Gerontologie an der Universität Graz. In W. Lenz & A. Sprung (Hrsg.), Kritische Bildung. Zugänge und Vorgänge (S. 259–272). Münster: LIT-Verlag.

Simon, G. (2007). Lernen und Bildung im Interesse älterer Menschen. Konzepte zum Lebenslangen Lernen im 3. und 4. Lebensalter. Wien: Bundesministerium für soziale Sicherheit, Generationen und Konsumentenschutz.

Simon, G. (2011). Geragogisches Grundwissen. Untersuchung zur Qualitätssicherung für Bildung in der nachberuflichen Lebensphase. Wien: Bundesministerium für Arbeit, Soziales und Konsumentenschutz.

Simon, G. (2012). Geragogisches Grundwissen. Untersuchung zur Qualitätssicherung für Bildung in der nachberuflichen Lebensphase im Auftrag des Bundesministeriums für Arbeit, Soziales und Konsumentenschutz, unter Mitarbeit von C. Gerdenitsch. Wien. https://www.digitaleseniorinnen.at/fileadmin/redakteure/Downloads/Studie_Geragogisches_Grundwissen.pdf. Zugegriffen: 15. März 2020.

Simon, G. (2015a). Lernen und Bildung als Bausteine für »erfolgreiches« Altern? Projekt im Auftrag des Bundesministeriums für Arbeit, Soziales und Konsumentenschutz. Graz: BMASK.

Simon, G. (2015b). Factsheet Geragogisches Grundwissen. Wien: BMASK. https://www.digitaleseniorinnen.at/fileadmin/redakteure/Downloads/factsheet_geragogisches_grundwissen.pdf. Zugegriffen: 15. März 2020.

Steinfort-Diedenhofen, J. (2018). Sozialgeragogik als Konvergenzbegriff. In R. Schramek, C. Kricheldorff, B. Schmidt-Hertha & J. Steifort-Diedenhofen (Hrsg.), Alter(n) – Lernen – Bildung. Ein Handbuch (S. 57–68). Stuttgart: Kohlhammer.

Veelken, L. (2000). Geragogik. Das sozialgerontologische Konzept. In S. Becker, L. Veelken & K. P. Wallraven (Hrsg.), Handbuch Altenbildung (S. 87–94). Opladen: Leske + Budrich.

Wahl, H.-W. & Heyl, V. (2015). Gerontologie – Einführung und Geschichte (2., vollst. überarb. Aufl.). Stuttgart: Kohlhammer.

6 Bildungsberatung für Menschen im Alter

Franz Kolland, Vera Gallistl, Katrin Reiter & Danielle Bidasio

Zusammenfassung

Bildungsberatung stellt ein neues Konzept der SeniorInnenbildung dar, das darauf abzielt, die Bildungsbeteiligung älterer Menschen zu erhöhen. In Österreich wird das Konzept seit 2012 in Zusammenarbeit zwischen Wissenschaft und Praxis entwickelt und evaluiert. Der Beitrag stellt erstens die wissenschaftlichen Grundlagen der Bildungsberatung im Alter dar und arbeitet auf Basis repräsentativer Befragungsdaten fünf Zielgruppen der Bildungsberatung im Alter – *Menschen im Übergang, Aktivitätsorientierte, Sozialorientierte, Ruhestandsorientierte* und *physisch Belastete* – heraus. Zweitens wird im Beitrag die Anwendbarkeit des Konzepts in Organisationen der allgemeinen Bildungsberatung diskutiert. Dafür werden Erfahrungen des Pilotlehrgangs »Bildungsberatung für ein aktives Alter«, der 2018 durchgeführt wurde, aufgearbeitet und diskutiert, welche Unterstützungsmaßnahmen es zur Etablierung der Bildungsberatung für Menschen im Alter in Österreich braucht.

6.1 Einleitung

In Gesellschaften, die sich laufend verändern, braucht es auch im Feld der Bildung im Alter Innovationen. Eine solche Innovation im Praxisfeld Bildung im Alter stellt die Bildungsberatung für Menschen in der nachberuflichen Phase dar, denn Bildungsberatung wurde bislang v.a. als Instrument der beruflichen Weiterbildung eingesetzt (Schiersmann 2011) und ist für die nachberufliche Phase kaum erforscht. Während Bildungs- und Lernangebote zunehmend in allen Lebensphasen zur Verfügung stehen, wurde die Bildungsberatung (häufig auch als Bildungs- und *Berufs*beratung) v.a. für berufliche Kontexte konzeptualisiert, erforscht und angewandt (ebd.). Selbst das Konzept der Lifelong Guidance, wie es 2011 vom Europäischen Zentrum für die Förderung der Berufsbildung formuliert wurde, bezieht sich in seinen Grundlagen auf berufliche Zusammenhänge und schließt Bildung in der nachberuflichen Phase nicht dezidiert mit ein (Barham 2010).

Das Praxisfeld der Bildung im Alter in Österreich und Deutschland hat sich in den letzten zwanzig Jahren deutlich erweitert (Bubolz-Lutz et al. 2010). Aktuell wird Bildung im Alter neben Erwachsenenbildungseinrichtungen auch von Einrichtungen der Gesundheitsförderung, Vereinen, Unternehmen (z. B. private Bildungseinrichtungen, TelekommunikationsanbieterInnen) und SeniorInnenorganisationen angeboten. Für ältere Menschen führt dies zu einer erheblichen Unübersichtlichkeit, weil viele Angebote nebeneinander bestehen (Kolland 2010). Gerade für die Bildung in der nachberuflichen Phase braucht es deswegen Beratungsangebote, die Übersichtlichkeit in dem vielfältigen Feld der SeniorInnenbildung schaffen und unterschiedliche Praxisfelder wie z. B. die Bildung im Alter und Freiwilligenarbeit vernetzt.

Bildungsberatung für Menschen im Alter (Kolland et al. 2018) stellt ein neues Konzept der SeniorInnenbildung dar, das darauf abzielt, Bildungsinteresse im Alter durch Information und Beratung in Bildungsbeteiligung zu übersetzen und so die Bildungsbeteiligung älterer Menschen zu erhöhen. Bildungsberatung für Menschen im Alter lässt sich verstehen als

> »eine professionell strukturierte kommunikative Handlungsform, die sich durch Anwendung und Transformation von Wissen mit der Verbindung von individuellen Fragen zu sozial typischen Problemlagen älterer Menschen beschäftigt mit dem Ziel gesteigerter individueller Handlungsfähigkeit, Empowerment und sozialer Inklusion« (ebd., S. 48).

Die Bildungsberatung für Menschen in der nachberuflichen Lebensphase ist dabei sowohl im Bundesplan für Seniorinnen und Senioren 2011 (BMASK 2015) als auch in der Strategie zum lebensbegleitenden Lernen in Österreich (Republik Österreich 2011) ausdrücklich als Ziel enthalten. Die Aktionslinie 9 der Strategie nennt als ein Ziel, dass der Zugang von älteren Menschen zu altersgruppenspezifischer Information und Beratung (Ziel 9.3) hinsichtlich relevanter Weiterbildungsmöglichkeiten gesichert werden soll, wobei die Konzeption und die Errichtung von Beratungsangeboten sowie die Qualifikation von BeraterInnen als Maßnahmen genannt werden. Auch im Bundesplan für Seniorinnen und Senioren wird die Sicherung des Zugangs von älteren Frauen und Männern zu altersgruppen- und lebenssituationsspezifischer Information und Beratung als Ziel genannt. Auch hier werden als Maßnahme die Konzeption und die Entwicklung von Beratungsangeboten und einschlägige Qualifikation von BeraterInnen empfohlen.

Vor diesem Hintergrund wurden in Österreich seit 2012 seitens des Sozialministeriums Maßnahmen zur Erreichung dieser Ziele gesetzt. Begonnen wurde mit der Förderung eines Modellprojekts zur Entwicklung, Erprobung und Durchführung spezieller Beratungsangebote für Menschen in der nachberuflichen Lebensphase in der Steiermark (2012–2014: Pilotprojekt Bezirk Hartberg »Menschen in der nachberuflichen Phase – Learning & Lifelong Guidance« des Bildungsnetzwerks Steiermark). Fast gleichzeitig wurde mit der wissenschaftlichen Forschung zu diesem Themenbereich begonnen. Seitens des Büros für Evaluationsforschung und Sozialtechnologie wurden im Auftrag des Sozialministeriums seit 2014 die wissenschaftlichen Grundlagen erarbeitet, auf wissenschaftlicher Basis Möglichkeiten der institutionellen Verankerung aufgezeigt und eine Lehr- und Unterrichtsgrundlage zur Qualifizierung für nachberufliche Beratung geschaffen. Am 14. November 2016 wurden die Ergebnisse der Studien sowie der Curriculumsentwicklung einem breiten Fachpublikum im Rahmen einer Fachtagung in Wien vorgestellt.

In weiterer Folge wurden die nächsten Schritte zur Implementierung der Bildungsberatung für Menschen im Alter gesetzt. Aufbauend auf den Studien wurde eine theoriebasierte, forschungs- und praxisgestützte Lehr- und Unterrichtsgrundlage zur Qualifizierung von Bildungs- und BerufsberaterInnen erstellt, die mit älteren Menschen beratend arbeiten möchten. Als nächster Schritt erfolgten ab September 2017 die Pilotumsetzung des Curriculums im Kurzlehrgang »Bildungsberatung für ein aktives Altern« in Salzburg und in Graz sowie die wissenschaftliche Evaluierung dieser beiden durchgeführten Lehrgänge. Ziel der Lehrgänge war die Befähigung der Teilnehmenden, Personen in der nachberuflichen Phase in unterschiedlichen Kontexten zu beraten oder Projekte für und mit Personen in der nachberuflichen Phase zu planen und durchzuführen.

Für den österreichischen Kontext wird die Bildungsberatung für Menschen im Alter seit 2012 wissenschaftlich entwickelt und in der Praxis evaluiert. Zehn Jahre nach dem Beginn stellt sich das konzipierende Team folgende Fragen: Wie bewährt sich dieses Konzept heute in der Praxis? Wie hat sich die Bildungsberatung für Menschen im Alter in der Praxis verändert und weiterentwickelt? Diese Fragen werden im Folgenden diskutiert. Dazu erfolgt erstens eine Skizzierung der wissenschaftlichen Ausgangspunkte der Bildungsberatung für Menschen im Alter. Zweitens werden Erfahrungen aus dem Kurzlehrgang »Bildungsberatung für ein aktives Altern«, der 2018 im Netzwerk Bildungsberatung Salzburg durchgeführt wurde, dargestellt. Der Kurzlehrgang hatte dabei das Ziel, (Bildungs-)BeraterInnen und Menschen, die in der SeniorInnenarbeit und -bildung tätig sind, für die praktische Beratungsarbeit mit älteren Menschen zu qualifizieren.

6.2 Warum braucht es Bildungsberatung für Menschen im Alter?

Auf Basis aktueller Forschungsergebnisse werden im Folgenden drei Anknüpfungspunkte der Bildungsberatung an die Praxis der Bildung im Alter identifiziert, die den Ausgangspunkt für ihre Entwicklung und Implementierung bilden:

1. der Umstand, dass es sich bei der Bildung im Alter um ein heterogenes und teilweise unübersichtliches Praxisfeld handelt,
2. die Realisierungslücke der nachberuflichen Bildung und
3. neu entstehende Zielgruppen der Bildung im Alter durch den Generationenwandel.

In diesen drei Bereichen, so wird im Folgenden argumentiert, stellt die Bildungsberatung für Menschen im Alter eine geeignete Strategie dar, um Menschen für Bildung im Alter zu gewinnen.

Heterogenes Praxisfeld der Bildung im Alter

Bildung im Alter liegt ein anderes Bildungsverständnis zugrunde als Bildung in anderen Lebensphasen (Kruse 2003). Dadurch, dass Bildung im Alter nicht auf berufliche Weiterbildung reduziert wird, vervielfältigt sie sich in ihren Formen, Inhalten und Anwendungsfeldern und findet – stärker als in anderen Lebensphasen – problemorientiert und informell im Alltag statt (Bubolz-Lutz et al. 2010). Bildung im Alter lässt sich deswegen nur schwer eingrenzen. Sie wirkt über mehrere Bildungsfelder hinweg, d. h., sie findet in AnbieterInnenorganisationen des Bildungsbereichs, der sozialen Arbeit, kirchlichen und religiösen Einrichtungen sowie in gewinnorientierten Unternehmen statt. In einer Untersuchung von Kolland et al. (2018), in der 668 Personen, die in der Erwachsenen- und SeniorInnenbildung und -beratung in Österreich tätig sind, befragt wurden, zeigt sich, dass die Tätigkeitsbeschreibungen im Feld der SeniorInnenbildung weitläufig und divers sind und etwa Mitarbeitende der Volkshochschulen, selbstständige BiografiearbeiterInnen, GesundheitsbildnerInnen oder TrainerInnen miteinschließen.

Diese Vielfalt in den Tätigkeitsprofilen von in der SeniorInnenbildung tätigen Personen zeigt, dass SeniorInnenbildung nicht (nur) in Bildungseinrichtungen stattfindet, sondern vielfältige – auch außerinstitutionelle – Angebotsfelder hat. 70 % der befragten SeniorInnenbildnerInnen geben an, für kirchliche oder soziale Organisationen tätig zu sein, 32 % für öffentliche oder private Bildungseinrichtungen (Mehrfachnennungen waren möglich). Zusätzlich zeigt sich in der Praxis der SeniorInnenbildung eine Tendenz zur Selbstständigkeit verbunden mit ehrenamtlichen Tätigkeiten, was auch bedeutet, dass die Bindung zu Organisationen in vielen Fällen lose ist. Jede zweite befragte Person gibt in der Umfrage an, unbezahlt in der SeniorInnenbildung tätig zu sein (Kolland et al. 2018).

Diese Vielfältigkeit der Bildung im Alter verlangt – noch stärker als in der Erwachsenenbildung, deren organisationale Zugehörigkeit weitgehend geklärt ist (Kolland et al. 2016) – in besonderer Weise nach Beratungs- und Informationsangeboten, die Informationen zu bestehenden Bildungsangeboten bündeln, aufarbeiten und weiterempfehlen. Bildungsberatung für Menschen im Alter als Querschnittskonzept zwischen unterschiedlichen AkteurInnen hat damit das Ziel, als übergreifende Stelle der Bildung im Alter unterschiedliche Angebote zu bündeln und individuell relevante Informationen zur Verfügung zu stellen.

Realisierungslücke der Bildung im Alter

Obwohl Bildungsbeteiligung älterer Menschen in Europa kontinuierlich im Steigen begriffen ist, bleibt sie immer noch ein Randphänomen, an dem sich – je nach Berechnungsgrundlage – zwischen 10 und 14 % der Menschen in der nachberuflichen Phase in Österreich beteiligen (Wanka & Gallistl 2016). Bildungsmotivation und Bildungsinteresse liegen in der Zielgruppe allerdings sehr viel höher. In einer repräsentativen Befragung von Kolland et al. (2018) von 55- bis 75-jährigen Personen in der nachberuflichen Phase zeigt sich, dass 44% der Befragten prinzipiell bildungsinteressiert sind, sich allerdings nicht an Bildung im Alter beteiligen – es entsteht eine sogenannte Realisierungslücke (Schneeberger 2005).

Wie kommt es nun dazu, dass dieses Bildungsinteresse im Alter nicht realisiert wird? Befragungsdaten aus dem Jahr 2013 für pensionierte Personen in Österreich (55–75 Jahre) zeigen drei Determinanten der Realisierungslücke im Alter: Zuerst korreliert die Realisierung von Bildungsinteressen signifikant mit der Internetnutzung und dem Zugang zu Bildungsinformationen. Wer sich besser über Bildungsangebote informiert fühlt und das Internet täglich nutzt, realisiert Bildungsinteressen häufiger als jene Personen, die dies nicht tun. Aus dieser Perspektive hat die Bildung im Alter ein Informationsproblem in dem Sinne, dass zu wenig Wissen über bestehende Angebote bei der Zielgruppe ankommt. Zweitens zeigt sich, dass die Bildung im Alter ein Erreichbarkeitsproblem hat. In linearen Regressionsmodellen (Kolland et al. 2018) wird deutlich, dass die Ortsgröße die einflussreichste Determinante zur Erklärung der Realisierung von Bildungsinteresse darstellt. Personen, die in Gemeinden mit weniger als 5.000 EinwohnerInnen leben, realisieren ihr Bildungsinteresse seltener als Personen im urbanen Raum. Zusätzlich ist Bildung im Alter sozial selektiv: Werden ältere Menschen mit Bildung erreicht, so sind dies häufig Personen, die bereits über den gesamten Lebenslauf an Bildung teilgenommen haben. Wurde in der Erwachsenenbildung deswegen von der »doppelten Selektivität« (Faulstich 2003, S. 39) von Bildungsangeboten gesprochen, so trifft dies auf die Bildung in der nachberuflichen Phase noch stärker zu: Selektion in der Schulbildung wird durch Erwachsenen- und SeniorInnenbildung nicht ausgeglichen, sondern tendenziell verstärkt, indem vermehrt bildungsprivilegierte Gruppen daran teilnehmen. Daten des Survey of Health, Age and Retirement in Europe 2015 für Deutschland zeigen, dass der Bildungsstand der Befragten einen signifikanten Einfluss auf Teilnahme an Erwachsenen- und SeniorInnenbildung nimmt und sich dieser Einfluss für die nachberufliche Weiterbildung im Vergleich zur berufsbezogenen Weiterbildung erhöht (Gallistl et al. 2018). Der Bildungsstand ist damit einer der stabilsten und signifikantesten Prädikatoren für die weitere Bildungsbeteiligung im Lebenslauf insbesondere in der nachberuflichen Phase (Withnall 2010) und auch diese Zusammenhänge erklären, warum Bildungsinteressen im Alter nicht realisiert werden (können).

Diese »Realisierungslücke« (Schneeberger 2005, S. 21) zu schließen und dadurch die Selektivität der Bildung im Alter zu senken, stellt ein weiteres Ziel der Bildungsberatung im Alter dar. Beratung ist hierbei ein geeignetes Instrument, weil es erstens zur Klärung von Bildungsinteressen beitragen kann (Schiersmann 2011) und sich Bildungsberatung zweitens dazu eignet, räumliche und mobilitätsbezogene Barrieren zur Bildung im Alter zu überwinden, weil Beratungsangebote im Vergleich zu Bildungsangeboten räumlich flexibel, z. B. aufsuchend oder mobil, stattfinden können. Drittens ist Beratung wie kein anderes Instrument dazu geeignet, Bildungsinformationen aufzuarbeiten und in einer verständlichen und individualisierten Form zu kommunizieren und damit auch Personen ohne hohe Schulbildung und positive Bildungserfahrungen zu erreichen, u. a. auch, weil Beratung persönlicher und individueller stattfindet, als das Kurse der Erwachsenenbildung können.

Neue Zielgruppen der Bildung im Alter

Die Erhöhung der Bildungsbeteiligung in der nachberuflichen Phase wurde in Österreich als politisches Ziel festgelegt (Republik Österreich 2011). Um dies zu erreichen, kann die Bildung im Alter einerseits Teilnahme verstetigen, d. h. Teilnehmende in ein dauerhaftes Angebot einbinden, und andererseits expansiv rekrutieren, d. h. bislang inaktive Personen mit Bildung im Alter erreichen. Prinzipiell verfolgt die Bildungsberatung für Menschen im Alter das Ziel, Personen in der sogenannten Realisierungslücke (Schneeberger 2005) zu adressieren, d. h., jene zu erreichen, die bereits Bildungsinteresse haben. Darüber hinaus haben Beratungsangebote durch ihren flexiblen und häufig sozialraumorientierten Zugang auch die Chance, zu Personen ohne Bildungsinteresse zu gelangen.

Auf Basis von repräsentativen Befragungsdaten und qualitativen Leitfadeninterviews mit älteren Menschen (Personen zwischen 55 und 75 Jahren in der nachberuflichen Phase) wurden an anderer Stelle (Kolland et al. 2018) fünf Zielgruppen der Bildungsberatung für Menschen im Alter definiert: Aktivitätsorientierte, Menschen im Übergang, Sozialorientierte, physisch Belastete und Ruhestandsorientierte. Jede dieser Zielgruppen zeichnet ein spezifisches Bündel von Beratungsanlässen aus, das wir als Épreuve des Alters (Caradec & Chamahian 2017) im Kontext der Beratung in der nachberuflichen Phase bezeichnen. Mit dem Begriff Épreuve des Alters meinen wir Herausforderungen, denen sich Personen im Alter stellen müssen, seien dies die Aufrechterhaltung der Beziehung zur öffentlichen Sphäre über Aktivitäten, die Aufrechterhaltung von Autonomie und Selbstbestimmung oder die Aufrechterhaltung sozialer Beziehungen im Alter.

Aktivitätsorientierte sind eine vergleichsweise junge, bildungsaktive Zielgruppe, die danach strebt, die Geschäftigkeit und Leistung des beruflichen Lebens in der nachberuflichen Phase weiterzuführen. Sie sind bildungsaktiv und suchen in der Beratung v. a. Informationen zu qualitätsvollen Angeboten der Bildung im Alter sowie Informationen zu Möglichkeiten ehrenamtlichen Engagements.

Menschen im Übergang zeichnen sich als Zielgruppe der nachberuflichen Bildungsberatung dadurch aus, dass der Übergang in die nachberufliche Phase als Beratungsanlass entsteht, der mit einer Reflexion zu Orientierung in der nachberuflichen Phase einhergeht. Diese Zielgruppe sucht nach Angeboten, in denen eine Reflexion der nachberuflichen Lebensphase als neue und unbekannte Lebensphase möglich wird. Sie suchen in der Bildungsberatung Unterstützung im Transitionsprozess zwischen beruflicher und nachberuflicher Phase.

Die Zielgruppe der *Sozialorientierten* lässt sich am stärksten der oben skizzierten Realisierungslücke zuordnen. Diese Gruppe hat ein hohes Bildungsinteresse, verfolgt dies allerdings – auch aufgrund der starken Einbindung in andere Verpflichtungen – weniger häufig als die ersten beiden genannten Zielgruppen. Diese Zielgruppe umfasst v. a. Frauen und Personen in ländlichen Gebieten und mit mittleren bis niedrigen Bildungsabschlüssen.

Die Bildungsbeteiligung *gesundheitlich belasteter Menschen* (physisch Belastete) im Alter zeichnet sich dadurch aus, dass für die Teilnahme an Bildungsangeboten erhebliche Barrieren zu überwinden sind, wie das z. B. häufig bei gesundheitlichen Einschränkungen der Fall ist. Obwohl das Bildungsinteresse hoch ist, ist dieses durch fehlende Unterstützungsangebote im Bereich der Mobilität nicht einfach zu realisieren. Von Bildungsberatung in der nachberuflichen Phase wünscht sich diese Zielgruppe ein gemeinsames Reflektieren darüber, wie der Alltag mit gesundheitlichen Einschränkungen im Alter gestaltet werden kann, und Informationen darüber, welche Unterstützungsmöglichkeiten (z. B. Fahrtendienste) es gibt, um an Bildung im Alter trotz gesundheitlicher Einschränkungen teilnehmen zu können. Mobile und aufsuchende Angebote der Bildung und Beratung sind hier notwendig.

Personen im unruhigen Ruhestand (Ruhestandsorientierte) schließlich zeichnen sich durch ein niedriges Interesse an Bildung und Beratung im Alter aus, obwohl sie zahlreiche Beratungsanlässe in ihrem Alltag schildern. Statistisch zeigen sie eine geringe Einbindung in Bildungs-, aber auch andere Freizeitaktivitäten, zusätzlich vergleichsweise geringe Einkommen und niedrigen Bildungsstand. Häufig schildern sie negative Erfahrungen mit Schulbildung und haben kaum berufliche Weiterbildung in Anspruch genommen. Gleichzeitig zeichnet sich diese Zielgruppe auch dadurch aus, in viele Hilfstätigkeiten in ihrem Umfeld wie Unterstützung bei der Betreuung von (Enkel-)Kindern oder Erledigungen im Haushalt für NachbarInnen eingebunden zu sein. Bildungsberatung für Menschen im Alter kann für diese Zielgruppe lebensweltnah und aufsuchend wirksam werden, d. h. Anknüpfungspunkte der Bildung im Alltag finden, bestehende Kompetenzen herausarbeiten, bewusst machen und in Bildungsangebote transferieren.

6.3 Erfahrung aus dem Pilotlehrgang »Bildungsberatung für ein aktives Altern«

Wie hilfreich ist dieses wissenschaftlich entwickelte Konzept der Bildungsberatung für Menschen im Alter nun in der Praxis? Um diese Fragen zu beantworten, werden im Folgenden Erfahrungen aus dem Kurzlehrgang »Bildungsberatung für Menschen im Alter« geteilt, der zwischen Februar und April 2018 in Salzburg durchgeführt wurde. Der Kurzlehrgang verfolgte das Ziel, (Bildungs-)BeraterInnen und Menschen, die in der SeniorInnenarbeit und -bildung tätig sind, für die Beratung mit älteren Menschen zu qualifizieren. Der Lehrgang war dabei flexibel in drei Modulen organisiert (► Abb. 6.1).

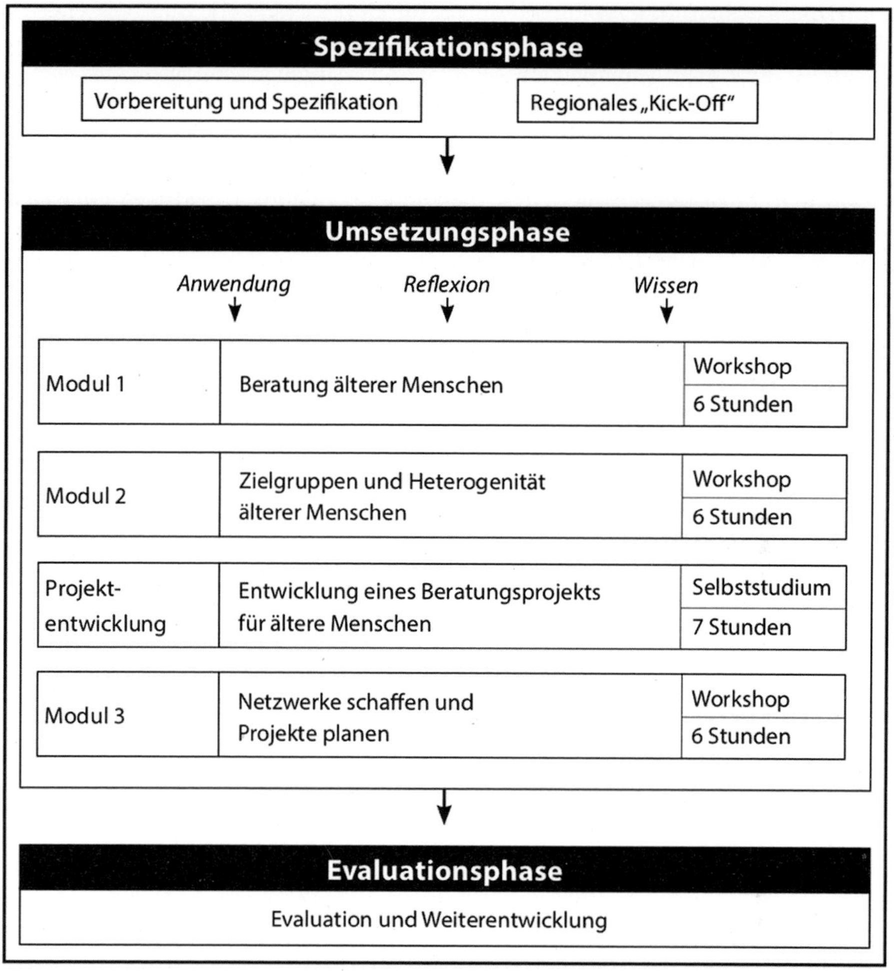

Abb. 6.1: Modulstruktur des Lehrgangs »Bildungsberatung für ein aktives Altern« (Kolland et al. 2018, S. 174)

Verortung der Bildungsberatung für Menschen im Alter im Netzwerk Bildungsberatung Salzburg

Bildung im Alter wie auch Bildungsberatung für Menschen im Alter kann als Querschnittskonzept oder auch als Kooperationskonzept verstanden werden, welches das Zusammenwirken von unterschiedlichen AkteurInnen mit ähnlichen oder gleichen Interessen voraussetzt und bestenfalls in abgestimmter und koordinierter Weise umgesetzt wird. Das heißt, es braucht nachhaltige strukturelle Rahmenbedingungen, eine kooperative Grundhaltung und ein gemeinsames Ziel, damit dieses Konzept realisiert werden kann.

In Salzburg waren diese Voraussetzungen durch das Netzwerk Bildungsberatung Salzburg in Form einer trägerInnenneutralen Koordinationsstelle gegeben, angesiedelt bei der Arbeitsgemeinschaft Salzburger Erwachsenenbildung und umgesetzt durch das vertrauensvolle und zielorientierte Zusammenwirken der PartnerInnen. Dieses Netzwerk wurde in Salzburg 2011 im Rahmen der 9+1 Netzwerke[1] der Bildungsberatung Österreich[2] initiiert mit dem Ziel, besonders benachteiligte Zielgruppen zu erreichen. Damit waren und sind Personen mit niedrigen Qualifikationen, Menschen mit Migrationshintergrund, nicht-erwerbstätigte Personen und ältere Menschen ab 55 Jahren gemeint.

Eine der Zielgruppen, die seit 2011 im Netzwerk Salzburg am herausforderndsten und schwierigsten zu erreichen ist, ist die Zielgruppe der Menschen über 55 Jahre. Hierfür hat sich die Bildungsberatung für ein aktives Altern als hilfreich erwiesen, da es unmittelbar an den Lebenswelten anschließt und die unterschiedlichen Wünsche, Sorgen und Bedürfnisse der oben angeführten Zielgruppen aufgreift. Im Lehrgang werden dafür bedarfsorientiert Angebote (Projekte) entwickelt. Damit wurden die Orientierung an der Lebenswelt von älteren Menschen und die Möglichkeit zur Teilhabe am gesellschaftlichen Leben in den Mittelpunkt gerückt.

Die oben skizzierten Module des Kurzlehrgangs Bildungsberatung für ein aktives Alter mussten zunächst an den Kontext des Netzwerks Bildungsberatung Salzburg angepasst werden. So erwies sich bei Durchführung des Lehrgangs beispielsweise eine andere Reihenfolge der Module als ursprünglich im Curriculum vorgesehen als zielführender: »Partizipation und Zielgruppen« bildeten den Start, als Nächstes wurde das Thema »Netzwerke schaffen« und »Projekte entwickeln« vorgereiht, damit die Teilnehmenden Grundkompetenzen für die Projektentwicklung möglichst bald erlernten und die weitere Zeit des Lehrgangs für die Ausarbeitung eigener Projekte nutzen konnten. Zusätzlich gab es Einzelcoachings für die Teilnehmenden, um bei der bedarfsorientierten Projektentwicklung zu unterstützen. Zudem wurde ein externer Input zum Thema »Altersteilzeit« hinzugefügt wie auch eine Projektbörse, die sich speziell mit den Fragen von Kooperationsmöglichkeiten und Projektentwicklung beschäftigte. Auf Wunsch der Teilnehmenden wurde darüber hinaus ein Peergruppentreffen angeboten, welches dem Austausch diente.

Erfahrungen der Teilnehmenden am Kurzlehrgang »Bildungsberatung für ein aktives Altern« im Netzwerk Bildungsberatung Salzburg

Während der Durchführung des Lehrgangs entwickelten die Teilnehmenden interessante Fragestellungen über strukturelle und inhaltliche Aspekte der Bildungs-

1 Die Zahl 9 steht für die neun Bundesländer und die Zahl 1 für die gemeinsamen überregionalen Querschnittsthemen wie Qualitätsentwicklung, Professionalisierung, Fachaustausch und einheitliche Standards, die überregional vernetzt werden.

2 Die Bildungsberatung Österreich ist ein ESF-Projekt, das vom Bundesministerium für Bildung, Wissenschaft und Forschung, Abteilung Erwachsenenbildung, initiiert und mit Unterstützung der FördergeberInnen auf Ebene der Länder und Städte bundesweit umgesetzt wird.

beratung für Menschen im Alter, mit denen sie sich auseinandersetzten: Die Teilnehmenden teilten die Einschätzung, dass es bisher im Bundesland Salzburg keine umfassenden Angebote gibt, die sich professionell mit der Beratung von Menschen in der nachberuflichen Phase beschäftigen. Teilaspekte wie z. B. Pflegeberatung (die aber eher von Angehörigen genutzt wird) oder Pensionsberatung (die auch eher von Menschen vor Antritt der Pension genutzt wird) mögen vorhanden sein, aber darüber hinaus gibt es keine Anlaufstelle zu sozialtypischen Problemlagen im Alter wie dem Übergang in die nachberufliche Phase, sozialer Einbindung oder gesundheitlichen Einschränkungen und deren Bearbeitung durch Bildung. Übereinstimmung bestand unter den Teilnehmenden auch dahingehend, dass die Konzepte und die Fragestellungen der Bildungs- und Berufsberatung für Menschen in der Erwerbsphase nicht unmittelbar für die Beratung von Menschen nach der Erwerbsphase zutreffen und es deswegen neue Angebote der Beratung für ältere Menschen braucht. Ein Aspekt davon ist etwa, neue Zielgruppen, die sich in der nachberuflichen Lebensphase befinden, als Zielgruppen der Bildungs- und Berufsberatung anzuerkennen und entsprechende Angebote zu entwickeln.

Die Information über den stattfindenden Pilotlehrgang wurde breit gestreut. Neben Organisationen, die unmittelbar mit den Themen Bildung und SeniorInnen verknüpft sind, wurden die Informationen an Sozial- und Kultureinrichtungen, an Gemeindeämter und Regionalverbände, an Natur- und Sportvereine im Bundesland Salzburg versandt. Das Echo war von Beginn an groß, die vertretenen Organisationen und Personen divers. Überraschend war zu Beginn die Zusammensetzung der an diesem Lehrgang Interessierten. Bei der genaueren Betrachtung kann aus der Zusammensetzung der zwölf Teilnehmenden einiges über die Erfordernisse einer Bildungsberatung für ein aktives Altern als Querschnittskonzept herausgelesen werden:

Von den insgesamt zwölf Teilnehmenden kamen fünf aus der hauptberuflichen Bildungsberatung, Gesundheitsberatung und Erwachsenenbildung. Sie beschäftigte die Fragestellung, wie sie ältere Zielgruppen mit ihren Angeboten erreichen können.

Vier Teilnehmende waren selbstständig tätige TrainerInnen (davon drei pensionierte) in der Erwachsenen- und SeniorInnenbildung auf der Suche nach Konzepten, wie sie selbst tätig werden können.

Zwei Teilnehmende kamen aus leitenden Positionen von Organisationen mit hohem Anteil an ehrenamtlichen Mitarbeitenden. Sie suchten nach Möglichkeiten, wie und wo sie ältere Zielgruppen »anwerben« können, um sie ehrenamtlich einzusetzen.

Eine Teilnehmerin kam aus einer Wohnbetreuung und suchte nach Ideen, wie sie SeniorInnen aktivieren kann.

In der Motivation der Teilnehmenden wurden zwei unterschiedliche Bedürfnisse erkennbar: einerseits das Bedürfnis, das vorhandene Angebot für die berufliche Phase (Beratung, Bildung) auf die nachberufliche Phase auszudehnen und die Menschen im Alter kompetenter zu machen bzw. den Aufbau neuer Kompetenzen zu fördern. Andererseits das Bedürfnis, die vorhandenen Kompetenzen von älteren Menschen für ehrenamtliche Tätigkeiten zugänglich zu machen. Eine Fragestellung beschäftigte schließlich alle Teilnehmende: Wie erreiche ich ältere Zielgruppen mit meiner Information, meinen Angeboten und Anliegen?

In der Reflexion dieser Fragen wurde im Lehrgang die Ambivalenz hervorgehoben, die sich durch die Zunahme an Freiheit und Selbstbestimmung im Alter einerseits und die Zunahme an Ängsten, nicht mehr gebraucht zu werden, vor Status- und Identitätsverlust andererseits ergibt: »Wer bin ich eigentlich ohne meinen Beruf?« war dabei eine übergreifende Frage. Von den Teilnehmerinnen von Frauenberatungsstellen wurde rückgemeldet, dass bei etlichen Frauen das Thema Lebenserwerb aufrechtbleibt, da sie in der Pension existenzielle Not haben. Hier zeigt sich, dass Bildungs- und Berufsberatung auch in der nachberuflichen Lebensphase nicht auf eine reine Bildungsberatung reduziert werden darf. Dies sollte sich auch in der Benennung des Angebots widerspiegeln: Durch das Interesse aus den diversen Praxisfeldern ist deutlich geworden, dass der Begriff der Bildungsberatung zu kurz greift und dem Anliegen, Menschen mehr Möglichkeiten zur Teilhabe und Selbstwirksamkeit zu bieten, nicht gerecht wird.

Ein weiteres Bedürfnis, das durch die Teilnehmenden am Lehrgang hervorgehoben wurde, ist der Wunsch älterer Menschen, ihr Wissen und ihre Erfahrungen weiterzugeben. Bildungsberatung für Menschen im Alter sollte daher SeniorInnen auch als Vermittelnde ihres Wissens, ihrer Kompetenzen, ihres Erfahrungsschatzes betrachten. Ein Umstand, der auch im Bereich Wissensmanagement und im Umgang mit Älteren in Betrieben eine große Rolle spielt, wo sie gern als PatInnen oder MentorInnen für Lehrlinge oder Auszubildende eingesetzt werden. Im Lehrgang verfolgten die Teilnehmenden die Idee, SeniorInnen als Projektentwickelnde zu gewinnen.

Die Erfahrungen aus dem Lehrgang haben schließlich gezeigt, dass der zielgruppenorientierte Ansatz und die lebensweltliche Lehrgangskonzeption sich sehr erfolgreich in der Praxis umsetzen lassen, wenn Austausch, koordinierte Vernetzung und Professionalisierung gewährleistet sind. Ein neues Konzept erfordert meist neue Kooperationen und Denkansätze. Drei unmittelbare Erkenntnisse aus den bisherigen Erfahrungen sind bereits im Netzwerk Bildungsberatung Salzburg in Umsetzung: erstens die weiterführende Vernetzung und bedarfsorientierte Professionalisierungsmaßnahmen für die AbsolventInnen des Lehrgangs, zweitens eine Pilotierung einer Datenbank mit Angeboten für Menschen 50+ für das gesamte Bundesland Salzburg (http://www.aktivimalter.at/), drittens die Durchführung eines zweiten Pilotlehrgangs mit dem Ziel, die Kooperationen zwischen den Teilnehmenden regional noch mehr zu fördern und Salzburg damit zur Modellregion der Bildungsberatung für ein aktives Altern zu machen.

6.4 Fazit

Bildungsberatung für Menschen im Alter stellt ein vielfältiges und sich stetig wandelndes Praxisfeld dar, das seit 2012 in Österreich erforscht wird und sich derzeit im

Bereich der Bildungs- und Berufsberatung als Pilotprojekt etabliert. Diese Innovation der SeniorInnenbildung in Österreich war erfolgreich, weil ein enges Zusammenspiel zwischen konzeptionell-wissenschaftlicher Entwicklung, begleitet durch das Büro für Sozialtechnologie und Evaluationsforschung, und praktischer Anwendung und Weiterentwicklung durch eine praxisnahe Forschung im Bereich der Bildung im Alter, durch Partnerorganisationen aus der Praxis im Bereich der Erwachsenenbildung, unterstützt wurde. Grundvoraussetzung war die Verankerung in eingangs genannten österreichweit relevanten politischen Dokumenten.

Innovation in der SeniorInnenbildung, so haben die Erfahrungen gezeigt, verlangt nach einem Zusammenspiel zwischen vielfältigen Feldern aus Theorie und Praxis. Das relevante Netz der Bildungsberatung für Menschen im Alter spannt sich zwischen drei unterschiedlichen Wissensordnungen auf: Bildungsberatung hat mit Wissenschaft (Theorie), Bildungsarbeit (Praxis) und Verwaltung (Organisation) zu tun, die mit je unterschiedlichen Herausforderungen an die Bildungsberatung herantreten. Aus einer wissenschaftlichen Perspektive besteht der Anspruch, Bildungsberatung als innovatives Konzept zu etablieren. Aus einer praktischen Perspektive besteht der Anspruch, neue Personen für die Bildung im Alter zu erreichen. Aus einer organisatorischen Perspektive besteht schließlich der Anspruch, sich als Praxisfeld quer zu bestehenden Organisationen der Bildungs- und Berufsberatung zu entwickeln und zu etablieren. Erst im Zusammenspiel dieser drei Ebenen kann sich die Bildungsberatung für Menschen im Alter als eine *community of practice* entwickeln und etablieren.

Damit dies gelingt, ist die koordinierte Vernetzung auf regionaler und überregionaler Ebene das Mittel der Wahl. Sie sorgt für lebendigen Austausch und nachhaltige bedarfsorientierte Entwicklung der Bildungsberatung für Menschen im Alter. Dies ist notwendig, um eine gute Übersicht über die AkteurInnen und über deren Angebot für Menschen im Alter zu erhalten und um zu erkennen, wo es Angebotslücken gibt.

Was es braucht, damit Bildungsberatung für Menschen im Alter in Organisationen realisiert werden kann, ist darüber hinaus ein Bewusstwerden über die wachsende Größe älterer Zielgruppen im Feld der Bildungs- und Berufsberatung. Die Strukturförderung 2021 für koordinierte Maßnahmen auf mehreren Wirkebenen für »Aktiv im Alter, aktiv im Leben«, die an der Schnittstelle von AkteurInnen der Bildungsberatung koordiniert und umgesetzt wird, ist dazu ein wichtiger Schritt. Auf konzeptioneller Ebene braucht es schließlich die Evaluation und Weiterentwicklung eines flexiblen Lehrgangs für BildungsberaterInnen und in der SeniorInnenarbeit und -bildung tätige Menschen, die in der Beratung für Menschen im Alter aktiv werden wollen.

Literaturverzeichnis

Barham, L. (2010). Professionalisierung der Laufbahnberatung: Praxiskompetenz und Qualifikationswege in Europa. Luxemburg: Amt für Veröffentlichungen der Europäischen Union.

Bubolz-Lutz, E., Gösken, E., Kricheldorff, C. & Schramek, R. (2010). Geragogik: Bildung und Lernen im Prozess des Alterns: Das Lehrbuch. Stuttgart: Kohlhammer.

Bundesministerium für Arbeit, Soziales und Konsumentenschutz (BMASK) (2015). Altern und Zukunft. Bundesplan für Seniorinnen und Senioren (5., unveränderte Aufl.). Wien: BMASK. https://broschuerenservice.sozialministerium.at/Home/Download?publicationId=198. Zugegriffen: 18. März 2021.

Caradec, V. & Chamahian, A. (2017). The épreuve of ageing with Alzheimer's disease. Ageing and Society, 37(5) (S. 935–960).

Faulstich, P. (2003). Weiterbildung: Begründungen lebensentfaltender Bildung. München: Oldenbourg.

Gallistl, V., Wanka, A. & Kolland, F. (2018). Bildungsbarrieren im Lebenslauf – Effekte kumulativer Bildungsbenachteiligung. In R. Schramek, C. Kricheldorff, B. Schmidt-Hertha, J. Steinfort-Diedenhofen (Hrsg.), Alter (n) – Lernen – Bildung. Ein Handbuch (S. 87–97). Stuttgart: Kohlhammer.

Kolland, F. (2010). Standortbestimmung der Geragogik. In H. Miklas (Hrsg.), Geragogik – eine Herausforderung der Zukunft (S. 9–24). Wien [u. a.]: LIT.

Kolland, F., Gallistl, V. & Wanka, A. (2016). Spezielle Erfordernisse der Bildungsberatung in der nachberuflichen Phase: Forschungsbericht. Wien: BMASK.

Kolland, F., Gallistl, V., Wanka, A. (2018). Bildungsberatung für Menschen im Alter. Grundlagen, Zielgruppen, Konzepte. Stuttgart: Kohlhammer.

Kruse, A. (2003). Lebensqualität im Alter: Befunde und Interventionsansätze. Zeitschrift für Gerontologie und Geriatrie, 36(6) (S. 419–420).

Republik Österreich (2011). Strategie zum lebensbegleitenden Lernen in Österreich. Wien: BMUKK, BMWF, BMASK, BMWJ.

Schiersmann, C. (2011). Beratung im Kontext von Lebenslangem Lernen und Life Design – ein Generationen übergreifendes Konzept. In T. Eckert, A. von Hippe, M. Pietas & B. Schmidt-Hertha (Hrsg.), Bildung der Generationen (S. 427–439). Wiesbaden: VS.

Schneeberger, A. (2005). Beteiligungsstruktur und Ressourcen der Erwachsenenbildung. Empirische Grundlage zu einer Strategie des lebensbegleitenden Lernens. Wien: Ibw. http://erwachsenenbildung.at/downloads/service/2_05_Online-Version-GESAMT.pdf Zugegriffen: 11. September 2017.

Wanka, A. & Gallistl, V. (2016). Bildung im dritten Lebensalter: Potentiale und Zugangsbarrieren der Bildung in der nachberuflichen Phase. IfS Working Paper Serie, 1/2016 (S. 1–26).

Withnall, A. (2010). Improving learning in later life. London: Routledge.

7 Methodik und Didaktik des Lernens in der nachberuflichen Lebensphase

Solveig Haring

Zusammenfassung

In der von der österreichischen Bundesregierung 2011 verabschiedeten »Strategie zum lebensbegleitenden Lernen in Österreich«, kurz LLL:2020, wird darauf hingewiesen, dass die »Schaffung optimaler Rahmenbedingungen für lebensbegleitendes Lernen bedeutet, sämtliche Konzepte konsequent auf die Perspektive der Lernenden hin auszurichten und ihre Bedürfnisse ins Zentrum aller Überlegungen zu stellen« (Republik Österreich 2011, S. 5). Die Lernenden in den Mittelpunkt des Bildungsprozesses zu stellen, ihre Lebensphase zu berücksichtigen, auf ihre Wünsche und Bedürfnisse einzugehen, beratend und kompetenzorientiert vorzugehen, informelles Wissen und informelle Kompetenzen anzuerkennen und diejenigen, die noch nicht bildungsmotiviert sind, mit Lernanreizen zu versorgen, das alles sind Anforderungen an die Didaktik und Methodik der Bildung im Alter. Der vorliegende Beitrag erläutert, vertieft und diskutiert diese methodischen und didaktischen Herausforderungen und zeigt in gebotener Kürze, welche Lernarrangements in Österreich als gute Praxis bereits wichtige Impulse setzen, um innovative Bildung für alle Menschen gleichermaßen qualitätsvoll, effektiv und nachhaltig – als Bereicherung der Lebensqualität – anzubieten.

7.1 Einleitung: Aktiv Altern (er-)lernen

Unter Aktiv Altern versteht die WHO »den Prozess der Optimierung der Möglichkeiten von Menschen, im zunehmenden Alter ihre Gesundheit zu wahren, am Leben ihrer sozialen Umgebung teilzunehmen und ihre persönliche Sicherheit zu gewährleisten und derart ihre Lebensqualität zu verbessern« (WHO 2002, S. 12). Bereits in den 1960er Jahren wurde das Konzept aktives Altern als Gegenentwurf zum Konzept des Rückzugs im Alter entwickelt (Kolland et al. 2018, S. 11). Aktiv zu sein, bedeutet, individuelle, sinnvolle und sinnstiftende Tätigkeiten, die Wohlbefinden erzeugen, in den Lebensweg zu integrieren. Empowerment als gesellschaftspolitische Kategorie meint in diesem Zusammenhang »Teilhabe der älteren

Generation, Selbstbestimmung fördern, Ermutigung und Anreize schaffen« (Lottmann 2013, S. 194).

> »*Selbstbestimmtheit* und *Älterwerden zu lernen* (Identitätsarbeit) sowie das Gefühl des *Gebrauchtwerdens* als Ziele der Altenbildung finden [...] ihre thematische Entsprechung bei den positiven Altersbildern ›Altern als *Chance*‹ und ›Altern als *Gewinn*‹ (z. B. Gewinn an Erfahrung). Ähnlich nachvollziehbar sind die Überschneidungen der Ziele der Identitätsarbeit und des Erhalts der Alltagskompetenz mit der Vorstellung, dass Alter(n) als ein *Prozess* und eine *Entwicklung* darstellt« (ebd., S. 205; H. i. O.).

Altern lernen bedeutet damit, den Umgang mit Veränderungen wahrzunehmen und zu reflektieren (Himmelsbach 2018, S. 36). In Österreich wurde anfänglich nur das »Lernen im Alter« als Weiterbildungsthema aufgegriffen (Brünner 2011, S. 3). Es ging vornehmlich darum, dass Menschen in der nachberuflichen Phase sich mit dem technologischen Wandel, den ökologischen oder kulturellen Herausforderungen beschäftigen und ihren Alternsprozess als Bildungsprozess zu verstehen lernen (Cruikshank 2013). Seit 2005 gibt es in Österreich nun einen Geragogik-Masterstudiengang, der lebenslanges Lernen »als zentrale Voraussetzung für gesellschaftliche Entwicklung [...]« (Kolland 2007b, S. 436) sieht und »die Entwicklung und Erprobung von Lernarrangements für spezielle Zielgruppen« (ebd.) in den Mittelpunkt stellt. Bildung im Alter soll dabei der Vorbereitung auf das Altern und der Eröffnung neuer »Handlungs- und Denkspielräume« dienen (Rosenmayr in Filla & Vater 2000, S. 347). Das benötigt nicht zuletzt Interaktion und Solidarität, welche durch die Teilnahme an Bildungsangeboten erlernt und erprobt werden können (Bundesministerium für soziale Sicherheit und Generationen 2000).

Die Gruppe der Älteren ist jedoch keine homogene Zielgruppe (Siebert 2011, S. 3 ff.); das Lernen in der nachberuflichen Lernphase ist vielmehr ein Feld, das differenzierte Angebote, Lernszenarien und vielfältige Methoden benötigt.

7.2 Zielgruppe Ältere in der nachberuflichen Lernphase

Geschlechterunterschiede und Geschlechterbilder

In der Bildungsbeteiligung Älterer zeigen sich Geschlechterunterschiede, die aus sozialisationsbedingten Bildungsniveauunterschieden entstehen (Kolland 2007a, S. 2). Der sogenannte Bildungseffekt besagt, dass Personen mit höherem Bildungsabschluss im Alter auch an formaler Bildung teilnehmen (ebd., S. 6). Besondere Aufmerksamkeit sollte hier der Tatsache geschenkt werden, dass Frauen in der nachberuflichen Phase einen geringeren Bildungsstand als Männer aufweisen (Haring 2012). Damit Angebote gendersensibel Frauen und Männer gleichermaßen zur Teilnahme ermutigen, braucht es folglich eine Didaktik, die an die Bedürfnisse der Zielgruppe angepasst wird, um alle gleichermaßen zu unterstützen.

Eine bewusste didaktische Haltung einzunehmen, erfordert eine reflektierte Einstellung zur Zielgruppe, zum Lernen und zum Lehren (Iller & Wienberg 2010). Die Altersbilder der jeweiligen Gruppenleitenden, ihre Einstellungen gegenüber Generationen, die Werte einer Gesellschaft, die Vorlieben und Abneigungen fließen in die Lernbeziehung mit ein (ebd.). Altersbilder mit ihren Altersstereotypen und Geschlechterbildern und ihre Rollenklischees werden dabei zu Bildungsinhalten (Kolland 2007a, S. 2). Alterns- und Geschlechterstereotype zu thematisieren und selbst nicht zu reproduzieren, ist der Vorurteilsforschung zufolge zentral (Simon 2019, S. 12). Vor allem für »[…] ältere Frauen, die sowohl zur Kategorie ›Ältere Menschen‹ als auch Kategorie ›Weibliches Geschlecht‹ gerechnet werden, seien Stereotypisierungen von besonderer Bedeutung« (ebd., S. 13). Aus der Praxis kommen in jüngster Zeit auch innovative Versuche, sich den Männern als Gruppe zuzuwenden (z. B. im Kurs zur Ahnenforschung online mit Heinz Klingenberg in der Grazer Urania, und allgemein die Biografiearbeit für Männer).

Bildungswünsche und Bildungsbedürfnisse

Die Gruppe der an Bildungsangeboten Teilnehmenden ist nicht leicht fassbar (Müllegger 2018); der Altersunterschied in der Gruppe der Älteren umfasst mehrere Jahrzehnte, Bildungswünsche und Bedürfnisse variieren. Biografie, sozialer Kontext, finanzielle Lage, Geschlecht (der Großteil der Nutzenden sind Frauen; Siebert 2019, S. 7), Gesundheitszustand, Pflege- und Betreuungsverpflichtungen können sehr unterschiedlich sein. Laut Kolland (2007a, S. 89) handelt es sich bei den Themen, die von älteren Lernenden bevorzugt werden, um solche, die zur Alltagsbewältigung nützlich sind. Lesen, Fernsehen, Handwerken, Kochen, Familie (ebd. S. 91) sind Bereiche, in denen Ältere angeben zu lernen. Häufig genannte Themen sind: Gesundheit, Sprachen und Bildungsreisen, Spiritualität, Gärtnern und Computer (Haring 2012, S. 37). Informelles Lernen ist trotz seines hohen Stellenwertes für das Alter oft aber wenig zielgerichtet oder systematisiert, organisierte Bildungsprozesse dagegen sind stärker sozial bezogen, theoriefähig und reflexiv (Kolland & Ahmadi 2010, S. 43).

Kade generierte anhand des Bildungsverhaltens von älteren Lernenden vier didaktische Konzepte (Kade 2007):

1. Ältere lernen für sich selbst, mit anderen und für andere.
2. Lernen findet statt, um die eigene Biografie zu reflektieren, um in einem Lebensphasenbezug gesellschaftliche Geschehnisse mit eigenen Erfahrungen abzugleichen.
3. Lernen passiert gemeinsam und intergenerationell mit jungen Menschen.
4. Gelernt wird, um sich für ein Ehrenamt, für eine Betreuungsverpflichtung weiterzubilden.

Das »Für-sich-selbst-Lernen« ist mit dem Wunsch der Selbstoptimierung verbunden. Vor der Pensionierung geht es dabei um die Sicherstellung der Existenz (Arbeit, Gesundheit), nach der Pensionierung werden frühere oder neue Träume, Wünsche und Möglichkeiten als Ziel des Lernens gesehen (Stöckl 2016, S. 47). Kritisch wird im deutschsprachigen Raum diskutiert, inwieweit »der sich selbst organisierende, entsprechend seinen Bedürfnissen, Vorlieben und Bedarfen aus Angeboten wählende Lerner […] das Ideal und zugleich die handlungsleitende Norm in der Pädagogik« (ebd., S. 48) ist. Solch ein Anspruch kann Lernende auch überfordern (ebd.; auch Müllegger 2018, S. 55). Daher ist es wichtig, Lernende zu befähigen, selbsttätig zu sein und die eigenen Bedürfnisse zu kennen. Stöckl (2016, S. 52) nimmt sich der Möglichkeit an, dass das Konzept des selbstorganisierten älteren Lernenden möglicherweise nicht stimmig ist. Sie beruft sich auf das Konzept des »negativen Lernens«, auf das Verlernen von Angewohnheiten, die uns in unserer Weiterentwicklung hinderlich sind. In der didaktischen Haltung im Lernprozess mit Älteren sollte Stöckl zufolge negatives Lernen nicht ausgeblendet werden.

7.3 Didaktik für ältere Lernende

Nicht Schuldidaktik, sondern Ermöglichungsdidaktik

Die Begriffe Didaktik und Methodik beschreiben die praktische Seite des Lernens im Alter. Didaktik (mit altgriechischem Wortstamm didáskein) bedeutet *Lehren.* In der Wissenschaft als *die Wissenschaft über das Lehren* gehandelt, ist mit Didaktik in der Praxis gemeint, »[…] wer, was, von wem, wann, wo, wie und wozu lernen soll« (Riedl 2004, S. 8). Didaktik ist eine Subdisziplin der Erziehungs- und Bildungswissenschaft, im eigentlichen Sinne geht es dabei um die Gestaltung von Unterricht. Didaktik als Wissenschaft ist an der praktischen Umsetzung des Lehrens und Lernens interessiert.

Für die Didaktik in der Bildung im Alter ist von Bedeutung, dass andere Ziele verfolgt werden als in einem Pflichtschulkontext. Lernen ist nicht Wissensaufbau und hat wenig mit dem erzieherischen Aspekt der formalen Bildung zu tun. Die Didaktik für ältere Lernende stellt sich kritisch gegen Schuldidaktik, es geht nicht um die Verschulung des Alters (Kolland & Ahmadi 2010, S. 30). Statt schulischen Belehrens wird in der Bildung im Alter vielmehr auf die Ermöglichungsdidaktik gesetzt (Arnold & Lermen 2003 in Kolland 2007a, S. 2). Das bedeutet, verstärkt nonformale Lernarrangements anzubieten wie Bildungsberatung, Lernfeste, Lernateliers und Lernläden (ebd., S. 93). Begrifflich wird auch von »Lernkultur und ihren Instrumenten« (Kolland & Ahmadi 2010, S. 32, S. 156), von »pädagogischem Handeln« oder auch »Curriculumsentwicklung« gesprochen.

Differenzierte Lernprozesse

Bubolz-Lutz et al. (2010, S. 128 ff.) entwickelten für die Geragogik didaktische Lehrprinzipien, die den Lernprozess im Alter positiv fördern können. Eine ihrer

Grundannahmen ist, dass Altern eine sehr unterschiedlich erlebte Lebensphase ist und dass älter werdende Personen keine heterogene Gruppe bilden. Deshalb muss ihnen folgend die »Vielfältigkeit der *Erfahrungen* und *Lebenssituationen* im späteren Erwachsenenalter« (ebd., S. 129; H. i. O.) unbedingt berücksichtigt werden. Es gehe darum, sich mit dem eigenen Handeln, aber auch gesellschaftlichen Haltungen, Wertvorstellungen und Meinungsbildern reflexiv auseinanderzusetzen. Lernen sollte dort anfangen, wo die Lernenden sind, in ihrem Sozialraum und bei ihren Lebenszusammenhängen. Auch betonen Bubolz-Lutz et al., dass das Lernen anregende Lernumgebungen, den Kontakt und den Erfahrungsaustausch mit anderen Lernenden ermöglichen sollte (ebd., S. 136 f.). Ziel des Lernens sollte folglich sein, den eigenen Alternsprozess mit Selbst- und Mitbestimmung in unserer Gesellschaft zu (er-)leben (ebd.).

Man spricht in diesem Zusammenhang von einer »differenzierten Bildung« oder »differenziellen Didaktik« (ebd.) bzw. »alterssensiblen Didaktik« (Nuissl zit. nach ebd.). Wie Bubolz-Lutz et al. betonen, fordert dieser Ansatz, »[...] Bildungsarbeit auf die individuellen Voraussetzungen, Bedürfnisse und Motivationslagen der Lernenden abzustimmen bzw. Lernarrangements bereitzustellen, in denen die Unterschiedlichkeit der Akteure zum Tragen kommt« (ebd. S. 129).

Um solch einen differenzierten Lernprozess zu initiieren, benötigt die leitende, vermittelnde oder begleitende Lehrperson ein Set an Kompetenzen. Es gilt, die Lernenden zu aktivieren und sich als Lehrperson im Hintergrund zu halten (Müllegger 2018, S. 51 f.). Das Lernen selbst soll eigenständig und selbstgesteuert passieren. Das bedarf nicht zuletzt einer qualitativ hochwertigen Aus- und Weiterbildung für Lehrpersonen (ebd., S. 53).

Aus- und Weiterbildung der Lehrenden

Eine altersgerechte Didaktik benötigt eine Ausbildung der Lehrpersonen, die grundlegendes Wissen über das Lern- und Bildungsverhalten der heterogenen Zielgruppe »ältere LernerInnen« vermittelt (Brünner 2011, S. 3). »Lehrende müssen wissen, wie Ältere lernen und durch welche Faktoren (u. a. Kognition, Motivation, Lebenslauf, Erfahrung) ihre Lernprozesse beeinflusst werden« (ebd.). Um Standards, Leitlinien, Evaluierung und Lernziele zu vermitteln und zu überprüfen, wurden 2005 in Österreich in Zusammenarbeit mit dem Sozialministerium und der Universität Wien Ausbildungsangebote im Rahmen der Geragogik entwickelt (Kolland 2007b; Kolland et al. 2019b, S. 5 f.).

Eine praxisnahe, formale Ausbildung und Vermittlung von Didaktik und Methoden, die sich an den Qualifikationsrahmen für lebenslanges Lernen der EU halten (EQR 2019), findet man in Österreich an der KPH Wien/Krems im Masterlehrgang Geragogik. Doch auch viele Zusatzausbildungen werden in Österreich angeboten, z. B. die Ausbildung zur Montessori-Geragogin/zum Montessori-Geragogen (L3M). Bei diesen Zusatzausbildungen ist die jahrelange Praxis im Bereich der Bildung mit Älteren oder eine Ausbildung im Bereich der Erwachsenenbildung bzw. eine pädagogische Ausbildung Voraussetzung. Ein weiterer wichtiger Teil sind die MultiplikatorInnenausbildungen, hervorzuheben etwa die Lima-Trainings (z. B. Katholisches Bildungswerk Steiermark).

7.4 Gute Praxis

Methoden – Wege zum Lernziel

Etymologisch stammt das Wort Methode vom griechischen Begriff hodós, der Weg. Die Methoden, die sich im »Werkzeugkoffer« einer/eines Lehrenden zumeist finden, sind: Übungen, Anleitungen, Brettspiele, Kärtchen, Strukturen, Themenideen, Impulse, Fotos, Bücher und Videos, Flipcharts, Apps und Lernplattformen. Methoden und die dazugehörigen Beschreibungen finden sich in publizierten Handbüchern, in grauer Literatur, im Internet oder werden unter KollegInnen ausgetauscht. Methoden sind Hilfsmittel, individuell und erweiterbar, müssen aber an die jeweiligen Lernkontexte und die Bedingungen, die am Lernort vorgefunden werden, angepasst werden.

Gute Praxis zeichnet sich in Österreich dadurch aus, dass für das Lernen Älterer Methoden eingesetzt werden, die von den PraktikerInnen entwickelt und in der Forschung evaluiert wurden (Kolland et al. 2009, 2019a; Müllegger 2018, S. 54). In den letzten zehn Jahren wurden v. a. jene Methoden als zielführend befunden, die die Selbstverantwortung der älteren Lernenden fördern (Kolland et al. 2019a, S. 6; Kolland et al. 2009, S. 3). Zu nennen sind hier beispielhaft das Projekt »Lebensspuren« des Österreichischen Bibliothekswerks (Kolland et al. 2009, S. 31) oder das Projekt »Mobility Scouts« des Vereins queraum, Wien (Haring 2019, Video). Die Lernprozesse (formal und informell) benötigen dabei eine zurückhaltende, motivierende Achtsamkeit, d. h. »so wenig wie möglich eingreifen, aber so viel wie nötig« (Haring & Bacher 2014a, S. 15).

Biografiebezug und partizipationsorientiertes Konzept

Biografische Methoden werden angewandt, wenn es darum geht, an der Biografie der Teilnehmenden anzuknüpfen (Bubolz-Lutz et al. 2010, S. 7; Steinford-Diedenhofen 2018, S. 144). Ein Beispiel dafür sind die Methode »Das war ich – das bin ich« (Haring & Bacher 2014b, S. 8) oder das Projekt »Kopfkissenbuch: Vom Leben schreiben« der VHS Rankweil (Kolland et al. 2019a, S. 84). Um die Biografien der Teilnehmenden zu thematisieren, gilt es zuvorderst, eine Rückschau vorzunehmen und zuzuhören, was die Einzelne/den Einzelnen bewegt, gefolgt von einem Erfahrungsaustausch und dem gemeinsamen Gestalten der eigenen Umgebung (für sich selbst, in der Familie, in der NachbarInnenschaft, im Dorf, im Stadtviertel), die es anzuregen gilt. Um diesen Bezug zur Lebenswelt schaffen zu können (Sauter & Heidecker 2011, S. 7), ist es notwendig, die Teilnehmenden zu begleiten, wenn sie den eigenen Lebensraum um sich genauer betrachten und Wertvorstellungen und Vorstellungen über die Gesellschaft wie z. B. auch die verschiedenen stereotypen Altersbilder wahrnehmen und diskutieren.

In der Bildung spricht man in diesem Zusammenhang von partizipationsorientierten Konzepten, in denen unter »Berücksichtigung der unterschiedlichen Erfahrungswelten« und mit »Interaktion auf Augenhöhe« ältere Lernende zum Lernen motiviert werden (Heite et al. 2015, S. 424). Die Gestaltung anregender Lernumgebungen, die nahe am Alltag der Teilnehmenden sind und zur Selbst- und Mitbestimmung motivieren, sind dabei zentral. Wer selbst nicht zur Bildung kommen kann, soll besucht werden und kann dabei aufsuchende Bildungsarbeit erfahren (vgl. auch Sauter & Heidecker 2011, S. 7). Kulturelle Bildung, also die Teilnahme an kulturellen Veranstaltungen und das aktive kreative Tätig-Sein, von Lesen bis hin zum Besuch eines Poetry-Slam- oder Malworkshops, sind für solch anregende Lernumgebungen wie geschaffen (Kolland et al. 2019b).

Bildungsberatung und Lernbegleitung

Lernen im Alter braucht Begleitung, Beratung und Vermittlung. Begründet wird das mit der Veränderung gesellschaftlicher Strukturen und der Herausbildung einer neuen Alternskultur (Kolland et al. 2018).

> »Der Nutzen von Bildungsberatung im Alter besteht darin, selbstbestimmtes Handeln zu stimulieren und zu unterstützen, bei der Suche nach adäquaten Wegen des Alterns Orientierung zu ermöglichen. Ältere Menschen werden nicht als bedürftig gesehen, sondern – aufgrund ihrer Erfahrungen – als wertvolle Mitglieder der Gesellschaft« (ebd., S. 6).

Bildungsberatung ist individuell ausgerichtet, Interessen werden herausgearbeitet oder neu entwickelt, vorherrschende Widerstände gegen Bildungsangebote können reflektiert werden und in einer Beratungssituation geht die/der Lernende gemeinsam mit der beratenden Person auf die Suche nach nutzbringender Bildung (ebd., S. 43; Bubolz-Lutz 2010; Haring et al. 2019, S. 26).

Als subversive Lernstrategie der 1970er Jahre haben Postman und Weingarten (1969) vorgeschlagen, folgende Fragen an lernende Kinder zu richten: »Wer bist du? Was willst du lernen? Wo willst du lernen? Was ist das Ziel? Was benötigst du dazu?« Diese Fragen passen für Lernende aller Generationen, das Bahnbrechende daran ist: Die »richtige« Antwort weiß nur die/der Gefragte selbst – ein Lehrbuch gibt darauf keine Antworten. Sauter und Heidecker (2011) formulieren eine Auswahl von Fragen für ältere Lernende, die Lehrende mit in ihre Gruppe nehmen sollen: »Welche Erwartungen und Ansprüche habe ich? Welche werden von außen an mich herangetragen? Welche sind unausgesprochen da?« Wertschätzung als didaktisches Prinzip wird hier auch im Reflexionsprozess der eigenen Lehrpraxis bearbeitet (ebd., S. 7).

Bildung Älterer im Internet

Das Österreichische Institut für angewandte Telekommunikation (ÖIAT) unterstützt seit zehn Jahren Menschen, die Neue Medien an die ältere Generation vermitteln wollen. Für Off- und Online-Internetkurse und -Internettrainings postuliert das ÖIAT didaktische Fähigkeiten wie »Offenheit und Empathie gegenüber älteren Menschen« (ÖIAT 2014, S. 51). Betont wird, dass sich im Spezialbereich des intergenerationellen Lernens »[...] das historische Generationenverhältnis [...] pädagogisch umkehren [kann] (z.B. wenn Großeltern durch die Enkel in neue Computerwelten eingeführt werden)« (Höpflinger 1999, S. 8). Zu beachten ist dabei weiters, dass die junge Net-Generation »[...] die soziale Partizipation im Netz als eine Normalität an[sieht], wodurch sie jene, die dort nicht aufscheinen, gar nicht oder als abnormal wahrnimmt« (Haring 2011, S. 2).

Intergenerationelles Lernen am Beispiel der Universität

Seit den 1970er Jahren gibt es Versuche, SeniorInnen an den Universtäten in das Regelstudium zu integrieren bzw. eigene Universitätsprogramme wie die Universität des Dritten Lebensalters anzubieten (Kolland & Ahmadi 2010, S. 40ff.).

Das EU-weite Praxisprojekt »Adding Quality to Life through Intergenerational Learning via Universities« (ADD LIFE) wurde auch vom Weiterbildungszentrum der Universität Graz mitgetragen (ebd.). Die Universitäten ermöglichten ein gemeinsames Lernen der Generationen: Explorative und selbstgesteuerte Elemente ergänzten den Wissenserwerb, das Reflektieren der Lebenserfahrungen stand im Mittelpunkt und didaktisch wurde auf Innovation gesetzt (ebd., S. 41). Ziele des Lernens Älterer an der Universität waren die soziale Inklusion, das Ausprobieren neuer Didaktik und Methodik und die Herausbildung von Modellen für ein ehrenamtliches Engagement.

Mit Unterstützung des Wissenschaftsministeriums und des Sozialministeriums entstand an der Universität Graz die »Vita activa«, ein Programm wissenschaftlicher Allgemeinbildung für interessierte Erwachsene mit besonderer Berücksichtigung von Menschen in der zweiten Lebenshälfte. Ebenfalls an der Universität Graz wurden ein Studienprogramm für alle Altersstufen und die Montagsakademie entwickelt, eine Vorlesungsreihe für eine breite Öffentlichkeit (Ludescher & Waxenegger 2016). In Graz werden seit 2004 auch sozial benachteiligte Menschen aller Generationen durch die sogenannte Megaphonuni angesprochen (ebd.). Hier wird deutlich, wie sehr Bildung durch vielfältige Angebote und Formate sich als Instrument für die Ermöglichung sozialer Teilhabe aller Generationen eignet. Im Bundesplan für Seniorinnen und Senioren und in der Strategie zum lebensbegleitenden Lernen, Aktionslinie 9, wurden der Ausbau und die Verbreiterung des Bildungsangebotes im Bereich der Hochschulen für Frauen und Männer in der nachberuflichen Lebensphase und die Entwicklung neuer intergenerationeller Formen wissenschaftlicher Weiterbildung als Empfehlung bzw. Maßnahme verankert (BMASK, 2015, S. 43, Republik Österreich 2011, S. 43).

7.5 Intergenerationelles Lernen

Die intergenerationelle Bildung wurde in Österreich erst relativ spät Gegenstand der wissenschaftlichen Forschung der Praxis der Erwachsenenbildung. Erste Auseinandersetzungen mit der Thematik fanden in Deutschland bereits Ende der 1990er Jahre statt. Beispielsweise widmete sich Klaus Meisel im Sammelband »Generationen im Dialog« im Jahr 1997 dem Thema (Franz 2014, S. 7). In Österreich begann Ende der 1990er Jahre vor dem Hintergrund der Diskussion über den Generationenvertrag zwar eine verstärkte Beschäftigung mit der Frage der intergenerationellen Solidarität und des Zusammenhalts zwischen den Generationen. Eingang in die Diskussion über Bildung im Alter fand diese Thematik aber erst einige Jahre später. Erstmals erfolgte dies auf wissenschaftlicher Ebene durch die Entwicklung und Definition von Kriterien für die Bestimmung von Good-Practice-Projekten im Rahmen der Studie »Bildungschancen für ältere Menschen. Ansprüche an ein gelungenes Leben«. In diese Studie wurden als eines von zehn Kriterien »Intergenerationelle Angebote« aufgenommen. Inhaltlich wurde dieses Kriterium als »altersübergreifende Projekte, in denen die Mischung der Altersgruppen inhaltlich, didaktisch aufgegriffen wird«, beschrieben (Kolland 2005, S. 129 ff.). Erst einige Jahre später, nachdem der Ansatz des intergenerationellen Lernens in der praktischen Bildungsarbeit verstärkt aufgegriffen und umgesetzt worden war, erfolgte eine systematische Darstellung der Erfahrungen der Praxis durch die Erstellung eines Leitfadens für die Erwachsenenbildung in der nachberuflichen Lebensphase zum Thema intergenerationelles Lernen (Paulweber et al. 2016). Inzwischen wird die Bedeutung des Lernens im Dialog der Generationen in der deutschsprachigen Sozial- und Bildungspolitik häufig thematisiert. Gemeint ist in diesem Zusammenhang ein intergenerationelles, intergeneratives oder generationenübergreifendes Lernen, wobei es immer um ein Lernen verschiedener Generationen im Bildungsprozess geht (Franz 2014, S. 13).

Nicht nur der demografische Wandel verlangt nach neuen Überlegungen bezüglich des intergenerationellen Zusammenlebens und Zusammenlernens, sondern auch Themen wie Klimaschutz oder soziale Gerechtigkeit fordern neue (andere) Formen eines Miteinanders (Antz et al. 2009, S. 9). In diesem Kontext können Lernprozesse als Bindeglied zwischen den Generationen verstanden werden. Lernwelten und Lernprozesse entstehen in der Gemeinschaft, an jenen Orten, wo Menschen zusammenkommen, in Interaktion treten und sich austauschen können. Das Gespräch ist ein leitendes und förderndes Moment, um in eine (reflexive) Auseinandersetzung mit sich und dem Gegenüber zu kommen. Es können eigene Potenziale entdeckt und Fähigkeiten (weiter-)entwickelt werden; in der gemeinschaftlichen, generationsübergreifenden Auseinandersetzung werden Lernprozesse entfaltet (Schramek 2003, S. 87 f.).

Die empirische Forschung zum intergenerationellen Lernen hat die positiven Effekte solcher Lernaktivitäten immer wieder verdeutlicht. So zeigen etwa experimentelle Studien, dass ältere Menschen, die an intergenerationellen Gruppenaktivitäten teilgenommen haben, auch mehrere Jahre nach der Intervention noch von den positiven Erfahrungen und intergenerationellen Beziehungen, die durch die

Intervention geschaffen wurden, profitieren (Aemmi & Moonaghi 2017). Als ein besonders zukunftsträchtiger Anwendungsbereich intergenerationellen Lernens stellt sich dabei der Bereich der digitalen Medien heraus. Studien zu intergenerationellen Lernprogrammen in diesem Bereich zeigen auf, dass in solchen Programmen neues Wissen zu Technik und Medien für beide involvierten Generationen (Großeltern und Enkelkinder) aufgebaut werden konnte und mitunter eine neue, intergenerationell geteilte Sprache zur Beschreibung des digitalen Wandels gefunden wurde (Kenner et al. 2007). Und auch für jüngere Generationen verweist die Forschungsliteratur auf positive Effekte durch intergenerationelles Lernen. Eine Studie zu intergenerationellen Lernprogrammen in Grundschulen der USA zeigt etwa auf, dass intergenerationelle Lernaktivitäten die Lernmotivation von SchülerInnen erhöht und Verständnis für ältere Generationen und ihre (Lern-)Bedürfnisse schafft (Fried et al. 2013).

Obwohl diese positiven Effekte intergenerationellen Lernens in unterschiedlichen Kontexten nachgewiesen wurden, wird in der Forschungsliteratur mitunter über eine Erweiterung bzw. Neudefinition des Konzepts diskutiert. So schlagen etwa Whitehouse und George (2018) vor, das Konzept des intergenerationellen Lernens durch den Begriff der Intergenerativität zu erweitern, um nicht nur das Von-, Mit- und Übereinander-Lernen, sondern das gemeinsame Erschaffen neuer, innovativer Ideen und Projekte (Generativität) sowie eine gemeinsame Gestaltung der Zukunft (George et al. 2011) ins Zentrum des intergenerationellen Geschehens zu rücken. Solche Vorschläge verweisen darauf, dass intergenerationelles Lernen nicht nur ein Lernen mit-, von- und übereinander ist, sondern auch die Basis für gemeinsames, intergenerationelles Handeln schaffen kann.

Intergenerationelles Lernen ist in Österreich mittlerweile zu einem wesentlichen Bereich der nachberuflichen Bildung geworden. Die 2011 beschlossene nationale Strategie für SeniorInnenpolitik, der Bundesplan für Seniorinnen und Senioren, nennt in Kapitel 3.5 »Bildung und Lebensbegleitendes Lernen« (BMASK 2015, S. 43) als Ziel 1 in Zusammenhang mit der Schaffung einer bildungsfördernden Infrastruktur für eine niederschwellige, wohnortnahe Beteiligung älterer Frauen und Männer an Bildungsangeboten ausdrücklich auch intergenerationelle Projekte. In der »Strategie zum lebensbegleitenden Lernen«, in der Aktionslinie 9 »Bereicherung der Lebensqualität durch Bildung in der nachberuflichen Lebensphase« (Republik Österreich 2011, S. 42 f.), findet sich eine fast gleichlautende Formulierung.

Auf der Grundlage dieser Strategien sind in den letzten zehn Jahren österreichweit zahlreiche Bildungsprojekte und Studien entstanden, die auf eine intergenerationelle Perspektive fokussieren. Beispielsweise in Bezug auf das sozialpolitische Thema der Generationengerechtigkeit ging die von der Abteilung V/A/6 des Sozialministeriums geförderte Studie »Intergenerationelle Lebensqualität – Diversität zwischen Stadt und Land« von Amann et al. (2016) der Frage intergenerationeller Unterschiede in der Lebensqualität in Österreich nach.

Als bereits erfolgreich umgesetzte und vom Sozialministerium geförderte intergenerationelle Projekte sind in diesem Kontext das Projekt »Bunte Mischung«, das Projekt »WERDE« und das Projekt »TIK – Tablet und Smartphone« als Beispiele zu nennen.

Das Projekt »TIK – Technik in Kürze« wird vom Katholischen Bildungswerk Steiermark seit 2008 durchgeführt und ständig weiterentwickelt. Zielgruppen sind Frauen und Männer im Alter ab 55 Jahren, die keine oder wenig Erfahrung mit Tablets, Smartphones und dem Internet haben, und junge Erwachsene, die bereit sind, mit SeniorInnen zu arbeiten. Die TrainerInnen müssen eigens entwickelte Weiterbildungsmaßnahmen absolvieren, bevor sie niederschwellige, wohnortnahe Tablet- und Smartphonekurse für die Zielgruppe der SeniorInnen mit eigens dafür erstellten Kursmaterialien anbieten können (vgl. Haring 2016, Abschlussbericht und Lehrfilm).

Das interkulturelle und intergenerationelle Frauenprojekt »Bunte Mischung« wurde im Jahr 2020 vom Verein für Informationsvermittlung Bildung und Beratung »beratungsgruppe.at« in Wien durchgeführt. Es richtete sich an sozial benachteiligte Frauen mit und ohne Migrationshintergrund und besonders auch an ältere Frauen. Es unterstützte organisatorisch Zusammenkünfte und gemeinsame Unternehmungen der Frauen, bot Möglichkeiten zum Austausch, für neue Erfahrungen und Informationen an und diente dem Empowerment der Frauen.

Das Projekt »WERDE« (Projektzeitraum 2019–2021) ist eine Workshopreihe der STYRIAK – der Steirischen Akademie für Lebenslanges Lernen. Diese niederschwellige, intergenerationelle Workshopreihe für Frauen unabhängig von Herkunft und Bildungsstand mit besonderem Fokus auf Frauen in der zweiten Lebenshälfte unterstützt die Fähigkeit zur Bewältigung schwieriger Lebenssituationen, die Bildungsbeteiligung, die soziale Teilhabe und die Gesundheitsförderung.

Intergenerationelles Lernen erhöht die Teilhabemöglichkeit aller Generationen an der Gesellschaft und ermutigt Generationen u. a. auch zur Ehrenamtlichkeit (Kolland et al. 2018, S. 61). Doch darf nicht übersehen werden, dass die regulierte Weitergabe von Wissen, Werten und Traditionen über Generationen immer auch Konfliktpotenziale beinhaltet. »Da jede Generation dem überlieferten Wissen neues hinzufüge oder zumindest hinzufügen könne, verband sich die Vorstellung der Generationenabfolge mit der Idee des Fortschritts« (Ehmer 2009, S. 63). Ehmer (2009, bezogen auf Kohli 1996) fasst daher die Generationenthematik als »Spannungsfeld von Kontinuität und Wandel« zusammen.

7.6 Fazit

Didaktik und Methodik des Lernens im Alter sind ein vielschichtiges Thema. In Österreich wird schon seit einigen Jahrzehnten ein dichtes Netzwerk aus Wissenschaft, Praxis und Politik – vieles davon koordiniert vom Sozialministerium – gewoben, um den spezifischen Anforderungen zu begegnen. Seit der Veröffentlichung des Seniorinnen- und Seniorenberichts 2000 entstanden Bildungsmaßnahmen unter Einbezug der Heterogenität Älterer, ihrer diversen »Lebenslagen, Gesundheit, Bildungsvoraussetzungen, [ihres] Erfahrungshintergrund[s], sozialer Integration« (Filla & Vater 2000, S. 363). In den letzten zwanzig Jahren ging es vermehrt um die

Selbstbefähigung der älteren Lernenden, die Lerninhalte ihrer Bildungsarbeit sollten von den Teilnehmenden selbst bestimmt werden (Brünner 2011). In Zukunft sollen Altern als Prozess noch gezielter thematisiert und Vorurteile über das Lernen und die Leistungsfähigkeit im Alter diskutiert und abgebaut werden (ebd., S. 3 f.). Das bedeutet, dass in Zukunft Lehrende, Vermittelnde und Beratende ein Set an neuen Kompetenzen benötigen, aber auch Möglichkeiten brauchen, um ihre eigenen Alters-, Geschlechter- und Generationenbilder zu reflektieren. Hinzu kommt, dass intergenerationelle Lernprozesse und Lernen in der digitalen Welt in viele Bildungsangebote miteinfließen werden. Es wird hier um die Vernetzung jener gehen, die ein Set an didaktischen Werkzeugen austauschen können, um On- und Offline-Didaktik und -Methodik zu verknüpfen.

Voraussetzung aller Bemühungen ist, dass mit Offenheit weiterhin an die heterogene Zielgruppe der Älteren, die vielschichtigen Lernarrangements und Themen herangegangen wird, um v. a. die gesellschaftliche Mitsprache jener zu erhöhen, die noch nicht voll eingebunden sind (Amann 2019, S. 124).

Literaturverzeichnis

Aemmi, S. Z. & Karimi Moonaghi, H. (2017). Intergenerational Learning Program: A Bridge between Generations. Int J Pediatr, 5(12), 6713–21. doi: 10.22038/ijp.2017.28072.2430.

Amann, A. (2019). Leben – Teilhaben – Altwerden. Wiesbaden: Springer-Fachmedien.

Amann, A., Bischof, C. & Salmhofer, A. (2016). Intergenerationelle Lebensqualität. Diversität zwischen Stadt und Land. Wien: BMASK.

Antz, E.-M., Franz, J., Frieters, N. & Scheunpflug, A. (2009). Generationen lernen gemeinsam. Methoden für die intergenerationelle Bildungsarbeit. Bielefeld: Bertelsmann.

Brünner, A. (2011). Leitprinzipien und didaktische Handlungsansätze in der Erwachsenenbildung. Lernen im Alter. Magazin erwachsenenbildung.at, Ausgabe 13, 2011, Wien. http://www.erwachsenenbildung.at/magazin/11-13/meb11-13.pdf. Zugegriffen: 28. August 2020.

Bubolz-Lutz, E., Gösken, E., Kricheldorff, C. & Schramek, R. (2010). Geragogik: Bildung und Lernen im Prozess des Alterns. Das Lehrbuch. Stuttgart: Kohlhammer.

Bundesministerium für soziale Sicherheit und Generationen (Hrsg.) (2000). Ältere Menschen — neue Perspektiven. Seniorenbericht. Zur Lebenssituation älterer Menschen in Österreich. Graz: Styria.

Bundesministerium für Arbeit, Soziales und Konsumentenschutz (BMASK) (2015). Altern und Zukunft. Bundesplan für Seniorinnen und Senioren. Wien: BMASK.

Cruikshank, M. (2013). Learning to be Old. Gender, Culture, and Aging (3. Aufl.). Plymouth: Rowan & Littlefield.

Ehmer, J. (2009). Generationen in der historischen Forschung: Konzepte und Praktiken. In H. Künemund & M. Szydlik (Hrsg.), Generationen. Multidisziplinäre Perspektiven (S. 59–80). Wiesbaden: VS-Verlag.

EQR (2019). Der Europäische Qualifikationsrahmen: Förderung des Lernens, der Beschäftigung und der grenzüberschreitenden Mobilität. https://www.qualifikationsregister.at/wp-content/uploads/2019/09/EQF-Interactive_Brochure_DE.pdf. Zugegriffen: 26. August 2020.

Filla, W. & Vater, S. (2000). Bildung im Alter. In Bundesministerium für soziale Sicherheit und Generationen (Hrsg.), Ältere Menschen – neue Perspektiven. Seniorenbericht 2000: Zur Lebenssituation älterer Menschen in Österreich (S. 344–366). Wien: BMSSG.

Franz, J. (2014). Intergenerationelle Bildung. Lernsituationen gestalten und Angebote entwickeln. Bielefeld: Bertelsmann.

Fried, L. P., Carlson, M.C., McGill, S., Seeman, T., Xue, Q.-L., Frick, K. et al. (2013). Experience corps: a dual trial to promote the health of older adults and children's academic success. Contemp Clin Trials, 36(1) (S. 1–13). doi: 10.1016/j.cct.2013.05.003.

George, D., Whitehouse, C. & Whitehouse, P. (2011). A model of intergenerativity: How the intergenerational school is bringing the generations together to foster collective wisdom and community health. Journal of Intergenerational Relationships, 9(4) (S. 389–404).

Haring, S. & Bacher, H. (2014a). Didaktikleitfaden für die Bildungsarbeit mit älter werdenden Frauen und Männern. https://www.digitaleseniorinnen.at/fileadmin/redakteure/Downloads/Didaktik_Leitfaden_Bildungsarbeit_aelter_werdenden_F_M.pdf. Zugegriffen: 21. Jänner 2020.

Haring, S. & Bacher, H. (2014b). Methodenhandbuch für die Bildungsarbeit mit älter werdenden Frauen und Männern. https://www.digitaleseniorinnen.at/fileadmin/redakteure/Downloads/Methodenhandbuch_Bildungsarbeit_aelter_werdenden_F_M.pdf. Zugegriffen: 21. Jänner 2020.

Haring, S. (2011). Neue Medien – »alte« Frauen. Medienkompetenz für ein Aufweichen von Klischees. Magazin erwachsenenbildung.at, Ausgabe 13, 2011, Wien. http://erwachsenenbildung.at/magazin/11-13/meb11-13.pdf. Zugegriffen: 6. August 2020.

Haring, S. (2012). Bildungsbedürfnisse älterer Frauen (60+) in Österreich. Endbericht. Wien: BMASK.

Haring, S. (2016). Intergenerationelles Lernen. Abschlussbericht und Forschungsfilm. BMASK. https://youtu.be/1T722OOo6wc, Zugegriffen: 4. Juni 2021.

Haring, S. (2019). Aktiv Altern – Empowerment durch Bildung Lehr- und Lernfilm. BMASGK. https://youtu.be/l-wkLpySsbs. Zugegriffen: 2. August 2020.

Haring, S., Bacher, H., Bubolz-Lutz, E., Stiel, J. & Röhricht, N. (2019). Handreichung. Wie Bildung im Alter gelingt. Bonn: Bundesarbeitsgemeinschaft der Senioren-Organisationen e.V. (BAGSO). https://www.wissensdurstig.de/wp-content/uploads/2019/02/handreichung-wie-bildung-im-alter-gelingt-2019-1.pdf. Zugegriffen: 3. August 2020.

Heite, E., Rüßler, H. & Stiel, J. (2015). Alter(n) und partizipative Quartiersentwicklung. Stolpersteine und Perspektiven für soziale Nachhaltigkeit. Zeitschrift für Gerontologie und Geriatrie, 48 (S. 415–425). doi: 10.1007/s00391–015–0909–9.

Himmelsbach, I. (2018). Das Altern lernen – theoretische Perspektiven in Erziehungswissenschaften und Gerontologie. In R. Schramek, C. Kricheldorff, B. Schmidt-Hertha & J. Steinford-Diedenhofen (Hrsg.), Alter(n) Lernen Bildung. Ein Handbuch (S. 35–44). Stuttgart: Kohlhammer.

Höpflinger, F. (1999). Generationenfrage – Konzepte, theoretische Ansätze und Beobachtungen zu Generationenbeziehungen in späteren Lebensphasen, Lausanne: Réalités Sociales. http://www.hoepflinger.com/fhtop/Generationenfrage.pdf. Zugegriffen: 4. August 2020.

Iller, C. & Wienberg, J. (2010). »Ältere« als Zielgruppe in der Erwachsenenbildung oder Ansätze einer Bildung in der zweiten Lebenshälfte? Magazin erwachsenenbildung.at, Ausgabe 10, 2010, Wien. http://www.erwachsenenbildung.at/magazin/10-10/meb10-10.pdf. Zugegriffen: 21. Jänner 2020.

Kade, S. (2007). Altern und Bildung. Bielefeld: Bertelsmann.

Kenner, C., Ruby, M., Jessel, J., Gregory, E. & Arju, T. (2007). Intergenerational learning between children and grandparents in East London. Journal of Early Childhood Research, 5(3) (S. 219–43).

Kolland, F. (2005). Bildungschancen für ältere Menschen. Ansprüche an ein gelungenes Leben. Berlin, Münster, Wien, Zürich, London: LIT-Verlag.

Kolland, F. (2007a). Lernbedürfnisse und Lernarrangements von älteren Menschen. Studie unter Mitarbeit von Ahmadi, P., Benda-Kahri, S., Kranzl, V., Neururer, M. Endbericht. Büro für Sozialtechnologie und Evaluationsforschung, Bundesministerium für Soziales und Konsumentenschutz.

Kolland, F. (2007b). Gerontologie- und Geriatrieausbildung in Österreich. Z Gerontol Geriat 40:433–437 (2007). doi: 10.1007/s00391–007–0500–0.

Kolland, F. (2009). Bildungschancen für ältere Menschen. Ansprüche an ein gelungenes Leben. Wien: LIT-Verlag.

Kolland, F. & Ahmadi, P. (2010). Bildung und aktives Altern: Bewegung im Ruhestand. Bielefeld: Bertelsmann.

Kolland, F., Ahmadi, P. & Haas, K. (2009). Good Practice in der Seniorenbildung. Studie Soziologie Institut Wien, gefördert durch das BMASK. https://www.digitaleseniorinnen.at/

fileadmin/redakteure/Downloads/Factsheet__Good_Practice_SeniorInnenbildung_Qualitaetskriterien.pdf. Zugegriffen: 2. August 2020.
Kolland, F., Birke, J., Fassl. A. & Gallistl, V. (2019a). Good Practice in der SeniorInnenbildung. Bundesministerium für Arbeit, Soziales, Gesundheit und Konsumentenschutz. Wien: BMASGK.
Kolland, F., Gallistl, V. & Wanka, A., (2018). Bildungsberatung für Menschen im Alter. Grundlagen, Zielgruppen, Konzepte. Stuttgart: Kohlhammer.
Kolland, F., Gallistl, V., Wanka, A., Parisot, V. & Birke, J. (2019b). Bildung als Voraussetzung für sozio-kulturelle Teilhabe. Wien: BMASGK.
Lottmann, R. (2013). Bildung im Alter – für alle? Altersbilder, Ziele und Strukturen in der nachberuflichen Bildung in Deutschland und den USA. Bielefeld: Bertelsmann.
Ludescher, M. & Waxenegger, A. (2016). Wissenschaftliche Allgemeinbildung – ein Konzept und seine Umsetzung. Bildungsansatz und -arbeit des Zentrums für Weiterbildung an der Universität Graz. Magazin erwachenenbildung.at, Ausgabe 27, 2016, Wien. https://erwachsenenbildung.at/magazin/16-27/meb16-27.pdf. Zugegriffen: 26. August 2020.
Müllegger, J. (2018). Ältere als Zielgruppe der Erwachsenenbildung: Bedarfe – Entwicklungen – Perspektiven. Befundaufnahme und Empfehlungen von Expertinnen und Experten für die Bildungspraxis. BMASGK: Bundesministerium für Arbeit, Soziales, Gesundheit und Konsumentenschutz. Wien: BMASGK.
Österreichisches Institut für angewandte Telekommunikation (ÖIAT) (2015). Maßnahmen für Senior/innen in der digitalen Welt. Studie Wien: BMASK. https://www.digitaleseniorinnen.at/fileadmin/redakteure/Downloads/studie_massnahmen_fuer_senorinnen_in_der_digitalen_welt.pdf. Zugegriffen: 6. August 2020.
Paulweber, U., Haring, S. & Kreilinger, B. (2016). Intergenerationelles Lernen. Ein Leitfaden für die Erwachsenenbildung in der nachberuflichen Lebensphase. Graz: Katholisches Bildungswerk Steiermark.
Postman, N. & Weingartner, C. (1969). Teaching as a Subversive Activity. New York: Delta.
Republik Österreich (2011). LLL:2020. Strategie zum Lebensbegleitenden Lernen in Österreich, Aktionslinie 9: Bereicherung der Lebensqualität durch Bildung in der nachberuflichen Lebensphase. https://www.qualifikationsregister.at/wp-content/uploads/2018/11/Strategie1.pdf. Zugegriffen: 24. Juli 2020.
Riedl, A. (2004). Grundlagen der Didaktik. Wiesbaden: Franz-Steiner-Verlag.
Sauter, H. & Heidecker, D. (2011). In zehn Schritten mehr erreichen. Leitfaden zur praktischen Umsetzung didaktischer Prinzipien in der SeniorInnenbildung. Magazin erwachsenenbildung.at, Ausgabe 13, 2011, Wien. https://erwachsenenbildung.at/magazin/11-13/meb11-13.pdf. Zugegriffen: 26. August 2020.
Schramek, R. (2003). Alt und Jung – Lernen im Diskurs mit anderen Generationen. In E. Gösken & M. Pfaff (Hrsg.), Lernen im Alter – Altern lernen (S. 85–95). Oberhausen: Athena-Verlag.
Siebert, H. (2011). Lernen und Bildung Erwachsener. Bielefeld: Bertelsmann.
Siebert, H. (2019). Didaktisches Handeln in der Erwachsenenbildung (8., bearbeitete Aufl.). Augsburg: ZIEL.
Simon, G. (2019). Frauen (60+) in Österreich. Fakten, Fragen, Forschungslücken: Grundlagen zum Empowerment. Bundesministerium für Arbeit, Soziales, Gesundheit und Konsumentenschutz, Wien. https://www.imag-gmb.at/service/projekt/frauen-ueber-60-in-oesterreich-fakten-fragen-forschungsluecken.html. Zugegriffen: 5. August 2020.
Steinford-Diedenhofen, J. (2018). Vielfalt in Ansätzen, Kontexten und Methoden. In R. Schramek, C. Kricheldorff, B. Schmidt-Hertha & J. Steinford-Diedenhofen (Hrsg.), Alter(n) Lernen Bildung. Ein Handbuch (S. 143–145). Stuttgart: Kohlhammer.
Stöckl, C. (2016). Bildung im Alter. Zwischen Aufbruch und Abschied. In C. Stöckl, K. Kicker-Frisinghelli & S. Finker (Hrsg.), Die Gesellschaft des langen Lebens. Soziale und individuelle Herausforderungen (S. 45–56). Bielefeld: transcript-Verlag.
Whitehouse, P. & George, D. (2018). From intergenerational to intergenerative: towards the futures of intergenerational learning and health. Journal of Intergenerational Relationships, 16(1–2) (S. 196–204).

WHO (2002). Aktiv Altern: Rahmenbedingungen und Vorschläge für politisches Handeln. https://apps.who.int/iris/bitstream/handle/10665/67215/WHO_NMH_NPH_02.8_ger.pdf;jsessionid=041825DA9788D339A1F3C51C4FB512FB?sequence=2. Zugegriffen: 3. August 2020.

Teil IV: Qualität der Bildung im Alter

8 Good Practice als Wegweiser für Bildungsangebote im Alter

Franz Kolland, Vera Gallistl & Anna Teufel

Zusammenfassung

Die Praxis der Bildungsarbeit im Alter in ihrer Vielfalt und Besonderheit in den Blick zu nehmen, ist geleitet von der Vorstellung, das Praktische, das Alltagswissen der Handelnden in diesem Feld in seiner Eigenart ernst zu nehmen. Praxiswissen ist ein gegenüber dem wissenschaftlichen Wissen anderes Wissen, welches für die Entwicklung der Bildungsangebote im Alter grundlegende Bedeutung hat. Die sozialwissenschaftlichen Praxistheorien bieten dafür ein gutes Analyseinstrument. In diesem Blick auf die Praxis und das in ihr vorhandene Praxiswissen können anhand von Kriterien, die aus einem Zusammenspiel von Praxis und Wissenschaft gewonnen werden, Angebote guter Praxis – Good Practice – sichtbar gemacht werden. Diese Sichtbarmachung von Good Practice in der Bildung im Alter dient einerseits der dichten Beschreibung dieses spezifischen Handlungsfeldes in der Erwachsenenbildung und andererseits der Qualitätssicherung.

Die Beschreibung und die analytische Durchdringung von Good Practice in der Bildung im Alter nahmen 2005 ihren Anfang und wurden von der Universität Wien im Auftrag des Sozialministeriums in sechs Wellen durchgeführt. In diesem Beitrag werden sowohl die Auswahlbedingungen als auch die Erhebungsinstrumente und Analysekriterien diskutiert. Im Ergebnis zeigt sich ein ausdifferenzierendes Praxisfeld genauso wie eine zunehmende Heterogenität der Zielgruppe und Angebotsstruktur der Bildung im Alter.

8.1 Einleitung

Im gesellschaftlichen Wandel hin zu Wissensgesellschaften sind Lernangebote und Lernmöglichkeiten in allen Lebensphasen Veränderungen unterworfen. Das trifft auch auf das Praxisfeld der Bildung im Alter in Österreich zu, das sich in den letzten zwanzig Jahren deutlich erweitert und diversifiziert hat (Kolland et al. 2018). Organisierte Angebote zur Bildung im Alter nehmen zu, gleichzeitig werden AnbieterInnen und AkteurInnen in diesem Feld vielfältiger. Die so entstandene und sich verändernde Bildungspraxis lässt sich aus verschiedenen Blickwinkeln beschreiben und analysieren.

Beschrieben werden kann die Praxis der Bildung im Alter über *Zahlengerüste*, die zeigen, wie sich in den beiden letzten Jahrzehnten die Beteiligung erhöht hat und die Angebotspalette diversifiziert wurde. Eine wesentliche Erklärung für diese Verschiebungen kann erstens im soziokulturellen Wandel der älteren Bevölkerung gefunden werden. Die bildungspolitischen Interventionen der 1960er- und 1970er Jahre in Österreich haben die Struktur der Erstausbildung verändert. Und: Mehr höhergebildete ältere Menschen, d.h. mehr Schulbildungsjahre, verändern die Nachfrage nach Weiterbildung in späteren Lebensphasen. Eine zweite Erklärung kann im soziotechnologischen Wandel von Arbeitswelt und Gesellschaft gefunden werden, wie er um die Jahrtausendwende beschrieben worden ist (Baukrowitz et al. 2000). Dieser hat v.a. die Nachfrage nach Angeboten digitaler Bildung rasant ansteigen lassen.

Untersucht werden kann die Bildungspraxis aber auch unter dem Blickwinkel *sozial- und bildungspolitischer Steuerung und Intervention*, die auf das lebenslange Lernen fokussieren. Zu nennen ist in diesem Zusammenhang die Wirkung politischer Programme und Memoranden, wie z.B. der BundesseniorInnenplan, das Memorandum zum lebenslangen Lernen der EU oder die Förderpraxis der öffentlichen Hand. Das Memorandum zum lebenslangen Lernen der EU-Kommission aus dem Jahr 2000 hat zu einem intensiven österreichischen Konsultationsprozess geführt (bm:bwk 2001). Diese Programme steuern und beeinflussen die Bildungspraxis in unterschiedlicher Weise. Sie versuchen, auf problematische Entwicklungen wie z.B. frühes Ausscheiden aus dem Schulbildungssystem oder mangelnde Weiterbildung zu reagieren und Qualifikationen bzw. Wissensbestände up to date zu halten.

Einen dritten Zugang zur Bildungspraxis ermöglicht die *wissenschaftliche Forschung*. Dabei geht es weniger um Grundlagenforschung zu Lernen und Veränderung, sondern vielmehr um die Vielfältigkeit der Praxis als Untersuchungsgegenstand. Gekennzeichnet ist die Bildungspraxis durch komplexe Transformationsprozesse von Individuen und Gruppen, die auf vielfältige Weise institutionell gerahmt sind und in einer Wechselwirkung zueinanderstehen (Kalthoff et al. 2015). Es geht also in der Praxisanalyse sowohl um die Lernprozesse von Individuen und Gruppen als auch um die Lernorte und Lernbedingungen. Besondere Aufmerksamkeit bekommt die Praxis der Bildung im Alter, wo es um das Erfahrungswissen der Lernenden, um das unsagbare und ungestaltbare Wissen geht, das Polanyi als »tacit knowledge« (»stilles Wissen«, S. XI) bezeichnet hat (Polanyi 1996). Dieser Blickwinkel soll nachfolgend genauer behandelt werden.

Mit der wissenschafts- bzw. theoriegeleiteten Analyse der Praxis der Bildung (im Alter) wird der Rahmen für eine spezifische Perspektive grundgelegt, nämlich für die Untersuchung von »Guter Praxis/Good Practice« von Bildung im Alter. Diese Perspektive wird empirisch seit mehr als fünfzehn Jahren mit dem Ziel verfolgt, innovative Bildungspraxis zu beschreiben und zu erklären und dabei gleichzeitig Kriterien guter Praxis zu testen und weiterzuentwickeln, um die Qualität der Angebote bzw. Praxis der Bildung im Alter zu sichern. Die Definition von Qualitätskriterien ist ein Mittel, um sowohl für Einrichtungen, die ältere Menschen adressieren, als auch für ältere Bildungsinteressierte selbst Möglichkeiten der Orientierung zur Verfügung zu stellen und die Basis für eine langfristige und qualitätsvolle Entwicklung des Feldes zu schaffen.

Zwischen 2005 und 2018 wurden dazu sechs Studien vom Büro für Sozialtechnologie und Evaluationsforschung im Auftrag des Sozialministeriums durchgeführt, in denen Good-Practice-Projekte zum lebenslangen Lernen in der nachberuflichen Lebensphase erhoben und wissenschaftlich bearbeitet wurden. Basis dafür bietet der praxeologische Ansatz in der sozialwissenschaftlichen Forschung.

8.2 Praxis und Praxiswissen der Bildung im Alter

Sowohl empirisch als auch konzeptionell ist Lernen im Alter stärker als in anderen Lebensphasen als körperlich-praktische Tätigkeit zu begreifen. Bildung geht über ein kognitives Geschehen hinaus, was dazu führt, dass sich diese thematisch überaus vielfältig zeigt und sich institutionell entgrenzt hat. Bildung im Alter reicht von Erzählcafés über Lernhilfen für junge Menschen, Schreibwerkstätten und intergenerationelle Theatergruppen bis hin zu wissenschaftlicher Weiterbildung. Die institutionelle Entgrenzung wird insofern sichtbar, als Einrichtungen jenseits von (traditionellen) Bildungsorganisationen Lernangebote für ältere Menschen offerieren. Dazu zählen Interessenorganisationen für ältere Menschen, Hilfsorganisationen, Beratungsinstitute, Gemeinden und eigens gegründete Vereine. Bildungspraxis im Alter bedeutet auch eine Aufhebung der Trennung zwischen gezielter Bildungsvermittlung in entsprechenden Organisationen und Bildung im Rahmen von Freiwilligentätigkeit. Dieser Raum der Angebote außerhalb der Bildungsorganisationen kann als ein *Möglichkeitsraum* bezeichnet werden, der allerdings eine gewisse Unüberschaubarkeit aufweist.

In der Analyse und Forschung zur Bildungspraxis interessieren sowohl das erworbene Wissen, die erworbenen Kompetenzen als auch die Bildungsprozesse selbst, die Prozesse der Vermittlung und der Kokreation von Wissen. In den Blick rückt so der Kreislauf, der sich zwischen der Wissensvermittlung, ihrer Rezeption und schließlich der Reflexion in Form neuer Kompetenzen ergibt, die ihrerseits Raum für neue Interpretationen schaffen etc. Bildungspraxis ist dynamisch und beschreibt Bewegungen unterschiedlicher Felder und Prozesse.

Unter der Bezeichnung Theorie der Praxis oder Praxeologie finden sich verschiedene Theorien. Gemeinsam ist ihnen die kritische Perspektive auf ein vergegenständlichtes Wissen als etwas Objektives, das sich unabhängig vom Subjekt generiert. Bildung ist diesem Verständnis nach stets Handeln bzw. Praxis. Im Vordergrund stehen damit die Routinen und Handlungen der PraktikerInnen und ihre Praktiken (Reckwitz 2004), die nur annäherungsweise erfasst werden können, weil sie nicht auf einfachen Ursache-Wirkungs-Ketten beruhen. Denken und Begreifen sind in der Praxis des Bildungshandelns nur teilweise Repräsentationen von Erkenntnis und Theorien. Denken und Begreifen sind selbst Teile der sozialen

Praxis, eingebunden in deren Widersprüche und Unvollkommenheiten (Kalthoff et al. 2015).

Von Bedeutung ist in der Bildungspraxis *Erfahrungswissen*. Gemeint sind damit Fertigkeiten, Geschick, Routinen, Gespür und Intuition. Böhle (2003) definiert Erfahrungswissen als das Wissen im praktischen Handeln, das sich auf konkrete Kontexte bezieht, sich nach zeitlicher Dimension verändert und in einer sozialen Dimension »grundsätzlich durch die jeweiligen Perspektiven der Akteure geprägt« (Böhle 2003, S. 162) ist. Wissen ist eingebunden in praktisches Handeln und hiervon nicht ablösbar. Es ist in hohem Maße personengebunden und auf konkrete Situationen bezogen. Oft wird demzufolge der Praxisbezug als das entscheidende Merkmal des Erfahrungswissens herausgestellt.

Die in den praxistheoretischen Ansätzen konzeptuell angelegte *Veränderlichkeit und Offenheit* ist ein weiterer spezifischer Analyserahmen für Bildungsprojekte (im Alter). Statt von einem Bildungs- und Lernstatus auszugehen, werden fortlaufende Prozesse der Vergesellschaftung untersucht, werden Lernprozesse in räumlich und zeitlich konkret bestimmbaren und miteinander verknüpften Kontexten in den Blick genommen. Sozialen Praktiken und Ordnungen, wie wir sie im (non-)formalen Lernen finden, sind räumlich wie zeitlich vom Vollzug durch die Subjekte und vom Kontext der Praktiken abhängig.

Schließlich erhalten Lernpraktiken in den persönlichen Motiven und Zielen einen *akteurInnenspezifischen Sinn*, der das Verstehen von Praktiken möglich macht. Sinn ist ganz allgemein ein wesentliches Momentum der Bildung im Alter (Kolland & Ahmadi 2010). Kontext und praktisches Verständnis entscheiden dabei, welche Praktik überhaupt und wie ausgeführt werden soll. Den Kontext stellt in der Bildung im Alter die nachberufliche Lebensphase dar, die durch gewisse gestaltbare Freiräume gekennzeichnet ist. Das Interesse für und die Teilnahme an Bildung ist weniger zweckgerichtet, sondern interessengeleitet. Weniger zweckgerichtet heißt nicht zwecklos oder ungerichtet, sondern, dass ein bestimmter akteurInnenspezifischer Sinn aktualisiert wird. Die praxistheoretische Perspektive geht davon aus, dass der Sinn des jeweiligen Handelns nicht von vorneherein feststeht bzw. feststehen muss, d.h., eine klare Absicht gegeben ist, sondern sich erst im Handeln zu manifestieren beginnt. Bildung realisiert sich somit im praktischen Tun. Leicht veranschaulichen lässt sich dieser »Vorgang« im Zusammenhang mit der Freiwilligenarbeit, die ja als solche zunächst gar keinen Lernanspruch erhebt, sondern auf Tun, auf Handeln ausgerichtet ist.

In den Vordergrund gerückt wird mit diesem Aspekt die aktive Komponente des älteren Menschen. *Bildung ist nach diesem Verständnis ein aktiver Prozess, der vom agierenden Subjekt ausgeht.* Abgelehnt wird ein biomedizinisches Alternsmodell, das Gebrechlichkeit, Abhängigkeit, Abbau in den Vordergrund stellt. Es besteht vielmehr ein Bekenntnis zur *Entwicklungsförderung* im Alternsprozess (vgl. Staudinger 1999). Nicht das biologische Alter ist das wesentliche Kriterium für die Teilnehmendenzuordnung, sondern vielmehr sind es Bildungsbedürfnisse, die in der jeweiligen Entwicklungsphase begründet sind. Das Individuum muss als agierendes Subjekt *wählen*, muss sich entscheiden zwischen verschiedenen Angeboten. In dieser

Konstellation ist die Qualität des Angebots entscheidend für die Akzeptanz und den »Gewinn«, der aus der Bildungsteilnahme entsteht.

8.3 Good Practice als Qualitätsmerkmal der Bildung im Alter

Im Kontext der Bildung im Alter – ähnlich wie in der allgemeinen Erwachsenenbildung – ist eine präzise Definition von Qualität schwierig und bildungswissenschaftlich keinesfalls unumstritten. Durch die Vielfalt der institutionellen Formen und AkteurInnen in der Erwachsenenbildung sind die Definition von Qualität sowie ihre Messung eine Herausforderung für Wissenschaft und Praxis (Bülow-Schramm 2006).

Wenn wir über Qualität in der Bildung im Alter sprechen, so liegt der Fokus zunächst auf der *Angebotsqualität*, d. h. auf der Qualität der Bildungs- und Lernprogramme, die sich an ältere Menschen richten. Grundlegend dafür sind Inhalt und Aufbau solcher Angebote sowie methodische und didaktische Faktoren und die Frage, welche Zielgruppen mit dem Angebot erreicht werden. Qualitätsmessungen von Angeboten, d. h. Dienstleistungen, sind allerdings wegen deren Eigenschaften vor der Inanspruchnahme schwierig (Meffert et al. 2018; Jobber 2007; Hofstetter 2012), weswegen sich im Bereich der Angebotsqualität Empfehlungen und Auszeichnungen von bestimmten Angeboten im Sinne eines *Modells guter Praxis* (sogenannte Good-Practice-Projekte) als sinnvolles Mittel etabliert haben.

Qualitätsmessung auf Basis von Modellen guter Praxis bedeutet, dass sich Qualitätskriterien aus praxeologischer Perspektive laufend wandeln, verändern und angepasst werden müssen. Qualität in der nachberuflichen Bildung ist, so wie sie in den Modellen guter Praxis bzw. Good-Practice-Ausschreibungen verstanden wird, kontextabhängig, d. h., sie entwickelt sich abhängig vom jeweiligen Praxisfeld. Die Einschätzung eines einzelnen Projekts findet immer im Vergleich mit der Gesamtheit der Projekte statt, die für eine Einschätzung herangezogen werden können.

Um im Rahmen dieses Beitrags nachzuvollziehen, wie sich die Qualitätskriterien in den letzten fünfzehn Jahren gewandelt haben, werden im Folgenden zunächst die zur Evaluation herangezogenen Qualitätskriterien dargestellt und danach deren Relevanz und Entwicklungsgeschichte vor dem Hintergrund des sich wandelnden Praxisfeldes der Bildung im Alter in Österreich diskutiert.

8.4 Qualitätskriterien in der SeniorInnenbildung

Mit Stand 2020 werden für die Evaluation von Bildungsprojekten für Menschen im Alter in Österreich zwölf Kriterien herangezogen, die einerseits aus Forschungsarbeiten in Österreich zum Thema gewonnen wurden (Kolland 2005; Kolland & Ahmadi 2010; Kolland et al. 2018) und andererseits auf internationalen Studien beruhen (Köster et al. 2008). Der 2005 erstmals festgelegte Kriterienkatalog wurde systematisch weiterentwickelt und differenziert. Darüber hinaus wurde im Jahr 2014 eine zusätzliche Messdimension eingeführt, nämlich der Innovationsgrad von Projekten. Als besonders innovativ werden jene Projekte eingestuft, die etwa eine Vernetzung über soziale Medien vornehmen oder rezentes gerontologisches Wissen nutzen.

Das Screening der Bildungspraxis in Österreich anhand dieser Qualitätskriterien und des Innovationsgrads erfolgt seit 2005 in einem Abstand von rund zwei Jahren. Besonders gute Praxisprojekte werden auf Basis einer Reihung vom Sozialministerium ausgezeichnet. Die Projekte verwenden diese Auszeichnung für die Bewerbung und gegenüber FördergeberInnen als Nachweis für die Qualität ihrer Angebote; gleichzeitig ist die Anerkennung der Projekte als Good Practice eine Referenz für andere Bildungsangebote bzw. Orientierungsrahmen für ältere Menschen, die Bildung nachfragen.

Im Screening der Bildungspraxis selbst werden die Angebote über zwölf Qualitätsdimensionen (QD) bewertet. Die in diesen Dimensionen enthaltenen Indikatoren zielen darauf ab, objektiv, messbar und intersubjektiv nachvollziehbar zu sein. In die Evaluation fließen das innovative Potenzial und die Zufriedenheit der Teilnehmenden mit dem jeweiligen Angebot ein.

Die zwölf Qualitätsdimensionen umfassen folgende Themen:
QD1 (Berücksichtigung differenzierter Altersbilder) geht davon aus, dass durch Bildung im Alter defizitäre Altersbilder reflektiert und korrigiert werden.
QD2 (Orientierung an den Interessen der Teilnehmenden) macht deutlich, dass erfolgreiche Bildungsarbeit im Sinne der Good-Practice-Kriterien auf die Bedürfnisse, Interessen und Ressourcen der Teilnehmenden fokussiert und einen Bezug zu deren Lebenswelt herstellt.
QD3 (intergenerationelle Angebote) betont das intergenerationelle Lernen, ein theoretisch fundiertes und reflektiertes Verständnis von unterschiedlichen Generationen und eine entsprechende generationensensible oder -übergreifende Didaktik, die eine professionelle Umsetzung intergenerationellen Lernens ermöglicht.
QD4 (Gender-Aspekte) zu berücksichtigen, bedeutet, in der Konzeption des Angebots auf die unterschiedlichen Rollen, Erfahrungen, Interessen und Barrieren von älteren Frauen und Männern zu achten.
QD5 (altersgerechte Infrastruktur und Barrierefreiheit) misst die Zugänglichkeit zu Angeboten z. B. anhand der Aspekte Barrierefreiheit und Ausstattung der Räume, in denen das Angebot stattfindet.
QD6 (Berücksichtigung bildungsungewohnter Schichten) sensibilisiert dafür, inwiefern ein Angebot bildungsungewohnte Schichten adressiert und erreicht.

QD7 (soziale Teilhabe bei der Gestaltung und Empowerment) sieht vor, dass die Teilnehmenden dazu motiviert werden, sich an der Projektgestaltung im Sinne eines partizipativen Ansatzes zu beteiligen.
QD8 (Öffentlichkeit und Verbreitungsgrad des Angebots) berücksichtigt die Aspekte Öffentlichkeitsarbeit und Bewerbung (z.B. Presseauftritte, Präsentationen, Zeitungsartikel), wobei die Darstellungen von heterogenen Altersbildern zentral ist.
QD9 (selbst- und fremddefinierte Qualitätsanforderungen) fragt danach, inwiefern die Formulierung von Qualitätsstandards im Angebot eine Rolle spielt und welche Bedeutung Durchführung und Dokumentation qualitätssichernder Maßnahmen im Angebot haben.
QD10 (Entwicklung und Qualifizierung) berücksichtigt die Qualifizierung des (haupt- und ehrenamtlichen) Personals.
QD11 (Nachhaltigkeit) untersucht die Übertragbarkeit auf andere Kontexte und Organisationen (Skalierbarkeit) sowie die nachhaltige Finanzierung des Angebots.
QD12 (Bildung als Querschnittskonzept/Netzwerkstruktur) fragt danach, inwiefern Maßnahmen zur Kooperation und Vernetzung im Angebot eine Rolle spielen.

8.5 Veränderungen und Wandel der Beobachtungs- und Bewertungskriterien

Wie hat sich nun das Feld der Bildung im Alter seit der ersten Praxisbeobachtung 2005 verändert und welche Konsequenzen haben diese Veränderungen für die vorgestellten Qualitätskriterien? Mit Blick auf die Bewerbungen und Auszeichnungen von Good-Practice-Projekten zwischen 2005 und 2018 zeigt sich, dass das Feld der Bildung im Alter quantitativ deutlich gewachsen ist. Seit 2005 lässt sich – mit Ausnahme von 2015 – eine steigende Zahl an Bewerbungen feststellen. Die folgende Abbildung zeigt erstens Bildungsprojekte bzw. TrägerInnen von Bildungsprojekten, die sich dafür beworben haben, als »Good Practice« der Bildung im Alter ausgezeichnet zu werden, und zweitens die Zahl der Projekte, die tatsächlich eine Auszeichnung bekommen haben (▶ Abb. 8.1). Auffällige Unterschiede zwischen Bewerbungen und Auszeichnungen gibt es zu zwei Beobachtungszeitpunkten. Erklärbar ist diese Abweichung durch vermehrte Bewerbungen, die nicht dem Handlungsfeld Bildung zugeordnet werden konnten, bzw. Mehrfachbewerbungen von mehreren Organisationen.

Auffällig ist insgesamt ein Anstieg an Bewerbungen, der sich mit der wachsenden Bekanntheit der Auszeichnung erklären lässt. Für den Beobachtungszeitraum zeigen sich weitere Veränderungen dergestalt, dass sich eine Verschiebung weg von großen Organisationen hin zu kleinen lokalen Initiativen feststellen lässt, d.h. von Bildungswerken, SeniorInnenorganisationen hin zu Vereinen im lokalen Kontext (z.B. Verein »akzente« in Voitsberg oder Verein für »Medienarbeit und Generationen« in Wien).

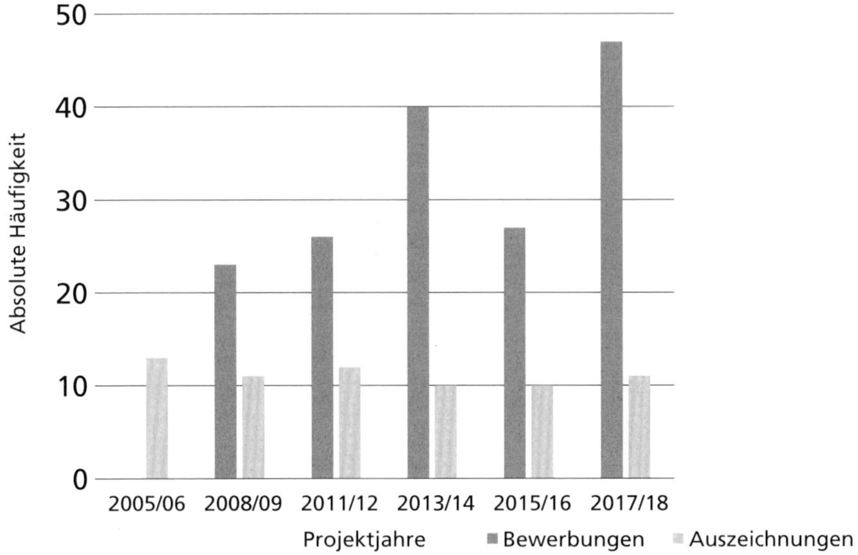

Abb. 8.1: Anzahl der Bewerbungen und Auszeichnungen in der Ausschreibung »Good Practice in der SeniorInnenbildung«, Bewerbungen 2005/2006 bis 2017/2018

Im Folgenden skizzieren wir vier Veränderungen, die sich seit 2005 in den Bildungsprojekten abzeichnen, nämlich

- eine sektorenübergreifende Ausrichtung von Bildungsangeboten für Menschen im Alter,
- Digitalisierungsprozesse,
- die Entwicklung einer Bildungsberatung für Menschen im Alter und
- Bildung im Zusammenhang mit Freiwilligentätigkeit.

Sektorenübergreifende Bildung für Menschen im Alter

Bildungsangebote für alte Menschen werden seit 2005 vermehrt in Zusammenarbeit von verschiedenen Institutionen nachberuflicher Bildung und in immer wieder neuen thematischen Feldern realisiert. So zeigt sich beispielhaft in der Ausschreibung von 2017/18 eine höhere Zahl an Bewerbungen, die (ältere) Personen mit Migrationshintergrund oder Fluchterfahrung als primäre oder sekundäre Zielgruppe definieren. Von den elf ausgezeichneten Projekten in der Ausschreibungsrunde 2017/18 definieren zwei Projekte Personen mit Migrationshintergrund als (eine ihrer) Zielgruppen. Während in den ersten Beobachtungswellen noch häufig innovative Praxis im Bereich des Gedächtnistrainings gegeben war (SelbA OÖ/Tirol; Lima NÖ/Wien), d. h., Bildung im Alter fokussierte sich auf bestimmte Fähigkeiten/Funktionen, finden sich in den letzten Beobachtungswellen deutlich stärker Projekte mit einem breiten Bildungsverständnis. In Hinsicht auf die intersektorale Zusammenarbeit ist besonders jene zwischen Bildungs- und Kulturorganisationen zu nennen. Vier der insgesamt elf ausgezeichneten Projekte in der Ausschreibungsrunde 2017/18 ermöglichen Lernen über, aber auch durch Kunst und Kultur.

Digitalisierung und soziale Medien werden für die Bildungspraxis bestimmend

Digitale Technologien sind heute untrennbarer Bestandteil der Lebenswelten älterer Menschen. Dies stellt gleichzeitig neue Ansprüche an die Bildung im Alter: Einerseits verlangt das Leben in digitalen Gesellschaften nach Medien- und Technikkompetenz, andererseits finden Bildungsangebote – für alle Zielgruppen – vermehrt in digitalen Umwelten und durch digitale Unterlagen statt (Bubolz-Lutz & Stiel 2018). Diese Veränderungen zeigen sich auch in den Bildungsprojekten für ältere Menschen in Österreich. Seit der ersten Beobachtungswelle 2005 finden sich Projekte zum digitalen Lernen. Während sich 2005 Projekte finden wie »Niederösterreich ans Netz« oder »Die Brennmeister – CDs und DVDs selbst gebrannt«, wurde 2009 das Projekt »Technik in Kürze« aufgrund seines intergenerationellen Ansatzes als Good Practice eingestuft. 2014 ist ein weiteres überregionales digitales Lernprojekt unter dem Titel »Computerias« hervorzuheben. In diesem Projekt wurden Standorte – sogenannte Computerias – in ganz Tirol aufgebaut, um den älteren Menschen den Zugang zu digitalen Technologien zu ermöglichen. Im Beobachtungszeitraum 2015/16 war der Anteil an Projekten, die sich der Vermittlung digitaler Kompetenzen widmeten, noch größer. Dabei wird auch ein thematischer Wandel sichtbar, der sich in den folgenden Projekttiteln ausdrückt: »Tablets for everyone«, »qualitätszeit-Digitalcoaching« oder »A1 – Internet für alle«.

Die starke Bedeutungszunahme des digitalen Lernens in den Bildungsangeboten für alte Menschen hat am Ende der fünften Beobachtungswelle dazu geführt, diese Lernangebote in Bezug auf Beobachtung und Bewertung an das ÖIAT zu übergeben. So werden seit 2017 Projekte zum digitalen Lernen in einer gesonderten Bewertung beobachtet und ausgezeichnet. Nichtsdestoweniger haben sich Aspekte der digitalen Kompetenz so verbreitet, dass sich in den letzten Jahren praktisch in allen Bildungsprojekten mehr oder minder starke Elemente des Digitalen finden.

Von der Wissensvermittlung zur Bildungsberatung für Menschen im Alter

Ein dritter Trend, der sich aus den letzten fünfzehn Jahren Erfahrung mit Good Practice in der Bildungsarbeit mit Älteren ergeben hat, ist eine Tendenz zu individuelleren Formaten, die sich weniger an eine Gruppe, sondern mehr auf die individuelle Betreuung und Beratung älterer Menschen richten. Die Bewerbungen und Auszeichnungen von »Good Practice in der SeniorInnenbildung« (2017/18) zeigen hier einen Trend hin zu individuelleren Formaten der Bildung im Alter. So haben sich 2017 vermehrt solche Projekte beworben, die von Beratungseinrichtungen durchgeführt werden und in der pädagogischen Vermittlung deswegen weniger auf einen vermittelnden, sondern stärker auf einen beratenden Zugang zur Zielgruppe setzen. Dieser Trend lässt sich v.a. durch eine fortschreitende Differenzierung der Zielgruppe älterer Menschen mit gleichzeitigem Trend zur Individualisierung erklären.

Bildung und Freiwilligentätigkeit im Alter

Ein auffälliges Thema in den Good-Practice-Projekten ist die Freiwilligentätigkeit. Das ist nicht ganz überraschend, weil ein deutlicher Zusammenhang zwischen Bildungsaktivität und Freiwilligenaktivität festgestellt werden kann. Im Factsheet »Freiwilligentätigkeit und Bildung im Alter« (Kolland & Oberbauer 2019) wird darauf hingewiesen, dass freiwillig tätige Personen häufiger an Weiterbildungsangeboten teilnehmen und Menschen, die Weiterbildung in Anspruch nehmen, auch häufiger ehrenamtlich tätig sind.

In den Bildungsangeboten für ältere Menschen im Zusammenhang mit Freiwilligentätigkeit geht es sehr stark um Kompetenzen für diese Tätigkeit bzw. Entwicklung von Projektideen. Im Beobachtungszeitraum 2009 finden sich zwei einschlägige Good-Practice-Projekte, nämlich »Orientierungshilfe für freiwillige Mitarbeit« (Rotes Kreuz) und »ZukunftsmentorInnen«, ein Projekt des Vereins AUFWIND in Graz, in dem Fähigkeiten und Fertigkeiten vermittelt wurden, um selbstständig Freiwilligenprojekte in Gang zu setzen. 2014 wurden die »Großelternseminare« des Forums Katholische Erwachsenenbildung als Good Practice eingestuft, und zwar aufgrund des innovativen Lernansatzes, der die einzelnen Lernmodule kontextspezifisch bereitstellte. 2016 ist das Projekt »Ruhestörung? MultiplikatorInnen-Weiterbildung für Beratung und Empowerment von Seniorinnen« in Wien zu nennen, in dem Grundlagen für eine alterssensible Beratung in Österreich geschaffen wurden. 2018 wurde das Projekt »Dorfservice: Bildung im Alter durch professionell begleitetes Ehrenamt« (Möllbrücke, Kärnten) als Good Practice bewertet. In diesem Projekt werden freiwillig tätige ältere Menschen zu Kursen und Vorträgen eingeladen, um auf Basis der erworbenen Qualifikationen das Sozialkapital in den Gemeinden zu fördern.

8.6 Good Practice vor dem Hintergrund sich wandelnder Bildungspraxis im Alter

Für die Untersuchung von Good-Practice-Projekten zeigen sich zwei Herausforderungen: Erstens sind neue Felder immer mit eigenen Qualitätsansprüchen versehen – die Governance im Bereich der Kunst und Kultur sieht etwa eigene Qualifikationsmaßnahmen (z.B. Lehrgänge für Kunst- und Kulturpädagogik) für Lehrende und KulturvermittlerInnen im Bereich der kulturellen Bildung vor (Geiger et al. 2018). Das führt unter Umständen dazu, dass neue AkteurInnengruppen in der Bildung im Alter aktiv werden, denen dafür nur wenig professionalisiertes Wissen zur Bildung im Alter zur Verfügung steht. Interviews mit KulturvermittlerInnen zeigen etwa, dass diese in der Arbeit mit älteren Menschen häufig auf Alltagswissen über das Alter(n) zurückgreifen und damit auch Gefahr laufen, die Zielgruppe der Älteren zu homogenisieren (Gallistl et al. 2019).

Zweitens kann abgeleitet werden, dass die SeniorInnenbildung die Frage nach der Qualifikation der AnbieterInnen (sowohl Einrichtungen als auch TrainerInnen) stärker in den Vordergrund stellen sollte, wenn die Qualität eines Angebots evaluiert wird. Altersbilder, Wissen der Leitenden über die Altersgruppe und eine Verankerung in den Leitbildern der Einrichtungen spielen eine gewichtige Rolle in der Bildung im Alter zur Vermeidung einer stereotypisierenden Ansprache der Zielgruppe.

Für die Messung von Qualität in der SeniorInnenbildung stellt sich drittens die Frage, wie digitale Formate hinsichtlich ihrer Qualität reflektiert werden können. Einen fruchtbaren Weg stellt hier die Ausarbeitung von Qualitätskriterien der digitalen SeniorInnenbildung dar (▶ Kap. 10). Aus gerontologischer Perspektive sind bei einem solchen Vorhaben zwei Dinge zu berücksichtigen: Erstens zeigt die Forschung zu Technik im Alter immer wieder, dass ältere Menschen in der Nutzung neuer Technologien generell benachteiligt sind, sich allerdings gleichzeitig Differenzierungen zwischen Männern und Frauen, Höhergebildeten und Personen mit niedriger Schulbildung sowie Personen im ländlichen und urbanen Raum ergeben (Wanka & Gallistl 2020). Mit Blick auf die Messung der Qualität eines Angebots sollte die SeniorInnenbildung deswegen einen besonderen Fokus darauf legen, welche Gruppen mit digitaler SeniorInnenbildung erreicht werden und für welche sich durch eine Digitalisierung der Bildung im Alter neue Zugangsbarrieren ergeben. Zweitens zeigen soziologische Studien zur Techniknutzung im Alter, dass in der Nutzung neuer Technologien immer auch Hierarchien und Ungleichheiten eingeschrieben sind, die ältere Menschen besonders treffen (ebd.). So werden durch neue Technologien Expertisen älterer Menschen infrage gestellt, was in Familien zu veränderten Beziehungen zwischen Generationen führen kann. Intergenerationelles Lernen zu neuen Technologien stellt deswegen zwar eine gute Möglichkeit für den Zugang zu Neuen Medien dar, es sollte allerdings auch professionell begleitet werden, um Hierarchisierungen in der digitalen Bildung vorzugreifen. Drittens verweisen Studien darauf, dass Gesundheits- und Pflegetechnologien dazu führen können, dass ältere Menschen das Selbstbild als hilfsbedürftig und technisch wenig kompetent für sich selbst übernehmen (Aceros et al. 2015). Das zeigt, dass es neben Nutzungskompetenz für die Techniknutzung im Alter auch eine kritische Entscheidungs-, Evaluations- und Reflexionskompetenz (Bubolz-Lutz & Stiel 2018) braucht, um zu entscheiden, welche Technologien für welche Zwecke im Alter genutzt werden sollen und welche nicht. Kritische Technikbildung im Alter fördert Kompetenzen zur Techniknutzung gleichermaßen wie kritische und selbstbestimmte Reflexion (inkl. kritischer Ablehnung) der Digitalisierung. Ein Qualitätsziel von Angeboten der digitalen Bildung im Alter sollte deswegen eine Befähigung zur selbstbestimmten Entscheidung über Nutzung und Nichtnutzung digitaler Technologien sein. Viertens braucht es Qualitätskriterien, die sich nicht nur auf Bildungs-, sondern auch auf Beratungssettings anwenden lassen. Das neu entstehende Feld der nachberuflichen Bildungsberatung (Kolland et al. 2018; ▶ Kap. 6) braucht hierfür eigene Qualitätskriterien, die Qualitätsindikatoren, die in der Bildung weniger wichtig erscheinen, wie etwa die AnbieterInnenneutralität in den Vordergrund stellen. Hier stellt sich für die Auszeichnung von Good-Practice-Projekten längerfristig die Frage, ob eine Integration des Beratungsbegriffs als Element von Good Practice sinnvoll ist.

8.7 Fazit

Qualität in der Erwachsenenbildung und Bildung im Alter sind nicht unumstritten. Die Frage nach dem Wesen von Qualität in der Pädagogik ist durchzogen von »logischen, historischen und empirischen Untiefen« (Oelkers 1997, S. 13), sodass es naheliegend erscheint, ihre Antwort zu umgehen. Gleichzeitig sind Formulierung und Überprüfung von Qualitätsstandards im Rahmen eines generellen Professionalisierungsprozesses der Erwachsenenbildung ein zentraler Anspruch an Praxisfelder in Wissensgesellschaften geworden. Bildung im Alter braucht deswegen, sofern sie auch in Zukunft ein vielfältiges und wachsendes Praxisfeld sein soll, eine reflexive Formulierung von Qualitätskriterien, die aktuelle Entwicklungen aufnimmt und nicht statisch wird.

So zeichnen sich durch die Digitalisierung neue Anforderung an Qualitätskriterien der digitalen SeniorInnenbildung ab. Dabei ist nicht nur auf die Qualität digitaler Inhalte, Lehr- und Lernmethoden, sondern auch auf die digitalen Kompetenzen diverser Zielgruppen älterer Menschen zu achten, die neben Nutzungs- auch kritische Entscheidungskompetenzen beinhalten sollten.

Ein Ziel der Fokussierung auf gute Praxis in der Bildungsarbeit mit alten Menschen ist der Transfer von Erkenntnissen und Innovationen aus den Good-Practice-Projekten in die allgemeine Bildungspraxis. Die Idee von Good Practice, d. h. von der Suche nach Projekten guter Praxis, besteht nicht nur darin, gute Beispiele auszuzeichnen, sondern diese sollen vielmehr »Schule machen«.

Für die Transferforschung selbst wäre es hilfreich, Stufen der Entwicklung von Bildungsprozessen differenzieren zu können, also gewissermaßen Zonen der nächstmöglichen Entwicklung zu identifizieren. Folgende weiterführende Fragen sind zu stellen: Unter welchen Konstellationen werden Institutionen, die im Bereich Bildung im Alter Angebote haben, von »guten« Beispielen so angesprochen, dass Entwicklungsprozesse ausgelöst werden? Welche Art von externer Unterstützung ist hilfreich? Welche Rolle spielen Partnerschaften und Netzwerke für die Entwicklung von Good Practice? Wie kann verhindert werden, dass sich bestehende Netzwerke in diesem Praxisfeld nach außen hin abschotten und veränderungsresistent werden? Das *Tempo der Wissensvermittlung* und der Implementierung von neuem Wissen wird in diesem Bereich als niedrig bezeichnet (Prenzel 2010).

Die Bildungspraxis überwindet auf der einen Seite die vermeintliche Unüberbrückbarkeit von humanistischer Bildungstheorie und tatsächlich stattfindenden Lernprozessen, das ist ihre Stärke. Sie führt auf der anderen Seite jedoch dazu, dass die Differenz zwischen theoriebezogenem Bildungsdenken und empirischer Beobachtung oft unterlaufen wird und damit die eigene Dignität der Bildungstheorie gegenüber der Praxis aufgehoben erscheint. In dem Maße, in dem sich die Bildungspraxis selbst als theoriegeladen präsentiert, lässt sich Theoretisches nicht mehr falsifizieren (Harant 2016).

Diese Dynamiken der Bildung im Alter zeigen nicht zuletzt auf, dass der Begriff der Qualität, wenn er auf ein dynamisches und vielfältiges Praxisfeld angewandt wird, als ein relationaler Begriff verstanden werden muss (Harvey & Green 2000), der sich nicht nur über wissenschaftliche und ethische Standards, sondern durch eine enge Verzahnung zwischen Wissenschaft und Praxis definiert. Qualität in der SeniorInnenbildung ist als dynamisch zu verstehen und zieht Entwicklungen des Praxisfeldes in die Bestimmung von Qualität mit ein. Indem Qualitätsstandards nicht von außen herangetragen werden, sondern sich eine Kultur der Qualität (ebd.) auf vielen Ebenen etabliert, kann auf Dauer ein qualitätsvolles Praxisfeld weiter unterstützt werden.

Literaturverzeichnis

Aceros, J. C., Pols, J. & Domènech, M. (2015). Where is grandma? Home telecare, good aging and the domestication of later life. Technological Forecasting and Social Change, 93 (S. 102–111).

Baukrowitz, A., Boes, A. & Schmiede, R. (2000). Die Entwicklung der Arbeit aus der Perspektive ihrer Informatisierung. kommunikation @ gesellschaft, 1 (S. 1–17). https://nbn-resolving.org/urn:nbn:de:0228-200001060. Zugegriffen: 9. April 2021.

Böhle, F. (2003). Wissenschaft und Erfahrungswissen. In S. Böschen & I. Schulz-Schaeffer (Hrsg.), Wissenschaft in der Wissensgesellschaft (S. 143–177). Wiesbaden: Springer.

Bubolz-Lutz, E. & Stiel, J. (2018). Technikbegleitung-Aufbau von Initiativen zur Stärkung der Teilhabe Älterer im Quartier (No. 5). Handbuchreihe »Ältere als (Ko-)Produzenten von Quartiersnetzwerken-Impulse aus dem Projekt QuartiersNETZ«.

Bülow-Schramm, M. (2006). Qualitätsmanagement in Bildungseinrichtungen. Münster: Waxmann.

Bundesministerium für Bildung, Wissenschaft und Kultur (BMBWK) (2001). Memorandum über lebenslanges Lernen der Europäischen Kommission. https://erwachsenenbildung.at/downloads/service/materialien-eb_2001-1_6051_PDFzuPubID396.pdf. Zugegriffen: 9. April 2021.

Gallistl, V., Parisot, V. & Birke, J. (2019). Doing Age in Kulturorganisationen: Ein praxeologischer Blick auf Altersbilder in der kulturellen Bildung. Österreichische Zeitschrift für Soziologie, 44(1) (S. 65–77).

Geiger, G., Gallistl, V. & Parisot, V. (2018). Endbericht. Mainstreaming Ageing im Kultursektor – Zugangsbarrieren älterer Menschen zur kulturellen Bildung. Mediacult: Wien.

Harant, M. (2016). Rezension von: Alkemeyer, Thomas/Kalthoff, Herbert/Rieger-Ladich, Markus (Hrsg.), Bildungspraxis, Körper – Räume – Objekte. Weilerswist: Velbrück Wissenschaft 2015. In EWR 15 (2016), Nr. 2 (Veröffentlicht am 24.03.2016). http://www.klinkhardt.de/ewr/978395832067.html. Zugegriffen: 9. April 2021).

Harvey, L. & Green, D. (2000). Qualität definieren. Fünf unterschiedliche Ansätze. Qualität und Qualitätssicherung im Bildungsbereich; Schule, Sozialpädagogik, Hochschule (S. 17–39).

Hofstetter, H. (2012). Dienen und leisten – Welcome to Service Science. Ein Kompendium für Studium und Praxis. München: Oldenbourg-Wissenschaftsverlag.

Jobber, D. (2007). Principles and practice of marketing (5. Aufl.). Maidenhead [u. a.]: McGraw-Hill Education.

Kalthoff, H., Rieger-Ladich, T., Alkemeyer, T. (2015). Bildungspraxis – eine Einleitung. In H. Kalthoff, M. Rieger-Ladich & T. Alkemeyer (Hrsg.), Bildungspraxis. Körper.Räume.Objekte (S. 9–33). Velbrück: Weilerswist.

Kolland, F. (2005). Bildungschancen für ältere Menschen. Ansprüche an ein gelungenes Leben. Münster: LIT.

Kolland, F. & Ahmadi, P. (2010). Bildung und aktives Altern. Bewegung im Ruhestand. Bielefeld: Bertelsmann.

Kolland, F., Gallistl, V. & Wanka, A. (2018). Bildungsberatung für Menschen im Alter. Grundlagen, Zielgruppen, Konzepte. Stuttgart: Kohlhammer.

Kolland, F. & Oberbauer, M. (2019). Freiwilligentätigkeit und Bildung im Alter inkl. Praxisleitfaden. Wien: Bundesministerium für Arbeit, Soziales, Gesundheit und Konsumentenschutz.

Köster, D., Schramek, R. & Dorn, S. (2008). Qualitätsziele moderner SeniorInnenarbeit und Altersbildung. Ein Handbuch. Oberhausen: Athena.

Meffert, H., Bruhn, M. & Hadwich, K. (2018). Dienstleistungsmarketing. Grundlagen – Konzepte – Methoden (9. Aufl.). Wiesbaden: Springer Gabler.

Oelkers, J. (1997). Was bedeutet »Qualität« in der Beratung? In: Arnold, R. (Hrsg.), Qualitätssicherung in der Erwachsenenbildung (S. 13–28). Opladen: Westdeutscher Verlag.

Polanyi, Michael (1996). The Tacit Dimension. Chicago & London: University of Chicago Press.

Prenzel, M. (2010). Geheimnisvoller Transfer? Wie Forschung der Bildungspraxis nützen kann. Zeitschrift für Erziehungswissenschaft 13/1 (S. 21–37).

Reckwitz, A. (2004). Die Kontingenzperspektive der ›Kultur‹: Kulturbegriffe, Kulturtheorien und das kulturwissenschaftliche Forschungsprogramm. In F. Jaeger & J. Rüsen (Hrsg.), Handbuch der Kulturwissenschaften. Band III: Themen und Tendenzen (S. 1–20). Stuttgart/Weimar: Metzler.

Staudinger, U. (1999). Older and wiser? Integrating results on the relationship between age and wisdom-related performance. International Journal of Behavioral Development, 23 (S. 641–664).

Wanka, A. & Gallistl, V. (2020). Ältere Menschen und Digitalisierung aus Sicht der kritischen Gerontologie. In Expertise zum Achten Altersbericht der Bundesregierung. Berlin: Deutsches Zentrum für Altersfragen.

9 Qualitätssicherung und -entwicklung in der Erwachsenen- und Weiterbildung

Elke Gruber & Anita Brünner

Zusammenfassung

Legt man das Konzept des Lernens und der Bildung über die gesamte Lebensspanne als Maßstab zugrunde, so nimmt der Bereich der Erwachsenen- und Weiterbildung[1] eine bedeutende Rolle ein. Gemessen an der Lebensspanne ist er nicht nur der umfangreichste, sondern bezüglich Anzahl und Vielfalt der AnbieterInnen, Angebote, Lernorte und -settings auch der quantitativ größte und ausdifferenzierteste Bildungsbereich Österreichs. Erwachsene lernen hier nicht nur formal, sondern v.a. nonformal und informell. Je nach fachlichem Zugang erfolgt die Bezeichnung der Lebensphase des Alter(n)s unterschiedlich, sie wird zeitlich auch nicht einheitlich definiert. In der Erwachsenen- und Weiterbildung wird in den letzten Jahren vermehrt der Begriff der nachberuflichen Lebensphase verwendet. Der Beitrag fokussiert auf Lern- und Bildungsprozesse Erwachsener im Rahmen formaler und nonformaler Settings in der nachberuflichen Lebensphase.[2] Sie können allgemeiner, politischer, kultureller, religiöser und beruflicher Art sein. Es wird der Frage nachgegangen, welche Notwendigkeit und Bedeutung in diesem Zusammenhang der Qualitätsentwicklung und -sicherung zukommt. Insbesondere interessiert, wie Qualität aktuell definiert wird und wie sich der Qualitätsdiskurs entwickelt hat. Es wird das Qualitätsverständnis erwachsenenpädagogischer Bildungsarbeit herausgearbeitet sowie anhand von Ö-Cert, des österreichischen Qualitätsrahmens für die Erwachsenen- und Weiterbildung, eine konkrete Qualitätssicherungsmaßnahme auf der institutionellen Ebene vorgestellt.

1 Im Folgenden werden die Begriffe Erwachsenenbildung und Weiterbildung synonym verwendet bzw. – wie im deutschsprachigen Raum derzeit üblich – in einer Doppelnomination als Erwachsenen- und Weiterbildung bezeichnet.

2 Grundsätzlich wird davon ausgegangen, dass der Bereich des Lernens und der Bildung in der nachberuflichen Phase allgemeinen erwachsenenpädagogischen Prämissen folgt und damit im Kontext der Erwachsenen- und Weiterbildung zu diskutieren ist. Damit soll keine Engführung auf klassische Erwachsenenbildungseinrichtungen und deren Angebote oder auf die Disziplin der Erwachsenenbildungswissenschaft vorgenommen werden, sondern der Blick geweitet werden auf die Vielfalt an Formen, AnbieterInnen, Einrichtungen, Lernorten und -settings sowie wissenschaftlichen und fachlichen Zugängen, in deren Kontext nachberufliche Bildung stattfindet bzw. diskutiert wird.

9.1 Einleitung: Gestaltungsebenen von Qualität im erwachsenenpädagogischen Kontext

Der Begriff Qualität wird heute sehr häufig und in vielerlei Kontexten verwendet, er bleibt in seiner allgemeingültigen Spezifikation jedoch weitgehend offen und unbestimmt (Stockmann 2006, S. 22). Der Grund dafür liegt darin, dass Qualität in den diversen Kontexten unterschiedlich verstanden und auch definiert wird (siehe z. B. auch Klieme & Tippelt 2008). Außerdem spricht der Begriff verschiedene Dimensionen an, die je nach Gegenstand und Prozess von der Erfüllung von Mindeststandards oder der Freiheit von Fehlern bis hin zum Resultat einer Bewertung nach standardisierten Vorgaben reichen können. Das Verständnis von Qualität bleibt heterogen, denn hinzu tritt immer auch die Frage, wer Qualität bestimmt, auf welche Gegenstände und Ziele sich Qualität bezieht und wer die Überprüfung dieser vornimmt (Seufert 2013, S. 355). »Viele Menschen verstehen unter *Qualität* ›einen hohen Grad an Güte‹, aber ebenso wie Schönheit wird Qualität von jedem Menschen anders beurteilt« (Webber & Wallace 2015, S. 30; H. i. O.). Wird dennoch der Versuch einer allgemeingültigen Definition unternommen, so kann die Begriffsbestimmung vom Deutschen Institut für Normierung (DIN) herangezogen werden, wonach »Qualität [...] die Gesamtheit von Merkmalen (und Merkmalsausprägungen) bezüglich ihrer Eignung, festgelegte und vorausgesetzte Erfordernisse zu erfüllen, [ist]« (DIN EN ISO 8402 zit. n. Stockmann 2006, S. 23).

Der Qualitätsbegriff ist im Grunde »kein genuin pädagogischer Begriff« (Klieme & Tippelt 2008, S. 7). Dennoch haben in den letzten Jahrzehnten Qualitätsentwicklung und -sicherung einen primären Stellenwert in der Bildungsarbeit eingenommen. Die Frage nach der Qualität im Erwachsenen- und Weiterbildungsbereich und damit auch in der nachberuflichen Bildung betrifft mehrere Ebenen und AkteurInnen. Aufgrund der Heterogenität und Vielfalt der Landschaft gibt es sehr unterschiedliche AnbieterInnen- und Angebotsqualitäten. Gemäß der geringen gesetzlichen Regelungsdichte in der österreichischen Erwachsenen- und Weiterbildung liegt die Verantwortung für die Qualitätssicherung und -entwicklung in der institutionellen Autonomie der Einrichtungen.

Bemühungen der Qualitätsentwicklung und -sicherung in der erwachsenenpädagogischen Bildungsarbeit zeigen sich im Prinzip auf den drei »Gestaltungsebenen des Bildungsmanagements« (Seufert 2013, S. 32):

Die wohl bekannteste und gängigste Ebene ist erstens die der Bildungsangebote im Rahmen von Seminaren, Vorträgen, Workshops etc. (Mikroebene), wo es um die Bildungsbedürfnisse der Teilnehmenden geht. Qualität wird in der konkreten Lernsituation aus der Sicht des einzelnen Subjekts bestimmt. Das heißt, Qualitätseinschätzungen erfolgen in diesem Fall aus einer sehr subjektiven, persönlichen Sicht, nicht alle Teilnehmenden definieren einen gelungenen bzw. nicht-gelungen Lernprozess gleich. Daher kann Qualität im Bildungsprozess aus der Perspektive der Bildungsteilnehmenden immer nur eine Annäherung im Hinblick auf Angebot und Nachfrage bzw. Wünsche und Bedürfnisse sein.

Zweitens sind Qualitätsentwicklung und -sicherung auf der Ebene der Entwicklung von Bildungsprogrammen (Mesoebene) wirksam. Um ein Kurs- oder Bildungsprogramm zu erstellen, bedarf es eines umfangreichen und mehrstufigen Prozesses des Planungshandelns seitens des/der AnbieterIn. Qualität wird hier zu einem Teil der Konzeptionierungsarbeit durch die AnbieterInnen, wobei Maßnahmen des Qualitätsmanagements das Planungshandeln leiten.

Drittens sind Qualitätsentwicklung und -sicherung auf der Ebene der Institutionen (Makroebene) sichtbar, wo sich die entsprechenden Qualitätsbemühungen v. a. in der Bildungsphilosophie und im Leitbild widerspiegeln. Diese Ebene umfasst sowohl die gesamte Gestaltungsaufgabe von lernförderlichen Rahmenbedingungen – wie beispielsweise Barrierefreiheit – für Bildungsprozesse als auch die Klärung von bestimmten Steuerungs- und Handlungsfeldern innerhalb der Organisation. Qualitätsmanagement wird hier zu einem wichtigen Faktor, um in der Weiterbildungslandschaft überhaupt bestehen zu können.[3]

Grundsätzlich lässt sich Qualität im Erwachsenen- und Weiterbildungsbereich am besten als ein *Konstrukt* beschreiben. Es basiert auf impliziten und expliziten Aushandlungsprozessen, in deren Rahmen sich Personen – als Nachfragende und als VertreterInnen der AnbieterInnen – auf bestimmte Bewertungsmaßstäbe von Qualität verständigen. Ziel ist es, eine möglichst hohe Transparenz zu gewährleisten. Diese soll die potenziellen Teilnehmenden in die Lage versetzen, sich ein Urteil über das Weiterbildungsangebot und die verschiedenen AnbieterInnen zu bilden. Der 2009 vom damaligen Bundesministerium für Unterricht, Kunst und Kultur ins Leben gerufene Österreichische Qualitätsrahmen für Erwachsenenbildung (Ö-Cert), ein überregional akzeptiertes Anerkennungsverfahren für bestehende qualitätssichernde Maßnahmen, kommt dem Wunsch und der Notwendigkeit nach einer österreichweiten Transparenz nach.

9.2 Genese des Qualitätsdiskurses

Das Thema Qualität im Sinne gelungener Lehr- und Lernprozesse beschäftigt die Erwachsenen- und Weiterbildung länger als vielfach angenommen. Erste Indizien für eine systematische Auseinandersetzung mit dem Kursgeschehen im deutschsprachigen Raum finden sich Anfang des 20. Jahrhunderts in der empirischen Auswertung von Teilnehmendenlisten. Hartmann und Penck (1904) befragten in einer Studie 498 Teilnehmende von sogenannten volkstümlichen Universitätsvorträgen in Wien nach den Themen und Gründen ihres Besuches und werteten diese nach Wohnbezirk, Beruf, Geschlecht und Alter aus. Auf eine Professionalisierung des Personals als wesentlichen Aspekt von Qualität zielten Glöckels Reformen der

3 Zu den verschiedenen Gestaltungs- bzw. Handlungsebenen siehe u. a. Seufert 2013 und Hippel et al. 2019.

Volksbildung (vormaliger Begriff für Erwachsenen- und Weiterbildung) ab, die eine eigene Ausbildung für VolksbildnerInnen vorsah. Implizit ist der Qualitätsgedanke auch in der ursprünglichen Bildungsphilosophie der Erwachsenenbildung enthalten (Gruber 2009, S. 02–4). Entstanden als »Bewegung von unten« (Filla 2014), aus der Zivilgesellschaft heraus, basiert(e) sie auf der Prämisse, dass eine gelungene pädagogische Interaktion auf der symmetrischen Abstimmung der Leistungen von Teilnehmenden und ErwachsenenbildnerInnen – »auf Augenhöhe« – entsteht; eine Perspektive, die gerade auch in der nachberuflichen Bildungsarbeit breite Gültigkeit hat.

Explizit wurde der Qualitätsgedanke – auch wenn er damals nicht so benannt wurde – in den 1970/80er Jahren mit dem Versuch einer stärkeren staatlichen Steuerungspolitik hinsichtlich der Erwachsenen- und Weiterbildung aufgenommen. Er findet sich sowohl in der rechtlichen Ausgestaltung (u. a. Förderungsgesetz für die Erwachsenenbildung[4]) als auch in Gründungen von Institutionen und Interessenvertretungen wie der Konferenz der Erwachsenenbildung Österreichs (KEBÖ) sowie einem Professionalisierungsschub wieder. Grundsätzlich wurde die Verbesserung der Qualität der Erwachsenen- und Weiterbildung an eine Erhöhung der staatlichen bzw. öffentlichen Finanzierung geknüpft.

Den Durchbruch als omnipräsentes Thema in fast allen Kontexten – von der Wirtschaft über die Sozial- und Gesundheitspolitik bis hin zum Bildungsbereich – erlebte die Qualität in den 1990er Jahren. Luhmann und Schorr (1988) sehen das erstarkende Interesse an Qualität in dieser Zeit als Ausdruck tiefgreifender struktureller Veränderungen in der Gesellschaft. Öffentlichkeitswirksam wurden Qualitätsfragen in Verbindung mit dem neoliberalen Umbau bisher öffentlich verantworteter Aufgabenfelder im Bildungs-, Sozial- und Gesundheitswesen sowie deren Effizienzsteigerung gebracht (Luhmann & Schorr 1988, S. 15 f.). Dies gilt auch für die Erwachsenen- und Weiterbildung, wo der Qualitätsdiskurs mit neuen regulativen Ideen auf der Ebene der Steuerung des Gesamtsystems – aber auch auf der Ebene der einzelnen Organisationen und AnbieterInnen – verbunden wird. Bekannt wurde diese Strategie unter den Begriffen New Public Management und Governance.

Dementsprechend basiert der – bis heute dominierende – Qualitätsdiskurs und -begriff auf vorwiegend betriebswirtschaftlichen Paradigmen. Wesentliche Impulse erhielt die Qualitätsdiskussion von diversen Standardisierungen und Normierungen, die ursprünglich im technischen Bereich zu einer Verbesserung der Produktqualität führen sollten. Dazu gehört die Begriffsnorm DIN EN ISO, deren Grundsätze später – zum Teil adaptiert – in andere Qualitätssicherungsverfahren, die auch im Bildungsbereich Anwendung finden, übernommen wurden.

Dabei stecken im Begriff Qualität durchaus interessante philosophische Wurzeln, die weit über eine betriebswirtschaftliche Sichtweise des guten, effektiven Funktionierens von Dingen und Prozessen hinausweisen und den Blick öffnen für eine Interpretation von Qualität als Gelingen eines individuellen und guten Lebens. Zech und Dehn (2017) widmen sich in ihrem Buch »Qualität als Gelingen« dieser

4 Bundesgesetz vom 21. März 1973 über die Förderung der Erwachsenenbildung und des Volksbüchereiwesens aus Bundesmitteln (BGBl. Nr. 171/1973) (1973).

interessanten Ideengeschichte, wo neben der Frage »des Gelingens« auch die Herausforderungen bezüglich Kommunikation, Partizipation und Reflexion thematisiert sind.

Ursprünglich wurde unter Qualität – abgeleitet vom lateinischen qualitas – etwas Neutrales wie eine Eigenschaft, ein Zustand, ein Merkmal verstanden. Ausgehend vom antiken griechischen Denken in Dualitäten wird über die Zeit daraus ein wertender Begriff: Qualität bezeichnet in Entgegensetzung zum nicht oder wenig Gelungenen oder gar Schlechten, Unbrauchbaren etwas Hochwertiges, Geeignetes, Gelungenes. Kurz: Qualität bezeichnet gemeinhin immer *gute* Qualität. Und sie kann sehr unterschiedliche Typen von Ansprüchen aufweisen. Sie kann

- Ausnahme sein, sofern anspruchsvolle Standards vorliegen, die übertroffen oder erreicht werden.
- Perfektion sein, sofern Mittel der Zielerreichung auf die Gewährleistung von Qualität hin ausgerichtet werden.
- Zweckmäßigkeit sein, sofern Funktionalität Bemessungsgrundlage für Qualität ist.
- adäquater Gegenwert sein, sofern die Äquivalenz von Leistungen in Tauschverhältnissen infrage steht.
- Transformation sein, sofern die in Prozessen erfolgte Veränderung einer Beschreibung respektive Wertung unterliegt (Kuper 2002, S. 534).

In den Handlungsfeldern von Bildung und sozialer Arbeit sind aktuell v. a. solche Vorstellungen handlungsleitend, die Qualität als ein Konstrukt sehen, bei dem Personen sich (implizit oder explizit) in einem Vorgang der Normsetzung auf bestimmte Bewertungsmaßstäbe verständigt haben. Damit verbunden ist eine reflexive, substanziell auf Diskurs verwiesene Vorgehensweise, die Qualitätsmanagement elementar mit Qualitätsdialogen verbindet (Förster 2017, S. 131 ff.). Was die Situation speziell in der Erwachsenen- und Weiterbildung betrifft, kann festgestellt werden, dass die Qualitätssicherung über das Qualitätsmanagement mit seinen Normen, Sichtweisen und Verfahren in der »Mitte« des Handlungsfeldes angekommen ist. Vielfach werden finanzielle Förderungen an ein Vorhandensein von Qualitätssiegeln geknüpft. Nach anfänglichen – teils heftigen – Diskussionen über Sinn und Notwendigkeit des Qualitätsdiskurses finden Qualitätsentwicklung und -sicherung in den Institutionen allgemeine Akzeptanz. Vorrangiges Ziel des Einsatzes diverser Qualitätsmanagementmaßnahmen sind die Effizienzsteigerung der Organisation und die Steuerung sowohl innerinstitutionell als auch national und supranational. Qualität wird als wirksames Marketinginstrument eingesetzt, womit Zielgruppen sowie potenzielle Auftrags- und FördergeberInnen erreicht werden sollen. Es haben sich weiterbildungsspezifische Verfahren etabliert – wie beispielsweise die lernerInnenorientierte Qualitätstestierung (LQW) oder länderspezifische Qualitätssiegel –, deren Verwendung vielfach Fördervoraussetzung auf Individual-, Landes-, Bundes- und EU-Ebene ist. Nicht zuletzt dient Qualität als eigenes Geschäftsmodell, in dessen Kontext sich viele neue Geschäftsfelder wie Zertifizierungsstellen, -verfahren, AuditorInnen u. Ä. m. entwickelt haben. Kurzum: Entwicklung und Sicherung von Qualität gehören inzwischen zur Routine in der erwachsenenpädagogischen Bildungsarbeit. Und das, obwohl es nach wie vor wenige Studien zu den Wirkungen und Effekten von Qualitätsentwicklung, -management und -sicherung gibt. Zu nennen sind hier die Studien von Gnahs und Kuwan (2004) und Hartz (2011). Grundtenor der Studien ist, dass es keinen Automatismus zwischen Qualitätsmanagement und Weiterbildungsqualität gibt. Qualitätsrelevant sind vermutlich vielfach andere Faktoren wie die Persönlichkeitseigenschaften und Kompetenzen der Lehrkräfte sowie die Interessenhaltung und die Motivation der Teilnehmenden.

9.3 Diskussion um Qualität am Beispiel von Ö-Cert

In den letzten zwei Jahrzehnten fand in der österreichischen Erwachsenen- und Weiterbildung ein intensiver Qualitätsdiskurs statt. Als Resultat verfügt mittlerweile eine Vielzahl an AnbieterInnen über ein Qualitätsmanagementsystem oder wendet entsprechende Qualitätssicherungsverfahren an. Die gängigsten sind EN ISO 9001 ff., EduQua, EFQM und LQW. Parallel dazu wurden in einzelnen Bundesländern Qualitätssiegel entwickelt (u. a. OÖ-QS, CERT-NÖ, S-QS, WAFF-Biko), auf deren Grundlage Individualförderungen (Bildungskonto, Bildungsscheck etc.) vergeben werden. Diese Praxis hat dazu geführt, dass sich überregional tätige AnbieterInnen Mehrfachzertifizierungen unterziehen müssen.

Aus diesem Grund kam das damalige Bundesministerium für Unterricht, Kunst und Kultur 2009 dem Wunsch nach einem überregional akzeptierten Anerkennungsverfahren für bestehende Qualitätsbemühungen nach, indem es aufbauend auf Ergebnissen vorangegangener Erhebungs- und Entwicklungsprojekte (u. a. Gruber & Schlögl 2011) die Erarbeitung eines österreichweiten Qualitätsrahmens in Auftrag gab. Um von Anfang an eine hohe Akzeptanz zu schaffen, wurde ein partizipativer Forschungs- und Entwicklungsansatz gewählt, der die unterschiedlichsten AkteurInnen aus Bildungspolitik und -verwaltung (Bund, Länder), Erwachsenenbildungspraxis sowie Wissenschaft und Forschung zusammenbrachte. Das erstellte Gesamtkonzept wurde im Rahmen eines breiten Konsultations- und Aushandlungsprozesses auf verschiedenen Ebenen – bis hin zur Landeshauptleutekonferenz – diskutiert und adaptiert (Gruber & Schlögl 2011). Am Ende dieses Prozesses gelang es 2012, eine »Art. 15a B-VG-Vereinbarung zwischen dem Bund und den Ländern« abzuschließen, die die notwendige Rechtssicherheit in Bezug auf das Anerkennungsverfahren im Qualitätsrahmen gewährleistet. Die Eröffnung der Geschäftsstelle und damit der offizielle Start von Ö-Cert erfolgte am 1. Dezember 2011.

Ö-Cert ist Teil des maßgeblich durch die Europäische Union initiierten Prozesses einer neuen Steuerungskultur in der österreichischen Erwachsenen- und Weiterbildung. Diese setzt nicht mehr auf direkte staatliche Interventionen (wobei diese Strategie im Unterschied zu Deutschland immer eine untergeordnete Rolle gespielt hat), sondern auf indirekte, outputgerichtete Faktoren von Lenkung und Leitung –

zu deren unterstützenden Instrumenten Qualitätsentwicklung und -sicherung gehören. Abbildung 9.1 verdeutlicht, wie Ö-Cert in dieses neue Governance-System eingebunden ist.

Qualität auf den Ebenen des Bildungssystems		
Qualität von Bildungssystemen	*Qualität von Organisationen im Bildungssystem*	*Qualität der pädagogischen Interaktion*
Vergleiche durch Large-Scale Assessment Beispiel: PIAAC	Verbindlichkeit von Leistungen über Qualitätsmanagement Beispiel: Zertifizierungen	Symmetrische Abstimmung der Leistungen von Teilnehmenden und ErwachsenenbildnerInnen

Ö-Cert

Abb. 9.1: Qualitätsebenen. Eigene Darstellung unter Verwendung von Kuper 2002

Mit Ö-Cert wird den Erwachsenenbildungsorganisationen kein neues Qualitätsmanagement- oder -sicherungssystem bzw. Qualitätsverfahren (QMS/Q-Verfahren) mit regelmäßigen Audits vor Ort »übergestülpt«, sondern bereits bestehende Qualitätszertifikate werden als Nachweis anerkannt. Darüber hinaus sind spezifische Grundvoraussetzungen[5] zu erfüllen und nachzuweisen, die zum einen als grundsätzlicher Beleg dafür dienen, dass es sich bei dem/der AnbieterIn um eine Organisation der Erwachsenenbildung handelt, und die zum anderen als zusätzliche Belege für die Qualität der AnbieterInnen und ihrer Angebote im Sinne von Ö-Cert gelten. Die Grundvoraussetzungen beziehen sich auf leitende Paradigmen der Erwachsenenbildungsorganisation, auf die Organisation, das Angebot sowie ethische und demokratische Prinzipien. Die Liste der Grundvoraussetzungen ist nicht als »Checkliste« konzipiert, von der ein gewisser Grad an Punkten positiv zu erfüllen ist, sondern es wird eine integrierte Gesamtbeurteilung getroffen. Die Nicht-Erfüllung der Grundvoraussetzungen gilt als absolutes Ausschlusskriterium – auch bei Vorhandsein eines gültigen QMS/Q-Verfahrens (siehe u. a. Gruber 2013).

Verfügen die AnbieterInnen (das können kleine, lokale TrainerInnenteams ebenso wie große, bundesweit agierende Bildungsorganisationen sein) über beides – ein von Ö-Cert anerkanntes QMS/Q-Verfahren sowie die Erfüllung der Grundvoraussetzungen –, so können sie um Ö-Cert ansuchen. Dies erfolgt über ein Internetportal bei der Geschäftsstelle von Ö-Cert in Wien. Eine Akkreditierungsgruppe, bestehend aus fünf nationalen und internationalen ExpertInnen aus Wissenschaft, Forschung und Praxis der Erwachsenenbildung/Weiterbildung, prüft die Unterlagen. Nach erfolgreicher Überprüfung wird Ö-Cert mittels Bescheides durch das Bundesministerium für Bildung, Wissenschaft und Forschung verliehen und es er-

5 Die Grundvoraussetzungen sind auf der Website von Ö-Cert zu finden unter: https://oe-cert.at/weg-zu-oecert/.

folgt die Aufnahme in das öffentlich zugängliche »Verzeichnis der Qualitätsanbieter der österreichischen Erwachsenenbildung«. Die Gültigkeitsdauer richtet sich nach der Gültigkeit des jeweiligen Qualitätszertifikates zzgl. einer Toleranz von sechs Monaten. Anmeldung und Einreichung für Ö-Cert sind kostenlos (die Kosten für das Verfahren und die Geschäftsstelle trägt das Bildungsministerium, einzig für das Zertifikat sowie die Logonutzung wird ein Kostenbeitrag von hundert Euro eingehoben). Mit Stichtag 31. Dezember 2020 verfügen 1.301 AnbieterInnen (inkl. Zweigstellen: 505 Einrichtungen mit 796 Zweigstellen) über Ö-Cert.

Die bisherige Anerkennungspraxis hat gezeigt, dass der qualitätssichernde Effekt von Ö-Cert v. a. auf der Strukturebene liegt. Soll Qualität in einem ganzheitlicheren Sinne gefördert werden, so muss der Fokus in der Qualitätsdiskussion verstärkt auf die erwachsenenpädagogische Qualität gelegt werden. Einen wichtigen Beitrag zur Erhöhung der erwachsenenpädagogischen Qualität von Lehrenden und TrainerInnen leistet mit Sicherheit die Weiterbildungsakademie Österreich (wba). Hierbei handelt es sich nicht um eine klassische Akademie in Präsenzform, sondern um ein Verfahren, das auf zwei Ebenen (»Zertifizierte/r Erwachsenenbildner/in«, Diplom) bisher erworbene erwachsenenpädagogische Kompetenzen anerkennt und zertifiziert.

Vor allem in der Qualität der pädagogischen Interaktion als symmetrische Abstimmung der Leistung von Teilnehmenden und ErwachsenenbildnerInnen zeigen sich immer wieder Herausforderungen, denn die Bestimmung von Qualität in diesem Prozess ist äußerst schwierig, da der Lehr-Lern-Prozess sich kontinuierlich ändernden Einflussfaktoren unterliegt, die Lernenden mit unterschiedlichen, individuellen Voraussetzungen, Erwartungen und Motivationen an den Lernprozess herangehen und sie auch unterschiedliche Ziele auf der kognitiven, affektiven und sozialen Ebene verfolgen.

In Abbildung 9.2 wird zusammenfassend dargestellt, welchen Beitrag der Qualitätsrahmen der österreichischen Erwachsenenbildung zur Erhöhung der erwachsenenpädagogischen Qualität leistet.

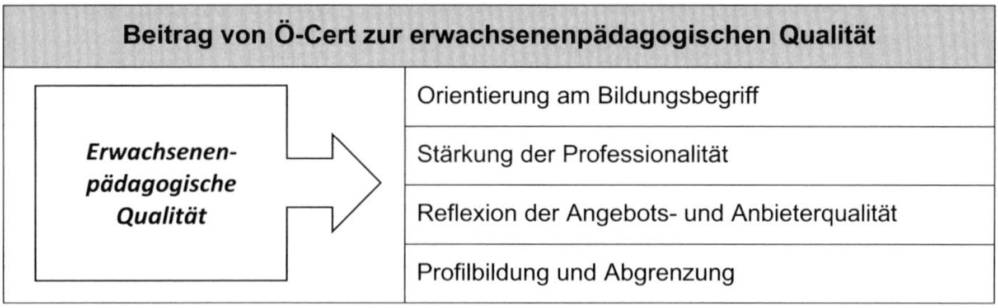

Abb. 9.2: Beitrag von Ö-Cert zur Erhöhung der erwachsenenpädagogischen Qualität. Eigene Darstellung unter Verwendung von Gnahs und Gruber o. J.

9.4 Fazit: Schlussfolgerungen mit Blick auf den Bereich der nachberuflichen Bildung

Einrichtungen der Erwachsenen- und Weiterbildung sind wichtige TrägerInnen nachberuflicher Bildung, wenn auch die Bandbreite inzwischen weit über die traditionellen Bildungseinrichtungen, die zumeist in der Konferenz der Erwachsenenbildung Österreichs (KEBÖ) organisiert sind, hinausreicht. Kolland und Kahri (2004) führten 2003 und 2004 im Auftrag des Sozialministeriums eine empirische Studie zu Bildungsangeboten für ältere Menschen in Österreich durch. Die Studie macht die Heterogenität der AnbieterInnen und Angebote in Österreich im Bereich Bildung im Alter sichtbar. Genannt werden private AnbieterInnen (z. B. im IT-Bereich) genauso wie Organisationen (z. B. SeniorInnen-/Pflegeeinrichtungen oder Hilfsorganisationen), die primär keine Bildungszwecke, sondern andere Aufgaben verfolgen (Kolland & Kahri 2004, S. 476 f.). Einrichtungen, die sich der Bildung in der nachberuflichen Lebensphase zuwenden, sind vielfältig, aber nicht immer eindeutig zu bestimmen; es gibt keine eindeutigen Systematisierungen (Heidecker & Sauter 2011, S. 37; ▶ Kap. 11), auch weil viele Institutionen – ebenso wie traditionelle Erwachsenenbildungseinrichtungen – die Zielgruppe der Älteren nicht primär fokussieren, sie aber sozusagen als potenzielle Teilnehmende »mitdenken«. Meist gibt es keine zielgruppenspezifischen Angebote, wo Alter zu einer Kriteriumsvariable bei der Ausschreibung wird (Kolland & Kahri 2004; siehe auch Brünner 2012). Angebote werden oft über Themen und Inhalte (z. B. Ruhestand, Generationen, Großelternschaft) vermittelt und erst dadurch für die jeweilige Zielgruppe interessant.

Die Weiterbildungslandschaft ist zunehmend mit einer steigenden Teilnehmendenzahl sowie einer verstärkten Heterogenität der Zielgruppen konfrontiert. Diese Veränderungen lassen sich nicht nur im beruflich orientierten Bereich feststellen, sondern auch im Bereich der Bildung im Alter (u. a. Bubolz-Lutz et al. 2010). Bildung in der nachberuflichen Phase ist keine verpflichtende Fort- oder Weiterbildung, wie das meist im beruflichen Kontext der Fall ist, sondern bei ihr stehen die Interessen, Wünsche, Bedürfnisse und Probleme der Älteren im Mittelpunkt. Zu Recht erwarten sich daher auch ältere Teilnehmende eine hohe Qualität in der Bildungsarbeit (Heidecker & Sauter 2011, S. 35). Bildungsinteressierte »[…] sollen sich über Angebote und Anbieter orientieren und vergleichen können, was sie (für ihr Geld) bekommen« (ebd., S. 34). Daher sind Qualitätsentwicklung und -sicherung auch in der Bildungsarbeit mit älteren Menschen zentral. Einrichtungen und AnbieterInnen müssen sich in Bezug auf ihre Qualitätsvorstellungen positionieren. Das stetig wachsende Spektrum in der Bildungsarbeit mit Älteren ist ansonsten intransparent und für Bildungssuchende nicht interessant.

Qualitätsbemühungen in der pädagogischen Bildungsarbeit erfolgen grundsätzlich – wie auch schon weiter oben ausgeführt (▶ Abb. 9.1) – auf drei Ebenen: Mikro-, Meso- und Makroebene. In der Bildungsarbeit mit älteren Menschen erhält aber die lerntheoretische Perspektive eine besondere Beachtung (Mikroebene), wonach die Lernenden, also die älteren Menschen, Ausgangspunkt jeder Bildungsmaßnahme sind. Damit rückt der partizipatorische Ansatz in den Mittelpunkt, er wird zu einem tragenden Qualitätsmerkmal (Köster et al. 2008, S. 37). Ältere Teilnehmende haben den Wunsch nach Partizipation und Mitsprache. Man könnte sogar sagen, dass Partizipation und Mitsprache zu den wichtigsten Parametern zählen, an denen ältere Menschen bemessen, ob eine Bildungsmaßnahme für sie gelungen bzw. nicht gelungen ist. Im Kontext solcher individualisierten und heterogenen Anforderungen müssen sich anbietende Einrichtungen immer wieder aufs Neue mit ihren Qualitätsvorstellungen auseinandersetzen, denn derartige Qualitätsentwicklung und -sicherung dienen – wie bereits in den Auseinandersetzungen weiter oben deutlich geworden ist – einerseits der Legitimierung von Angebot und AnbieterInnen und andererseits auch der Transparenz für Bildungsinteressierte (Bubolz-Lutz et al. 2010, S. 218).

Qualitätssicherung umfasst nicht nur die Qualität der Angebote (u.a. Themen, Formen, Settings, TrainerInnen), sondern genauso die Qualität der Organisation. Daher verlangen Qualitätsentwicklung und -sicherung auch eine lern- und veränderungsbereite Einrichtung. Ein erster Schritt Richtung Qualitätsentwicklung kann beispielsweise die Entwicklung eines Leitbildes sein, wo Bildungsidee und -vorstellung (in Bezug auf die Zielgruppe der Älteren) definiert sind (Heidecker & Sauter 2011, S. 38). Es ist wenig sinnvoll, z.B. ein großes Qualitätssicherungsverfahren (z.B. ISO, EFQM u.dgl.) anzustreben, wenn grundlegende Systematisierungsprozesse (z.B. Leitbild, Rahmenbedingungen, Personal) innerhalb der Einrichtung noch nicht festgelegt sind. Andererseits kann aber ein Qualitätssicherungsverfahren – z.B. ein kleineres auf Basis einer (Selbst-)Evaluation (► Kap. 10) – zum Anlass genommen werden, um einen ersten Qualitätssicherungsprozess innerhalb der Organisation in Gang zu setzen. Unterstützend für erste qualitätssichernde Überlegungen und Positionierungen können zudem die Grundvoraussetzungen von Ö-Cert sein. Sie definieren, welche Voraussetzungen sich hinter einer erwachsenenpädagogischen Bildungsarbeit verbergen. Qualitätsentwicklung und -sicherung zielen auf einen institutionalisierten, formalisierten und vergleichenden Prozess (Klieme & Tippelt 2008, S. 9). Im Idealfall vollziehen sich Entwicklung und Sicherung von Qualität in der Praxis miteinander.

Besonders im Handlungsfeld Bildung im Alter ist es wichtig, dass die Bestimmung von Qualität prozesshaft und im Rahmen von Aushandlungsprozessen erfolgt (Bubolz-Lutz et al. 2010, S. 218f.). Beispielsweise können Teilnehmende an der Programm- bzw. Projektgestaltung – im Sinne eines Bottom-up-Prozesses – beteiligt werden. Entwicklungsbeteiligung muss nicht immer nur in Form einer Bedarfserhebung oder Evaluation erfolgen, Ältere können auch aktiv in die Planungs- und Konzeptionierungsarbeit eingebunden werden (Kolland et al. 2019, S. 14; ► Kap. 8); dies gilt auch bei entsprechenden Qualitätsfragen. Ältere Lernende sind mit ihren Bedürfnissen, Bedarfslagen und Ansprüchen in die Debatte um Qualität in der Bildung der nachberuflichen Lebensphase zu berücksichtigen und entsprechend einzubeziehen (Bubolz-Lutz et al. 2010, S. 219).

Literaturverzeichnis

Brünner, A. (2012). Qualitätssicherung für Bildung im Alter – Weiterbildungsangebote in Österreich nach Inhalt und Art der Weiterbildung. Wien: Bundesministerium für Arbeit, Soziales und Konsumentenschutz.

Bubolz-Lutz, E., Gösken, E., Kricheldorff, C. & Schramek, R. (2010). Geragogik. Bildung und Lernen im Prozess des Alterns. Das Lehrbuch. Stuttgart: Kohlhammer.

Bundesgesetz vom 21. März 1973 über die Förderung der Erwachsenenbildung und des Volksbüchereiwesens aus Bundesmitteln (BGBl. Nr. 171/1973) (1973). https://www.ris.bka.gv.at/Dokument.wxe?Abfrage=BgblPdf&Dokumentnummer=1973_171_0. Zugegriffen: 21. Mai 2021.

Filla, W. (2014). Von der freien zur integrierten Erwachsenenbildung. Frankfurt a. M.: Peter Lang GmbH.

Förster, M. (2017). Qualitätsdiskurs Produktionsschule. Am Beispiel des Qualitätssiegels Produktionsschule des Bundesverbandes Produktionsschulen e. V. Bielefeld: Bertelsmann.

Gnahs, D. & Kuwan, H. (2004). Qualitätsentwicklung in der Weiterbildung – Effekte, Erfolgsbedingungen und Barrieren. In C. Balli, E. M. Krekel & E. Sauter (Hrsg.), Qualitätsentwicklung in der Weiterbildung – Wo steht die Praxis? Heft 262 der Schriftenreihe »Berichte zur beruflichen Bildung« des Bundesinstituts für Berufsbildung (S. 41–59). Bielefeld. Bertelsmann.

Gruber, E. & Schlögl, P. (2011). Das Ö-Cert – ein bundesweiter Qualitätsrahmen für die Erwachsenenbildung in Österreich. Magazin erwachsenenbildung.at. Das Fachmedium für Forschung, Praxis und Diskurs, 12 (S. 02–1–02–13). https://erwachsenenbildung.at/magazin/11-12/meb11-12.pdf. Zugegriffen: 17. Juni 2021.

Gruber, E. (2009). Auf der Spur… . Zur Entwicklung von Theorie, Forschung und Wissenschaft in der österreichischen Erwachsenenbildung/Weiterbildung. Magazin erwachsenenbildung.at. Das Fachmedium für Forschung, Praxis und Diskurs, 7/8 (S. 02–2–02–15). http://www.erwachsenenbildung.at/magazin/09-7u8/meb09-7u8.pdf. Zugegriffen: 21. Mai 2021.

Gruber, E. (2013). Ö-Cert – Der Qualitätsrahmen für die Erwachsenenbildung in Österreich. Erwachsenenbildung mit Qualität steuern. Weiterbildung. Schwerpunkt Europa und die Welt, 6 (S. 32–35). https://oe-cert.at/media/Elke-Gruber_EB-mit-Qual-steuern_2013_11.pdf?m=1386834706&. Zugegriffen: 21. Mai 2021.

Hartmann, L. M. & Penck, A. (1904). Antworten auf die von dem Wiener Ausschuss für volkstümliche Universitäts-Vorträge veranstaltete Umfrage über den Nutzen der Universitäts-Kurse. Zentralblatt für Volksbildungswesen, 4, 6/7 (S. 81–106).

Hartz, S. (2011). Qualität in Organisation der Weiterbildung. Eine Studie zur Akzeptanz und Wirkung von LQW. Wiesbaden: Springer VS.

Heidecker, D. & Sauter, H. (2011). Qualitätsentwicklung und Nachhaltigkeit. In A. Waxenegger namens der Projektgruppe Lernen im späteren Lebensalter (Hrsg.), Lernen und Bildung im späteren Lebensalter. Leitlinien und Prioritäten 2020. Graz: Karl-Franzens-Universität Graz.

Hippel, A. von, Kulmus, C. & Stimm, M. (2019). Didaktik der Erwachsenen- und Weiterbildung. Paderborn: Ferdinand Schöningh.

Klieme, E. & Tippelt, R. (2008). Qualitätssicherung im Bildungswesen. Eine aktuelle Zwischenbilanz. Zeitschrift für Pädagogik Beiheft, 53 (S. 7–13). https://www.pedocs.de/volltexte/2013/7265/pdf/ZfPaed_Beiheft_53_komplett.pdf. Zugegriffen: 21. Mai 2021.

Kolland, F., Birke, J., Fassl, A. & Gallistl, V. (2019). Good Practice in der SeniorInnenbildung. Wien: Bundesministerium für Arbeit, Soziales, Gesundheit und Konsumentenschutz.

Kolland, F. & Kahri, S. (2004). Bildung im Alter: zwischen Exklusion und sozialer Differenzierung. SWS-Rundschau, 44/4 (S. 464–488). https://www.ssoar.info/ssoar/handle/document/16479. Zugegriffen: 21. Mai 2021.

Köster, D., Schramek, R. & Dorn, S. (2008). Qualitätsziele moderner SeniorInnenarbeit und Altersbildung. Das Handbuch. Oberhausen: Athena-Verlag.

Kuper, H. (2002). Stichwort: Qualität im Bildungssystem. Zeitschrift für Erziehungswissenschaft, 5, 4 (S. 533–551).

Luhmann, N. & Schorr, K. E. (1988). Reflexionsprobleme im Erziehungssystem. Frankfurt a. M.: Suhrkamp.
Seufert, S. (2013). Bildungsmanagement. Einführung für Studium und Praxis. Stuttgart: Schäffer-Poeschl.
Stockmann, R. (2006). Evaluation und Qualitätsentwicklung. Eine Grundlage für wirkungsvolles Qualitätsmanagement. Münster: Waxmann.
Webber, L. & Wallace, M. (2015). Qualitätssicherung für Dummies. Weinheim: WILEY-VCH-Verlag.
Zech, R. & Dehn, C. (2017). Qualität als Gelingen. Grundlegung einer Qualitätsentwicklung in Bildung, Beratung und Sozialer Dienstleistung. Göttingen: Vandenhoeck und Ruprecht.

10 Qualitätssicherung – Good-Practice-Auszeichnung in der digitalen SeniorInnenbildung

Anita Brünner & Edith Simöl

Zusammenfassung

Lebensbegleitendes Lernen ist heute nicht mehr wegzudenken. Vor allem im Kontext der Digitalisierung wächst der Bedarf an lebenslangem Lernen. Zunehmend finden sich in der österreichischen Weiterbildungslandschaft Angebote, die darauf abzielen, digitale Kompetenzen von BürgerInnen zu stärken. Besondere Beachtung erhalten in diesem Zusammenhang ältere Menschen, denn digitale Technologien können das Alltagsleben nicht nur positiv unterstützen (z. B. Hörgeräte, Gesundheits- und Trainings-Apps), sondern sind teilweise für die allgemeine Bewältigung des Alltages auch unerlässlich geworden (z. B. Onlinebanking, Onlineshopping). Einerseits müssen ältere Menschen auf den Umgang mit digitalen Technologien vorbereitet werden, andererseits müssen zukünftig aber auch Angebote bezüglich der Qualität in der digitalen SeniorInnenbildung gesichert sein. Im Beitrag wird der Frage nachgegangen, warum Qualitätssicherung im Bereich Bildung im Alter relevant ist und wie diese in der digitalen SeniorInnenbildung erfolgt. Am Beispiel der vom Sozialministerium beauftragten Good-Practice-Auszeichnung wird dargestellt, wie gute Praxis in der digitalen SeniorInnenbildung in Österreich sichergestellt werden kann.

10.1 Einleitung: Qualität und Qualitätssicherung

Seit Jahrzehnten ist Qualität ein wichtiger Schlüsselbegriff in der Bildungsarbeit, auch wenn

> »[p]rophezeit wurde, dass es bei der Qualitätsdebatte um eine der in der Weiterbildung üblichen temporär vorherrschenden Diskussionen ginge, die zunächst mit hohem Aufwand aufgeregt behandelt werden, aber schnell auch von anderen, tagespolitisch bedeutsameren Fragestellungen abgelöst werden würde« (Meisel 2002, S. 9).

Qualität ist heute nicht mehr nur ein zentrales Element für zu erbringende Leistungen wie z. B. ein Bildungsprogramm oder einen Lehr-/Trainingsplan, sondern auch für gestalterische (didaktisch-methodische) Bemühungen wie z. B. Trainings, Workshops oder Seminare. Die Bandbreite der verwendeten Begrifflichkeiten im

Kontext von »Qualitätsdiskussionen« ist breit und reicht von Qualitätsmanagement und Qualitätsentwicklung bis hin zu Qualitätskontrolle, Qualitätssicherung, Qualitätsstandards, Evaluation und oft auch Best bzw. Good Practice. Viele dieser Begriffe werden heute synonym verwendet, wobei ursprünglich etwa das Qualitätsmanagement von der Qualitätsentwicklung, die wiederum eine Weiterentwicklung der Idee der Qualitätssicherung ist, abstammt (Veltjens 2010a, S. 253; siehe auch Veltjens 2010b, S. 252f.). Best Practice resultiert im Grunde aus dem Benchmarking, bei dem es um ein »›Lernen von den Besten‹ durch einen kriteriengebundenen Vergleich mit diesen« geht (Töpfer 1997, S. 3). Good Practice hingegen bezieht sich eher auf die gute Praxis mit bewährten Verfahren. Ob gesetzte Maßnahmen tatsächlich wirken, kann nur durch eine qualitätssichernde Prüfung (Messung) und/oder einen Vergleich (Analyse) der Produkte bzw. Dienstleistungen festgestellt werden (Kamiske 2015, S. 1). Diese Aufgabe liegt im »Verantwortungsbereich der Qualitätssicherung« (ebd., S. 1), die »das Messen und Analysieren der Ergebnisse aller systematischen Tätigkeiten [umfasst], die innerhalb des Qualitätsmanagementsystems verwirklicht sind, um angemessenes Vertrauen zu schaffen, dass eine Einheit die Qualitätsanforderung erfüllen wird« (ebd., S. 4).

Der Qualitätsbegriff wird »in den unterschiedlichsten Bedeutungen verwendet und operationalisiert« (Stockmann 2006, S. 22), beinhaltet aber immer ein entwicklungsorientiertes Verständnis. Grundsätzlich wird Qualität in zweierlei Hinsicht unterschieden. Zum einen unter einem kundInnenorientierten Gesichtspunkt, wonach ein Produkt oder eine Dienstleistung hohe Standards zu erfüllen hat. Qualität meint hier den »hohen Grad an Güte«, bezieht sich also auf ein gut gemachtes Produkt oder eine gut durchgeführte Dienstleistung – auf etwas, das gut aussieht und optimal funktioniert. Zum anderen in statistischer Hinsicht (Qualitätsmessung), bei der die Veränderung zwischen dem, was der/die KundIn wünscht, und dem, was angeboten wird, Beachtung findet – je geringer die Abweichung, desto höher fällt die Qualität aus (Webber & Wallace 2015, S. 30f.).

Je nach Bedarf kann der Qualitätsbegriff also variieren bzw. wird entsprechend den Anforderungen definiert. Die Landschaft der erwachsenenpädagogischen Bildungsarbeit ist durch ihre Anpassungsanforderung an politische, gesellschaftliche und wirtschaftliche Entwicklungen nicht nur einem ständigen Wandel unterzogen, sondern erfährt auch immer wieder andere Bedingungen. Im Gegensatz zu früheren Jahren müssen sich heute die BildungsanbieterInnen mit ihren Bildungsangeboten die Teilnehmenden suchen, sie können nicht mehr darauf warten, von diesen aufgesucht zu werden. Es hat sich ein Angebotsfeld entwickelt, in dem Bildungssuchende zwischen den verschiedensten Angeboten wählen können (Zech 2006, S. 21). »Sie tun dies zudem mit einem deutlich gestiegenen Qualitätsbewusstsein. Qualitätsentwicklung reagiert auch auf gestiegene Qualitätsansprüche der Lernenden« (ebd., S. 22). Im Bildungsbereich geht es um die Qualität von Programmen und Angeboten, aber auch um die Qualität von Organisationen, Lehrenden und Lernenden.

> »Die *Professionalität* der pädagogischen Profession besteht darin, im gesamten Prozess auf jeder Stufe Produktion, Weiterentwicklung, externe Zufuhr, Modernisierung, Sicherung, Aktivierung, Vervielfältigung, Bereitstellung und Verteilung des relevanten Wissens in hoher Qualität im Interesse der Lernenden zu leisten« (ebd., S. 18; H. i. O.).

10.2 Positionierung: Qualitätssicherung im Handlungsfeld der Bildung im Alter

Erwachsenenpädagogische Einrichtungen und BildungsanbieterInnen wie auch freie TrainerInnen im Feld agieren immer im Wechselspiel zweier Systeme. Auf der einen Seite steht das gesellschaftspolitische System mit der öffentlich-rechtlichen Rahmung und finanziellen Förderung (z. B. Strukturförderungen, Projektförderungen) und auf der anderen Seite steht das System mit den potenziellen, vielfältigen und differenten Bildungsnachfragenden und -teilnehmenden (Zech 2006, S. 15). Beide Systembereiche verlangen Qualitätssicherung. Beispielsweise müssen »sich Organisationen *gegenüber Auftraggebern und Förderern legitimieren*, einen ressourcenbewussten Umgang mit investierten finanziellen Mitteln und eine qualitativ hochwertige (Dienst-)Leistung nachweisen« (ebd., S. 22; H. i. O.). Solche Qualitätssicherungsleistungen können z. B. seitens der struktur- bzw. projektfördernehmenden Einrichtung über den Nachweis einer Evaluation erbracht werden.

Evaluation – Selbstevaluation

Evaluationen sind Teil des Qualitätsmanagements und können mehrere Leitfunktionen verfolgen. Neben der oft negativ gewerteten »Ausübung von Kontorolle« geht es auch um die Legitimation (Rechtfertigung) von durchgeführten Maßnahmen sowie um die Herstellung von Transparenz und die Gewinnung und Entfaltung von (neuen) Erkenntnissen (Stockmann 2006, S. 66). Evaluation bedeutet sinngemäß »Bewertung«. Bei einer Evaluation geht es um eine fach- und sachgerechte Beurteilung eines Produkts, eines Programms (u. a. Angebot, Maßnahme, Projekt) oder Prozesses (Gollwitzer & Jäger 2009, S. 6). Evaluation meint eine systematische und begründete Untersuchung und Bewertung eines bestimmten Gegenstandes, um den Nutzen und die Qualität des Gegenstandes durch ein besseres Verstehen und Gestalten sicherzustellen bzw. weiterzuentwickeln (Reischmann 2006, S. 18). Evaluationen sollen also

> »einen Nutzen stiften und dazu beitragen, Prozesse transparent zu machen, Wirkungen zu dokumentieren und Zusammenhänge aufzuzeigen, letztlich um Entscheidungen treffen zu können. Z. B. mit dem Ziel, Ablaufprozesse effektiver zu gestalten, den Input effizienter einzusetzen, den Output zu erhöhen, den Wirkungsgrad zu verbessern, die Nachhaltigkeit zu sichern etc.« (Stockmann 2006, S. 65).

Als Evaluationsgegenstand kann ein durchgeführter Kurs genauso herangezogen werden wie ein laufendes Projekt, eine Kampagne oder die Organisation selbst. Eine Kursevaluationen kann z. B. zweierlei Qualitätssicherungsfunktionen innehaben: Einerseits kann sie als Legitimierung gegenüber den fördergebenden Einrichtungen dienen (u. a. Kosten/Nutzen, Kostenvergütung), andererseits können durch eine Kursevaluation auch Bedarfe und Ansprüche der Kursteilnehmenden erhoben werden, wodurch zukünftige Bildungsangebote optimiert oder weitere Angebote für potenzielle Bildungsnachfragende und -interessierte gestaltet werden. Evaluierungen sind daher wichtige qualitätssichernde Maßnahmen, die in externe Evaluationen (Fremdevaluationen) und interne Evaluationen (Selbstevaluationen) unterteilt werden, wobei letztgenannte nicht immer unproblematisch bezüglich der objektiven Aufgeschlossenheit gegenüber der Bewertung zu betrachten sind, weil hier die Einrichtung selbst bzw. diejenige Person, welche das Angebot/die Maßnahme umsetzt, die Evaluierung durchführt. Bei einer externen Evaluation wird die Evaluierung einer anderen, externen Einrichtung bzw. Person übergeben, wodurch im Normalfall objektive Sicht und Vorgehensweise gewährleistet sind (Gollwitzer & Jäger 2009, S. 15f.).

Evaluationen sind im Bildungsbereich wichtig und in vielen Bildungseinrichtungen bereits als standardisierte Verfahren (z. B. Evaluations-/Feedbackbögen) etabliert, gehören grundsätzlich auch – im Sinne einer Erfolgs- und Wirkungskontrolle von Lehr-Lern-Prozessen – zu den fachlich-methodischen Kompetenzen von Lehrkräften, weil evaluierende Maßnahmen Qualität fördern, Erfolge bzw. Misserfolge aufzeigen, Wirkungen sichtbar machen und Weiterentwicklungen ermöglichen. Im Handlungsfeld der Bildung im Alter erhalten solche qualitätssichernde Maßnahmen eine besondere Aufmerksamkeit, weil sich Diskussionen über Qualität und Qualitätssicherung zumeist nur auf die beruflich orientierte Weiterbildung (Stichwort: Marktwirtschaftlichkeit, Nutzenkalkül) beziehen – und diese lassen sich nicht problemlos auf die nachberufliche Bildungsarbeit übertragen. Der Fokus bei Qualitätsfragen im Bereich der Bildung im Alter richtet sich daher meist auf die Qualität von Angeboten, Programmen und Themen und erst seit jüngster Zeit auch auf Einrichtungen und Lehrende (Bubolz-Lutz et al. 2010, S. 217f.).

Im Feld der Bildung im Alter zeigt sich mittlerweile eine immer größer werdende Zahl an Teilnehmenden bei einer gleichzeitig immer größer werdenden Heterogenität der Zielgruppe (Bubolz-Lutz et al. 2010, S. 218). Neben dem deutlich gestiegenen Qualitätsbewusstsein der Bildungssuchenden (Zech 2006, S. 22) kommt in der Bildungsarbeit mit Älteren bei der Frage nach Qualität auch der Wunsch nach Partizipation und Mitsprache auf (Bubolz-Lutz et al. 2010, S. 218). Ein Aspekt, der in der beruflichen Weiterbildung, bei der die berufliche Qualifizierung im Fokus steht, eher nachgereiht wird, aber in der Bildungsarbeit mit Älteren als ein wichtiger Gelingensfaktor für die gemeinsame Bildungsarbeit verstanden wird. Qualitätsentwicklung und -sicherung können hier unterstützend wirken, indem Güte- bzw. Qualitätskriterien formuliert werden, wie sie z. B. auch in der Auszeichnung guter Praxis in der österreichischen SeniorInnenbildung zu finden sind (▶ Kap. 8).

10.3 Hintergrund und Relevanz von Qualitätssicherung in der digitalen SeniorInnenbildung

In den letzten Jahren zeigten sich im Feld der österreichischen Erwachsenenbildung vermehrt Angebote für Menschen in der nachberuflichen Lebensphase. Es gibt eine

Vielzahl von innovativen Modell- und Praxisprojekten, wenn auch das Angebot insgesamt bei Weitem noch nicht so umfassend ist wie jenes der beruflichen Weiterbildung. In der Aktionslinie 9 der Strategie zum lebensbegleitenden Lernen (2011) ist daher auch die Forderung im Hinblick auf den Ausbau und die Ausdehnung von Bildungsangeboten für Menschen in der nachberuflichen Lebensphase postuliert. Zugleich wird gefordert, gesicherte Qualitätsstandards für Bildungsangebote im Bereich der Bildung im Alter zu entwickeln und umzusetzen (Republik Österreich 2011, S. 43).

Die Digitalisierung der Gesellschaft hat den Ausbau sowie den Bedarf der Qualitätsentwicklung und -sicherung von Bildungsangeboten im Bereich der SeniorInnenarbeit zusätzlich unterstützt. Im Grunde sind die Haushalte in Österreich gut mit Computer und Internet ausgestattet, dennoch haben 11 % der österreichischen Haushalte keinen Internetzugang. Der Großteil davon (94 %) sind Singlehaushalte und Haushalte vorwiegend mit älteren Personen zwischen 55 und 64 Jahren (21 %) und zwischen 65 und 74 Jahren (51 %) (Initiative D21 2018, S. 27). Im Bundesplan für Seniorinnen und Senioren wird dargelegt, dass

> »Medienausstattung und -nutzung [...] neben dem Alter und Geschlecht auch von Wohnregion, Bildung und Berufstätigkeit abhängig [sind]: Wien und Vorarlberg liegen über dem Bundesdurchschnitt, ebenso wie höhere Bildung und aktive Berufstätigkeit bei den über 60-Jährigen die Mediennutzung begünstigen« (Bundesministerium für Arbeit, Soziales und Konsumentenschutz 2015, S. 30).

Digitalisierungsprozesse und die Nutzung digitaler Technologien führen im privaten Bereich zu bedeutenden Veränderungen. Damit alle älteren Menschen, die diese technische Entwicklung mitvollziehen möchten, einen Zugang zu digitalen Diensten erhalten und Technologien adäquat nutzen können, braucht es qualitätsvolle Angebote mit einem altersgerechten Lehr-Lern-Konzept, wie z. B. in der Studie »Qualitätskriterien für senior/innengerechtes Lehren und Lernen mit digitalen Technologien« (2016) vom Österreichischen Institut für angewandte Telekommunikation (ÖIAT) thematisiert wurde. Viele Einrichtungen der Erwachsenenbildung bieten bereits Kurse für Computer, Internet & Co an. Es ist eine große Angebotspalette (sowie auch adäquat ausgebildete Lehrende) notwendig, damit die sehr heterogene Zielgruppe (zur Zielgruppe siehe ▶ Kap. 3) entsprechend ihrer Grundvoraussetzungen und Vorkenntnissen angesprochen wird (ÖIAT 2016, S. 3).

In Österreich existierten einige Qualitätsinitiativen in der Erwachsenenbildung (z. B. Ö-Cert, ISO, LQW, wien-cert),[1] wobei sich die Verfahren zur Qualitätssicherung zumeist an große und etablierte AnbieterInnen richten,[2] weniger an kleine Einrichtungen, Vereine oder selbstständige TrainerInnen, und diese Qualitätssicherungsverfahren auch nicht unbedingt auf »digitale« Bildungsangebote ausgerichtet sind, wenn auch die Nachfrage nach digitalen Bildungsangeboten (spätestens

1 Ö-Cert – Qualitätsrahmen für die Erwachsenenbildung in Österreich, ISO – Internationale Organisation für Normung, LQW – Lernerorientierte Qualitätstestierung in der Aus-, Fort- und Weiterbildung, wien-cert – Qualitätszeichen für Wiener BildungsträgerInnen.

2 Eine Übersicht über qualitätssichernde Maßnahmen bzw. QualitätsanbieterInnen in Österreich findet sich auf der Website von Ö-Cert: https://oe-cert.at bzw. https://oe-cert.at/qualitaetsanbieter/#.

seit der Coronakrise im Frühjahr 2020) stetig wächst. Überlegungen zur Frage nach der Qualität digitalisierter Angebote stellten beispielsweise Gruber und Wabnig (2018) in der Studie »Digitalisierung und Qualität« im Zusammenhang mit dem Rahmenmodell zur Qualitätssicherung der Erwachsenenbildung Ö-Cert an. Im Rahmen der Studie war ein multimethodisches Forschungsdesign angelegt, das ausgehend von einer Literatur- und Internetrecherche auch Diskussionsrunden (mit den fünf Mitgliedern der Ö-Cert-Akkreditierungsgruppe) und Interviews mit acht ExpertInnen aus dem Feld der (digitalen) Erwachsenen- und Weiterbildung umfasste. Die inhaltlichen Erkenntnisse sind umfassend (u.a. Informationszugang, Flexibilisierung, Individualisierung) und zeigen, dass die Qualitätssicherung im Bereich digitaler Bildungsangebote immer auf zwei zusammenwirkende Betrachtungsweisen – eine technische und eine inhaltliche – ausgerichtet ist (Gruber & Wabnig 2018, S. 8). Ergebnisse im Hinblick auf Zielgruppen sind in dieser Studie nicht expliziert, wobei aber die Thematik der Digitalisierung immer auch im Kontext der Zielgruppen zu betrachten ist.

Digitale Technologien und der Umgang mit diesen sind im Besonderen für ältere Menschen essenziell, denn immer stärker werden alltägliche Lebensbereiche (z.B. E-Government, Onlinebanking, Onlineshopping) digitalisiert. Hinzu kommt, dass digitale Technologien insgesamt das Lernen im Alter unterstützen können (oder im Gegensatz dazu die fehlende Nutzung von Informations- und Kommunikationstechnologien zu erheblichen Benachteiligungen führen kann – siehe dazu u.a. AK Wien 2017), wenn beispielsweise an die verschiedensten Assistenztechnologien (z.B. Mobilitätsunterstützung, Servicerobotik, intelligentes Haus) oder Kommunikations-/Videokonferenztechnologien (z.B. ZOOM, WhatsApp, YouTube) gedacht wird.[3]

10.4 Selbstevaluierung und Good-Practice-Auszeichnung als Qualitätssicherung in der digitalen SeniorInnenbildung

Digitale Technologien sind heute aus den verschiedensten Alltags- und Lebensbereichen nicht mehr wegzudenken – sie sind wesentlich für die Teilhabe an Gesellschaft, Information und Unterhaltung aller Altersgruppen. Bereits seit 2013 gibt es die Servicestelle beim Österreichischen Institut für angewandte Telekommunikation (ÖIAT), weil schon früh erkannt wurde, dass die Digitalisierung nicht nur in der

3 Sehr anschauliche Beispiele von digitalen Produkten und Systemen sind beispielsweise in der Studie der Bertelsmann-Stiftung »Digitalisierung für mehr Optionen und Teilhabe im Alter« (2017) von Christine Weiß, Julian Stubbe, Catherine Naujoks und Sebastian Weide zu finden.

Wirtschaft, sondern insgesamt in der Gesellschaft rasch voranschreitet. In den österreichischen Haushalten ist von 2002 bis 2017 ein deutlicher Zuwachs bei Computern (von 49 auf 85 %) und Internet (von 34 auf 89 %) zu verzeichnen (Initiative D21 2018, S. 26). Das Angebot der Servicestelle richtet sich dabei speziell an Bildungseinrichtungen sowie an TrainerInnen, die in der digitalen SeniorInnenbildung tätig sind. Es werden Unterstützung und Beratung bei der Planung und Umsetzung von digitalen Bildungsangeboten für Menschen, die erst im späteren Lebenslauf Zugang zu digitalen Medien haben, geboten.

Erste Überlegungen in Richtung »Qualitätskriterien für seniorinnen- und seniorengerechtes Lehren und Lernen mit digitalen Technologien« wurden im gleichnamigen Projekt in den Jahren 2015 bis 2016 vom Österreichischen Institut für angewandte Telekommunikation (ÖIAT) ausgearbeitet. Bereits in diesem vom Sozialministerium finanzierten Projekt wurden insgesamt 84 Qualitätskriterien auf den drei Ebenen »Lernen«, »Lehren« und »Organisation« entwickelt, weil bestimmte Mindestanforderungen erfüllt sein müssen, wenn Qualitätsstandards in der SeniorInnenbildung sichergestellt sein sollen. Aufbauend auf dieser Entwicklungsarbeit wurde in den darauffolgenden Jahren – ebenfalls in Zusammenarbeit mit dem Sozialministerium – die Good-Practice-Auszeichnung in der digitalen SeniorInnenbildung ins Leben gerufen, wo nicht mehr nur die Weiterentwicklung von Qualitätskriterien für seniorInnengerechtes Lehren und Lernen mit digitalen Technologien ein Ziel war, sondern auch die Umsetzung und Evaluierung eines Qualitätssicherungsmodells, das speziell Bildungseinrichtungen im Bereich digitaler Medien für SeniorInnen fokussiert. Diese Arbeiten bzw. Auszeichnungen stellen einen wichtigen Schritt in Richtung Qualitätssicherung in der digitalen SeniorInnenbildung dar (siehe u.a. ÖIAT 2016). In Österreich existiert bis dato kein vergleichbares Modell, das die Qualität in diesem Bereich sichert. Seit 2018 gibt es zwar die Initiative fit4internet des Bundesministeriums für Digitalisierung und Wirtschaftsstandort, die gemeinsam mit dem Österreichischen Seniorenrat gestartet wurde, jedoch wird bei dieser Initiative keine qualitätssichernde Auszeichnung vergeben. Der Verein fit4internet hat in den Jahren 2018 und 2019 für die Generation 60+ Smartphone-Führerschein-Kurse zur mobilen Internetnutzung angeboten. Ziel der Initiative sind »Qualifizierung und Quantifizierung digitaler Kompetenzen der österreichischen Bevölkerung. Oberstes Ziel ist die Ermöglichung einer kompetenten Nutzung digitaler Technologien und breiter Teilhabe der gesamten Gesellschaft an der Digitalisierung« (fit4internet o.J.).

Die seit 2017 laufende Good-Practice-Auszeichnung in der digitalen SeniorInnenbildung fokussiert Bildungsangebote im digitalen Bereich, die wiederum für Menschen in der nachberuflichen Lebensphase organisiert sind. Die Auszeichnung bezieht sich nicht auf die Organisation selbst, sondern auf das digital ausgerichtete Projekt bzw. die digital orientierte Bildungsmaßnahme. Das dahinterstehende Qualitätsmodell soll v.a. kleinere AnbieterInnen (das können z.B. kleine, lokale TrainerInnenteams ebenso wie überregionale Vereine oder auch Ein-Personen-Unternehmen sein) unterstützen, die Qualität ihres Angebots zu steigern und ihre Qualitätssicherungsmaßnahmen sowohl gegenüber der Zielgruppe als auch gegenüber fördergebenden Einrichtungen sichtbar zu machen (ÖIAT 2018, S. 3). Die im Zusammenhang mit der Auszeichnung stehende qualitätssichernde Maßnahme orientiert sich am Verfahren der Selbstevaluation (interne Evaluation). Mithilfe der selbst durchgeführten systematischen Standardisierung soll die Qualität des Angebots gesteigert und letztendlich auch für die Zielgruppe sichtbar gemacht werden. Durch die reflexive Auseinandersetzung können blinde Flecken im eigenen Handeln identifiziert und bearbeitbar gemacht werden, um auch die Zielgruppe besser ansprechen und auf deren Bedürfnisse optimal eingehen zu können (ebd., S. 3). Qualität wird im Zusammenhang mit der Selbstevaluation nicht als ein einmalig zu erreichender Zustand definiert. Qualität und Qualitätssicherung sind immer als ein Prozess zu verstehen (siehe dazu u. a. Köster et al. 2008, S. 36 f.; ▸ Kap. 9), für den es auch reflexive Kompetenzen seitens der Bewertenden braucht, denn bei der Qualitätsentwicklung geht es um einen »Aushandlungsprozess« und um eine Betrachtung aus mehreren Perspektiven (Ludescher & Waxenegger 2016, S. 8).

Um Qualität messen zu können, werden Standards gebraucht. Standards geben einen einheitlichen und vergleichbaren Rahmen vor. Viele Branchen haben entsprechende Vertretungsstellen (z. B. eine übergeordnete Normierungsstelle wie die Internationale Organisation für Normung – ISO oder Quality Austria – Trainings, Zertifizierungs und Begutachtungs GmbH), die Qualitätsstandards vorgeben, sodass anhand derer die Qualität eines Produkts oder einer Bildungsdienstleitung gemessen werden kann (Webber & Wallace 2015, S. 31). Nicht alle Bildungseinrichtungen unterliegen den gleichen Normierungen und teilweise fehlen v. a. bei kleineren BildungsanbieterInnen (oft schlicht aus Kostengründen) qualitätssichernde Verfahren und Normierungen. In diesem Sinne stellt die Selbstevaluierung einen ersten Schritt in Richtung einer qualitätssichernden Entwicklungsarbeit dar, weil interne Evaluationen (im Gegensatz zu externen Evaluationen) von kleinen Einrichtungen bzw. von denjenigen Personen, welche die zu evaluierende Maßnahme umsetzen, selbst organisiert und kostengünstig durchgeführt werden können, um beispielsweise interne Prozesse transparent zu machen oder Wirkungen und Entwicklungen zu dokumentieren.

10.5 Ablauf und Charakteristika der Good-Practice-Auszeichnung

Seit dem Jahr 2017 haben BildungsanbieterInnen in der SeniorInnenbildung die Möglichkeit, über das Österreichische Institut für angewandte Telekommunikation (ÖIAT) ihr digitales Angebot – das dauerhaft bzw. mehrteilig und keine einmalige Veranstaltung ist – als Good Practice auszeichnen zu lassen. Diese Auszeichnung ist durch die Förderung des Sozialministeriums kostenlos und hat eine Gültigkeit von zwei Jahren, wobei nach diesem Zeitfenster wieder die Möglichkeit einer Verlängerung (durch eine neuerliche Selbstevaluierung sowie eine erneute Überprüfung dieser durch die Servicestelle des ÖIAT) besteht. Mittlerweile konnten 22 Angebote von 17 Einrichtungen (z. B. SeniorenColleg KG, Verein für Medienarbeit und Ge-

nerationen, A1 – Internet für alle, Katholisches Bildungswerk Graz Seckau) mit dem Signet »Good Practice im Bereich der digitalen Seniorinnen- und Seniorenbildung« ausgezeichnet werden. Die Einreichungen kommen aus fast allen Bundesländern: sieben Einreichungen aus Wien, fünf aus Niederösterreich, vier aus der Steiermark, drei aus Tirol, zwei aus Salzburg und eine aus Kärnten. Die Zahl der tatsächlich aktiven Projekte variiert allerdings, auch bedingt durch die zweijährige Gültigkeitsdauer des Zertifikats. So sind z. B. mit Stand 8. Oktober 2020 drei Projekte nicht mehr aktiv – zwei Angebote wurden von den AnbieterInnen eingestellt und ein Angebot wurde nicht verlängert. Mit Ende 2020 gibt es daher 19 laufende und mit dem Signet ausgezeichnete Projekte.[4]
Das Verfahren hin zur Auszeichnung erfolgt grundsätzlich in zwei Schritten:

Schritt 1: Selbstevaluation und Einreichung

Die Einreichung zur Auszeichnung läuft über eine Selbstverpflichtungserklärung und eine begleitete Selbstevaluierung durch den/die Bewerbende. Das heißt, der/die AnbieterIn bzw. die einreichende Person füllt einen standardisierten Selbstevaluierungsbogen[5] mit allgemeinen Angaben zur Einrichtung und zur Bildungsmaßnahme bzw. zum Projekt aus. Das Selbstevaluierungsmodell orientiert sich an den Qualitätsbereichen der lernorientierten Qualitätstestierung in der Weiterbildung (LQW). Bei diesem Modell steht die/der Lernende im Mittelpunkt, die Qualitätsüberlegungen richten sich auf gelingendes Lernen. Der Selbstevaluierungsbogen ermöglicht den Bewerbenden eine strukturierte und reflexive Auseinandersetzung mit der eigenen Arbeit. Im Evaluationsbogen sind zwölf sogenannte Muss-Kriterien (von insgesamt 84 Qualitätskriterien) zu reflektieren und näher zu beschreiben. Für jedes Muss-Kriterium werden bestimmte Merkmale (Indikatoren) und verschiedene Reflexionsfragen angeboten. Neben der Dokumentation des Status quo (Beschreibung des Ist-Standes des Angebots) können auch weitere geplante (noch nicht umgesetzte) Maßnahmen zur Qualitätssicherung angeführt werden. Soweit möglich, sollten alle Angaben auf Zahlen, Daten und Fakten (im Sinne von Transparenz und Nachvollziehbarkeit) basieren.

Qualitätskriterien

Bei den Qualitätskriterien für die digitale SeniorInnenbildung werden drei Qualitätsebenen unterschieden, die sich auch in den zwölf geforderten Muss-Kriterien widerspiegeln. An erster Stelle steht die *Qualität des Lernens.* Auf dieser Ebene sind die älteren Lernenden im Mittelpunkt. Die Qualitätskriterien (Kriterium 1–5) rei-

4 Ausgezeichnete Good-Practice-Projekte sind unter folgendem Link abrufbar: https://www.digitaleseniorinnen.at/leistungen/auszeichnung/#c361. Seit 2021 gibt es das Gütesiegel »Digitale SeniorInnenbildung«. Informationen dazu sind unter folgendem Link zu finden: https://www.digitaleseniorinnen.at/leistungen/guetesiegel/.

5 Unterlagen und Informationen dazu sind zu finden auf der Website des ÖIAT unter: https://www.digitaleseniorinnen.at/leistungen/auszeichnung/.

chen hier von der Gestaltung der Lernziele bis hin zum Lernen als sozialer Prozess. Die fünf Muss-Kriterien (1.1, 2.1, 3.3, 3.4 und 4.3) beziehen sich auf die Bestimmung individueller Lernziele, die Möglichkeit der selbstständigen Alltagsbewältigung, die Entwicklung von Lernstrategien, die Einhaltung des Sicherheitsbedürfnisses und die Anwendbarkeit der Inhalte im Alltag. Die leitenden Reflexionsfragen versuchen beispielsweise zu evaluieren, wie auf die individuellen Bedürfnisse älterer Menschen bei der Vermittlung der Inhalte eingegangen wird, ob es eine Schwerpunktsetzung auf die Alltagstauglichkeit vermittelter Inhalte gibt oder wie kompetent der Umgang mit Unsicherheiten der Teilnehmenden ist (ÖIAT 2016, S. 6–14). An zweiter Stelle steht die *Qualität des Lehrens.* Dabei geht es um die Einstellung und Haltung von TrainerInnen gegenüber der Zielgruppe der Älteren. Daher umfassen diese Qualitätskriterien (Kriterium 6–10) nicht nur die Lerninfrastruktur, sondern auch die Haltung und Reflexionskompetenz, die fachliche, didaktisch-methodische und soziale Kompetenz der TrainerInnen. Die vier Muss-Kriterien (6.2, 7.2, 7.6 und 9.5) orientieren sich einerseits an der fachlich-technischen und methodischen Kompetenz, andererseits aber auch an der angemessenen Sprache und wertschätzenden Haltung gegenüber der Zielgruppe. Die leitenden Reflexionsfragen versuchen zu evaluieren, wie die Lebensleistungen und Kompetenzen der Teilnehmenden anerkannt werden, wie mit Fragen und Unsicherheiten umgegangen wird, welche Methoden für die biografische Arbeit eingesetzt oder wie fachspezifisch-technische Begrifflichkeiten erörtert bzw. technische Probleme gelöst werden (ebd., S. 15–28). An dritter Stelle steht die *Qualität der Organisation.* Diese Ebene verweist auf die allgemeinen Rahmenbedingungen des Projekts bzw. Angebots. Die Qualitätskriterien (Kriterium 11–17) reichen vom Zugang zum Bildungsangebot bis hin zu den Kosten und der Bereitschaft, als Organisation innovativ und selbst lernend zu sein. Die drei Muss-Kriterien (11.1, 16.1 und 17.4) sind bei der Beratung und Information zu den Bildungsangeboten, beim Prozess der Weiterentwicklung der Bildungsangebote und bei der Kultur eines Miteinanders angesiedelt. Die leitenden Reflexionsfragen evaluieren daher, ob es für die Zielgruppe der Älteren einen Support (Beratung) gibt, ob bestehende Angebote an die sich stets verändernden Bedürfnisse der Älteren angepasst werden und wie ein Erfahrungsaustauch der Lernenden wie TrainerInnen organisiert wird (ebd., S. 29–41).

Schritt 2: Überprüfung und Rückmeldung

Alle für die Einreichung erforderlichen Unterlagen werden inklusive des ausgefüllten Selbstevaluierungsbogens bei der Servicestelle des ÖIAT – digital oder analog – eingereicht. Nach Einlangen dieser erfolgt die formale und inhaltliche Überprüfung: Erstens werden die Unterlagen auf ihre Vollständigkeit hin überprüft und zweitens werden die Beschreibungen des Ist-Zustandes jedes Kriteriums mit den jeweiligen Zielen aus dem Gesamtkatalog abgeglichen. Ergibt die Überprüfung keinen positiven Bescheid, können fehlende Unterlagen oder mangelnde Daten innerhalb einer festgesetzten Frist nachgereicht werden. Für die Prüfung ist ein Zeitraum von einem Monat vorgesehen, der sich allerdings bei Rückfragen und Einholung von Unterlagen verlängert. Bei einem positiven Bescheid wird der Nutzungsvertrag (Signet-Verwendung, Urkunde und Veröffentlichung) vereinbart, mit dem auch die Gültigkeit der Auszeichnung beginnt.

Erfahrungen

Die Auszeichnung soll im Grunde mehr als eine »Einmalsache« sein – es geht hier um eine langfristige und qualitätssichernde Begleitung von Bildungsmaßnahmen und Projekten. Aus den Rückmeldungen der Antragstellenden wird ersichtlich, dass der Aufwand erheblich ist. Trotzdem wird die Möglichkeit, die eigene Arbeit im Zuge des Selbstevaluierungsprozesses zu reflektieren, sehr geschätzt. Der Prozess bietet Denkanstöße und eröffnet den Bewerbenden weitere Verbesserungs- und Entwicklungspotenziale, die sie davor nicht im Blick hatten. Manche Fragen im Evaluationsbogen sind seitens der Antragstellenden, die bislang wenig mit Qualitätssicherung zu tun hatten, leicht zu beantworten (z. B. »Wie gehen Sie mit der Zielgruppe um?« oder »Wie überprüfen Sie, ob die Inhalte passen?«). Schwierigkeiten kommen typischerweise auf, wenn es um didaktisch-methodische Reflexionen geht, weil in der Praxis oft ein theoriegeleiteter Zugang zu erwachsenenpädagogischen Modellen und Konzepten fehlt. Meist wird intuitiv gearbeitet, auf Routinen und Erfahrungswissen zurückgegriffen und wenig Bezug zu theoretischen Grundlagen hergestellt. Qualitätssicherung meint im Zusammenhang mit dieser Selbstevaluation aber auch, eine theoretische Begründung zu »versuchen«. Das heißt, es geht hier um die Verknüpfung von Brauchbarkeitswissen (Know-how) mit wissenschaftlichem Wissen (Know-what), sodass Nachvollziehbarkeit und Transparenz der Praxisarbeit gegeben sind. Letztendlich ist damit eine Art »wissenschaftsbasierte Praxisreflexion« gemeint, die durch die Selbstevaluation angeregt werden soll. Schließlich braucht es

> »die Ausbildung eines Verständnisses darüber, was Wissenschaft, was Forschung leisten kann (und was nicht), und aus welchen grundlegenden Schritten eine forschungsgeleitete Reflexionsarbeit in der Praxis besteht und wie sie den Qualitätsanspruch einer forschungsgeleiteten Reflexionsarbeit auch in der Präsentation ihrer Ergebnisse umsetzt« (Waxenegger et al. 2016, S. 24).

Zusammenfassend kann festgehalten werden, dass die Good-Practice-Auszeichnung AnbieterInnen bei der Bewerbung ihrer Angebote einen klaren Vorteil verschafft. Besonders für kleinere Organisationen sind die Auszeichnung und der damit verbundene Prozess der Selbstevaluierung eine Möglichkeit, ihre Qualität zu überprüfen, weiterzuentwickeln und nach außen sichtbar zu machen. Das vorliegende Qualitätssicherungsmodell dient nicht nur der Steigerung der Qualität der Angebote, sondern ist letztendlich auch eine Orientierungshilfe für SeniorInnen bei der Auswahl von Bildungsangeboten.[6]

6 Die Auszeichnung »Good Practice in der digitalen Seniorinnen- und Seniorenbildung« wird im Rahmen der Referenzierung von Kursangeboten in der Kursdatenbank von fit4internet als Qualitätsnachweis durch den Verein zur Steigerung der digitalen Kompetenzen in Österreich anerkannt.

10.6 Fazit

Qualität und auch Qualitätssicherung sind grundsätzlich keine pädagogischen Begriffe. Dennoch sind diese Begriffe in den letzten Jahrzehnten tragend in allen Sektoren des Bildungsbereiches und der Bildungspolitik (Klieme & Tippelt 2008, S. 7). Man könnte sogar sagen, dass Qualitätssicherung und Qualitätsentwicklung – entgegen der ursprünglichen »Prophezeiung«, dass die Qualitätsdebatte in der Weiterbildung nur ein kurzzeitiges Thema sein wird (Meisel 2002, S. 9) – einen regelrechten »Boom« in der wissenschaftlichen und praktischen Bildungsarbeit erfahren haben. Neben der Qualität von Organisationen sind zunehmend Qualitätsfragen zu Programmen, Projekten, Angeboten, aber auch bezüglich Lehrenden und Lernenden aufgekommen und es ist inzwischen unumstritten, dass es im Hinblick auf Prozesse, Strukturen und Zielvorgaben in der österreichischen Erwachsenenbildungslandschaft zu zentralen Weiterentwicklungen gekommen ist (mittlerweile haben viele AnbieterInnen ein Gütesiegel und/oder ein Qualitätssignet/Qualitätszertifikat). Die Digitalisierungsbestrebungen der letzten Jahre, die auch Einzug im Bildungsbereich gehalten haben, eröffnen ein weiteres Feld für Qualitätssicherung und Qualitätsentwicklung. In verschiedensten Publikationen (z. B. Cirkel & Enste 2019; Zorn et al. 2019) wird darauf hingewiesen, dass digitale Techniken bzw. die Nutzung von Neuen Medien einen positiven Beitrag zu einer selbstbestimmten Lebensführung leisten können und auch neue Erfahrungs- und Lernräume eröffnet werden, die ohne diese möglicherweise nicht hätten realisiert werden können. Die Ermöglichung der Nutzung digitaler Techniken hat daher einem Bildungsauftrag zu folgen, der den gesamten Lebenslauf eines Menschen einschließt. Es sind weiterhin zielgruppenadäquate Bildungsangebote im digitalen Bereich zu realisieren, gleichzeitig gibt es aber hier auch noch den Bedarf – speziell im Hinblick auf die Zielgruppe der Älteren –, qualitätssichernde Standards zu entwickeln.

Literaturverzeichnis

Arbeitskammer (AK) Wien (2017). Benachteiligungen von OfflinerInnen im KonsumentInnenalltag. Durchführung der Studie: Österreichisches Institut für angewandte Telekommunikation (ÖIAT). Wien: Kammer für Arbeiter und Angestellte für Wien. https://www.digitaleseniorinnen.at/fileadmin/redakteure/Downloads/Benachteiligungen_von_OfflinerInnen_2017.pdf. Zugegriffen: 30. Juli 2020.

Bubolz-Lutz, E., Gösken, E., Kricheldorff, C. & Schramek, R. (2010). Geragogik. Bildung und Lernen im Prozess des Alterns. Das Lehrbuch. Stuttgart: Kohlhammer.

Bundesministerium für Arbeit, Soziales und Konsumentenschutz (Hrsg.) (2015). Bundesplan für Seniorinnen und Senioren: Altern und Zukunft (5., unveränderte Aufl.). Wien: BMASK. https://broschuerenservice.sozialministerium.at/Home/Download?publicationId=198. Zugegriffen: 29. Juni 2021.

Cirkel, M. & Enste, P. (2019). Selbstzweck oder Nutzenstiftung? Digitalisierung im Alter. Forschung aktuell, 07 (S. 2–18). https://www.econstor.eu/bitstream/10419/200215/1/1668600188.pdf. Zugegriffen: 14. Juli 2020.

fit4internet (o. J.). Der Verein fit4internet. https://www.fit4internet.at/view/verein. Zugegriffen: 2. Juli 2020.

Gollwitzer, M. & Jäger, R. S. (2009). Evaluation kompakt. Weinheim, Basel: Beltz.

Gruber, E. & Wabnig, F. (2018). Digitalisierung und Qualität. Die Bedeutung der zunehmenden Digitalisierung der Erwachsenen- und Weiterbildung für Ö-Cert. Endbericht. https://oe-cert.at/media/Tipps/Projektbericht-Digitalisierung-und-Qualitaet.pdf?m=1547728214&. Zugegriffen: 13. Juli 2020.

Initiative D21 (2018). Digital-Dossier Österreich. Bestandsaufnahme zur Digitalisierung in Wirtschaft und Gesellschaft. Im Auftrag von: Bundesministerium für Digitalisierung und Wirtschaftsstandort. https://initiatived21.de/app/uploads/2018/12/digital-dossier-oesterreich.pdf. Zugegriffen: 2. Juli 2020.

Kamiske, G. F. (2015). Qualitätssicherung – Praxiswissen. München: Carl-Hanser-Verlag.

Klieme, E. & Tippelt, R. (2008). Qualitätssicherung im Bildungswesen. Eine aktuelle Zwischenbilanz. Zeitschrift für Pädagogik Beiheft, 53 (S. 7–13).

Köster, D., Schramek, R. & Dorn, S. (2008). Qualitätsziele moderner SeniorInnenarbeit und Altersbildung. Das Handbuch. Oberhausen: Athena.

Ludescher, M. & Waxenegger, A. (2016). Qualitätskriterien wissenschaftlicher Weiterbildung in der nachberuflichen Lebensphase. Eine Handreichung. Unter Konsultation von Christine Benischke/Anita Brünner/Gertrud Simon. Graz. Universität Graz.

Meisel, K. (2002). Qualitätsentwicklung im Aufbruch. In E. Heinold-Krug & K. Meisel (Hrsg.), Qualität entwickeln – Weiterbildung gestalten. Handlungsfelder der Qualitätsentwicklung (S. 9–19). Bielefeld: Bertelsmann. https://www.researchgate.net/profile/Hans-Werner_Franz/publication/242534349_II_Die_weiterbildungspolitische_Ebene_der_Qualitatsentwicklung/links/563c7afb08aec6f17dd712d2/II-Die-weiterbildungspolitische-Ebene-der-Qualitaetsentwicklung.pdf. Zugegriffen: 13. Juli 2020.

Österreichisches Institut für angewandte Telekommunikation (ÖIAT) (2016). Qualitätskriterien für senior/innengerechtes Lehren und Lernen mit digitalen Technologien. Ein Projekt des ÖIAT. Im Auftrag des Bundesministeriums für Arbeit, Soziales und Konsumentenschutz. https://www.digitaleseniorinnen.at/fileadmin/redakteure/Downloads/Qualitaetskriterien-in-der-SeniorInnenbildung.pdf. Zugegriffen: 29. Juni 2021.

Österreichisches Institut für angewandte Telekommunikation (ÖIAT) (2018). Innovative Modelle der Qualitätssicherung. Seniorinnen- und seniorengerechte Bildungsangebote für digitale Medien. Good Practice in der digitalen Seniorinnen- und Seniorenbildung Umsetzungsmodell. Unveröffentlicht.

Reischmann, J. (2006). Weiterbildungs-Evaluation. Lernerfolge messbar machen (2. Aufl.). Augsburg: ZIEL – Zentrum für interdisziplinäres erfahrungsorientiertes Lernen.

Republik Österreich (Hrsg.) (2011). Strategie zum lebensbegleitenden Lernen in Österreich. LLL: 2020. Wien: BMUKK/BMWF/BMASK/BMWFJ. https://www.qualifikationsregister.at/wp-content/uploads/2018/11/Strategie1.pdf. Zugegriffen: 29. Juni 2021.

Stockmann, R. (2006). Evaluation und Qualitätsentwicklung. Eine Grundlage für wirkungsorientiertes Qualitätsmanagement. Münster: Waxmann.

Töpfer, A. (1997). Kernfrage des Benchmarking. In A. Töpfer (Hrsg.), Benchmarking. Der Weg zu Best Practice (S. 3–14). Berlin, Heidelberg: Springer.

Veltjens, B. (2010a). Qualitätsmanagement. In R. Arnold, S. Nolda & E. Nuissl (Hrsg.), Wörterbuch Erwachsenenbildung (S. 253–255). Bad Heilbrunn: Julius Klinkhardt.

Veltjens, B. (2010b). Qualitätsentwicklung. In R. Arnold, S. Nolda & E. Nuissl (Hrsg.), Wörterbuch Erwachsenenbildung (S. 252–253). Bad Heilbrunn: Julius Klinkhardt.

Waxenegger, A., Ludescher, M. & Brünner, A. (2016). Qualitätskriterien für die wissenschaftsbasierte Reflexion und Darstellung von Praxisprojekten zur Bildung im Alter. Ein Kurzleitfaden. Unter Mitarbeit von Gertrud Simon und Christine Benischke. Graz: Universität Graz.

Webber, L. & Wallace, M. (2015). Qualitätssicherung für Dummies (2. Nachdruck). Weinheim: Wiley-Vch-Verlag.

Weiß, C., Stubbe, J., Naujoks, C. & Weide, S. (2017). Digitalisierung für mehr Optionen und Teilhabe im Alter. Gütersloh: Bertelsmann-Stiftung. https://www.bertelsmann-stiftung.de/fileadmin/files/Projekte/Smart_Country/DigitaleTeilhabe_2017_final.pdf. Zugegriffen: 29. Juni 2021.

Zech, R. (2006). Handbuch Lernerorientierte Qualitätstestierung in der Weiterbildung (LQW): Grundlegung – Anwendung – Wirkung. Bielefeld: Bertelsmann. https://www.wbv.de/open

access/themenbereiche/erwachsenenbildung/shop/detail/name/_/0/1/6001767w/facet/6001767w///////nb/0/category/1152.html. Zugegriffen: 29. Juni 2021.

Zorn, I., Schluchter, J.-R. & Bosse, I. (2019). Theoretische Grundlagen inklusiver Medienbildung In I. Bosse, J.-R. Schluchter & I. Zorn (Hrsg.), Handbuch. Inklusion und Medienbildung (S. 16–33). Weinheim, Basel: Beltz. https://oeibf.at/wp-content/plugins/zotpress/lib/request/request.dl.php?api_user_id=2190915&dlkey=F86ETAN6&content_type=application/pdf. Zugegriffen: 31. Juli 2020.

Teil V: Lernfelder im Alter

11 Lernorte im Alter

Anita Brünner

Zusammenfassung

Im Laufe des Lebens durchläuft ein Mensch verschiedene formale, nonformale und informelle Lern- und Bildungsprozesse, die jeweils an unterschiedlichen Lernorten stattfinden. Der Ort des Lernens konkretisiert sich einerseits durch ein Wechselspiel aus wirtschaftlichen, beruflichen und gesellschaftlichen Strukturen (formal, nonformal), andererseits aber auch durch subjektive Lern- und Aneignungsprozesse (informell) (Brünner 2019, S. 03–2). Der Vielfalt an Lern- und Bildungsorten sind keinerlei Grenzen gesetzt, was sich im Sektor der österreichischen Erwachsenenbildung und der Bildung im Alter widerspiegelt. In beiden Bereichen ist in den letzten zwei Jahrzehnten eine Pluralisierung von Programmen und AnbieterInnen zu erkennen (siehe u. a. Gruber & Lenz 2016; Kolland & Kahri 2004; Gruber & Schlögl 2003), die auf die strukturellen Veränderungen in der österreichischen Bildungslandschaft hinweisen. Im vorliegenden Beitrag wird dargestellt, wie sich Lernorte begrifflich fassen lassen und welche Lernorte speziell für Menschen in der nachberuflichen Lebensphase, wo Lernen und Bildung als gesellschaftliche Integrationsfaktoren wirken, relevant sind.

11.1 Einleitung

Historisch betrachtet ist die erwachsenenpädagogische Bildungsarbeit von vielfältigen Lernorten und Bildungskontexten geprägt. Die Anfänge reichen bis in die Zeit der Aufklärung zurück, in der die Erwachsenenbildung ihren Ausgang nimmt (Gruber & Schmid 2019, S. 01–2).

> »Träger der Aufklärung und zugleich Vorläufer der modernen Volksbildung [heute: Erwachsenenbildung] waren ganz allgemein: Sozietätsbewegungen, Akademien und wissenschaftliche Gesellschaften, Salons, Lesegesellschaften, gemeinnützig-ökonomische und landwirtschaftlich-ökonomische Gesellschaften, Geheimgesellschaften wie die Illuminaten und die Freimaurer sowie Zeitschriften, Broschüren und Bücher« (Filla 1996, S. 80).

Lernorte der Erwachsenenbildung haben sich »nicht über einen identitätsstiftenden Ort definiert« (Kraus 2010, S. 46), wie das z. B. bei schulischen Einrichtungen der

Fall ist, sondern sie haben sich »als quasi nomadisierende pädagogische Praxis stets auf verschiedene Räumlichkeiten« (ebd., S. 46) eingelassen (Assinger, 2019). Ähnliches gilt für den Bereich Bildung im Alter, der sich ebenfalls nicht über einen identitätsgebenden Lernort begründet, sondern Bildung und Lernen an verschiedenen Orten und Räumen denkt. Bildung im Alter findet entgrenzt statt, d. h. nicht (immer) primär in Bildungseinrichtungen, sondern u. a. auch in Sozial-/Hilfsorganisationen und SeniorInneneinrichtungen oder bei privaten AnbieterInnen (Kolland & Kahri 2004, S. 477 f.). Bereits in den 2000er Jahren erforschten Kolland und Kahri (2004) im Auftrag des damaligen Bundesministeriums für soziale Sicherheit, Generationen und Konsumentenschutz Bildungsangebote für ältere Menschen. Ziel dieser qualitativen und quantitativen Studie war die Untersuchung von Angeboten aus der Perspektive von Bildungsorganisationen durch die Befragung von ExpertInnen und TrainerInnen aus der Bildungsarbeit mit älteren Menschen. Die Ergebnisse zeigen einerseits die Vielfalt von AnbieterInnen und Angeboten, andererseits aber auch die eher geringe Zahl an altersspezifischen Kursen am Bildungsmarkt (Kolland & Kahri 2004, S. 464). Ein neueres vom Sozialministerium gefördertes Forschungsprojekt in diesem Bereich ist das Projekt »Lernorte und Lernwelten Älterer« (Brünner 2020a, 2020b)[1], in dem Diskussionsstränge bezüglich Lernorten mithilfe einer Literaturanalyse identifiziert und mithilfe einer Fokusgruppe mit ExpertInnen der Bildungsarbeit mit Älteren ergänzt wurde. Die Untersuchung bestätigt die Vielfalt und Heterogenität an Angeboten und auch, dass ältere Menschen sozial-kommunikative Lernorte und Lernformate, die ihnen einen sozialen Austausch mit anderen ermöglichen, bevorzugen (Müllegger, 2018). Daher ist bei Bildungsangeboten für Menschen in der nachberuflichen Lebensphase auf die Diversität von Lernorten zu achten, die durchaus über anerkannte (institutionalisierte) Bildungseinrichtungen hinausreichen kann.

In den letzten Jahren ist wieder eine verstärkte forschungsgeleitete Hinwendung zu Lern- und Bildungsräumen zu bemerken (u. a. Bernhard et al. 2015; Stang 2016; Gruber & Schmid 2019 – einen guten Überblick dazu bietet Assinger 2019), wodurch der Bedarf und die Notwendigkeit der Auseinandersetzung mit dieser Thematik sichtbar werden. Die zunehmende Pluralisierung von AnbieterInnen und Programmen verlangt nach einer Systematisierung von Lernorten, v. a. bei einer differenzierten Sicht aus verschiedenen Handlungsfeldern, weil sich Lernorte manchmal gleichen, sich aber von ihren bildungstheoretischen Überlegungen her (andragogisch oder geragogisch) auch stark voneinander unterscheiden (können). Bildung im Alter zielt auf gesellschaftliche Teilhabe, politische Partizipation und allgemeinorientierte Bildungsprozesse, nicht auf Qualifizierung und berufliche Weiterbildung. Dieser Leitgedanke, der ein wichtiges Ziel der österreichischen So-

1 Als Projektergebnis wurde das Factsheet »Lernorte im Alter« (2020a) erarbeitet, das BildungsmanagerInnen, PraktikerInnen und TrainerInnen, die Angebote im Bereich Bildung im Alter planen (wollen), als Konzeptionierungshilfe dient. Im Rahmen dieses Projekts wurde auch der Beitrag »Pluralität der Lernorte: Lernortdiskussionen von 1970 bis heute. Im Blickpunkt Lernorte Älterer« verfasst, der 2019 im Magazin erwachsenenbildung.at (Ausgabe 35–36) erschienen ist.

zialpolitik ist, findet sich auch in dem im Jahr 2011 verabschiedeten »Bundesplan für Seniorinnen und Senioren« wieder:

> »Der Leitgedanke drückt sich in der gleichberechtigten politischen, sozialen, wirtschaftlichen und kulturellen Teilhabe älterer Menschen aus und ist in der Praxis durch die Verankerung von Partizipation und Mitwirkungsanspruch als Bestandteil der politischen Kultur realisierbar« (BMASK 2012, S. 10).

Partizipation wird als wichtiger Grundpfeiler für soziale Inklusion gesehen, wodurch ein aktives, gesundes und sicheres Altern unterstützt, letztendlich auch die Lebensqualität alternder Menschen optimiert wird (ebd., S. 10).

11.2 Lernort: eine begriffliche Annäherung

Umgangssprachlich wird unter Lernort der Ort verstanden, an dem gelernt wird. Normalerweise ist in dieser Vorstellung die Institution gemeint, in der gelernt wird (Nuissl 2006a, S. 29), weil sich der Lernort im herkömmlichen Sinne immer auf das Lehren und Lernen bezieht. Der Lernortbegriff scheint klar zu sein, weil es um das Lehren und Lernen an einem bestimmten Ort geht, wirft aber wissenschaftlich betrachtet Probleme auf, wenn die Frage nach den spezifischen Eigenschaften eines Lernortes in den Mittelpunkt rückt (Faulstich & Haberzeth 2010, S. 58 f.). Kraus (2015) erläutert, mit »[...] Lernort wird ein konkreter, lokalisierbarer Ort unter einer pädagogischen Optik fokussiert: Es ist ein Ort des Lernens, ein Ort der Aneignung von Wissen und Kompetenzen« (Kraus 2015, S. 135). Der Ort gerät durch seine hervorgehende Eigenschaft des pädagogisch bzw. didaktisch-methodisch angeleiteten Lernens in den Fokus. Es wird vermittelt, dass an diesem Ort Lernen in einer bestimmten Art und Weise stattfinden kann oder soll, das von der alltäglichen, gewöhnlichen Wissenserweiterung abweicht (ebd., S. 135).

Aus der Perspektive des institutionellen Lernens sind Lernorte Gebäude oder Räume, die von Personen oder Organisationen pädagogisch definiert und gestaltet sind. Im Hinblick auf ihre Gestaltung können Aussagen über das geplante Vorhaben erschlossen (Kraus et al. 2015, S. 16) und nachvollzogen werden, wie Lernen – oder ein ganzer Lernprozess – ermöglicht wird. Ein Lernort ist nach Kraus (2010) ein Aneignungsangebot im pädagogischen Prozess, wo es um »einen explizit als Lernort definierten und inszenierten Ort als Angebot zur Aneignung dieses Ortes unter der pädagogischen Prämisse der Vermittlung und Aneignung von Wissen« geht (Kraus 2010, S. 47). Der Aneignungsprozess findet einerseits im Kontext der Lehrenden und Lernenden statt, andererseits auch im Zusammenhang mit dem pädagogischen Raum, der – in Wahrnehmung, Deutung und Handlung der jeweiligen Menschen – zu einem »sozialen Raum« wird. Diese pädagogischen Bedingungen strukturieren den Aneignungsprozess der Lernenden in einer bestimmten Art und Weise, wodurch eine Aneignung wahrscheinlicher wird als bei nicht pädagogisch, didaktisch geplanten und organisierten Lernorten (ebd., S. 47).

Bildungseinrichtungen sind geeignete Orte für eine kontinuierliche, strukturierte und qualitätsvolle Bildungsarbeit. Doch die Tätigkeit »Lernen« ist breiter zu fassen, sie erfolgt nicht ausschließlich in dafür vorgesehenen Organisationen und Institutionen. Wird die Frage nach Lernorten im Handlungsfeld Bildung im Alter gestellt, so zeigen sich aus wissenschaftlicher Perspektive weitere definitorische Herausforderungen, denn Lernen im Alter ist in jedem Fall losgelöst von Qualifizierungsbestrebungen zu sehen. Die Bildungsbeteiligung im Alter unterscheidet sich von jener im Erwerbsleben, wenn auch oft Schulbildung (u. a. Bildungserfahrungen, Grad der Schulbildung) oder finanzielle Ressourcen (u. a. Bildungskosten, Leistbarkeit) als Teilnahme- bzw. Nicht-Teilnahmefaktoren auf Bildungsaktivitäten im Alter wirken (Kolland et al. 2018, S. 28). Laut Schneeberger, der im Jahr 2005 auf Basis der Mikrozensus-Umfrage 2003 Bildungsdaten generierte, nimmt die kursmäßige Bildungsbeteiligung in Österreich in höheren Altersgruppen ab, doch das Bildungsinteresse selbst bleibt grundsätzlich erhalten. Die Bildungsbeteiligung ist in jedem Lebensalter niedriger als das Interesse an Weiterbildung, wobei die »Realisierungslücke« (die Lücke zwischen Teilnahme und Interesse an Weiterbildung, ▶ Kap. 6.2) bei den über 64-Jährigen höher ist als in jüngeren Altersgruppen (Schneeberger 2005, S. 21).

Bei der Lernortdiskussion muss die Frage erörtert werden, von welcher Alters- bzw. Zielgruppe die Rede ist. AdressatInnen der Erwachsenenbildung sind alle Erwachsenen,[2] im Handlungsfeld Bildung im Alter sind es ältere Menschen in der nachberuflichen Lebensphase. Diese Altersgruppe weist andere Bildungsmotive und -bedürfnisse auf als jüngere Menschen, die entweder noch vor dem oder bereits im Erwerbsleben stehen. In facheinschlägigen Studien (u. a. Kolland & Ahmadi 2010; Kolland 2016; Müllegger 2018) werden die Besonderheiten der Zielgruppe der Älteren ausführlich beschrieben und beispielsweise die Notwendigkeit von zielgruppengerechten Kursgestaltungen und Gruppenzusammensetzungen bis hin zu selbstbestimmten Lernphasen und Mitbestimmungsmöglichkeiten seitens der Teilnehmenden genannt. Bildungsangebote, die sich an Menschen in der nachberuflichen Lebensphase richten, können sich durch diese Fokussierung und auch »durch die Themen und Vermittlungsmethoden von allgemeinen Angeboten der Erwachsenenbildung unterscheiden« (Kolland & Ahmadi 2010, S. 82).

---

2 Grundsätzlich schließt die Erwachsenenbildung ältere Menschen ein, weil sie – im Sinne des lebensbegleitenden Lernens – auch Teilnehmende in der nachberuflichen Lebensphase anspricht bzw. auch zielgruppenspezifische Angebote für Ältere ausweist.

11.3 Formale, nonformale und informelle Lernorte im Alter

International werden drei Organisationsformen des Lernens unterschieden: formales, nonformales und informelles Lernen. Diese wurden bereits im Jahr 2000 im »Memorandum über Lebenslanges Lernen« als »grundlegende Kategorien ›zweckmäßiger Lerntätigkeiten‹« (Kommission der Europäischen Gemeinschaften 2000, S. 9) erörtert. Die Bedeutung und die Differenzierung dieser drei Begrifflichkeiten sind heute hinlänglich bekannt. Das formale Lernen bezieht sich auf Bildungs- und Ausbildungseinrichtungen, die einen anerkannten Abschluss anbieten, nonformales Lernen hingegen findet außerhalb solcher Einrichtungen statt und ist nicht mit dem Erwerb einer formal anerkannten Qualifikation verbunden, weil diese »außerschulischen« Einrichtungen keine verbindlichen Lehrpläne oder Prüfungsordnungen haben. Informelles Lernen ist als Lernen unabhängig von jeglichen Bildungseinrichtungen zu verstehen, weil es als »eine natürliche Begleiterscheinung des täglichen Lebens« verstanden wird (ebd., S. 9 f.).

Die Differenzierung zwischen diesen drei Lernformen ist gegenwärtig im Bildungsbereich üblich, auch um eine Vergleichbarkeit bzw. Abgrenzung zwischen verschiedenen Qualifikationen und Kompetenzen herstellen zu können.[3] Allerdings wird in Österreich das Qualifikations- und Kompetenzniveau von Menschen meist noch in Form erworbener, gesetzlich anerkannter Abschlüsse gemessen (Bundeskanzleramt Österreich o. J.), weniger in nonformalen oder gar informell erworbenen Kompetenzen.

> »Umso wichtiger ist es, die erworbenen Fertigkeiten und Kompetenzen bei absolvierten Fort- und Weiterbildungsveranstaltungen, Lernen am Arbeitsplatz sowie bei Freizeitaktivitäten, Freiwilligentätigkeit und ehrenamtlichem Engagement sichtbar zu machen« (ebd., o. S.).

Die Sichtbarmachung von Fähigkeiten, Fertigkeiten und Kompetenzen von Menschen erhält daher nicht nur in der Erwachsenenbildung einen wichtigen Stellenwert, sondern auch im Bereich Bildung im Alter, weil in der nachberuflichen Lebensphase formales Lernen kaum bis gar keine Bedeutung mehr einnimmt. Ältere legen auf Abschlüsse bzw. auf »ein auf dem Arbeitsmarkt verwertbares Zertifikat« keinen Wert (mehr), sondern sie wollen für ihre alltägliche Lebensführung brauchbare und handhabbare Kompetenzen erlangen (Kolland et al. 2018, S. 37) und sich sozial im System durch eine aktive Teilhabemöglichkeit beteiligen.

Im Sinne einer Lernortdifferenzierung in der Bildungsarbeit mit Älteren unterscheiden Bubolz-Lutz et al. (2010) zwischen expliziten, impliziten und intermediären Lernorten und weisen Lernorte im Alter als *traditionelle* und *informelle* Lernorte aus (Bubolz-Lutz et al. 2010, S. 201). »Traditionelle Orte der Bildung im Alter sind

3 Eine Vergleichbarkeit von verschiedenen formalen Qualifikationssystemen und nonformalen, informellen Lernkontexten bietet der Nationale Qualifikationsrahmen (NQR). Siehe dazu ausführlicher die Website der Koordinationsstelle für den NQR: www.qualifikationsregister.at.

geprägt durch ›Präsenzlernen‹ in Bildungseinrichtungen, Organisationen oder Verbänden« (ebd., S. 201). Das heißt, die Lernenden gehen vor Ort in eine Bildungseinrichtung und absolvieren ein Angebot, dem ein bestimmter pädagogischer (Lehr-)Plan zugrunde liegt. Hingegen sind informelle Orte der Bildung im Alter die alltäglichen Lebenswelten der Menschen, wo ein absichtsvolles Lernen fokussiert ist, mit dem Wunsch nach einem bestimmten, individuellen Wissens- und/oder Kompetenzerwerb (Bubolz-Lutz et al. 2010, S. 201 und 205; siehe auch Kolland et al. 2018, S. 37). Faulstich und Haberzeth (2010) kritisieren allerdings, dass der Lernort als Begriff durch die Ausweitung und Berücksichtigung informeller, alternativer Lernorte »ubiquitär zu werden« droht – und letztendlich dann durch seine Allgegenwart immer zutreffend ist (ebd., S. 59 f.).
Tabelle 11.1 gibt einen Überblick über eine allgemeine Differenzierungsmöglichkeit von Lernorten und Organisationsformen.

Tab. 11.1: Differenzierung von Lernorten und Organisationsformen

EXPLIZITE LERNORTE »Bildung als Haupt- bzw. Kerngeschäft«	**INTERMEDIÄRE LERNORTE »Beigeordnete Bildung« (Gieseke 2008)**	**IMPLIZITE LERNORTE »Alltags- und Erfahrungslernen«**
verfolgen primär Bildungszwecke bzw. haben definierte Bildungsaufgaben (Gesetze, Lehrpläne, professionelles Personal)	»dazwischenliegend« – erfüllen teilweise bzw. partikulär bestimmte Bildungszwecke/Bildungsaufgaben (Leitbilder, Statuten, Geschäftsphilosophie)	verfolgen primär keine Bildungszwecke, können aber bestimmte Bildungsaufgaben übernehmen (Alltagsleben, Arbeit, Familie, Freizeit)
→ anerkannte Einrichtungen der Erwachsenenbildung, Weiterbildungsorganisationen und Schulen/Hochschulen	→ »außerschulische« Institutionen, Kultureinrichtungen, Vereine und Verbände	→ alternative Einrichtungen sowie soziale Orte und Lebensräume
Organisationsform FORMAL UND NONFORMAL	**Organisationsform NONFORMAL**	**Organisationsform INFORMELL**

Zu den Klassifizierungen siehe: Nuissl 2006b, S. 75; Nolda 2008, S. 109; Tippelt & Reich-Claassen 2010, S. 13; Bubolz-Lutz et al. 2010, S. 201 und Gieseke 2008, S. 105.

Explizite Lernorte für Ältere sind anerkannte (formale und nonformale) Bildungseinrichtungen, die bestimmte Bildungszwecke verfolgen. Beispielsweise sind das Einrichtungen der Erwachsenen- und Weiterbildung (z. B. Bildungswerke, Bildungszentren, Bildungshäuser, Volksbildungswerke, Volkshochschulen) oder schulische Einrichtungen wie z. B. Universitäten (z. B. Graz, Klagenfurt, Salzburg), die spezielle Bildungsangebote für Menschen in der nachberuflichen Lebensphase ausweisen (Stichwort: SeniorInnenuniversitäten, SeniorInnenstudium, Universitäten des dritten Lebensalters). Das hochschulische Angebot für Ältere hat sich in Österreich erst in jüngeren Zeiten etabliert (Ludescher 2017, S. 10), stellt aber bereits ein »wichtiges Segment der institutionalisierten Altersbildung« (Kade 2007, S. 96) dar (► Kap. 16).

Im Wesentlichen haben im Kontext der institutionalisierten Bildungsarbeit mit älteren Menschen kirchliche Bildungseinrichtungen eine lange Tradition als BildungsanbieterInnen und Lernorte (Bubolz-Lutz et al. 2010, S. 201; Kolland 2005, S. 53). Die kirchlichen Einrichtungen in Österreich reichen von den Bildungswerken und Bildungshäusern (z. B. Katholische Bildungswerke, Don-Bosco-Haus, Bildungshaus Sodalitas) bis hin zu verschiedenen Teilorganisationen und Verbänden (z. B. Caritas Akademie, Katholische Frauenbewegung, Forum Glaube-Wissenschaft-Kunst usw.).[4] Die in diesen Institutionen angebotenen Bildungsmaßnahmen sind breit gefächert, neben religiös orientierten Angeboten (z. B. Glaubensfragen, Weltanschauung, Spiritualität) gibt es auch Bildungsangebote in den Bereichen Persönlichkeit, Gesundheit, Familie, Kultur und digitale Medien. Kirchliche Bildungseinrichtungen bieten aber

> »im engeren Sinn eher wenig zielgruppenspezifische Angebote [an], so dass Alter keine Kriteriumsvariable bei der Ausschreibung der Kurse ist. Eine Ausnahme bilden Angebote, wo die Bildungseinrichtungen gleichsam als DienstleisterInnen auftreten und Vorträge/ Kurse für ältere Menschen in Zusammenhang mit anderen kirchlichen Organisationen offerieren« (Kolland & Kahri 2004, S. 477).

Ferner werden ältere Menschen auch von anerkannten Institutionen der Erwachsenenbildung erreicht wie z. B. der URANIA Steiermark, die ein breites allgemeinbildendes Angebot für SeniorInnen aufweist, oder der Volkshochschule, wenn auch hier die Resonanz seitens der Zielgruppe in den letzten Jahrzehnten nicht immer gleich hoch war. Laut Zahlen des Verbandes Österreichischer Volkshochschulen ist seit 2014/2015 ein Rückgang der Zielgruppe der Älteren zu verzeichnen (Vater & Zwielehner 2017, S. 1), obwohl im Arbeitsjahr 2017/2018 ein leichter Anstieg gegenüber dem Arbeitsjahr 2015/2016 zu erkennen ist. Waren die 60- bis 69-Jährigen 2015/2016 noch mit 10,7 % und die über 70-Jährigen mit 6,6 % vertreten (ebd., S. 21), so stieg dieser Anteil 2017/2018 bei den 60- bis 69-Jährigen auf 11,4 % und bei den über 70-Jährigen auf 7,9 %; im Arbeitsjahr 2018/2019 ist wieder ein Rückgang, v. a. bei den über 70-Jährigen (6,4 %) erkennbar (60- bis 69-Jährige: 11,3 %). Im Verhältnis zu den jüngeren Altersgruppen (15 bis 49 Jahre) sind die Älteren, speziell die über 70-Jährigen, doch deutlich unterrepräsentiert (Vater & Zwielehner 2019, S. 1 und 21; Vater & Zwielehner 2020, S. 21). Die Volkshochschulen versuchen mit ihrem Angebot durchaus, die Zielgruppe der Älteren zu erreichen. Die Angebotspalette ist breit ausgerichtet und reicht – wenn man sich z. B. das Online-Bildungsprogramm der Wiener Volkshochschulen ansieht (Stand: 28. August 2020) – von sportlichen Aktivitäten (u. a. Tanz, Ballett, Muskelaufbau) und politischer Bildung bis hin zu Selbsterfahrungskursen, Generationenworkshops, Sprach-, Smartphone- und Tablet-Kursen für SeniorInnen.

Intermediäre Lernorte für Ältere sind (nonformale) Einrichtungen, die nur teilweise bestimmte Bildungszwecke verfolgen. Gieseke (2008) spricht in diesem Zusammenhang von einer »beigeordneten Bildung« (Gieseke 2008, S. 105). Das können

4 Eine Übersicht über die Organisationen (Mitglieder) der Katholischen Erwachsenenbildung findet sich z. B. auf der Website des Forums Katholischer Erwachsenenbildung in Österreich: www.forumkeb.at.

Vereine, Museen, Bibliotheken[5], NachbarInnenschafts- oder Beratungszentren wie auch Sozial-, Pflege- und Gesundheitszentren oder Wohlfahrts- und Hilfsorganisationen (z. B. Hilfswerk, Volkshilfe) sein. Laut Kolland und Kahri (2004) fokussieren Bildungsangebote von Hilfsorganisationen auf zwei Aspekte:

> »Zum einen werden für ehrenamtliche Tätigkeiten Qualifizierungskurse angeboten, zum anderen wird versucht, im Rahmen der Hilfsdienste die älteren Menschen zur Teilnahme an Angeboten zu aktivieren, die v. a. die Alltagskompetenz stärken« (Kolland & Kahri 2004, S. 477).

Der erstgenannte Bereich hat sich in den letzten Jahren stark weiterentwickelt. Vermehrt wird versucht, Freiwilligentätigkeit und Bildung im Alter zusammenzubringen (siehe u. a. Wiener Plattform für Freiwilligenkoordination 2015, BMSGPK 2020; ► Kap. 15). Bildung und bürgerschaftliches Engagement bedingen sich gegenseitig – aus beiden Bereichen können Lernanlässe und Lernerfahrungen resultieren (Baumgartner et al. 2013, S. 153).

Überdies sind Kommunen und Interessenvertretungen (z. B. Land, Gemeinden, Gewerkschaften, SeniorInnenverbände) wertvolle (Lern-)Orte für Ältere, auch wenn in diesen Einrichtungen die Weiterbildung nicht immer an erster Stelle steht, sondern oft die Unterstützung, die gemeinschaftliche Zusammenkunft oder Information. Dennoch finden sich vereinzelt auch in diesen Zusammenschlüssen Bildungsangebote, wobei zum Teil in Kooperation mit anderen Einrichtungen (z. B. SeniorInnenorganisationen, Bildungseinrichtungen) gearbeitet wird (Kolland & Kahri 2004, S. 477).

Darüber hinaus gibt es am österreichischen Bildungsmarkt unterschiedliche private Einrichtungen, die neben Bildungsangeboten verschiedene Projekte mit und für die Zielgruppe der Älteren durchführen. Exemplarisch kann queraum. kultur- und sozialforschung genannt werden, das nationale (kommunale, regionale) und europäische Projekte plant, entwickelt und umsetzt (Beispiel: Mobility Scouts[6]). Auch das Österreichische Institut für angewandte Telekommunikation (ÖIAT) kann angeführt werden, das v. a. Projekte und Initiativen für die Weiterbildung von mit der Zielgruppe der Älteren arbeitenden MultiplikatorInnen aus dem Bereich der Erwachsenenbildung anbietet (► Kap. 10).

Implizite Lernorte verfolgen primär andere als Bildungszwecke, können aber dennoch bestimmte Bildungsaufgaben übernehmen (Nolda 2008, S. 109). Im Grunde stellen implizite Lernorte den größten Bereich an Lernorten dar, weil beispielsweise Bildungsprozesse von älteren Menschen eher selten in formalen Rahmungen stattfinden, sondern Ältere zumeist außerhalb dieser – in informellen Kontexten – ler-

---

5 Grundsätzlich sind Bibliotheken in Österreich zu expliziten Lernorten zu zählen, da sie laut Bundesgesetzblatt »Förderung der Erwachsenenbildung und des Volksbüchereiwesens aus Bundesmitteln« (BGBl. Nr. 171/1973) zur Erwachsenenbildung gehören. Hier werden die Bibliotheken zu den intermediären Lernorten gezählt, weil sie Bildungsangebote für bestimmte Bevölkerungsgruppen – neben dem eigentlichen Hauptgeschäft (Medien und Informationen sammeln und verfügbar machen) – anbieten.

6 Nähere Informationen zu diesem von der Generaldirektion Bildung, Jugend, Sport und Kultur der Europäischen Kommission ausgezeichneten Projekt sind zu finden unter: https://www.queraum.org/node/103.

nen (Kolland et al. 2018, S. 57; Schneider 2003, S. 219 f.). Implizite Lernorte sind alle alternativen (informellen) Orte und Einrichtungen, die – je nach Alltag, Arbeit, Familie oder Freizeit – bestimmte (zielorientierte) Bildungsaufgaben übernehmen. Lernorte sind hier also jegliche Lebensräume und Lebenswelten der älteren Menschen, die von sozialen Orten wie Kultur- und Musikvereinen, Kaffee- und Gasthäusern bis hin zu Praxen und Apotheken oder dem Zuhause (Stichwort: Homeoffice, Homeschooling, Homecare) reichen können.

11.4 Informelles Lernen im Alter

Orte des informellen Lernens (engl. informal learning oder informal education) werden je nach wissenschaftlicher Disziplin und entsprechend bestimmten Lebensaltern unterschiedlich thematisiert. Lernprozesse und Lernorte werden im Kontext des informellen Lernens meist verbunden und aufeinander bezogen betrachtet (Täubing 2018, S. 11). Die Formen informeller Bildung im Alter sind grundsätzlich vielfältig, lassen sich aber nicht einfach darstellen, auch weil dazu teilweise Forschungen und konzeptionelle Auseinandersetzungen fehlen (Täubing 2018; Thalhammer & Schmidt-Hertha 2018).

Ein Großteil des Lernens im Alter findet außerhalb von Bildungseinrichtungen in informellen Kontexten statt (Bubolz-Lutz et al. 2010, S. 205). Das informelle Lernen wird dabei – im Gegensatz zum nonformalen Lernen, das primär institutionell stattfindet – als eine Art »natürliche Begleiterscheinung des täglichen Lebens« verstanden.

> »Anders als beim formalen und nicht-formalen Lernen handelt es sich beim informellen Lernen nicht notwendigerweise um ein intentionales Lernen, weshalb es auch von den Lernenden selbst unter Umständen gar nicht als Erweiterung ihres Wissens und ihrer Fähigkeiten wahrgenommen wird« (Kommission der Europäischen Gemeinschaften 2000, S. 9 f.).

Informelles Lernen umfasst nicht immer zwingend ein intentionales Lernen, doch wenn Bildung im Alter als eine geistige Aktivität verstanden wird, »die eine starke Erfahrungs- und Reflexionskomponente aufweist und als soziale Aktivität, die auf active citizenship zielt, dann stellen wir die Intentionalität von Bildung in den Vordergrund« (Kolland 2016, S. 8).

Schon ältere Studien, wie z. B. der Mikrozensus »Lebenslanges Lernen« aus dem Jahr 2003, in dem erstmals eine empirische Basis zum informellen Lernen der über 60- bzw. 65-Jährigen vorliegt, bestätigen, dass Weiterbildung im Alter stärker als in anderen Lebensphasen informell stattfindet. Beispielsweise steigt in höheren Altersgruppen der Konsum von Bildungssendungen. »Bildungsfernsehen« wird v. a. von jenen Personengruppen favorisiert, die einen Großteil ihrer Zeit zu Hause verbringen. Erreicht wird ein Höchstwert (81 %) bei den über 65-Järigen und Älteren (Statistik Austria 2004, S. 71 f.). Auch die Studie »Lernbedürfnisse und Lernarrangements von älteren Menschen« von Kolland et al. aus dem Jahr 2007 zeigt, dass ein Großteil der Älteren informelle Aktivitäten bzw. »Lernaktivitäten« ausübt. Am meisten wird z. B. beim Lesen und bei der Benutzung des Computers/Internets gelernt, wobei auch Fernsehen und Radiohören einen relativ hohen Stellenwert haben. Am wenigsten gelernt wird laut dieser Studie bei routinemäßigen Tätigkeiten wie z. B. beim Kochen (Kolland et al. 2007, S. 66).

Ebenso machen videografische Studien von Haring (2016, 2019) das informelle Lernen im Alter sichtbar. In den Filmen werden verschiedene Praxisbeispiele aus der österreichischen Bildungslandschaft vorgestellt, die verdeutlichen, wie ältere Menschen ihren Lebensalltag gestalten. Es wird gezeigt und von ProtagonistInnen erklärt, wie Ältere informell und nonformal in organisierten Bildungsprozessen lernen und wie sie ihre persönlichen Bedürfnisse, gesellschaftlichen Einstellungen und Wahrnehmungen reflektieren (Haring 2019). Lebensbezogene Lerninteressen – so Schmidt-Hertha (2018) – werden häufig informell realisiert, können aber auch zu einer Teilnahme an einem organisierten Bildungsangebot führen. Die Teilnahme an einem Bildungsangebot ist für Ältere v. a. dann interessant, wenn sie eine vertiefende Auseinandersetzung mit einem Thema oder die Reflexion von lebensbezogenen Herausforderungen gemeinsam mit Gleichgesinnten suchen (Schmidt-Hertha 2018, S. 298). Beispielsweise werden im Film »Intergenerationelles Lernen« von Haring (2016) der Wunsch nach einem Austausch mit Gleichgesinnten und der Wunsch, »unter Menschen zu kommen«, sichtbar. Auch das Verhältnis zwischen informellem Lernen und formalem/nonformalem Lernen wird deutlich. Informelle Lernorte (z. B. Zuhause) können mit traditionellen Lernorten (z. B. Katholisches Bildungswerk Steiermark) verwoben sein, wenn z. B. lebensbezogene bzw. lebensbrauchbare Lerninteressen (z. B. Internet) informell nicht mehr realisiert werden können.

Informelle Lernorte sind soziale Orte und Lebensräume, die in Einrichtungen, aber auch abseits von Institutionen (z. B. Wald, Park, Straße, Dorfplatz, Internet) zu finden sind. Der Alltag bietet vielfältige Lernorte, die primär nicht immer als Lernorte wahrgenommen werden (Bubolz-Lutz et al. 2010, S. 205). Vor allem im späteren Lebensalter finden Bildung und Lernen größtenteils informell im »sozialen Nahraum im Alltag«, also z. B. in der NachbarInnenschaft oder im jeweiligen regionalen Wohngebiet, statt (Baumgartner et al. 2013, S. 128). Unabhängig davon, ob es sich dabei um ein bürgerschaftlich ausgerichtetes Engagement in der Gemeinde, um die Teilhabe an einem traditionellen Kultur- oder Sportverein, um das Studieren einer Fachzeitschrift oder das Lesen und Verstehen eines Medikamentenbeipackzettels handelt – all das sind Lernanlässe und -prozesse, die an unterschiedlichen (nicht-formalen) Lernorten stattfinden. Bei diesem informellen Lernen stehen entweder der Wunsch nach Teilhabe (z. B. Ehrenamt, NachbarInnenschaftshilfe, Gemeinschaft) oder schlicht der »Brauchbarkeitswert«, also die Notwendigkeit, etwas im Alltäglichen verstehen oder anwenden zu können, im Mittelpunkt. Es gibt hier als solche keine pädagogisch-didaktische Voraussetzung der Vermittlung und Aneignung, sondern dieses Lernen erfolgt selbstgesteuert, selbstorganisiert, interessengeleitet und »gebrauchsorientiert«. Lernanstöße bzw. Lernanregungen sind im Grunde immer mit individuellen Wünschen, Bedürfnissen und Motivationen verbunden, und sie müssen

»[...] den Akteuren dabei keineswegs als Lernanreize bewusst werden. Die Konfrontation mit neuen Aufgaben und Herausforderungen werden retrospektiv häufig als Lernanlässe deklariert (Dohmen 2001), münden aber längst nicht immer in bewusst initiierte Lernprozesse, die das Vorhandensein von Lernressourcen (z. B. kompetente Lernbegleiter, Lernmaterialien etc.), eine positive Haltung gegenüber der eigenen Lernfähigkeit und das Selbstvertrauen, sich auf neue Inhalte einzulassen, voraussetzen. Auch die Erfahrung, dass Lernen zur Lösung von Herausforderungen und zur Erreichung persönlicher Ziele beitragen kann, motiviert Erwachsene, sich bis ins höhere Alter auf Lernprozesse einzulassen (Schmidt 2009)« (Thalhammer & Schmidt-Hertha 2018, S. 958).

11.5 Fazit

Derzeit fehlt im Hinblick auf Lern- und Bildungsorte in der nachberuflichen Lebensphase noch eine systematische und theoriegeleitete Verortung. Diesbezügliche Auseinandersetzungen sind nur vereinzelt in Forschungsarbeiten zu finden (u. a. Schramek et al. 2018; Bubolz-Lutz et al. 2010; Kolland & Kahri 2004). Zukünftig wäre es daher sinnvoll, facheinschlägige Studien und Forschungsprojekte aus Österreich forschungsgeleitet im Hinblick auf Lernorte zu analysieren, um strukturell und thematisch einen Gesamtüberblick (ähnlich einer Landkarte) über die AnbieterInnenstruktur im Bereich Bildung im Alter zu schaffen. Perspektivisch gilt es, besonders informellen Lernorten und selbstorganisierten Lern- und Bildungsprozessen mehr Beachtung beizumessen, sodass adäquate und zielgruppenspezifische Konzepte zur Unterstützung informeller Lernprozesse entwickelt werden können (siehe auch Thalhammer & Schmidt-Hertha 2018, S. 961). Bildung und Lernen im Alter finden zwar zu einem wesentlichen Teil in traditionellen, anerkannten (Bildungs-)Einrichtungen (formal, nonformal) statt, Lerninteressen im Alter werden aber zu einem Großteil auch informell, also außerhalb von institutionell eingebundenen Lehr-Lern-Arrangements, realisiert. Facheinschlägige Untersuchungen und Praxisprojekte – wie auch in diesem Beitrag ansatzweise dargestellt – zeigen die Verwobenheit von formalen/nonformalen und informellen Lernprozessen älterer Menschen. »Obwohl das Lernen lebenslang und lebensumfassend gestaltet sein sollte, zeigt sich in der gesellschaftlichen Praxis, dass Bildung außerhalb der Erwerbsphase eine deutlich geringere Rolle spielt« (Kolland et al. 2018, S. 37). Verwertbarkeit und Brauchbarkeit von Bildung sind nach wie vor stark arbeitsmarkt- und qualifikationsorientiert, informelles Lernen und Bildung in der nachberuflichen Lebensphase werden (noch) nicht ganz als dritte Säule (1. Kinder/Jugendliche – 2. Erwachsene – 3. Ältere) lebenslangen Lernens wahrgenommen. Anerkennung und Aufwertung des nachberuflichen Lernens sind in der Bildungsarbeit verstärkt in den Blick zu nehmen sowie auch der Aspekt – besonders mit Blick auf die Digitalisierung –, inwiefern BildungsanbieterInnen ältere Menschen bei selbstregulierten Lernprozessen und Lernumgebungen unterstützen und begleiten können. Denn Lernintentionen können im reziproken Verhältnis von traditionellen Lernorten und informellem Lernen unterschiedlich erfüllt werden und es ist keine

Lernform der anderen prinzipiell voranzustellen, weil jede ihre Vor- und Nachteile mitbringt (Faulstich & Zeuner 2008, S. 39).

Literaturverzeichnis

Assinger, P. (2019). Lernräume in der Erwachsenenbildung. Aktuelle Literatur und wissenschaftliche Rezeption. Magazin erwachsenenbildung.at. Das Fachmedium für Forschung, Praxis und Diskurs, 35–36 (S. 11-2–11-8).

Baumgartner, K., Kolland, F. & Wanka, A. (2013). Altern im ländlichen Raum. Entwicklungsmöglichkeiten und Teilhabepotentiale. Stuttgart: Kohlhammer.

Bernhard, C., Kraus, K., Schreiber-Barsch, S. & Stang, R. (Hrsg.) (2015). Erwachsenenbildung und Raum. Theoretische Perspektiven – professionelles Handeln – Rahmungen des Lernens. Bielefeld: Bertelsmann.

Brünner, A. (2019). Pluralität der Lernorte: Lernortdiskussionen von 1970 bis heute. Im Blickpunkt Lernorte Älterer. Magazin erwachsenenbildung.at. Das Fachmedium für Forschung, Praxis und Diskurs, 35–36 (S. 03-2–03-9).

Brünner, A. (2020a). Factsheet: Lernorte im Alter – eine Konzeptionierungshilfe. Wien: Bundesministerium für Soziales, Gesundheit, Pflege und Konsumentenschutz. https://www.lifelong-learning.at/Wordpress/wp-content/uploads/2021/01/22.-Factsheet-Lernorte.pdf. Zugegriffen: 30. Juni 2021.

Brünner, A. (2020b). Lernorte und Lernwelten Älterer (LOWÄ). Projektbericht – Ergebnisbericht. Unveröffentlicht.

Bubolz-Lutz, E., Gösken, E., Kricheldorff, C. & Schramek, R. (2010). Geragogik. Bildung und Lernen im Prozess des Alterns. Das Lehrbuch. Stuttgart: Kohlhammer.

Bundesgesetz vom 21. März 1973 über die Förderung der Erwachsenenbildung und des Volksbüchereiwesens aus Bundesmitteln (BGBl. Nr. 171/1973) (1973). https://www.ris.bka.gv.at/Dokument.wxe?Abfrage=BgblPdf&Dokumentnummer=1973_171_0. Zugegriffen: 30. Juni 2021.

Bundesministerium für Arbeit, Soziales und Konsumentenschutz (BMASK) (2012). Altern und Zukunft. Bundesplan für Seniorinnen und Senioren (2. Aufl.). Wien: Bundesministerium für Arbeit, Soziales und Konsumentenschutz.

Bundesministerium für Soziales, Gesundheit, Pflege und Konsumentenschutz (BMSGPK) (2020). 3. Bericht zum freiwilligen Engagement in Österreich – Freiwilligenbericht 2019 (1. Nachdruck Jänner 2020). Wien: Bundesministerium für Soziales, Gesundheit, Pflege und Konsumentenschutz.

Bundeskanzleramt Österreich (o.J.). Informelles und non-formales Lernen. https://www.frauen-familien-jugend.bka.gv.at/jugend/bildung-beschaeftigung/informelles-und-non-formales-lernen.html. Zugegriffen: 5. August 2020.

Faulstich, P. & Haberzeth, E. (2010). Aneignung und Vermittlung an lernförderlichen Orten. Theoretische Begründung und exemplarische Analyse von Lernorten. Hamburger Heft der Erwachsenenbildung. Demokratie und Partizipation, I (S. 58–79). https://www.ew.uni-hamburg.de/einrichtungen/ew3/erwachsenenbildung-und-lebenslanges-lernen/files/hhhefte-1-2010-pdf.pdf#page=58. Zugegriffen: 30. Juni 2021.

Faulstich, P. & Zeuner, C. (2008). Erwachsenenbildung. Eine handlungsorientierte Einführung in Theorie, Didaktik und Adressaten (3., aktualisierte Aufl.). Weinheim, München: Juventa.

Filla, W. (1996). Aufklärung als Vorbotin und Element der Moderne in der österreichischen Volksbildung. In W. Filla, E. Gruber & J. Jug (Hrsg.), Erwachsenenbildung in der Aufklärung (S. 79–97). Wien: Verband Österreichischer Volkshochschulen – Promedia.

Gieseke, W. (2008). Bedarfsorientierte Angebotsplanung in der Erwachsenenbildung. Bielefeld: Bertelsmann. https://doi.org/10.3278/42/0022w. Zugegriffen: 20. Juni 2021.

Gruber, E. & Lenz, W. (2016). Erwachsenen- und Weiterbildung Österreich (3., vollständig überarbeitete Aufl.). Bielefeld: Bertelsmann.

Gruber, E. & Schlögl, P. (2003). ONLINE-Katalog für Qualitätskriterien von Angeboten der allgemeinen und beruflichen Erwachsenenbildung. KundInnenorientierte Entscheidungskriterien für die Auswahl. In P. Schlögl & E. Gruber (Hrsg.), Wo geht's hier zum »richtigen« Kurs? Entscheidungshilfen für die Auswahl eines Kursangebots in der allgemeinen und beruflichen Erwachsenenbildung (S. 9–12). Wien: Österreichisches Institut für Berufsbildungsforschung.

Gruber, E. & Schmid, K. (2019). Editorial. Magazin erwachsenenbildung.at. Das Fachmedium für Forschung, Praxis und Diskurs, 35–36 (S. 01–2–01–8).

Gruber, E. & Schmid, K. (Hrsg.) (2019). Lern- und Bildungsräume. Magazin erwachsenenbildung.at. Das Fachmedium für Forschung, Praxis und Diskurs, 35–36. Wien, Norderstedt: Books on Demand.

Haring, S. (2016). Intergenerationelles Lernen. Beispiele aus der Praxis. Regie: Sol Haring in Zusammenarbeit mit dem Katholischen Bildungswerk Steiermark. Im Auftrag des Bundesministeriums für Arbeit, Soziales und Konsumentenschutz. https://www.youtube.com/watch?v=eUKNAGSJ5pM. Zugegriffen: 26. August 2020.

Haring, S. (2019). Aktiv Altern – Empowerment durch Bildung. Lehr- und Lernfilm. Regie: Sol Haring. Im Auftrag des Bundesministeriums für Arbeit, Soziales, Gesundheit und Konsumentenschutz. https://www.youtube.com/watch?v=l-wkLpySsbs. Zugegriffen: 26. August 2020.

Kade, S. (2007). Altern und Bildung. Eine Einführung. Bielefeld: Bertelsmann.

Kolland, F. (2005). Bildungschancen für ältere Menschen. Ansprüche an ein gelungenes Leben. Wien: LIT-Verlag.

Kolland, F. (2016). Bildungsmotivation im Alter. Modelle und Forschungserkenntnisse. Wien: Bundesministerium für Arbeit, Soziales und Konsumentenschutz.

Kolland, F. & Ahmadi, P. (2010). Bildung und aktives Altern. Bewegung im Ruhestand. Bielefeld: Bertelsmann.

Kolland, F., Ahmadi, P., Benda-Kahri, S., Kranzl, V. & Neururer, M. (2007). Lernbedürfnisse und Lernarrangements von Älteren. Endbericht. Wien: Bundesministerium für Soziales und Konsumentenschutz.

Kolland, F., Gallistl, V. & Wanka, A. (2018). Bildungsberatung für Menschen im Alter. Grundlagen, Zielgruppen, Konzepte. Stuttgart: Kohlhammer.

Kolland, F. & Kahri, S. (2004). Bildung im Alter: zwischen Exklusion und sozialer Differenzierung. SWS-Rundschau, 44/4 (S. 464–488). https://nbn-resolving.org/urn:nbn:de:0168-ssoar-164798. Zugegriffen: 26. August 2020.

Kommission der Europäischen Gemeinschaften (2000). Memorandum über Lebenslanges Lernen. Arbeitsdokument der Kommissionsdienststellen. Brüssel, den 30.10.2000 SEK (2000) 1832. https://www.die-bonn.de/esprid/dokumente/doc-2000/EU00_01.pdf. Zugegriffen: 5. August 2020.

Kraus, K. (2010). Aneignung von Lernorten in der Erwachsenenbildung: zur Empirie pädagogischer Räume. REPORT – Zeitschrift für Weiterbildungsforschung, 02/2010 (S. 46–55). https://www.ssoar.info/ssoar/bitstream/handle/document/52118/ssoar-%20report-2010-2-kraus-%20Aneignung_von_Lernorten_in_der.pdf?sequence=1&isAllowed=y&lnkname=ssoar-report-2010-2-%20kraus-Aneignung_von_Lernorten_in_der.pdf. Zugegriffen: 16. Juli 2020.

Kraus, K. (2015). Lernorte. In J. Dinkelaker & A. von Hippel (Hrsg.), Erwachsenenbildung in Grundbegriffen (S. 135–142). Stuttgart: Kohlhammer.

Kraus, K., Stang, R., Schreiber-Barsch, S. & Bernhard, C. (2015). Erwachsenenbildung und Raum. Eine Einleitung. In C. Bernhard, K. Kraus, S. Schreiber-Barsch & R. Stang (Hrsg.), Erwachsenenbildung und Raum. Theoretische Perspektiven – professionelles Handeln – Rahmungen des Lernens (S. 11–23). Bielefeld: Bertelsmann.

Ludescher, M. (2017). Entwicklungspotenziale im Alter? Zur wissenschaftlichen Weiterbildung in der zweiten Lebenshälfte – Streiflichter auf Bildungsforschung und -praxis. Journal für Begabtenförderung, 1 (S. 7–17).

Müllegger, J. (2018). Ältere als Zielgruppe der Erwachsenenbildung: Bedarfe – Entwicklungen – Perspektiven. Befundaufnahme und Empfehlungen von Expertinnen und Experten für die

Bildungspraxis. https://www.sozialministerium.at/Themen/Soziales/Soziale-Themen/Seniorinnen--und-Seniorenpolitik/Bildung-im-Alter.html. Zugegriffen: 25. August 2020.
Nolda, S. (2008). Einführung in die Theorie der Erwachsenenbildung. Darmstadt: Wissenschaftliche Buchgesellschaft.
Nuissl, E. (2006a). Der Omnibus muss Spur halten. Zur Aufgabe von Lernorten im lebenslangen Lernen. DIE Zeitschrift für Erwachsenenbildung, IV (S. 29–31). http://www.diezeitschrift.de/42006/nuissl0604.pdf. Zugegriffen: 30. Juni 2021.
Nuissl, E. (2006b). Orte und Netze lebenslangen Lernens. In R. Fatke & H. Merkens (Hrsg.), Bildung über die Lebenszeit (S. 69–83). Wiesbaden: VS-Verlag für Sozialwissenschaften/GWV-Fachverlag.
Schmidt-Hertha, B. (2018). Spotlights der Bildung im Alter: Angebotskonzepte und informelle Lernkontexte. In R. Schramek, C. Kricheldorff, B. Schmidt-Hertha & J. Steinfort-Diedenhofen (Hrsg.), Alter(n) – Lernen – Bildung. Ein Handbuch (S. 298–303). Stuttgart: Kohlhammer.
Schneeberger, A. (2005). Beteiligungsstruktur und Ressourcen der Erwachsenenbildung. Empirische Grundlagen zu einer Strategie des lebensbegleitenden Lernens. Studie im Auftrag des Bundesministeriums für Bildung, Wissenschaft und Kultur. https://erwachsenenbildung.at/downloads/service/2_05_Online-Version-GESAMT.pdf. Zugegriffen: 5. August 2020.
Schneider, K. (2003). Die Förderung der Kompetenz, komplexe offene Probleme im Alter bewältigen zu können – Vorüberlegungen zu einem didaktischen Konzept. In E. Gösken & M. Pfaff (Hrsg.), Lernen im Alter – Altern lernen (S. 218–229). Oberhausen: Athena.
Schramek, R., Kricheldorff, C., Schmidt-Hertha, B. & Steinfort-Diedenhofen, J. (Hrsg.) (2018). Alter(n) – Lernen – Bildung. Ein Handbuch. Stuttgart: Kohlhammer.
Stang, R. (2016). Lernwelten im Wandel. Entwicklungen und Anforderungen bei der Gestaltung zukünftiger Lernumgebungen. Berlin, Boston. Walter de Gruyter.
Statistik Austria (2004). Lebenslanges Lernen. Ergebnisse aus dem Mikrozensus Juni 2003. http://www.statistik.at/web_de/services/publikationen/5/index.html?includePage=detailedView&sectionName=Bildung&pubId=92. Zugegriffen: 5. August 2020.
Täubing, V. (2018). Informelles Lernen. Standorte bestimmten. In N. Kahnwald & V. Täubing (Hrsg.), Informelles Lernen. Standortbestimmungen (S. 3–14). Wiesbaden: Springer VS.
Thalhammer, V. & Schmidt-Hertha, B. (2018). Bildungsforschung zum informellen Lernen. In R. Tippelt & B. Schmidt-Hertha (Hrsg.), Handbuch Bildungsforschung (4., überarbeitete und aktualisierte Aufl.) (S. 947–966). Wiesbaden. Springer VS.
Tippelt, R. & Reich-Claassen, J. (2010). Lernorte – Organisationale und lebensweltbezogene Perspektiven. Report, 2 (S. 11–21). https://www.die-bonn.de/doks/report/2010-lernort-01.pdf. Zugegriffen: 30. Juni 2021.
Vater, S. & Zwielehner, P. (2017). Statistikbericht 2017. Der Österreichischen Volkshochschulen für das Arbeitsjahr 2015/2016. https://adulteducation.at/sites/default/files/statistikberichte-auswertungen/vhs-statistik-leistungsbericht-2017.pdf. Zugegriffen: 30. Juni 2021.
Vater, S. & Zwielehner, P. (2019). Statistikbericht 2019. Der Österreichischen Volkshochschulen für das Arbeitsjahr 2017/2018. https://adulteducation.at/sites/default/files/statistikberichte-auswertungen/vhs-statistik-leistungsbericht-2019.pdf. Zugegriffen: 30. Juni 2021.
Vater, S. & Zwielehner, P. (2020). Statistikbericht 2020. Der Österreichischen Volkshochschulen für das Arbeitsjahr 2018/2019. https://adulteducation.at/sites/default/files/statistikberichte-auswertungen/vhs-statistik-leistungsbericht-2020.pdf. Zugegriffen: 30. Juni 2021.
Wiener Plattform für Freiwilligenkoordination (2015). Perspektiven. Lebenslanges Lernen & freiwilliges Engagement. Wien: Bundesministerium für Arbeit, Soziales und Konsumentenschutz.

12 Digitale Bildung und digitale Kompetenzen im Alter

Rebekka Rohner

Zusammenfassung

Digitale Kompetenzen sind in Österreich eine wesentliche Voraussetzung für die soziale Teilhabe und Chancengleichheit geworden. Dabei zeigt eine Eurostat-Erhebung von 2019, dass 41 % der 65- bis 74-jährigen ÖsterreicherInnen das Internet im letzten Jahr nicht verwendet haben (Eurostat 2019). Zur Förderung der digitalen Kompetenzen älterer Menschen wird vorwiegend auf den Ausbau der Bildungsprogramme für die nachberufliche Lebensphase gesetzt. Dieser Beitrag beschäftigt sich mit der Frage, wie digitale Kompetenzen in Österreich gefördert werden und wie sich die digitale SeniorInnenbildung in Österreich weiterentwickeln kann.

Im ersten Unterkapitel werden zentrale Begrifflichkeiten definiert, bevor anschließend näher auf politische Meilensteine in der digitalen Bildung sowie die Forschungs- und Praxislandschaft eingegangen wird. In Österreich lassen sich dabei eine vielfältige Angebotsstruktur und ein breites politisches Engagement ausmachen. Schließlich werden zwei gegenwärtige Herausforderungen aus Sicht der Alterssoziologie thematisiert. Zum einen muss die Heterogenität älterer Nicht-NutzerInnen von digitaler Technologie stärker erforscht und in zielgruppenspezifischen Bildungsangeboten berücksichtigt werden. Zum anderen muss das digitale Gerät stärker als Akteur im Lernprozess verstanden werden, das Handlungen ermöglicht und begrenzt.

12.1 Einleitung

Digitale Bildung ist in den letzten Jahren ein wichtiges politisches Thema in Österreich und in ganz Europa geworden. Bereits im Jahr 2000 wurden IT-Fertigkeiten vom Europäischen Rat als Teil der Grundfertigkeiten festgelegt (Europäisches Parlament 2000). Darauf aufbauend definierte die Kommission der Europäischen Gemeinschaften Fertigkeiten im Bereich der Informations- und Kommunikationstechnologien als neue Basisqualifikationen und damit als »Kompetenzen, die Voraussetzung sind für eine aktive Teilhabe an der wissensbasierten Gesellschaft und

Wirtschaft« (Kommission der Europäischen Gemeinschaften 2000, S. 13). Dementsprechend wurde die Förderung von Technikkompetenzen, v.a. älterer ArbeitnehmerInnen, bereits auf der zweiten Weltversammlung über das Altern betont (Vereinte Nationen 2002).

Seither gewinnen im alltäglichen Leben digitale Kompetenzen zunehmend an Bedeutung. Sie wurden bereits im Jahr 2006 vom Rat der Europäischen Union als eine der acht Schlüsselkompetenzen neben Lesen, Schreiben und Rechnen gelistet und 2018 in überarbeiteter Form neuerlich veröffentlicht. Schlüsselkompetenzen sind jene, die alle Menschen für ihre persönliche Entfaltung und Entwicklung sowie soziale Inklusion, gesundheitsbewusste Lebensgestaltung und aktive BürgerInnenschaft benötigen (Rat der Europäischen Union 2018).

Nach der Definition der Schlüsselkompetenzen erstreckt sich die digitale Kompetenz

> »auf Informations- und Datenkompetenz, Kommunikation und Zusammenarbeit, Medienkompetenz, die Erstellung digitaler Inhalte (einschließlich Programmieren), Sicherheit (einschließlich digitales Wohlergehen und Kompetenzen in Verbindung mit Cybersicherheit), Urheberrechtsfragen, Problemlösung und kritisches Denken« (Rat der Europäischen Union 2018, S. 20).

Zudem wurden im Zusammenhang mit dieser Kompetenz wesentliche Kenntnisse, Fertigkeiten und Einstellungen definiert, die beschreiben, welches Verständnis, welche Kenntnisse und welche Einstellungen jede/jeder Einzelne erwerben sollte, um in der Lage zu sein, »digitale Technologien für die aktive Bürgerschaft und soziale Inklusion, die Zusammenarbeit mit anderen und die Kreativität zur Verfolgung persönlicher, gesellschaftlicher oder kommerzieller Ziele zu nutzen« (Rat der Europäischen Union 2018, S. 20).

Digitale Kompetenzen sind also nicht mehr nur für die Integration in den Arbeitsmarkt essenziell, sondern auch generell für die Teilnahme am gesellschaftlichen Leben. Sie sollen europaweit im Rahmen des lebenslangen Lernens in allen Altersgruppen gefördert werden.

Es zeigt sich jedoch, dass, obwohl die Zahl der NutzerInnen digitaler Technologien weltweit stetig gestiegen ist, weiterhin Altersunterschiede bestehen (Hunsaker & Hargittai 2018; Seifert & Rössel 2019). So hat in einer Eurostat-Erhebung von 2019 rund 1 % der unter 44-jährigen ÖsterreicherInnen angegeben, das Internet im letzten Jahr nicht verwendet zu haben, während dies auf 41 % der 65- bis 74-Jährigen zutrifft (Eurostat 2019). Auch die digitalen Kompetenzniveaus bei NutzerInnen korrelieren stark mit dem Alter: Eine Analyse der PIAAC-Erhebung (2011) zeigt, dass ältere NutzerInnen (49–64 Jahre) niedrigere computerbasierte Problemlösungskompetenzen aufweisen als jüngere (16–49 Jahre) (Kolland et al. 2014). Dies verweist darauf, dass sowohl der Zugang als auch die Kompetenz und die daraus resultierenden Effekte der Internetnutzung alterssegregiert verlaufen. Digitale Inklusion ist daher ungleich über die Altersgruppen verteilt (Hill et al. 2015). Die digitalen Kompetenzen älterer Menschen zu fördern, ist somit ein wichtiges sozialpolitisches Ziel, das v.a. durch den Ausbau der Bildungsprogramme für die nachberufliche Lebensphase erreicht werden soll. Der vorliegende Beitrag beschäftigt sich daher mit folgenden Fragen:

- Wie kann Bildung im Alter durch und mit digitalen Technologien ermöglicht werden?
- Wie hat sich die digitale SeniorInnenbildung in Österreich entwickelt?
- Welche gegenwärtigen Herausforderungen bestehen und wie kann das Feld weiterentwickelt werden?

In einem ersten Schritt wird dabei definiert, was unter digitalen Kompetenzen verstanden werden kann. Anschließend werden die Entwicklungen und die aktuelle Lage der digitalen Bildung in Österreich dargestellt und schließlich gegenwärtige Herausforderungen thematisiert.

12.2 Digitale Teilhabe und digitale Kompetenzen

Es herrscht eine rege Diskussion darüber, wie digitale Kompetenzen bzw. Technik- oder Medienkompetenzen definiert werden sollen. Dementsprechend gibt es eine Vielzahl an Definitionen und Begriffen unterschiedlicher Disziplinen. Den meisten Ansätzen ist gemeinsam, dass digitale Kompetenzen aus unterschiedlichen Fähigkeiten und Kompetenzbereichen bestehen, die über die einfache Nutzung von digitaler Technik hinausgehen. Dabei werden häufig Kompetenzen des kritischen Denkens und der Kreativität in der Gestaltung von digitalen Technologien genannt. Darüber hinaus wird meist die Fähigkeit, digital zu kommunizieren und zu kollaborieren sowie sich neues Wissen anzueignen, als weiterer Bestandteil digitaler Kompetenzen aufgezählt. Einen guten Überblick über die verschiedenen Konzepte von digitaler Kompetenz findet man in der Arbeit von Ferrari (2012). Für den vorliegenden Beitrag wurde eine Definition basierend auf der hier aufgeworfenen Fragestellung ausgewählt. Im Beitrag werden digitale Kompetenzen älterer Menschen thematisiert, die im Rahmen von Bildungsangeboten gefördert werden sollen, was einen Schwerpunkt geragogischer Forschung und Praxis darstellt. Die Geragogik arbeitet daher mit Definitionen von digitalen Kompetenzen (manchmal auch Technik- und Medienkompetenzen genannt), die auf ältere Menschen zugeschnitten wurden und nicht etwa auf Lehrende, Jugendliche oder Erwachsene (Ferrari 2012).

Die hier ausgewählte *geragogische Definition* beschreibt digitale Kompetenzen im Alter in vier Dimensionen: Diese umfassen

1. das Wissen über Technologien und die Fähigkeit, diese zu bedienen,
2. die tatsächliche Nutzung von Technologien und Medien,
3. die Fähigkeit, Technologien und Medien nach eigenen Wünschen zu gestalten, und
4. den kritischen Umgang mit Technik und Medien im Hinblick auf mögliche Folgen, Risiken und potenzielle Gefährdungen (Bubolz-Lutz & Stiel 2018).

Das heißt, in der digitalen Bildung reicht es nicht aus, eine genaue Anweisung zu geben, wie digitale Technologien zu verwenden sind. Es muss ein selbstbestimmtes Handeln mit digitalen Technologien vermittelt werden, was eine kritische Reflexion und Freiheit in der Gestaltung miteinschließt.

Die Förderung digitaler Kompetenzen dient der Gewährleistung von digitaler und damit auch sozialer Teilhabe älterer Menschen und der Verringerung von digitaler Ungleichheit. Doch was bedeuten digitale Teilhabe und digitale Ungleichheit? Unter *digitaler Teilhabe* versteht man, »dass Menschen an der Nutzung und Gestaltung des Internets, digitaler Medien und moderner Technologien beteiligt sind« (Bubolz-Lutz & Stiel 2018, S. 199). Dabei setzt digitale Teilhabe sowohl den Zugang zu digitalen Technologien voraus als auch digitale Kompetenzen (ebd., S. 199). Wie eingangs bereits erläutert, ist jedoch beides ungleich über die Altersgruppen hinweg verteilt. So zeigen Auswertungen der SHARE-Daten, dass 46 % der über 65-jährigen ÖsterreicherInnen noch nie einen Computer verwendet und diese 46 % auch das Internet in den letzten sieben Tagen nicht genutzt haben (Gallistl et al. 2020). Dies wird als altersbezogener *Digital Divide* bezeichnet, was eine neue Form der sozialen Ungleichheit darstellt. Man spricht von digitaler Ungleichheit, da der fehlende Zugang und die fehlende Nutzung von digitalen Technologien die soziale Teilhabe und Chancengleichheit erschweren (Zillien & Hargittai 2009).

12.3 Entwicklung der digitalen Bildung in Österreich

Die Entwicklung der digitalen SeniorInnenbildung in Österreich soll auf drei Ebenen aufgezeigt werden. Zunächst werden die politischen Meilensteine für die digitale SeniorInnenbildung näher betrachtet, anschließend wird die Forschungslandschaft angeschnitten und schließlich wird auf die Praxisfelder der digitalen Bildung im Alter eingegangen.

In Österreich sind in diesem Kontext drei politische Dokumente zentral (siehe Analyse in Gallistl et al. 2020): die Strategie zum lebensbegleitenden Lernen (2011), der Bundesplan für Seniorinnen und Senioren (2012) und die Richtlinien für die allgemeine Seniorenförderung (2016). In allen drei Dokumenten zeigen sich Entwicklungen dahin gehend, dass ältere Menschen in der nachberuflichen Lebensphase zunehmend in den Fokus politischer Maßnahmen zur Förderung der allgemeinen Bildungsbeteiligung gerückt sind. Das erste zentrale Dokument dabei ist die *Strategie zum lebensbegleitenden Lernen.* In Aktionslinie 9 dieses Dokuments werden explizit Maßnahmen für die Förderung der Bildung von Menschen in der nachberuflichen Lebensphase angesprochen. Als Ziele wird neben der Qualitätssicherung der Bildungsangebote auch eine Steigerung der Weiterbildungsbeteiligung von Menschen in der nachberuflichen Lebensphase auf mindestens 12 % definiert. Dies soll v. a. durch einen Ausbau niederschwelliger, wohnortnaher und barrierefreier Angebote und eine altersgruppenspezifische Beratung geschehen. Die Aktionslinie 9 zielt damit auf die Förderung der SeniorInnenbildung im Allgemeinen ab, wobei die Förderung digitaler Kompetenzen als wichtiges Thema hervorgehoben, jedoch nicht näher spezifiziert wird.

> »Ziel 9.4. Es existiert eine bildungsfördernde Infrastruktur für eine niederschwellige, wohnortnahe Beteiligung älterer Menschen an Bildungsangeboten, insbesondere auch im Bereich intergenerationeller Projekte und Angebote im IKT-Bereich, die weiter ausgebaut wird.« (BMUKK et al. 2011, S. 42)

Im *Bundesplan für Seniorinnen und Senioren*, dem zweiten zentralen Dokument, werden unterschiedliche Ziele zur Steigerung der Lebensqualität und sozialen Teilhabe aller älteren Menschen bzw. einzelner Gruppen unter ihnen formuliert. Kapitel 3.11 beschäftigt sich dabei mit »Altern und Medien«. In diesem Kapitel wird auf die mangelnde digitale Bildung älterer Menschen hingewiesen und betont, dass es nicht nur Bildung im Allgemeinen für ältere Menschen braucht, sondern speziell auf dem Gebiet der digitalen Kompetenzen Bedarf herrscht. Dementsprechend werden in diesem Dokument die folgenden zwei Ziele formuliert:

> »Flächendeckender Zugang von älteren Frauen und Männern zu den neuen Medien sowie Informationen zur sicheren Nutzung und Stärkung ihrer Medienkompetenz
> Schaffung von niederschwelligen, barrierefreien, gender- und zielgruppenspezifischen Schulungs- und Beratungsangeboten« (BMASK 2012, S. 56).

Schließlich orientieren sich die *Richtlinien zur allgemeinen Seniorenförderung* an den Themen, die im Bundesplan als zentrale Fragen des Alterns hervorgehoben werden, und formulieren Richtlinien für eine Förderung von Betreuungs-, Informations- und Beratungsangeboten. Dabei wird die »Durchführung von Schulungen und Kursen betreffend digitale Medien« (BMASGK 2016, S. 5) im Speziellen betont.

Diese drei Dokumente stellen politische Meilensteine für die digitale Bildung in der nachberuflichen Lebensphase dar. Lebenslanges Lernen wird dabei als die wichtigste Interventionsform beschrieben, um digitale Kompetenzen in der nachberuflichen Lebensphase zu fördern. Die Ziele und Empfehlungen sind allerdings recht breit formuliert und es mangelt an Zielsetzungen zum Aufbau langfristiger Unterstützungs- und Informationsnetzwerke.

Neben dem politischen Feld ist für die digitale Bildung im Alter auch das Feld der Forschung von zentraler Bedeutung. In diesem Kontext werden auf nationaler und europäischer Ebene zahlreiche Studien finanziert, wobei der Fokus v. a. auf Pflege- und Assistenztechnologien liegt. In Europa ist eines der wichtigsten Förderprogramme auf diesem Gebiet das »Ambient/Active Assisted Living European Joint Programme (AAL-JP)«. In Österreich kann hier die Forschungsförderungsgesellschaft (FFG) genannt werden, die Technologieprojekte für ältere Menschen im Rahmen der »benefit«-Strategie fördert. Eine Evaluation der österreichischen Beteiligung am AAL-JP von 2008 bis 2013 zeigt, dass neben diversen Notfall- und Überwachungssystemen v. a. an speziellen Kommunikations- und Informationssystemen für ältere Menschen mit körperlichen oder geistigen Einschränkungen geforscht wurde (Geyer & Good 2016). Wie dabei digitale Kompetenzen aufgebaut werden und wie digitale Bildung im Rahmen von AAL-Systemen aussehen kann, ist zumindest nicht explizit Thema der Projekte dieser Förderlinie. Studien zum Aufbau von digitalen Kompetenzen im höheren Alter und zur digitalen Bildung beziehen sich meist auf IK-Technologien wie Computer oder Smartphones. Derartige Studien werden in Österreich nicht nur von großen Förderprogrammen finanziert (z. B. das Projekt ACCESS[1]), sondern auch im kleineren Format direkt von Ministerien (z. B. das Österreichische Institut für angewandte Telekommunikation – ÖIAT[2]).

Schließlich existiert in Österreich neben einer regen Forschungslandschaft auch ein vielfältiges und breit aufgestelltes Praxisfeld der digitalen Bildung. Generell gibt es für ältere Menschen in Österreich eine *Vielzahl an Organisationen*, die die Vermittlung von digitalen Kompetenzen in unterschiedlichen Formaten anbieten: beginnend bei öffentlichen, nonformalen Bildungsinstitutionen (z. B. Volkshochschule) über christliche Organisationen (z. B. Katholisches Bildungswerk) und private Unternehmen (z. B. A1, SeniorenColleg, Wifi) bis hin zu kleineren NGOs und privaten Initiativen (z. B. Digitaler Stammtisch Grödig). Vermehrt werden auch formale Bildungsangebote extra für SeniorInnen aufgebaut, die jedoch meist digitale Kompetenzen auf einem höheren Niveau vermitteln (z. B. Uni 55plus Salzburg).

Um existierende Bildungsprojekte in unterschiedlichen Formaten sichtbar zu machen und Anregungen für zukünftige Projekte zu geben, lässt das Sozialministerium seit 2009 diverse Bildungsprojekte für SeniorInnen evaluieren und zeichnet sogenannte Good-Practice-Projekte aus (▶ Kap. 8). Von den Good-Practice-Projekten der SeniorInnenbildung aus den Jahren 2009, 2014, 2016 und 2018 beschäftigten sich 12 % (das sind 5 von 41 Projekten) mit digitalen Technologien und der Vermittlung von digitalen Kompetenzen und stellen damit eine recht große Gruppe innerhalb der Projekte mit hoher Qualität dar. Neben dieser allgemeinen Good-Practice-Evaluation wird zudem vom Österreichischen Institut für angewandte Telekommunikation (ÖIAT) die Servicestelle »digitaleSeniorInnen« angeboten. Diese unterstützt Bildungseinrichtungen sowie TrainerInnen in der Planung und Umsetzung von Projekten sowie bei der Sichtbarmachung existierender Projekte. Sie bietet dabei nicht nur Beratungen, Lehrgänge und Materialien an, sondern auch eine eigene Good-Practice-Auszeichnung für Angebote der digitalen SeniorInnenbildung (▶ Kap. 10).

In der Praxis der digitalen SeniorInnenbildung gibt es einige Handbücher, Berichte und Kriterienkataloge, die Vorschläge zur Umsetzung eines Angebots liefern. Eine Vielfalt an nützlichen Informationen dazu findet man u. a. auf der Website des ÖIAT.[3] So liefert der Kriterienkatalog für altersgerechtes Lehren und Lernen mit digitalen Technologien eine Vielzahl an Aspekten, die bei der Umsetzung eines solchen Angebotes essenziell sind, und weiterführende Anregungen, die über das Essenzielle hinausgehen. Dabei zeigt sich, dass spezielle Herausforderungen der digitalen SeniorInnenbildung u. a. darin liegen, dass erstens Selbstvertrauen im Umgang mit digitalen Technologien auf- und Ängste abgebaut werden müssen. Zweitens brauchen die TrainerInnen nicht nur didaktische und soziale, sondern auch technische Kompetenzen und den Willen, diese stets auf dem neuesten Stand zu halten. Drittens können die Kosten des digitalen Geräts oder des (mobilen) Internets

1 Siehe dazu: http://access.wineme.fb5.uni-siegen.de/.
2 Siehe unter: https://www.oiat.at.
3 Siehe unter: www.digitaleseniorinnen.at.

eine Zugangsbarriere für ältere Menschen darstellen, was im Rahmen eines digitalen Lernangebots thematisiert werden sollte (ÖIAT 2016). Konkrete Strategien, wie Lehrende ältere Menschen bei der Aneignung von digitaler Technik unterstützen können, finden sich in der Studie über Maßnahmen für SeniorInnen in der digitalen Welt. In dieser Studie werden basierend auf einer Sekundäranalyse, ExpertInnen-interviews und einer Fokusgruppe mit SeniorInnen diverse Vorschläge gegeben, welche Maßnahmen Lehrende in welcher Form umsetzen könnten (ÖIAT 2014). Im Leitfaden für TrainerInnen finden sich zudem didaktische Tipps zur Durchführung von SeniorInnenkursen von den ersten Grundlagen bis zum selbstständigen Problemlösen. Diesem Leitfaden sind nützliche Infoblätter, Broschüren, Videos und Powerpoint-Präsentationen für die Anwendung im Kurs beigelegt (ÖIAT 2020).

Um abschließend auch einen konkreten Einblick in die Praxis der digitalen Bildung in Österreich geben zu können, sollen zwei Good-Practice-Projekte der SeniorInnenbildung kurz vorgestellt werden. Das erste Projekt »Netzwerk Computeria Tirol« wurde vom Amt der Tiroler Landesregierung (Abteilung Gesellschaft und Arbeit – SeniorInnen) initiiert und 2014 ausgezeichnet. Computerias sind parteiunabhängige Lern- und Begegnungsräume, wo ältere Menschen den Umgang mit neuen Technologien erlernen können. Die Grundidee ist gegenseitige Selbsthilfe, d. h., NutzerInnen verfestigen ihre Fähigkeiten dadurch, dass sie das Gelernte anderen erklären. Neben der Unterstützung durch andere SeniorInnen sind in den mehr als 40 Computerias in Tirol auch über 300 Freiwillige aller Altersgruppen tätig, die in einem geselligen Miteinander über Laptops, PCs, Tablets und Smartphones lehren. Bei den Computerias geht es nicht um herkömmliche Computerkurse, denn bei Kaffee und Kuchen wird auch stark auf sozialen Austausch geachtet. Die Computerias sind ein sehr gutes Beispiel für niederschwellige und wohnortnahe Bildungsangebote. Es wird jedoch durch Evaluierungsprozesse und Ausbildungsangebote für Leitende und Anleitende auch auf die Qualität des Angebots geachtet.

Das zweite Projekt, »Tablets for everyone«, das eine Erweiterung des Projekts »TIK – Technik in Kürze« darstellt und vom Katholischen Bildungswerk Steiermark, gefördert vom Sozialministerium, durchgeführt wird, bietet Tablet-Schulungen für ältere Menschen in der ganzen Steiermark an. Da die Kurse nicht auf technische Gegebenheiten vor Ort angewiesen sind, sondern Leihgeräte zur Verfügung gestellt werden, können diese Angebote auch an Orten ohne »Infrastruktur« stattfinden (z. B. in SeniorInnenheimen, SeniorInnengruppen oder auch in Lima-Gruppen[4]). In dem intergenerationell konzipierten Projekt werden junge Erwachsene im Alter von16 bis 24 Jahren in einer Einschulung auf die speziellen Lernbedürfnisse älterer Menschen im Umgang mit Technik vorbereitet. Generell wird hier ebenfalls auf Qualitätssicherung durch Schulungen und Evaluationen geachtet. Aufbauend auf kostenlosen Schnupperkursen stehen verschiedene Formate zur Verfügung: Neben dem klassischen Seminarangebot (3 bis 5 Einheiten) und einem »Home-Angebot« (1

4 Lima bedeutet Lebensqualität im Alter und ist ein Trainingsprogramm des Katholischen Bildungswerks. In regelmäßigen Gruppentreffen wird allen Menschen ab 55 Jahren geholfen, sich gesund und geistig fit zu halten und das eigene Älterwerden sinnvoll zu gestalten.

bis 3 Hausbesuche) gibt es ein regelmäßiges »Kaffeehaus-Format« (z. B. in Begegnungszentren), zu dem SeniorInnen hinkommen können, um Fragen zum Thema Tablet zu stellen. Ebenfalls können Tablets gratis ausgeliehen werden, um einen ersten Einstieg zu ermöglichen, ohne sich gleich ein teures Gerät kaufen zu müssen. Das Projekt wurde 2016 als Good-Practice -Projekt ausgezeichnet, da es ebenfalls ein sehr gutes Beispiel für ein niederschwelliges und wohnortnahes Bildungsangebot darstellt, welches versucht, unterschiedliche Gruppen älterer Menschen anzusprechen. Darüber hinaus bietet es noch einen barrierefreien Zugang zu Leihgeräten, wodurch eine erste Zugangshürde wegfällt. Durch die Einbindung junger Erwachsener und die Vermeidung von Frontalunterricht entsteht nicht nur ein generationsübergreifender Austausch, sondern auch ein gleichberechtigtes pädagogisches Verhältnis, das bei den Teilnehmenden weniger das Gefühl eines Schulunterrichts auslöst und dadurch gerade bei bildungsfernen Personen höhere Zustimmung erfährt.

12.4 Gegenwärtige Herausforderungen der digitalen Bildung

In Österreich gibt es eine zunehmende wissenschaftliche, politische und gesellschaftliche Auseinandersetzung mit digitaler Bildung im Alter. Welche gegenwärtigen Herausforderungen lassen sich dabei für die digitale SeniorInnenbildung identifizieren? Aus Sicht der Alterssoziologie soll hier auf zwei Herausforderungen hingewiesen werden: die Heterogenität der Nicht-NutzerInnen digitaler Technologien und die aktive Rolle des digitalen Geräts im Lernprozess. Die *Heterogenität älterer Menschen* ist keine neue Erkenntnis und so sind zielgruppenspezifische Angebote auch ein wichtiger Eckpfeiler der digitalen Bildung (ÖIAT 2014). Bislang mangelt es allerdings an empirisch-fundiertem Wissen über die vielfältigen Hinderungsgründe, die dazu führen, dass ältere Menschen nicht an der Digitalisierung teilhaben. Tiefergehendes Wissen über die verschiedenen Ressourcen und Barrieren der älteren Nicht-NutzerInnen von digitalen Technologien kann dazu beitragen, diese Personen besser durch Bildungsangebote zu erreichen. So zeigt eine Auswertung der SHARE-Daten (Welle 6 2015) zu den über 65-jährigen ÖsterreicherInnen, dass ältere Nicht-NutzerInnen verschiedene Barrieren und Bedürfnisse aufweisen. Als Nicht-NutzerInnen von digitalen Technologien wurden dabei Personen bezeichnet, die noch nie einen Computer und in den letzten sieben Tagen auch nicht das Internet verwendet haben. Dazu zählen 46 % der Befragten. Um ein besseres Bild von dieser großen Gruppe zu erhalten, wurde eine Clusteranalyse durchgeführt, auf Basis derer vier Gruppen von Nicht-NutzerInnen nach sozioökonomischen und gesundheitlichen Kriterien differenziert werden konnten (Gallistl et al. 2020).

Die erste Gruppe kann als »younger non-users« bezeichnet werden, weil sie vorwiegend aus 65- bis 74-jährigen ÖsterreicherInnen besteht, die niedrigere Bildungsabschlüsse aufweisen. Bei der zweiten Gruppe, den »male non-users«, handelt es sich um Männer in ländlichen Gegenden mit höherem Einkommen. Die dritte Gruppe wurde als »urban non-users« betitelt, da hier ein höherer Anteil an Gruppenmitgliedern im städtischen Raum lebt und höhere Bildungsabschlüsse aufweist. Schließlich wurde die vierte Gruppe als »non-users with health limitations« bezeichnet. Diese Gruppe hat einen höheren Anteil an Personen mit gesundheitlichen Einschränkungen und ebenfalls an hochaltrigen Menschen. Die vier Gruppen unterscheiden sich nicht nur hinsichtlich sozioökonomischer und gesundheitlicher Faktoren, sondern auch hinsichtlich der allgemeinen Bildungsbeteiligung. Von den vier Gruppen nehmen »urban und younger non-users« signifikant häufiger an Weiterbildungskursen teil (5 bis 6%) als die beiden anderen Gruppen (1 bis 2%) (Gallistl et al. 2020).

Diese Cluster zeigen, dass ältere Nicht-NutzerInnen digitaler Technologien keine homogene Gruppe darstellen, denn sie unterscheiden sich hinsichtlich ihrer Bildungserfahrung, ihres Gesundheitszustands und ihrer ökonomischen Ressourcen. Daher stecken hinter ihrer Nicht-Nutzung auch unterschiedliche Bedürfnisse, Interessen und Ängste. Während für die »non-users with health limitations« ihr Gesundheitszustand eine Barriere für die Teilnahme an einem Bildungsangebot darstellt, scheint es bei den »urban non-users« eher am fehlenden Interesse und eventuellen Ängsten zu liegen, denn im Vergleich zu den anderen drei Gruppen weisen die »urban non-users« relativ viele Ressourcen auf. So leben sie im städtischen Raum und haben dadurch eher Zugang zu Bildungsangeboten als beispielsweise die »male non-users«. Die »urban non-users« haben auch einen höheren Bildungsabschluss und dürften daher positive Bildungserfahrungen gemacht haben, was sich auch in ihrer höheren Bildungsbeteiligung zeigt. Diese Gruppe dürfte also von den vier Gruppen noch relativ gut mit Bildungsangeboten erreichbar sein, doch welche Interessen, Motivationen und Ängste stecken hinter ihrer Nicht-Nutzung und wie könnten die anderen drei Gruppen erreicht werden? Während es viele Studien zu den Barrieren der Nutzung und den Motivationen älterer NutzerInnen gibt (Pelizäus-Hoffmeister 2013; Thalhammer & Schmidt-Hertha 2015), mangelt es an tiefergehendem Wissen darüber, unter welchen Umständen digitale Technologien für welche spezifischen Gruppen von älteren Menschen im Alltag nützlich sind und welche Ängste für welche Gruppen ausschlaggebend sind. Hier ist noch weitere Forschung notwendig, um in Zukunft die Angebote noch besser auf die diversen Zielgruppen zuschneiden zu können und v. a. auch mehr darüber zu erfahren, wie man diese verschiedenen Gruppen erreichen kann.

Neben der Heterogenität älterer Nicht-NutzerInnen stellt eine weitere Herausforderung das *technische Gerät* selbst dar. Digitale Bildung im Alter unterscheidet sich von anderen Bildungsangeboten dahin gehend, dass immer ein dritter Akteur neben der/dem Lehrenden und Lernenden vorhanden ist und den Lernprozess beeinflusst, nämlich das digitale Gerät. Ein handelnder Akteur ist, laut Bruno Latour (2005), nicht unbedingt ein Mensch, sondern kann vielmehr alles sein, das eine Handlung beeinflusst. Ein Akteur im Lernprozess beeinflusst daher, wie dieser Lernprozess gestaltet ist. Digitale Technologien ermöglichen gewisse Handlungen und begrenzen wiederum andere Handlungen durch z. B. installierte Funktionen oder ein nicht-barrierefreies Design. Im spezifischen Kontext von digitalen Lernprozessen im Alter ist v.a. die Rolle von digitalen Geräten bei der Vermittlung von negativen Altersbildern in Bezug auf Gesundheit, Krankheit und Fähigkeiten im Alter von Bedeutung. Denn durch die fehlende Barrierefreiheit zeigt das digitale Gerät den Personen mit Einschränkungen (z.B. Sehproblemen) immer wieder ihre Einschränkungen auf und bestärkt damit die Selbstwahrnehmung als alt und krank (Peine et al. 2015). In diesem Kontext konnte eine ethnografische Studie über ältere Menschen, die Notrufarmbänder getragen haben, zeigen, dass sich deren Selbstwahrnehmung durch das technische Gerät verändert hat. Denn auch digitale Geräte, die extra für ältere Menschen entwickelt werden, sind meist mit negativen Altersbildern verbunden. So haben die Teilnehmenden der Studie sich durch das Tragen des Armbandes als vulnerabel und gebrechlich wahrgenommen (Aceros et al. 2015). Der/die ältere NutzerIn setzt sich also während der Nutzung mit den eingeschriebenen Handlungsmöglichkeiten und Altersbildern auseinander (Akrich 1992; Aceros et al. 2015).

Für die digitale Bildung bedeutet das, dass das technische Gerät aktiv den Inhalt des Angebots beeinflusst und die Interaktion zwischen Lehrender/Lehrendem und Lernender/Lernendem strukturiert. Das Gerät als Akteur und Vermittler im Angebot zu verstehen und nicht als Gegenstand des Angebots, könnte dabei helfen, die Auseinandersetzung älterer Menschen mit digitaler Technik besser zu verstehen und z.B. Probleme im Lernprozess oder Ablehnung von digitaler Technik besser zu adressieren. Während die Reflexion der persönlichen Altersbilder der TrainerInnen und Teilnehmenden sowie die Förderung positiver Altersbilder bereits einen wichtigen Punkt in der digitalen Bildung darstellen (ÖIAT 2016), bräuchte es in Forschung und Praxis zukünftig auch noch eine stärkere Auseinandersetzung mit der Rolle des digitalen Geräts im Lernprozess und mit den durch das Gerät vermittelten Altersbildern.

12.5 Fazit

Dieser Beitrag beschäftigt sich mit den Fragen, wie digitale Kompetenzen in Österreich älteren Menschen vermittelt werden und wie digitale SeniorInnenbildung in Österreich weiterentwickelt werden kann. In Österreich wurde auf politischer Ebene in den letzten Jahren verstärkt die Bildung in der nachberuflichen Lebensphase ins Auge gefasst und dabei u.a. digitale Bildung betont, wenn auch nicht immer konkret ausgeführt. Auf der Ebene der Praxis lassen sich vielfältige formale, nonformale und informelle Angebote in ganz Österreich ausmachen, von denen einige auch die hohen Qualitätskriterien eines Good-Practice-Projektes erfüllen. Dabei werden von sozialpolitischer und praktischer Seite aus v.a. niederschwellige, barrierefreie und wohnortnahe Angebote forciert.

In diesem Kontext können aus Sicht der Alterssoziologie zwei Herausforderungen für die zukünftige digitale Bildung ausgemacht werden: Einerseits stellen ältere

Nicht-NutzerInnen keine homogene Gruppe dar, da sie sich hinsichtlich ihrer Bildungserfahrung, ihres Gesundheitszustands und ihrer ökonomischen Ressourcen unterscheiden. Daher stecken hinter ihrer Nicht-Nutzung unterschiedliche Interessen, Motivationen und Ängste. Um die diversen Gruppen der älteren Nicht-NutzerInnen in Zukunft noch besser durch zielgruppenspezifische Bildungsangebote erreichen zu können, braucht es tiefergehendes Wissen darüber, was hinter der Nicht-Nutzung steht.

Andererseits sollten sich zukünftige Bildungsangebote verstärkt mit den Altersbildern, die durch digitale Geräte vermittelt werden, und der Rolle von digitalen Geräten im Lernprozess auseinandersetzen. Eine der Zukunftsaufgaben wird auch sein, sich stärker mit dem Begriff der digitalen Kompetenzen im Speziellen im höheren Alter zu befassen und zu fragen, wie digitale Kompetenzen und Alterskompetenzen zusammenhängen. Braucht man digitale Kompetenzen, um in einer digitalisierten Welt gut altern zu können? Wenn ja, welche digitalen Kompetenzen braucht man konkret und wie können diese gefördert werden?

Literaturverzeichnis

Aceros, J. C., Pols, J. & Domènech, M. (2015). Where is grandma? Home telecare, good aging and the domestication of later life. Technological Forecasting and Social Change, 93 (S. 102–111).

Akrich, M. (1992). The de-scription of technical objects. In W. E. Bijker & J. Law (Hrsg.), Shaping Technology, Building Society: Studies in Sociotechnical Change (S. 205–224). Cambridge, MA: MIT Press.

Bubolz-Lutz, E. & Stiel, J. (2018). Technikbegleitung: Aufbau von Initiativen zur Stärkung der Teilhabe Älterer im Quartier. In Forschungsinstitut Geragogik, FH Dortmund (Hrsg.), Handbuch 5: Ältere als (Ko-)Produzenten von Quartiersnetzwerken – Impulse aus dem Projekt QuartiersNETZ. https://www.quartiersnetz.de/handbuecher. Zugegriffen: 9. April 2021.

Bundesministerium für Arbeit, Soziales, Gesundheit und Konsumentenschutz (BMASGK) (2016). Richtlinien für die allgemeine Seniorenförderung gemäß § 19 Abs. 4 Bundes-Seniorengesetz. Wien: BMASGK. https://www.sozialministerium.at/dam/jcr:3e348609-618e-445c-a922-36f1a67c60ce/richtlinie_allgemeine_seniorenfoerderung_(ab_1._8._2016).pdf. Zugegriffen: 9. April 2021.

Bundesministerium für Arbeit, Soziales und Konsumentenschutz (BMASK) (2012). Altern und Zukunft. Bundesplan für Seniorinnen und Senioren. Wien.

Bundesministerium für Unterricht, Kunst und Kultur (BMUKK), Bundesministerium für Wissenschaft und Forschung (BMWF), Bundesministerium für Arbeit, Soziales und Konsumentenschutz (BMASK) & Bundesministerium für Wirtschaft, Familie und Jugend (BMWFJ) (2011). LLL:2020 Strategie zum lebensbegleitenden Lernen in Österreich. Wien: Republik Österreich, https://broschuerenservice.sozialministerium.at/Home/Download?publicationId=159. Zugegriffen: 9. April 2021.

Europäisches Parlament (2000). Europäischer Rat: Schlussfolgerungen des Vorsitzes Lissabon (23. und 24.3.2000). https://www.europarl.europa.eu/summits/lis1_de.htm. Zugegriffen: 9. April 2021.

Eurostat (2019). Individuals – internet use: Individuals who have never used the internet. https://appsso.eurostat.ec.europa.eu/nui/submitViewTableAction.do. Zugegriffen: 9. April 2021.

Ferrari, A. (2012). Digital competence in practice: An analysis of frameworks. JRC Technical reports (EUR 25351EN). Luxembourg: Publications Office of the European Union. https://

op.europa.eu/en/publication-detail/-/publication/2547ebf4-bd21-46e8-88e9-f53c1b3b927f/language-en. Zugegriffen: 9. April 2021.

Gallistl, V., Rohner, R., Seifert, A. & Wanka, A. (2020). Configuring the Older Non-User – Between Research, Policy and Practice of Digital Exclusion. Social Inclusion, 8(2) (S. 233–243).

Geyer, A. & Good, B. (2016). Evaluierung der österreichischen Beteiligung am Ambient Assisted Living Joint Programme (AAL JP 2008–2013) – Endbericht. Technopolis-group. https://repository.fteval.at/4/. Zugegriffen: 9. April 2021.

Hill, R., Betts, L. R. & Gardner, S. E. (2015). Older adults' experiences and perceptions of digital technology: (Dis)empowerment, wellbeing, and inclusion. Comp in Hum Beh, 48 (S. 415–423). https://doi.org/10.1016/j.chb.2015.01.062.

Hunsaker, A. & Hargittai, E. (2018). A review of Internet use among older adults. New Media & Society, 20(10) (S. 3937–3954). https://doi.org/10.1177/1461444818787348.

Kolland, F., Wanka, A. & Gallistl, V. (2014). Ältere Generationen und ihre Kompetenzen. In Statistik Austria (Hrsg.), Schlüsselkompetenzen von Erwachsenen: Vertiefende Analysen der PIAAC-Erhebung 2011/12 (S. 206–225). Wien (Österreich): Statistik Austria.

Kommission der Europäischen Gemeinschaften (2000). Memorandum über Lebenslanges Lernen. Arbeitsdokument der Kommissionsdienststellen (30.10.2000), SEK (2000) 1832. Brüssel.

Latour, B. (2005). Reassembling the Social: An Introduction to Actor-Network- Theory. Oxford: Oxford University Press.

Österreichisches Institut für angewandte Telekommunikation (ÖIAT) (2014). Maßnahmen für Senior/innen in der digitalen Welt. https://www.digitaleseniorinnen.at/fileadmin/redakteure/Downloads/studie_massnahmen_fuer_senorinnen_in_der_digitalen_welt.pdf. Zugegriffen: 9. April 2021.

Österreichisches Institut für angewandte Telekommunikation (ÖIAT) (2016). Qualitätskriterien für senior/innengerechtes Lehren und Lernen mit digitalen Technologien. https://www.digitaleseniorinnen.at/fileadmin/redakteure/Downloads/Qualitaetskriterien-in-der-SeniorInnenbildung.pdf. Zugegriffen: 9. April 2021.

Österreichisches Institut für angewandte Telekommunikation (ÖIAT) (2020). Digitale Alltagskompetenzen vermitteln – Leitfaden für Trainerinnen und Trainer. https://www.digitaleseniorinnen.at/fileadmin/redakteure/Downloads/Leitfaden_Digitale_Alltagskompetenzen_vermitteln.pdf. Zugegriffen: 9. April 2021.

Peine, A., Faulkner, A., Jäger, B. & Moors, E. (2015). Science, technology and the »grand challenge« of ageing – Understanding the socio-material constitution of later life. Technological Forecasting & Social Change, 93 (S. 1–9).

Pelizäus-Hoffmeister, H. (2013). Zur Bedeutung von Technik im Alltag Älterer. Theorie und Empirie aus soziologischer Perspektive. Wiesbaden: Springer.

Rat der Europäischen Union (2018). Empfehlung des Rates zu Schlüsselkompetenzen für lebenslanges Lernen (Mai 2018). Interinstitutionelles Dossier: 2018/0008 (NLE) (9009/18).

Seifert, A. & Rössel, J. (2019). Digital participation. In D. Gu & M.E. Dupre (Hrsg.), Encyclopedia of gerontology and population aging. Chur: Springer International Publishing. https://doi.org/10.1007/978-3- 319-69892-2_1017-1.

Thalhammer, V. & Schmidt-Hertha, B. (2015). Intergenerationelle innerfamiliäre Unterstützungsprozesse bei der Mediennutzung von älteren Erwachsenen. Zeitschrift für Erziehungswissenschaft, 18(4) (S. 827–844). https://doi.org/10.1007/s11618-015-0633-7.

Vereinte Nationen (2002). Zweite Weltversammlung über das Altern. Politische Erklärung und Internationaler Aktionsplan von Madrid über das Altern (8.–12. April 2002). A/CONF.197/9. Madrid.

Zillien, N. & Hargittai, E. (2009). Digital Distinction: Status-Specific Types of Internet Usage. Social Science Quarterly, 90(2) (S. 274–291).

13 Kulturelle Bildung und soziale Teilhabe im Alter

Franz Kolland, Vera Gallistl & Viktoria Parisot

Zusammenfassung

Der Zusammenhang zwischen kultureller Bildung und sozialer Teilhabe im Alter ist sowohl sozial- und bildungspolitisch als auch deskriptiv-analytisch von Interesse. Sozial- und bildungspolitisch geht es um die Intervention in die Ressourcensituation von Lebenslagen im Alter und um die Frage, wie soziokulturelle Teilhabe im Alter gefördert und verbessert werden kann. Sozialpolitische Impulse schaffen sowohl bessere und sozial ausgewogene Zugänge zu soziokultureller Teilhabe im Alter als auch Veränderungen in der Angebotsstruktur. Als entscheidend in diesem Prozess gilt die kulturelle Bildung. Die in diesem Kontext erworbenen kulturellen Kompetenzen gehören zu den Schlüsselkompetenzen lebensbegleitenden Lernens und sind Türöffner für kulturelle Teilhabe. Fundament für die kulturelle Teilhabe ist der Artikel 27 der Allgemeinen Erklärung der Menschenrechte. An diese Grundlegung schließt die auf aktuellen Projekten und empirischen Studien beruhende Beschreibung der Teilnahme älterer Menschen an kulturellen Aktivitäten an, die sich über den Lebenslauf verändert und nach sozialen Gruppen unterschiedlich ausfällt. Stärker analytisch ist dann die Untersuchung ästhetischer Bildung für, in und aufgrund kultureller Teilhabe. Diese dargestellten Untersuchungen zeigen: Kulturelle Teilhabe im Alter ist mehr als Teilnahme. Sie verlangt Handlungswissen und an der Alltagswelt älterer Menschen ansetzende Bildungsprozesse, um Hemmschwellen zu überwinden und Wahrnehmungsmuster zu verändern.

13.1 Einleitung: sozialpolitische Impulse für soziokulturelle Teilhabe im Alter

Kulturelle Bildung und soziale Teilhabe sind an Voraussetzungen gebunden, sie sind von den bestehenden materiellen Lebensbedingungen beeinflusst. Aus diesem Grund hängen Kultur- und Sozialpolitik zusammen. Das gilt insbesondere dort, wo Kunst und Kultur nicht als ein elitäres Geschehen verstanden werden. Um eine solche Kultur zu erleben und zu schaffen, im Sinne von Kunstwerken oder Kunsthandwerk, Gartenkulturen oder Singkulturen etc., müssen Lebenslagen entstehen, die über das Notwendige hinaus gelebt werden können. Hier setzt praktische Sozialpolitik an, die in zweifacher Hinsicht mit soziokultureller Teilhabe verknüpft ist. Praktische Sozialpolitik kann erstens verstanden werden als grundrechtlich fundierte Einflussnahme auf die Gestaltung und Verteilung von Lebenslagen (Schulz-Nieswandt 2006) und zweitens als Hebel für Demokratisierungsprozesse in der kulturellen Produktion und Rezeption.

Praktische Sozialpolitik ist also zunächst eine lebenslauforientierte Intervention in die Ressourcensituation von Lebenslagen zur Förderung kultureller Teilhabe und Teilnahme. Die Ressourcensituation ist bestimmt von den materiellen Lebensbedingungen sowie den Fähigkeiten und Fertigkeiten einer Person. Ökonomische Mittel, soziale Netzwerke und Infrastrukturen sind nicht nur als Bedingungen für Lernprozesse im Alter zu sehen, sondern auch als gestalt- und veränderbar. Das heißt, Lebenslagen sind als Handlungsspielräume zu verstehen, die die Menschen haben, um ihre Lebensentwürfe zu verwirklichen. Um diese Handlungsspielräume ausschöpfen und die Lebensentwürfe verwirklichen zu können, braucht es sowohl soziokulturelle *Teilnahme* als auch *Teilhabe* (Dietrich & Wullschleger 2019). Lebenslagen und soziokulturelle Teilhabe stehen damit in einer Wechselwirkung. Günstigere materielle Lebenslagen stimulieren kulturell-künstlerisches Handeln und dieses wirkt wieder auf die Lebenslage zurück.

Praktische Sozialpolitik ist zweitens orientiert an Werten der demokratischen Partizipation und der gemeinschaftlichen Selbstbestimmung. Wenn auch der Wohlfahrtsstaat sich in den letzten Jahrzehnten stärker dem Imperativ des Ökonomischen unterworfen hat und damit etwa Fragen der Gerechtigkeit in den Hintergrund getreten sind, bleibt praktische Sozialpolitik integraler Bestandteil moderner demokratischer Staatlichkeit. Das findet sich etwa in den Ansätzen staatlicher Förderung soziokultureller Teilhabe und Bildung. Dazu gehört die Förderung von Projekten kultureller Bildung, die auf kultur-/bildungsferne soziale Gruppen bzw. niederschwellige Zugänge zu soziokulturellen Angeboten gerichtet ist. Beispiele dafür finden sich in diesem Handbuch im Kapitel zu Good Practice (► Kap. 8), in denen gezeigt wird, wie sozialpolitisch verankerte Fördermaßnahmen niederschwelligen Kulturzugang ermöglicht haben. Praktische Sozialpolitik beeinflusst also die Chancen des Zugangs zu Kultur wie auch die Chancen zur freien Entfaltung der Persönlichkeit. Dies geschieht einerseits über die Steuerung der Ressourcenverteilung und Ressourcenausstattung der Lebenslagen von Personen in ungünstigen Lebenslagen und andererseits über demokratiefördernde Prozesse. Sozialpolitik zielt damit auf soziokulturelle Inklusion.

Wird praktische Sozialpolitik auf die Lebensphase Alter bezogen, so zeigt sich erstens ihre Bedeutung in der Schaffung der materiellen Lebensbedingungen über den Generationenvertrag und zweitens zeigt sie sich in ihrer Orientierung auf eine gerechte soziokulturelle Teilhabe. Das Alter ist über eine sozialstaatlich geprägte Lebenslaufstruktur in einen Generationenvertrag eingebettet. Die nachberufliche Lebensphase ist durch eine Art Vertrag zwischen den Generationen abgesichert. Der Generationenvertrag ist ein unausgesprochener und nicht schriftlich festgelegter Solidarvertrag. Sozialpolitisch ist die Lebensphase Alter aber nicht nur über den Generationenvertrag von Interesse und relevant, sondern auch in soziokultureller

Hinsicht. Weil die Lebensphase Alter eine neue Phase im Alternsverlauf ist und sowohl individuell als auch gesellschaftlich mit Unsicherheiten versehen ist, was sich besonders unter der Bedingung gesellschaftlicher Krisen (Finanzkrise 2008, Covid-19 2020) zeigt, ist eine kulturelle Verortung bzw. Neuorientierung vonnöten. Bislang sind es primär die SeniorInnenorganisationen, Vorfeldorganisationen der politischen Parteien, die die Interessen alter Menschen vertreten und soziale Teilhabe organisieren. Damit werden zwar bestimmte kulturelle Interessen alter Menschen abgedeckt, aber diese bleiben in einen über Jahrzehnte ausgeformten institutionellen und politischen Rahmen eingespannt. Dieser institutionelle Rahmen schafft Hürden im Zugang und soziale Exklusion. Die Vertretung von Alteninteressen und Entwicklungschancen könnte etwa generationenübergreifend mit Rücksicht auf Jugendanliegen und -bedürfnisse erweitert werden. Damit ist der Hinweis auf eine intergenerationelle kulturelle Bildung gegeben.

Zu den Eckpfeilern einer neuen (intergenerationellen) Kultur zählen die kulturellen Infrastrukturen. Diese sind unter dem Blickwinkel des Mainstreaming Ageing zu beobachten und zu analysieren. Theater, Konzerte, Ausstellungen, Medien gehören zu diesen kulturellen Infrastrukturen und zählen damit zu den Kontextressourcen von Lebenslagen im Alter. Von Bedeutung ist, in welchem Umfang und wie bedarfsorientiert diese Ressourcen für ältere Menschen verfügbar, erreichbar und zugänglich sind. Es geht dabei nicht nur um Barrierefreiheit, sondern auch um Niedrigschwelligkeit. Während Barrierefreiheit sich primär mit physischen Zugangsbedingungen befasst, geht die Niedrigschwelligkeit weiter und berücksichtigt die Kompetenzen bzw. persönlichen Ressourcen älterer Menschen. Niederschwellige Kulturarbeit tendiert allerdings dazu, sowohl Inklusion als auch Exklusion zu erzeugen. Kulturell ausgeschlossen sehen sich jene, die mit der in bestimmten Bereichen von Kunst und Kultur verwendeten Formensprache und den Absichten nichts anfangen können oder wollen. Die auf diese Weise erzeugte Differenz in der Kultur- bzw. Kunstvermittlung ist aber kein Skandal, sondern eine klassische Aufgabe, ja eine Herausforderung von Kulturarbeit (Treptow 2012, S. 199).

Die Tatsache, dass der Versuch der Demokratisierung von Kunst und Kultur (»Kultur für alle«) über niederschwellige Angebote nicht den gewünschten Effekt erzielt hat, kann u. a. darauf zurückgeführt werden, dass zwar der Zugang zu Kulturgütern erleichtert wurde (Sievers 2010, S. 32), jedoch der wesentlichste Faktor für kulturelle Beteiligung, nämlich Bildung und die damit eng verbundene soziale Herkunft, nach wie vor von strukturellen Ungleichheiten durchzogen ist. Für die Demokratisierung von Kultur braucht es deswegen kulturelle Bildung, um den Zugang zu Kunst und Kultur für (bildungs-)benachteiligte Gruppen zu verbessern. Wenn auch alte Menschen nicht generell zu den bildungsbenachteiligten Gruppen gehören, so lässt sich doch nachweisen – siehe nachfolgendes Unterkapitel –, dass ungünstige Kumulationseffekte, die über den Lebenslauf entstehen, die kulturelle Kompetenz senken.

13.2 Kulturelle Kompetenzen und kulturelle Bildung im Alter

Mit den oben skizzierten Kumulationseffekten sind grundlegende Fragen der kulturellen Versorgung und Teilhabe im Alter angesprochen, denn Kunst und Kultur sind ein Grundrecht für alle (auch benachteiligte) Bevölkerungsgruppen. Normativ-rechtlich kann hier auf das Menschenrecht auf kulturelle Teilhabe verwiesen werden. Das Recht auf freie Teilnahme am Kulturgeschehen einer Gesellschaft ist in Artikel 27 der Allgemeinen Erklärung der Menschenrechte ausdrücklich verankert. Kultur ist nicht nur ein Gut, das den Menschen zur Verfügung steht und das sie nutzen können, sofern sie dies wollen. Es besteht ein Recht auf Kultur. Jeder Mensch hat das Recht, am kulturellen Leben der Gemeinschaft frei teilzunehmen und sich an den Künsten zu beteiligen. Dafür braucht es adäquate kulturelle Infrastrukturen bzw. Institutionen, aber auch entsprechende Bildungsangebote bzw. Kompetenzen. Kulturelle Kompetenzen beschreiben daher nicht nur Kulturbewusstsein und kulturelle Ausdrucksfähigkeit, sondern auch Bildungsarbeit mit einem »Verständnis [...] dafür, wie Künste und andere Kulturformen es ermöglichen, die Welt einerseits zu betrachten und andererseits zu gestalten«, sowie »Respekt gegenüber der Vielfalt des kulturellen Ausdrucks« (Europäische Kommission 2018, S. 8). Dafür braucht es kulturelle Kompetenzen nicht nur aufseiten der Teilnehmenden, sondern als wichtigen Teil des gesamten Prozesses von der Angebotsplanung bis hin zur Angebotsumsetzung, weshalb diese ebenso aufseiten der Bildungsplanung und -vermittlung weiterentwickelt werden müssen.

Kulturelle Kompetenzen haben einen Platz in der österreichischen Strategie des lebensbegleitenden Lernens, denn sie sind eine der acht Schlüsselkompetenzen für lebensbegleitendes Lernen, wie sie in der Strategie Lebensbegleitendes Lernen:2020 festgelegt wurden. Initiativen der Kunst- und Kulturvermittlung, die in Österreich vom Bundesministerium für Bildung, Wissenschaft und Forschung koordiniert werden, fokussieren allerdings bislang die kulturellen Partizipationschancen junger Menschen, ohne (ältere) Erwachsene als Zielgruppe zu nennen.[1]

Welche Potenziale hat kulturelle Bildung im Alter? In einem ersten Schritt ist bedeutsam, dass kulturelle Bildung als »education in the arts« und »education through the arts« wirksam werden kann (Bamford 2009). Bei »Bildung in den Künsten« werden Fertigkeiten zum Verständnis künstlerisch-kreativer Aktivitäten in den verschiedenen Kunstsparten (z. B. bildende Kunst, Musik, Literatur) erworben, mit dem Ziel, kulturelle Identität zu entwickeln (Zembylas 2007) und die Teilnahme an Kunst und Kultur zu stärken. Bei »Bildung durch die Künste« wird Kunst als Mittel verwendet, um allgemeine Lernziele zu verfolgen. Durch die Beschäftigung mit Kunst und Kultur werden Schlüsselkompetenzen wie Kreativität, Kommunikations- und Reflexionsfähigkeit gestärkt. Dadurch wird eine Vielfalt von Lerngegenständen, insbesondere soziale und kulturelle Themen, aber auch Le-

---

1 https://www.bmbwf.gv.at/Themen/schule/schulpraxis/schwerpunkte/kulturvermittlung.html.

benslagen und Lebenssituationen im Alter, Teil der kulturellen Bildung (z. B. Zembylas 2007).

Durch ihre umfassende kompetenzfördernde Wirkung liegt in kultureller Bildung und Teilnahme an kulturellen Angeboten ein Schlüssel für Integration und Lebensqualität – auch und gerade im höheren Alter. Im höheren Alter sind Kunst und Kultur zentrale Sozialisations- und Integrationsfaktoren (De Groote & Nebauer 2009), wenn die berufliche Integration in den Hintergrund tritt. Während die Forschung der vergangenen dreißig Jahre gezeigt hat, dass Bildung im Alter eine Reihe positiver Effekte auf Lebensqualität und erfolgreiches Altern mit sich bringt (Fraser et al. 2014; 2015; Bernard & Rickett 2017), ist die Wirkung von Lern- und Bildungsaktivitäten im Kulturbereich und verschiedenen künstlerischen Sparten allerdings so gut wie gar nicht erforscht (De Groote & Nebauer 2009). Kulturelle Bildung im Alter in Österreich ist damit einerseits ein Forschungsdesiderat und andererseits gleichzeitig ein sich entwickelndes Praxisfeld, das nach Professionalisierungsmaßnahmen verlangt.

13.3 Empirisches Wissen zur kulturellen Teilhabe älterer Menschen in Österreich

Das folgende Unterkapitel basiert auf den Ergebnissen aus zwei Studien zu kultureller Bildung und kultureller Teilhabe in Österreich. Der Studie »Mainstreaming Ageing im Kultursektor«[2] entnommen sind Ausführungen zum Praxisfeld der kulturellen Bildung in Österreich, welche durch eine Online-Umfrage von Personen, die im Bereich der kulturellen Bildung in Österreich aktiv sind, durchgeführt wurde. Der Studie »Bildung als Voraussetzung sozio-kultureller Teilhabe«[3] entnommen sind die Ergebnisse zur quantitativen Beschreibung kultureller Teilhabe älterer Menschen in Österreich. Aus derselben Studie stammen die im letzten Schritt dargestellten qualitativen Studienergebnisse zur kulturellen Teilhabe im Alter, die aufzeigen, wie Lernprozesse in der kulturellen Bildung wirksam werden.

2 »Zugangsbarrieren für ältere Menschen in der kulturellen Bildung. Mainstreaming Ageing im Kultursektor«, Projektleitung: Prof. Dr. Tasos Zembylas, 2016–2018, Förderung durch den Jubiläumsfonds der ÖNB 16828.

3 »Bildung als Voraussetzung für sozio-kulturelle Teilhabe«, Projektleitung: Prof. Dr. Franz Kolland, 2017–2018, Förderung durch das BMASGK. Details siehe: Kolland, Gallistl, Parisot, Birke (2019). Bildung als Voraussetzung für sozio-kulturelle Teilhabe. Projektendbericht. Wien: BMASGK.

Das Praxisfeld der kulturellen Bildung für ältere Menschen in Österreich

Obwohl die sozial-, bildungs- und kulturpolitischen Rahmenbedingungen für kulturelle Bildung im Alter in Österreich bislang vage sind, hat sich in den letzten Jahren ein beachtliches und lebendiges Praxisfeld der kulturellen Bildung für ältere Menschen entwickelt, das v.a. lokale Initiativen in Kulturorganisationen umfasst. Im Projekt »Mainstreaming Ageing im Kultursektor« konnten mittels einer Befragung von 239 Personen aus dem Kunst-, Kultur- und Bildungsbereich in Österreich insgesamt 173 laufende Angebote der kulturellen Bildung für ältere Menschen identifiziert und in eine Datenbank der kulturellen Bildung in Österreich aufgenommen werden[4]. Die Angebote umfassen dabei Aktivitäten in den Bereichen bildende Kunst (76%), Literatur (71%), Musik (64%), Medien (87%), Tanz (72%) und Theater (76%) (Mehrfachantworten waren möglich).

Angebote kultureller Bildung für ältere Menschen sind auf alle Bundesländer aufgeteilt und finden sowohl in urbanen als auch in ländlichen Gebieten statt, wobei eine Mehrheit der Angebote in urbanen Räumen zu finden ist. Darunter fallen u.a. Angebote von Kulturinstitutionen in Landeshauptstädten wie etwa die Spielclubs im Landestheater Linz. Die meisten Angebote innerhalb der erstellten Datenbank (Stand: November 2016) finden sich in Wien (28%), Niederösterreich (15%), Oberösterreich (13%) und der Steiermark (10%). Ein Blick in die Angebotsbeschreibungen der in die Datenbank aufgenommenen Projekte zeigt dabei, dass es v.a. Angebote des SeniorInnentanzes Österreich und der Volksliedwerke sind, die in ländlichen Gebieten aktiv sind und damit Anfänge einer Angebotsstruktur der kulturellen SeniorInnenbildung im ländlichen Raum schaffen.

Auffällig ist dabei, dass der Großteil dieser Angebote in Organisationen des Kunst- und Kultursektors (59%) stattfindet. Kulturelle Bildungsangebote für Menschen im Alter sind dementsprechend seltener im Bereich der SeniorInnen- (30%) oder Erwachsenenbildung (9%) angesiedelt. Aus gerontologischer Sicht stellt dabei eine Herausforderung dar, dass Angebote für ältere Menschen im Kultursektor kaum altershomogen tätig sind, d.h., ausschließlich ältere Menschen als Zielgruppe fokussieren. 91% der Angebote der kulturellen Bildung im Kunst- und Kultursektor geben an, in altersheterogenen Gruppen tätig zu sein. In Angeboten der kulturellen Bildung im SeniorInnen- und Erwachsenenbildungsbereich findet sich hingegen ein stärkerer Fokus auf ältere Menschen als Zielgruppe (63%). Obwohl es in Österreich also zahlreiche Angebote der kulturellen Bildung gibt, an denen auch ältere Menschen teilnehmen, finden sich bislang kaum Angebote, die *ausschließlich* ältere Menschen als ihre Zielgruppen definieren. Eine Herausforderung stellt dabei dar, dass diese Angebote nur selten altersspezifisch gestaltet sind, d.h., sich kaum auf geragogische Prinzipien des Lernens in der nachberuflichen Phase berufen oder

4 Online-Umfrage unter Personen, die in den Bereichen SeniorInnenbildung, Erwachsenenbildung und Kunst- und Kulturvermittlung tätig sind, Befragungszeitraum: Oktober bis November 2016. Details zur Erhebung siehe: Zembylas, Kolland, Geiger, Gallistl, Parisot (2018). Zugangsbarrieren für ältere Menschen in der kulturellen Bildung. Mainstreaming Ageing im Kultursektor. Endbericht. Wien: Mediacult.

Wissen über Lernen und Bildung im Alter in die Angebotsgestaltung miteinbezogen werden (Gallistl et al. 2019), obwohl Kulturorganisationen zur Umsetzung eines Bildungsauftrags verpflichtet sind (siehe z. B. § 2, Abs. 1, Bundesmuseen-Gesetz).

Kulturelle Teilhabe älterer Menschen in Österreich

Wie gestaltet sich die Teilhabe älterer Menschen an Kunst und Kultur? Dazu wurden im Rahmen der Studie »Bildung als Voraussetzung für sozio-kulturelle Teilhabe« repräsentative Daten zur kulturellen Teilhabe älterer Menschen erhoben.[5] Betrachten wir nun das *Interesse* älterer Menschen an Kunst und Kultur, so zeigt sich zunächst, dass die Offenheit für kulturelle Bildung im Alter unter Personen über 60 Jahre hoch ist, denn insgesamt haben Kunst und Kultur unter älteren Menschen in Österreich einen hohen Stellenwert. Jede/jeder zweite Befragte (59 %) über 60 Jahren gibt an, ihr oder ihm seien Kunst und Kultur sehr oder ziemlich wichtig. Einen signifikant höheren Stellenwert haben Kunst und Kultur darüber hinaus bei älteren Frauen (63 %)[6], Personen mit hoher Schulbildung[7] (93 %), hohem Einkommen[8] (80 %) und Personen, die in urbanen Räumen leben[9] (64 %). Zudem zeigen sich bei der subjektiven Bewertung von Kunst und Kultur Lebensphaseneffekte: So beeinflusst das kalendarische Alter das Interesse an Kunst und Kultur nicht signifikant, die Anzahl der Jahre, die eine Person in der Pension verbringt, tut dies allerdings schon. Unabhängig von der konkreten Teilhabe ist also das *Interesse* älterer Menschen an Kunst und Kultur v. a. in der nachberuflichen Lebensphase in Österreich hoch.

Wird die *Beteiligung* an Kunst und Kultur im Altersgruppenvergleich untersucht, so zeigt sich, dass die These des kulturellen Rückzugs im Alter, wie er häufig von quantitativen Studien in dem Kontext reproduziert wird (Falk & Katz-Gerro 2015), ein zu undifferenziertes Bild der Lebensphase Alter zeichnet. Zwar nimmt die Häufigkeit der Teilnahme an bestimmten kulturellen Aktivitäten in den höheren Altersgruppen ab, gleichzeitig bleibt die Beteiligung an anderen kulturellen Aktivitäten im Alter aber stabil oder steigt sogar leicht an (▶ Abb. 13.1). Auch, wenn Querschnittsdaten hier nur einen kleinen Ausschnitt der Realität der nachberuflichen Phase zeichnen können, zeigt sich: Die These einer kulturarmen Lebensphase Alter trifft nicht generell auf höhere Altersgruppen zu – es betrifft aber bestimmte Kulturformen und bestimmte soziale Gruppen älterer Menschen stärker als andere.

5 Befragung eines repräsentativen Samples von 1.500 Personen über 60 Jahren in Österreich.
6 Signifikanzniveau der Zusammenhänge ist $p < 0{,}05$. Das bedeutet beispielsweise, es gibt einen statistisch signifikanten Unterschied zwischen dem Stellenwert, den ältere Frauen Kunst und Kultur beimessen, und jenem, den ältere Männer Kunst und Kultur beimessen.
7 Personen mit Matura oder höherer Schulbildung.
8 Personen mit einem Haushaltseinkommen von über 4.000 Euro im Monat.
9 Personen, die in einem Ort mit über 100.000 Einwohnerinnen und Einwohnern leben.

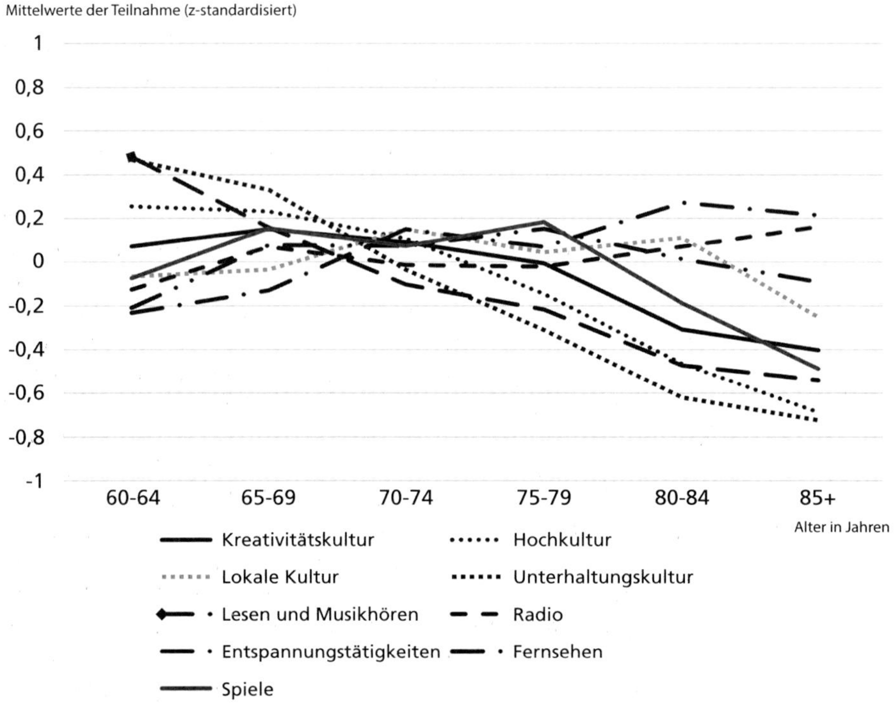

Abb. 13.1: Veränderung der kulturellen Teilhabe nach Altersgruppen[10] (n = 1 500 Personen über 60 Jahre). Repräsentative Telefonbefragung mit älteren Menschen in Österreich

In den Daten wird also weniger eine abnehmende, sondern vielmehr eine sich *verschiebende kulturelle Teilhabe* im Alter sichtbar. Der Bereich der Ausgehkultur zeigt sich dabei als besonders selektiv. Zwar kommt es in den Kulturbereichen, die besonders hohe Ressourcen erfordern, zu weniger Teilnahme, dafür intensiviert sich etwa die Rezeption von Kultur durch Medien, d. h. Fernsehen, Radio und Bücher. Diese Verschiebung kultureller Teilhabe lässt sich weniger durch ein Sinken des Interesses begründen, viel eher geht es dabei um Barrieren, die ältere Menschen im

10 Kreativitätskultur (Schreiben, Musikmachen, Basteln, kreatives Kochen, kreativer Sport, Malen und Zeichnen, Schauspielen, Fotografie, Tanzen), lokale Kultur (lokale Veranstaltungen, Gottesdienste, Essen mit mehr als zehn Personen zu Hause), Lesen und Musikhören (Musikhören, Bücherlesen, Magazine und Zeitungen lesen, Computer verwenden), Entspannungstätigkeiten (Garteln, Beten und Meditieren), Spiele (Schach und andere Spiele, Sudokus und Kreuzworträtsel lösen), Hochkultur (Konzerte, Theater/Ballett/Oper, Tanzveranstaltungen/Musicals, Kabarett, Museum/Galerie/Ausstellungen, historische Sehenswürdigkeiten, öffentliche Bibliotheken), Unterhaltungskultur (Kino, Sportveranstaltungen), Radio (Radiosendungen hören, Musik im Radio hören), Fernsehen (Fernsehen). Faktoren gebildet auf Basis einer explorativen Faktoranalyse.

Zugang zu Kultur – v. a. den Institutionen der Ausgehkultur wie Theatern, Opern, Konzerthäusern, Kinos u. Ä. – erleben.

Weiter zeigt sich, dass sich kulturelle Beteiligungsformen im Alter nicht nur von dem öffentlichen in den privaten Raum, sondern auch von stärker anerkannten zu stärker marginalisierten Kulturformen verschieben. Obwohl auch in der Soziologie nicht unumstritten, lassen sich jene Aktivitäten, an denen die Teilhabe im höheren Alter besonders stark abnimmt, unter dem Begriff der »Hochkultur« zusammenfassen, ein Begriff, der seit dem Beginn des 19. Jahrhunderts das kulturelle Engagement der höheren Schichten beschreibt (Hanquinet & Savage 2015). Aus dieser Perspektive lässt sich danach fragen, was das fehlende Engagement höherer Altersgruppen an Hochkultur über den sozialen Status älterer Menschen aussagt und wie eine sozial stärker anerkannte kulturelle Teilhabe – auch an Aktivitäten der Hochkultur – im Alter ermöglicht werden kann.

Welche Barrieren erleben nun ältere Menschen in Österreich im Zugang zu Aktivitäten der Ausgeh- bzw. Hochkultur? Als Barrieren der Teilhabe an Veranstaltungen der Ausgehkultur zeigen sich dabei v. a. *räumliche, ökonomische, soziale* und *gesundheitliche Barrieren.* Über 40 % der befragten Personen über 60 Jahren geben an, dass die Veranstaltungen der Ausgehkultur zu teuer oder zu weit von ihrem Wohnort entfernt seien. Etwa jede/jeder dritte Befragte über 60 Jahren gibt an, niemanden zu haben, mit der/dem man solche Veranstaltungen besuchen könnte, und etwa ein Viertel der Befragten gibt an, aufgrund der Gesundheit nicht teilnehmen zu können (▶ Abb. 13.2). Betrachtet man hier ausschließlich jene Personen, die in den letzten zwölf Monaten an keiner Veranstaltung der Ausgehkultur teilgenommen haben, wird zusätzlich deutlich, wie stark die Distanz zu einer Ausgehkultur sich im subjektiven Erleben niederschlägt: Die Hälfte (47 %) dieser Personen gibt an, dass auf Veranstaltungen der Ausgehkultur Personen sind, die nicht zu ihnen passen, und sie deswegen nicht an Kunst- und Kulturveranstaltungen teilnehmen.

Interessant ist hierbei der Befund, dass sich in der kulturellen Teilhabe älterer Menschen deutlich Transfereffekte von der Kultur- in die Bildungsbeteiligung zeigen. So wirkt sich eine Teilhabe an Veranstaltungen der Ausgehkultur positiv auf die Bildungsbeteiligung im Alter aus. Insgesamt geben knapp 30 % der Befragten an, sich an Bildung in der nachberuflichen Phase zu beteiligen. Unter Personen, die sich regelmäßig an Kunst- und Kulturveranstaltungen beteiligen, sind es 36 %, unter jenen, die dies nicht tun, sind es 6 %. Bildung ist damit einerseits ein zentraler Hinderungsgrund der kulturellen Teilhabe im Alter, denn diese ist in niedrigeren Bildungsgruppen älterer Menschen deutlich geringer, sie kann aber auch andererseits eine Möglichkeit sein, sich neue Orte kultureller Teilhabe zu erschließen.

Lernaspekte kultureller Teilhabe

Welche Bildungs- und Lernprozesse zeigen sich nun also in der kulturellen Teilhabe im Alter? Die weiteren Ausführungen basieren auf qualitativen Studiendaten, die im Rahmen des Projektes »Bildung als Voraussetzung für sozio-kulturelle Teilhabe im Alter« erhoben wurden und Lernprozesse kultureller Teilhabe von zehn älteren

Personen zwischen 62 und 78 Jahren beschreiben. Gemeinsam mit älteren Menschen wurden zehn Theaterbesuche organisiert. Diese wurden in Beobachtungsprotokollen festgehalten und daran anschließend in einem problemzentrierten Interview (Witzel 2000) besprochen. Im folgenden Abschnitt werden die Ergebnisse zu Lernaspekten kultureller Teilhabe angeführt und mit einigen Interviewausschnitten illustriert.

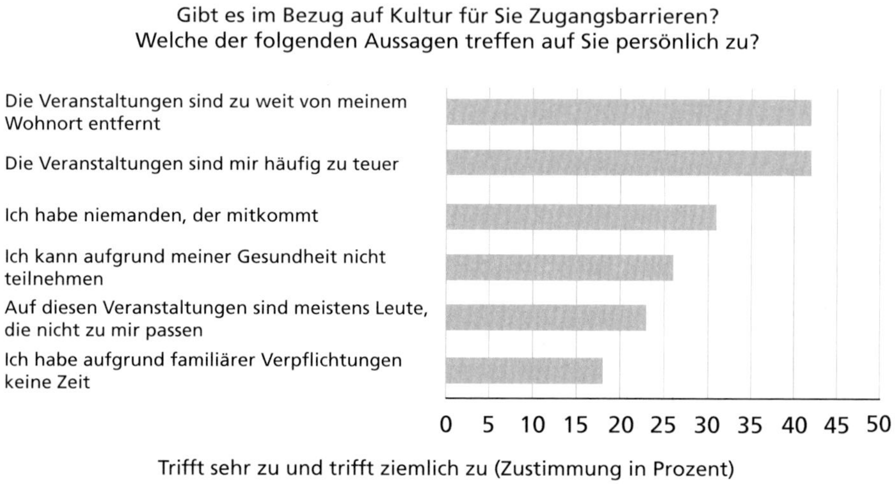

Abb. 13.2: Zugangsbarrieren im Zugang zu Veranstaltungen der Ausgehkultur (n = 1 500 Personen über 60 Jahre). Repräsentative Telefonbefragung mit älteren Menschen in Österreich

Besonders für jene Theater, die als Teil der »Hochkultur« (Schulze 2005) verstanden werden, wurde vielfach berichtet, dass im ersten Schritt umfangreiche Vorbereitungshandlungen notwendig waren, um das Theater oder – wie eine Studienteilnehmerin es formulierte – die »heiligen Hallen« (Frau S., 75) besuchen zu können. Die Theater wurden ihrem Ruf als *exklusive Orte* dabei gerecht. Gerade für jene Studienteilnehmenden, die das Theater schon länger nicht mehr besucht hatten, gehörte hier beispielsweise nicht nur dazu, besondere Kleidung auszuwählen und zu tragen, sondern auch, sich intensiv durch selbstständige Recherchen auf die Inhalte des Stückes vorzubereiten. Kulturbesuche fordern also dazu auf, eine inhaltliche Auseinandersetzung mit den erwarteten kulturellen Inhalten zu beginnen. Für kulturungewohnte Personen konnten diese Vorbereitungen aber auch zu einer Barriere werden, wie Frau H. (77) schildert: Der Inhalt des Stückes habe sich ihr vorab nicht erschlossen, sodass sie diesem nicht gut folgen konnte. Enttäuscht stellt sie während der Pause fest: »Die Leute lachen und ich verstehe nicht *warum*« (Beobachtungsprotokoll, Theaterbesuch mit Frau H.).

Hier zeigt sich, dass das anlassbezogene Lernen nicht nur ein Effekt von kultureller Teilhabe ist, sondern auch zu einer Voraussetzung für kulturelle Teilhabe werden kann, die – wenn die entsprechenden Kompetenzen nicht mitgebracht werden können – Gefühle von Exklusion und Ausschluss erzeugen. Wie solche

Prozesse der Exklusion in Hochkultursettings funktionieren, wird an der Fallgeschichte von Frau P. (62) deutlich, die sich zum Zeitpunkt der Studiendurchführung als routinierte Theatergeherin einschätzte. Das war nicht immer so – wie sie im Interview berichtete –, sie war es gewohnt, das Theater, wenn überhaupt, in Begleitung aufzusuchen, was sich nach der Trennung von ihrem Mann als schwieriger erwies. Sie beschreibt im Interview den Prozess der Überwindung, eine Kulturveranstaltung allein zu besuchen, und schildert dabei, sie habe erst ihre »Ängste überwinden« müssen, eine Veranstaltung, bei der »alle zu zweit« sind, zu besuchen. Kulturveranstaltungen werden dabei primär als soziale Aktivitäten beschrieben, und ihre Angst, dadurch aufzufallen, dass sie »die Einzige [sei], die allein [da ist]«, und davor, dass sie »alle anschauen«, zeigt die zahlreichen Unsicherheiten auf, mit denen kulturungewohnte Personen konfrontiert sind, wenn sie beginnen, sich an Hochkultur zu beteiligen. Sie beschreibt einen langen inneren Prozess, bei dem sie »[um das] Haus herumgegangen« sei und versucht habe, sich dem Theater langsam immer wieder anzunähern. Erst nachdem sie dann durch die »Schlüsselerfahrung« gelernt habe, ein legitimer Teil des Publikums zu sein und dass sie dort »niemand« anschaue, habe sich für sie ein weites Feld der Teilhabe an Hochkultur eröffnet, wie sie im Interview ausführlich beschreibt.

In diesem Sinne belegen die Daten, dass kulturelle Teilhabe durch die vielfältigen Orte und Veranstaltungen eine wichtige Quelle des alltagsnahen Lernens in der nachberuflichen Phase darstellen kann. Waren die großen Theaterhäuser einmal »erobert« und »begangen«, so konnte ein großer Teil von Unsicherheit beseitigt werden, der zuvor Kulturteilhabe wirksam verhindert hatte. Kulturelle Bildung im Alter wäre hier gefordert, diese Lernprozesse geragogisch zu begleiten und damit Institutionen der Hochkultur als Lernraum, der Selbstermächtigung bewirken und stärken kann, zu entdecken.

13.4 Fazit und Ausblick

Kulturelle Teilnahme und kulturelle Kreativität haben eine wichtige Rolle in der Daseinsgestaltung und im intergenerationellen Austausch. Kulturelle Teilnahme ist eine Chance für ältere Menschen, ihre Lebenssituation nicht als schicksalhaft zu empfinden, sondern als gesellschaftlich bedingt und somit als sozial und individuell veränderbar. Veränderungen in der Konsumkultur, im Bereich der sozialen Medien, des Körperbewusstseins und der Lebensräume bedingen die Hervorbringung einer neuen Kultur des Alters. Von diesen Veränderungen wird ein neuer Blick auf das Altern und eine neue Lebensweise im Alter erwartet. Kulturelle Kreativität spricht individuelle Fertigkeiten und Fähigkeiten an und stärkt damit personale Ressourcen, die weiter oben in diesem Aufsatz als förderlich für eine gelingende Persönlichkeitsentwicklung im späten Leben beschrieben wurden.

Ästhetische Bildung und kulturelle Teilhabe können durch differenzsensible kulturelle Formate gefördert werden. Gemeint ist damit, dass an dem Prozess kultureller Bildung bzw. Teilhabe immer mehrere AkteurInnen bzw. Gruppen von AkteurInnen beteiligt sind bzw. beteiligt sein sollen. Zu diesen gehören sowohl die KünstlerInnen als auch jene, die die Rahmenbedingungen für ein Ereignis, eine Aufführung schaffen, als auch die RezipientInnen. Eine zu starke Trennung der verschiedenen AkteurInnengruppen verhindert den Übergang von Teilnahme zu Teilhabe.

Sozialpolitisch gilt es für eine gelingende kulturelle Bildung, sowohl die Makroperspektive im Sinne normativ-rechtlicher Vorgaben (z. B. Kulturförderungsgesetze) als auch die Meso- (z. B. auf der Ebene der Kulturinstitutionen) sowie die Mikro-Perspektive (z. B. einzelne kulturelle Bildungsangebote) zu berücksichtigen. Zu stützen und auszubauen sind sowohl die kulturellen Infrastrukturen in Richtung einer stärkeren Berücksichtigung der Bedürfnisse älterer Menschen als auch der Aufbau von Kompetenzen im Rahmen kultureller Bildung.

Ein Blick über die Ländergrenze kann dabei maßgebliche Inspiration bieten. Zu nennen ist hier beispielsweise die sehr lebendige SeniorInnentheaterszene in Nordrhein-Westfalen, die durch das landesweite Forum »Theatergold«[11], eine kubia-Plattform zu Theater im Alter, Präsenz, Qualifizierung und Vernetzung erhält. Weiters hat das Projekt INKLU:CITY[12] inklusive Belange in künstlerischen Projekten unter Einbezug verschiedener Dimensionen von Diversität zur Diskussion und Umsetzung gebracht. Es wurde außerdem durch wissenschaftliche Studien begleitet und wird so auch für zukünftige Projekte und Forschung fruchtbar gemacht. Europaweit wurde aus der Initiative Long Live Arts[13] ein Manifest entwickelt, das als Grundlage zur Entwicklung von Projekten und Initiativen dienen kann.

Literaturverzeichnis

Bamford, A. (2009). The Wow-factor. Global research compendium on the impact of the arts in education (2. Aufl.). Münster: Waxmann.

Bernard, M. & Rickett, M. (2017). The cultural value of older people's experiences of theatermaking: A review. The Gerontologist, 57(2), e1–e26.

De Groote, K. & Nebauer, F. (2009). Die Phantasie ist ewig jung. Kulturelle Bildung im Alter. In A. Hausmann & J. Körner (Hrsg.), Demografischer Wandel und Kultur: Veränderungen im Kulturangebot und der Kulturnachfrage (S. 177–201). Wiesbaden: VS-Verlag für Sozialwissenschaften.

Dietrich, C. & Wullschleger, I. (2019). Als Teil genommen sein. Ästhetische Bildung und Inklusion. In M. Brinkmann (Hrsg.), Verkörperungen (S. 109–129). Wiesbaden: Springer.

Europäische Kommission (2018). ANHANG des Vorschlags für eine Empfehlung des Rates zu Schlüsselkompetenzen für lebenslanges Lernen. https://eur-lex.europa.eu/resource.html?uri=cellar:395443f6-fb6d-11e7-b8f5-01aa75ed71a1.0010.02/DOC_2&format=PDF. Zugegriffen: 9. April 2021.

Falk, M. & Katz-Gerro, T. (2015). Cultural participation in Europe: Can we identify common determinants? Journal of Cultural Economics, 40(2) (S. 127–162). doi: 10.1007/s10824-015-9242-9.

11 https://ibk-kubia.de/themen/theatergold.html (Zugegriffen: 9. 10. 2020).

12 https://ibk-kubia.de/angebote/projekte/inklucity-lebe-deine-stadt/ (Zugegriffen: 9. 10. 2020).

13 http://www.longlivearts.eu/ (Zugegriffen: 9. 10. 2020).

Fraser, A., Bungay, H. & Munn-Giddings, C. (2014). The value of the use of participatory arts activities in residential care settings to enhance the well-being and quality of life of older people: A rapid review of the literature. Arts & Health, 6(3) (S. 266–278).
Fraser, K. D., O'Rourke, H. M., Wiens, H., Lai, J., Howell, C. & Brett-MacLean, P. (2015). A scoping review of research on the arts, aging, and quality of life. The Gerontologist, 55(4) (S. 719–729).
Gallistl, V., Parisot, V. & Birke, J. (2019). Doing Age in Kulturorganisationen – Ein praxeologischer Blick auf Altersbilder in der kulturellen Bildung. Österreichische Zeitschrift Für Soziologie, 44(1) (S. 65–77). doi: 10.1007/s11614-019-00321-y.
Hanquinet, L. & Savage, M. (2015). Contemporary challenges for the sociology of art and culture: An introductory essay. In J. Twiggs & W. Martin (Hrsg.), Routledge International Handbook of the Sociology of Art and Culture (S. 21–38). London: Routledge.
Schulze, G. (2005). Die Erlebnisgesellschaft: Kultursoziologie der Gegenwart (2. Aufl.). Frankfurt a. M. [u. a.]: Campus.
Schulz-Nieswandt, F. (2006). Sozialpolitik und Alter. Stuttgart: Kohlhammer.
Sievers, N. (2010). Kulturelle Teilhabe heute und morgen. Gesellschaftliche Herausforderungen der Kulturpolitik. Zeitschrift für Erwachsenenbildung 03/2010 (S. 27–30). Kulturelle Herausforderungen. Bielefeld: wbv Publikation.
Treptow, R. (2012). Wissen, Kultur, Bildung. Beiträge zur Sozialen Arbeit und Kulturellen Bildung. Weinheim, Basel: Beltz Juventa.
Witzel, A. (2000). Das problemzentrierte Interview [25 Absätze]. Forum Qualitative Sozialforschung/Forum: Qualitative Social Research, 1(1), Art. 22.
Zembylas, T. (2007). Kunst ist Kunst und vieles mehr. SWS Rundschau, 47(3) (S. 260–283).

14 Die Bibliothek als sozialer Lernraum für Ältere

Reinhard Ehgartner

Zusammenfassung

1.500 öffentliche Bibliotheken in Österreich bilden ein dichtes Netz kultureller Nahversorgung mit Bildungsangeboten für Menschen jeden Alters und aller sozialen Milieus. 81 % der österreichischen Bevölkerung leben in einem Ort mit einer öffentlichen Bibliothek. Auf Seiten der NutzerInnen sind Ältere bislang unterrepräsentiert, zugleich als ehrenamtliche Mitarbeitende aber überproportional aktiv. Der fortschreitende Wandel in der Welt der Bibliotheken, der aus Verleihstellen verstärkt lebendige Begegnungsräume entstehen lässt, bietet auch und gerade der älteren Generation eine Vielfalt an Möglichkeiten zur aktiven Teilhabe am sozialen wie kulturellen Leben.

Öffentliche Bibliotheken sind Einrichtungen, die mit allen Sozial- und Kultureinrichtungen gut und eng zusammenarbeiten können, und damit ein zentraler Dreh- und Angelpunkt in der Entwicklung einer österreichweiten Lern- und Lesekultur. Ein breiter Medienbestand und eine von hohem Engagement im Bereich sozial-integrativer Bibliotheksarbeit getragene Veranstaltungskultur bieten älteren BibliotheksnutzerInnen eine Vielfalt an Angeboten, zugleich fehlen in Österreich aber sowohl die statistischen Basisdaten als auch überregionale Konzepte in der bibliothekarischen Zielgruppenarbeit mit und für SeniorInnen. Das enorme Potenzial öffentlicher Bibliotheken im Bereich sozial-integrativer Kulturarbeit wird aufgrund fehlender Strategien bislang nur zum Teil ausgeschöpft.

14.1 Einleitung: Imaginationsraum Bibliothek

Wer eine Bibliothek betritt, begibt sich zugleich hinein in eine über Jahrhunderte gewachsene Welt aus Ideen, Vorstellungen und Projektionen. Bibliotheken sind untrennbar mit der abendländischen Kulturgeschichte verbunden und haben in diesem Prozess eine schillernde Aura archetypischer Bilder entwickelt, gespeist von einer die Zeiten überdauernden Ambivalenz.

Zwischen Faszination und Bedrohung

Da die Imaginationen von Bibliothek bis in unsere Gegenwart herein gestaltende Kraft besitzen, z. B. in der Bibliotheksarchitektur, beginnt dieser Beitrag mit einer ideengeschichtlichen Skizze, in der die Verwobenheit der Begriffe Bibliothek, Alter und Weisheit deutlich wird.

> »Ein alter Mann, der stirbt, ist eine Bibliothek, die brennt.« (Sprichwort)

Dieses Sprichwort aus Burkina Faso verdichtet in einem Satz, was als archetypische Vorstellung die abendländische Kulturgeschichte durchzieht: Bibliothek, Wissen, Weisheit und Alter stehen gemeinsam in einem Kontext von Bewunderung und Bedrohung. Das Feuer, das Prometheus den Göttern entwendete, steht nicht nur am Beginn menschlicher Zivilisation, es ist im Verbrennen der Zeugnisse menschlichen Geistes auch deren Ende. Ist von Bibliothek die Rede, ist das Feuer nicht weit – ideengeschichtlich wie real.

In der Nacht auf den 27. November 1992 brach in den Wiener Redoutensälen ein Feuer aus und bedrohte mit der Schatzkammer, den Lipizzanerstallungen und der Nationalbibliothek zentrale Symbole österreichischer Geschichte und Identität. Der Brand konnte gelöscht werden, eine Menschenkette rettete 10.000 Bände der Nationalbibliothek. Was in Wien vor dreißig Jahren in einem erleichterten nationalen Aufatmen endete, mündete wenige Monate zuvor in Sarajevo in einer Katastrophe: In der Nacht auf den 26. August 1992 wurde die Nationalbibliothek von Bosnien und Herzegowina Ziel serbischer Brandbomben. Über zwei Millionen Bücher wurden ein Raub der Flammen und die Zerstörung der Nationalbibliothek zum Sinnbild der Auslöschung kultureller Identität – rituelle Bücherverbrennung auf militärischer Vernichtungsstufe. Alte Zeugnisse gelebter Kultur sollten dem neuen Nationalismus nicht im Wege stehen.

> »Das war ein Vorspiel nur, dort wo man Bücher verbrennt, verbrennt man auch am Ende Menschen.« (Heine 1823, o. S.)

Die Prophezeiung aus Heinrich Heines Tragödie »Almansor« (1823) hat sich im Nationalsozialismus wie auch in den Balkankriegen mit Schrecken bewahrheitet. In der Literatur wird die gemeinsame Auslöschung von Medium und Mensch auf eine individuelle Ebene gehoben: Wenn Jorge von Burgos, der alte und blinde Bibliothekar, am Ende von Umberto Ecos »Der Name der Rose« (dt. 1982) in der bedeutendsten Bibliothek der abendländischen Christenheit verbrennt oder wenn Peter Kien, dem alten Sinologen aus Elias Canettis »Die Blendung« (1936), in dessen wertvoller Privatbibliothek das gleiche Schicksal widerfährt, gestalten Schriftsteller ihre Handlung auf der Folie dieser Vorstellungen von Alter, Geist und Untergang. Bibliotheken und alte Männer haben im literarischen Kontext einen fatalen Hang, zugunsten des dramatischen Effekts den Kürzeren zu ziehen.

Die dahinterstehenden Bilder gehen zurück auf die sagenumwobene Bibliothek von Alexandria, die als Urbild die Vorstellungen von Weisheit, Größe und Untergang vereint. Obwohl man über das Ende dieser antiken Bibliothek nur wenige und einander widersprechende Hinweise findet, bestimmt das Bild der in lodernden

Flammen stehenden Bibliothek leitmotivisch die späteren Vorstellungen in Kunst und Literatur. Das dramatische Bild gerinnt zu einer kollektiven Erinnerung und wird immer wieder wachgerufen.

Die Macht der Stereotype

Bis weit in die Neuzeit war die Vorstellung von Bibliothek mit alten, weisen Männern in der Rolle des Bibliothekars verknüpft. Carl Spitzweg bringt in seinem Gemälde »Bücherwurm« (um 1850) diese Vorstellungen in eine humorig-freundliche Version: Auf der Leiter stehend, versinkt der Kopf des alten Bibliothekars in einem Buch. Der Erde enthoben, im Lichtkegel des Geistes, ungesichert auf oberster Stufe, entschwunden in die Anderswelt der Bücher, ist er der Realität des Alltags entrückt.

Mit dem Aufblühen der Volksbibliotheken in der zweiten Hälfte des 19. Jahrhunderts wurden Bibliotheken erstmals allen Bevölkerungsschichten zugänglich gemacht und von verschiedenen weltanschaulichen Richtungen als bedeutsame Einflussgröße und Propagandainstrument erkannt und gefördert. Bibliotheken wurden nun zunehmend als sozial-pädagogische Einrichtungen verstanden und damit vermehrt dem Aufgabengebiet der Frauen zugeordnet. Da es für Frauen aus dem Bürgerstand unschicklich, wenn nicht gar verboten war (»Beamtenzölibat«[1]), nach der Verheiratung noch einem Beruf nachzugehen, verblieben nur unverheiratete Frauen dauerhaft in dieser Funktion, was nicht unwesentlich zum Zerrbild der zugeknöpften, energisch zur Stille mahnenden Gouvernante mit Dutt und Brille führte. In Karikaturen oder als Faschingskostüm ist dieses Bild bis in die Gegenwart präsent. Anhand einer Vielzahl an Belegstellen aus der amerikanischen, englischen und deutschen Literatur zeigt Klaus Döhmer in »Merkwürdige Leute« (1984), dass die Bibliothek in älterer Belletristik als ein abgeschiedener heiliger Geistesraum erscheint, der von eigentümlichen Menschen bevölkert wird und die Bibliothek als heilig abgeschirmten Bezirk mit der Atmosphäre einer Gruft erscheinen lässt: eine tote Welt, in der Alter eindeutig negativ konnotiert ist.

Öffentliche Bibliotheken kämpfen gegen die Macht dieser Stereotype – in der Gegenwart mit zunehmendem Erfolg. Was als Karikatur unausrottbar erscheint, hat in Umfragen wie der 2019 im Bundesland Salzburg durchgeführten bereits weitgehend seine Wirkung verloren.[2] Neue öffentliche Bibliotheken in Wien, Linz, Wels, Salzburg, Innsbruck oder Dornbirn mit lichter Architektur, moderner Technik und vielfältigem Veranstaltungsprogramm tragen wesentlich zu einem neuen Bild bei.[3]

1 In verschiedenen Berufsgruppen, z. B. Lehrerinnen, musste die Frau bei Verheiratung ihren Beruf aufgeben (Kuhn 2002, S. 58 ff.).

2 Eine repräsentative NutzerInnen- und Nicht-NutzerInnen-Befragung im Bundesland Salzburg von Oktober und November 2019, noch unveröffentlicht, zeigt, dass die mit dem Begriff Bibliothek verbundenen Assoziationen in den vier häufigsten Nennungen positiv besetzt sind.

3 Zwischen Wien und Dornbirn entstanden in den letzten Jahrzehnten Öffentliche Bibliotheken mit sehr anspruchsvoller Architektur: Wiener Hauptbücherei (2003), Stadtbibliothek Salzburg (2006), Stadtbibliothek Linz im Wissensturm (2007), Stadtbücherei Wels (2010), Stadtbibliothek Innsbruck (2018), Stadtbücherei Dornbirn (2020).

14.2 Die Rahmenbedingungen öffentlicher Bibliotheken in Österreich

Die fehlende rechtliche Basis

Österreich zählt zu dem Drittel europäischer Länder, das über kein Bibliotheksgesetz verfügt, was zur Folge hat, dass es keine verbindliche Definition des Begriffs »öffentliche Bibliothek«, kein geregeltes Berufsbild und auch keinerlei gesetzliche Verpflichtung zum Unterhalt dieser Einrichtungen gibt. Öffentliche Bibliotheken sind entsprechend einem Fördergesetz aus dem Jahr 1973[4] dem gemeinsamen Kompetenzbereich von Bund und Ländern zugordnet, ihre Förderung gehört zu den Ermessensausgaben. Diese Unverbindlichkeit führt zu dem Umstand, dass die Unterstützung und die Weiterentwicklung der Bibliotheken sowohl in den einzelnen Kommunen als auch auf Ebene der Bundesländer höchst unterschiedlich ausfallen, was sich an diversen Leistungskennzahlen unmittelbar ablesen lässt: Während die kontinuierliche Unterstützung und Entwicklung der Bibliotheken in Vorarlberg dazu führen, dass mehr als 80 % der Einrichtungen die Förderkriterien des Bundes erreichen, liegt diese Zahl im Burgenland bei unter 20 %. 2018 kamen in Vorarlberg auf einen/eine EinwohnerIn 6,9 entlehnte Medien, im Burgenland waren es 0,98. Der österreichweite Durchschnitt liegt bei 2,7 (BVÖ 2018).

Etwa 1500 öffentliche Bibliotheken, getragen von Kommunen, Pfarren, Österreichischem Gewerkschaftsbund/Arbeiterkammer oder Vereinen, gibt es in Österreich, 1176 davon haben im Jahr 2018 ihre Jahresmeldung (Profil mit Leistungszahlen) beim Büchereiverband Österreich abgegeben. Diese Daten bilden die Basis für die statistischen Erhebungen, die in der »Büchereilandkarte Österreich«[5] anschaulich für die drei politischen Ebenen des Bundes, der Länder und der Bezirke aufbereitet sind – ein vorbildliches Instrument, das Leistungsfähigkeit visualisiert und Stärken wie Schwächen sichtbar macht. Sie zeigt, dass 81 % der österreichischen Bevölkerung in einer Stadt oder Gemeinde mit einer solchen Einrichtung leben und somit zum Gegenstand von Analysen werden können.

Spezifisch für Österreich ist ein sehr hoher Anteil ehrenamtlicher Bibliotheksarbeit. Von den im Jahr 2018 ausgewiesenen 10.049 BibliothekarInnen arbeiteten 8.654 ehrenamtlich, 562 in Teilbeschäftigung, 833 hauptamtlich (BVÖ 2018). Umgerechnet auf Vollzeitäquivalente kann man davon ausgehen, dass die Hälfte der Bibliotheksarbeit in Österreich ehrenamtlich geleistet wird. In vielerlei Hinsicht wird dieses System kritisch gesehen, im Hinblick auf die aktive Einbindung älterer MitbürgerInnen bietet es aber – wie später ausgeführt – eine Fülle an Möglichkeiten und Chancen.

4 Siehe das Bundesgesetz (BGBl. Nr. 171/1973) über die Förderung der Erwachsenenbildung und des Volksbüchereiwesens aus Bundesmitteln vom 21. März 1973.

5 Die Büchereilandkarte zeigt die Leistungsdaten Öffentlicher Bibliotheken in Österreich seit dem Jahr 2012 und ist unter folgendem Link aufrufbar: https://www.bvoe.at/buechereiland karte/.

Viel Engagement – wenig Strategie

Die regelmäßigen zaghaften Anläufe zu einem österreichischen Bibliotheksgesetz scheitern zumeist bereits an der Kompetenzüberschneidung von Bund und Ländern. Im aktuellen Regierungsprogramm »Aus Verantwortung für Österreich« (2020–2024) wird im Kapitel »Lebensbegleitendes Lernen« die Erstellung eines Bibliotheksentwicklungskonzepts gemeinsam mit Ländern, Gemeinden und TrägerInnenorganisationen angekündigt (Republik Österreich 2020, S. 210).

Ohne verbindliche Richtlinien bleibt auch die Zielgruppenarbeit mit SeniorInnen eine Tätigkeit im freien Ermessen jeder einzelnen Bibliothek. Die Arbeit mit und für SeniorInnen wird in Einzelinitiativen immer wieder aufgegriffen[6], auf einer strategischen Ebene aber kaum wahrgenommen. Im Leitbild der Öffentlichen Bibliotheken (BVÖ 2010) werden im Kapitel »Sozial-integratives Zentrum Öffentliche Bibliothek« SeniorInnenbibliotheken als mögliche Sonderform erwähnt, Ältere aber nicht als spezielle Zielgruppe ins Auge gefasst.

Der Wunsch nach langfristiger Entwicklung der Bibliotheken hat in mehreren Bundesländern dazu geführt, dass Bibliotheksentwicklungspläne erstellt wurden. Salzburg, Vorarlberg, die Steiermark, Oberösterreich und das Burgenland verfügen bereits über solche Konzepte, Niederösterreich und Kärnten stehen in der Phase der Erarbeitung, Tirol fehlt noch in dieser Liste. In den bereits vorliegenden Entwicklungsplänen werden spezifische Angebote für SeniorInnen nur am Rande erwähnt. Als Vorbild für die in Arbeit befindlichen Papiere bzw. die Überarbeitung der vorhandenen Grundsatzdokumente kann der Südtiroler Entwicklungsplan »Bibliotheksplan 2021« (Amt für Bibliotheken und Lesen 2018) gelten, der die Bibliotheken konkret beauftragt, spezifische Angebote für Ältere zu entwickeln und die auf diesem Gebiet erfolgten Tätigkeiten in den jährlichen Berichten dezidiert auszuweisen.

14.3 SeniorInnen im Bildungsraum Bibliothek

NutzerInnen

Das von den Bibliotheken jährlich erhobene statistische Material unterteilt die BenutzerInnen in die drei Gruppen Kinder, Jugendliche und Erwachsene, aufgeschlüsselt nach dem Geschlecht. Eine tiefergehende Differenzierung der großen Gruppe der Erwachsenen ist nicht gegeben, weshalb in der weiteren Argumentation auf punktuell von mir selbst erhobene Daten zurückgegriffen wird.

Grundsätzlich wird von deutschen und österreichischen Bibliotheksverbänden festgestellt, dass die Gruppe der Älteren gegenüber ihrem Bevölkerungsanteil in-

6 Beispiele für Projekte mit und für SeniorInnen finden sich in der Projektplattform wirlesen.org des BVÖ.

nerhalb der BibliotheksnutzerInnen unterproportional vertreten ist.[7] Der Jahresbericht der Büchereien Wien weist für 2018 einen generellen BenutzerInnenanteil von 9 % aus, bei der Gruppe der über 65-Jährigen fällt dieser Anteil mit 3,05 % auf ein Drittel zurück: 3,5 % bei den Frauen bzw. 2,4 % bei den Männern (Büchereien Wien 2019, S. 4).

In der Präsenz der Älteren und der Geschlechter finden sich österreichweit enorme Unterschiede, hier exemplarisch sichtbar gemacht an der Stadt Salzburg und einiger Umlandgemeinden: Zählt die Stadtbibliothek Salzburg 11,8 % der Bevölkerung zu ihren NutzerInnen, so erreicht sie in der Gruppe der über 65-Jährigen immerhin noch 8,02 %. Der Unterschied zwischen Männern (7,57 %) und Frauen (8,32 %) ist vergleichsweise gering. Die Gemeindebibliothek Elsbethen, südlich der Stadt Salzburg gelegen, erreicht 6,8 % aus der Gruppe der über 60-Jährigen, zeigt zwischen Männern (4 %) und Frauen (9 %) aber sehr große Unterschiede. Was in diesem Bereich alles möglich ist, zeigt die Bibliothek der 3.000-EinwohnerInnen-Gemeinde Elixhausen, wenige Kilometer nördlich der Stadt Salzburg gelegen, die 16,5 % der Bevölkerung zu ihren NutzerInnen zählt und bei der Gruppe der über 65-Jährigen mit 15,9 % (Frauen 21,4 %, Männer 9,6 %) kaum niedrigere Werte ausweist. Dass Elixhausen als »Generationendorf« starke intergenerationelle Impulse setzte und die Bibliothek im Rahmen von Gesundheitsvorträgen und dem »Büchercafé 50 plus« spezielle Angebote für die Zielgruppe der SeniorInnen bietet, trägt sicher wesentlich zu diesen hohen Werten bei.

Die Voraussetzungen für Bibliotheken, in Zukunft SeniorInnen verstärkt als NutzerInnen zu gewinnen, sind ausgesprochen günstig. Die in Bibliothekskreisen manifeste Überzeugung, dass positive Kindheitserlebnisse in Bibliotheken zu bleibenden oder wiederkehrenden KundInnen führen, wurde durch eine groß angelegte Nicht-NutzerInnen-Befragung der Stiftung Lesen und des Deutschen Bibliotheksverbands (dbv) vollinhaltlich bestätigt (Deutscher Bibliotheksverband e. V. & Institut für Lese- und Medienforschung der Stiftung Lesen 2012). Bemerkenswert in diesem Zusammenhang sind die Ergebnisse einer aktuellen repräsentativen Umfrage im Land Salzburg zum Thema Bibliothek und Lesen[8], in der 25 % der über 60-Jährigen erklären, dass sie in ihrer Kindheit mit den Eltern Bibliotheken besucht haben. In der Altersgruppe der 45- bis 59-Jährigen ist der Anteil mit 47 % nahezu doppelt so hoch. Das bedeutet, dass in den nächsten Jahren wesentlich mehr Personen in die Altersgruppe der SeniorInnen vorrücken werden, die aufgrund ihrer Kindheitserfahrungen positive Anschlussmöglichkeiten an den Lern- und Sozialraum Bibliothek aufweisen. Diesen offenkundigen Wandel gilt es seitens der Bibliotheken zu nutzen.

7 Der Zielgruppe der Älteren ist im Bibliotheksportal des Deutschen Bibliothekarsverbands eine eigene Rubrik gewidmet. Siehe dazu: https://bibliotheksportal.de/ressourcen/management/zielgruppen/aeltere-leserinnen-und-leser/.

8 Diese Zahlen stammen aus einer vom Land Salzburg in Auftrag gegebenen und vom Institut für Grundlagenforschung durchgeführten repräsentativen, aber noch nicht veröffentlichten Umfrage: Zeitraum der Erhebung war Oktober und November 2019 mit 1.008 Befragten ab einem Alter von 16 Jahren.

Die Bibliothek als Tätigkeits- und Lernfeld für Ältere

Sind ältere MitbürgerInnen als NutzerInnen öffentlicher Bibliotheken bislang noch unterrepräsentiert, spielen sie als BibliothekarInnen auf der anderen Seite der Entlehntheke aufgrund ihres ehrenamtlichen Engagements eine ganz zentrale Rolle. Auch hierzu gibt es keine österreichweiten statistischen Daten, aber ein Blick auf die Situation in Oberösterreich[9] bestätigt die Wahrnehmung, die man auf Bibliothekstagungen und in Fortbildungen gewinnt: Von den 2.095 in Oberösterreich im Jahr 2017 gemeldeten BibliothekarInnen waren 676 in einem Alter von über 60 Jahren, was einen Anteil von 32% bedeutet. 206 BibliothekarInnen sind bereits 70 Jahre oder älter.

Legt man die Altersstruktur der oberösterreichischen BibliothekarInnen um auf ganz Österreich, so kann man von etwa 2.800 Mitarbeitenden öffentlicher Bibliotheken ausgehen, die das 60. Lebensjahr bereits überschritten haben. Bibliotheksarbeit beinhaltet eine Vielzahl an anspruchsvollen Tätigkeiten, die komplexe Kenntnisse und Kompetenzen in Themenfeldern wie EDV und Technik, Lese- und Sprachförderung, Öffentlichkeitsarbeit und Marketing, Medienmarkt und Verlagswesen, Konzeption und Durchführung von Veranstaltungen erfordern. Damit ist die Bibliothek nicht nur als Lernraum für die BenutzerInnen zu sehen, sondern zugleich als Fortbildungsinstitution für tausende BibliothekarInnen. Neben der laufend stattfindenden informellen Fortbildung im Bibliotheksalltag wird den BibliothekarInnen hierzu ein überaus vielfältiges Fortbildungsprogramm seitens des Bundes, der Länder sowie der Bibliotheks- und BibliothekarInnenverbände geboten. Aus den 102 öffentlichen Bibliotheken des Landes Salzburg wurden im Jahr 2018 5.131 Fortbildungsstunden gemeldet, was allein 50,3 Stunden externer Fortbildung je Einrichtung bedeutet, die laufende informelle Fortbildung nicht mitgerechnet.

Das »Curriculum Ausbildungslehrgang für ehrenamtliche und nebenberufliche Bibliothekarinnen und Bibliothekare in öffentlichen Bibliotheken« (BVÖ 2018)[10] gibt einen Einblick in das breite Spektrum praktischer Bibliotheksarbeit: Medienerschließung, Veranstaltungsmanagement, Recht, Verwaltungstechnik, Öffentlichkeitsarbeit, Teamführung, Finanzen etc. Es wäre interessant, die komplexen Lernprozesse in der Bibliotheksarbeit systematisch darzustellen, um zu zeigen, dass wir es hier in vielen Bereichen mit einer kaum wahrgenommenen Form einer anspruchsvollen SeniorInnenakademie zu tun haben, die eine besondere Qualität auch dadurch gewinnt, dass man in der Bibliotheksarbeit in unmittelbarem Austausch mit allen Alters- und Sozialgruppen steht. Da öffentliche Bibliotheken durchwegs von Bibliotheksteams geführt werden, bietet die öffentliche Bibliothek geradezu ideale Bedingungen für intergenerationelles Lernen – von Teenagern bis zu über 90-Jährigen sind in der Bibliothek alle Altersgruppen vertreten.

Besonderes Gewicht haben die Erfahrungen und Kompetenzen älterer KollegInnen auch in der Betreuung anderer Bibliotheken. In Salzburg, Oberösterreich,

9 Daten für das Berichtsjahr 2017, bereitgestellt von der Bibliotheksfachstelle der Diözese Linz.

10 Informationen zu Aus- und Fortbildungen sind auf der Website des Bücherverbands Österreichs zu finden: https://www.bvoe.at/aus-_und_fortbildung/ausbildungsinfo.

Niederösterreich und dem Burgenland sind RegionalbetreuerInnen installiert. Sie leisten regionale Vernetzungsarbeit, organisieren Weiterbildung und fungieren als Anlaufstelle bei auftretenden Problemen. In Salzburg liegt das Durchschnittsalter der zehn Kolleginnen, die sich im Auftrag des Landes dieser Aufgabe widmen, bei knapp über 58 Jahren.

Sozialer Lernraum Bibliothek

Im Zuge der digitalen Revolution haben Bibliotheken ihre Monopolstellung als Informationsquelle weitgehend eingebüßt: Punktuelles Wissen und Information sind jederzeit online abrufbar. Gleichzeitig ist die sozial-integrative Bedeutung von Bibliotheken enorm gewachsen. In einer fortschreitend technisierten und automatisierten Welt ist das Bedürfnis nach persönlicher Begegnung stark im Steigen; sinnvoll konsumfrei nutzbare Zeit gehört zu den wertvollsten Gütern der Gegenwart. Die Bibliothek bietet mit ihren Angeboten und Veranstaltungsprogrammen ein Bezugssystem, das unterschiedlichste Menschen zusammenführt und Austausch ermöglicht: Buchstart-Projekte rund um Family Literacy[11] bringen nicht nur Kleinkinder und Eltern in die Bibliothek, sondern immer öfter auch die Großeltern. Rund um das Modethema MINT (Mathematik, Information, Naturwissenschaft, Technik) entwickeln Bibliotheken Veranstaltungen, in denen entdeckendes Lernen in Gruppen erlebbar wird. Vorlesestunden lassen Geschichten gemeinsam lebendig werden. Mehrsprachige Angebote richten sich an Menschen nicht-deutscher Muttersprache. Bibliotheken sind längst nicht mehr nur die Orte zum Entlehnen von Medien, sondern immer stärker aktivierende Handlungsräume.

Eine Statistik der öffentlichen Bibliotheken in Bayern, die schlüssig auf Österreich übertragen werden kann, macht diese Entwicklung anschaulich: Im Zeitraum von 2012 bis 2018 ist die Zahl der Entlehnungen um 5,38 % gesunken, die Zahl der Veranstaltungen aber um 42 % gestiegen (ÖBiB 2021). Die Gestaltung der für diese Aktivitäten nötigen Räume wird damit immer wichtiger und die Öffnungszeitendiskussion zunehmend drängender. Bereits für das Jahr 2017 wurden in Österreich an die 45.000 Veranstaltungen mit über einer Million Teilnehmenden in öffentlichen Bibliotheken ausgewiesen (BVÖ 2018).

14.4 Inhaltliche Dimensionen

Seitens der Inhalte sind dem Bildungsangebot in öffentlichen Bibliotheken keine Grenzen gesetzt. Da aktuelle Themen über den Buch- und Medienmarkt rasch Einzug in der Bibliothek halten und diese häufig in Form von Thementischen,

11 Das aus England stammende bookstart-Konzept wird in Österreich vom Österreichischen Bibliothekswerk umgesetzt: http://www.buchstart.at/konzepte/buchstart_idee.php.

Lesungen oder Diskussionen aufgegriffen werden, sind BibliotheksnutzerInnen stets am Puls der Zeit. Die folgenden Blitzlichter auf drei Themenfelder geben einen Einblick in die Möglichkeiten sozial-integrativer Bibliotheksarbeit.

Zugänge öffnen

Ohne ausschließlich auf SeniorInnen abzuzielen, hat das Lesezentrum Steiermark 2013 in Kooperation mit anderen Einrichtungen unter dem Titel »Barrierefreie Erwachsenenbildung« damit begonnen, das Thema der Zugänglichkeit mit einem weiten Blickfeld aufzugreifen. Einschränkungen im Bereich Mobilität, Sinneswahrnehmung, Psyche und Lernschwierigkeiten standen im Mittelpunkt, Ältere waren nicht der ausschließliche Fokus, gerade in den Themenfeldern Mobilität und Sinneswahrnehmung jedoch ständig präsent. Worauf Bibliotheken im Hinblick auf Barrierefreiheit zu achten haben, wurde in Materialien dargestellt und auf Bibliothekstagungen und Regionalkonferenzen vermittelt. Ein 20-minütiges Video – die Kurzversion ist auf YouTube abrufbar[12] – dient der Sensibilisierung gegenüber dem Thema und als Medium der Verbreitung.

Gleichzeitig entwickelte die Stadtbibliothek Graz in Kooperation mit der Post einen Bücherservice, der es NutzerInnen ermöglicht, bestellte Medien beim nächstgelegenen Postamt abzuholen.[13] Darüber hinaus gibt es unter dem Titel »Besuch & Buch« auch BücherbotInnen, die die Medien nach Hause bringen, für Gespräche zur Verfügung stehen oder vorlesen.[14]

Hier zeigt sich, wie aus Ideen Projekte werden und diese über strukturelle und institutionelle Weichenstellungen direkt zu persönlichem Kontakt mit der Zielgruppe der Älteren führen. Bibliotheken gehen zunehmend nach außen.

Medium Buch trifft Medium Mensch

Um den erfreulichen Trend des öffentlichen Vorlesens zu stärken und die Kompetenzen auf diesem Gebiet zu erhöhen, hat das Österreichische Bibliothekswerk in Kooperation mit Einrichtungen der Elternbildung und der Caritas im Jahr 2013 damit begonnen, eine VorlesepatInnenausbildung zu konzipieren, Materialien zu erstellen und ein österreichweites Netzwerk aufzubauen. Vom Bundesministerium für Soziales und Konsumentenschutz geförderte Vorgängerprojekte[15] (»LebensSpuren – Begegnung der Generationen« und »LebensSpuren – Begegnung der Kulturen«) boten hierzu eine gute Basis und wertvolle Erfahrungen.

Das ursprünglich an Kinder gerichtete VorlesepatInnenprojekt in Bibliotheken und Eltern-Kind-Gruppen wurde auf Wunsch der Kursteilnehmenden auf das Vor-

12 Der Clip ist online abrufbar unter: https://www.youtube.com/watch?v=_j91T6NMpO0.
13 26 Grazer Poststellen sind in dieses Projekt einbezogen: https://www.stadtbibliothek.graz.at/index.asp?ref-type=postservice.
14 Das Projekt der Stadtbibliothek Graz wird präsentiert unter: https://www.stadtbibliothek.graz.at/index.asp?ref-type=besuch-und-buch.
15 Siehe unter: http://www.lebensspuren.net.

lesen in SeniorInneneinrichtungen ausgeweitet. Waren Ältere zuvor bereits in der Gruppe der Vorlesenden vertreten, wurden sie nun auch dezidiert AdressatInnen dieses Angebots. In über 60 Kursen in allen Bundesländern und Diözesen haben mittlerweile 950 Teilnehmende eine VorlesepatInnenausbildung absolviert. Die meisten Teilnehmenden kommen aus der Altersgruppe der 50- bis 60-Jährigen, gefolgt von den 60- bis 70-Jährigen. Der bislang jüngste Teilnehmer war 15 Jahre alt. In emotionalen Zeugnissen berichten VorlesepatInnen in einer Broschüre der Caritas und Bibliotheksfachstelle Vorarlberg von ihren Erlebnissen:

> »Es ist berührend, ihre strahlenden Augen und die ›verstehende‹ Mimik zu sehen, und der Applaus am Ende der Vorlesestunde ist das schönste Honorar. Auch die Bemerkungen der anwesenden Begleiterinnen (Verwandte oder Heimpersonal) – ›So kenne ich Frau X gar nicht, sie spricht ja.‹ – zeugen von der Wichtigkeit des Vorlesens.« (Ohneberg 2017, S. 52 f.)

Mit der Broschüre »Besuch mit Buch« hat das Österreichische Bibliothekswerk (2017) Informationen zum Thema und begleitendes Lehrmaterial geschaffen. Auf österreichischer und europäischer Ebene wurde das Projekt evaluiert und ausgezeichnet.[16] Bibliotheken schaffen Beziehung.

Wichtige Themen platzieren und in Austausch bringen

Das durch das Land Salzburg finanzierte Projekt »Ein Demenzkoffer geht auf Bibliotheksreise«[17] wurde gemeinsam mit einer Reihe an KooperationspartnerInnen entwickelt und seit Oktober 2017 umgesetzt. Fünf Koffer wurden mit mehr als 60 Medien (Romane, Fach- und Sachbücher, Bilderbücher, Kinder- und Jugendromane, DVDs, CDs und Spiele) ausgestattet und auf den Weg in 49 Bibliotheken geschickt. Die Bibliotheken präsentierten diesen Medienbestand und führten begleitend 55 Veranstaltungen mit 2.000 Teilnehmenden durch. Vorab wurde den BibliothekarInnen auf Tagungen, in spezifischen Fortbildungsveranstaltungen und Workshops ein Einstieg in das Thema Demenz geboten. Anfragen an die Projektleitung aus anderen Bundesländern und dem benachbarten Bayern zeigen das breite Interesse an dieser Form der Umsetzung, in der von Kindergartenkindern aufwärts alle Altersgruppen eingebunden waren.

Die Stärken des Projekts liegen im klaren Rahmen der zentralen Projektentwicklung, der zugleich alle Freiheiten in der lokalen Umsetzung bietet und von einem gänzlich einfachen Förder- und Abrechnungssystem des Landes Salzburg getragen wird. In solcher Konstellation können auch inhaltlich sehr anspruchsvolle

16 2016 wurde das Projekt durch ELINET (European Literacy Policy Network) evaluiert und als »Good Practice« ausgezeichnet: http://www.eli-net.eu/good-practice/examples-of-good-practice/detail/project/ganz-ohr-all-ears-a-training-course-for-reading-mentors. 2017 folgten die Evaluation durch das Institut für Soziologie der Universität Wien und die Auszeichnung durch das Bundesministerium für Arbeit, Soziales und Konsumentenschutz: https://www.wirlesen.org/artikel/wie-foerdern/zielgruppenarbeit/ganz-ohr-ausbildung-fuer-vorlesepatinnen.

17 Siehe unter: https://pdfdokument.com/ein-demenzkoffer-geht-auf-bibliotheksreise_59f7a0191723dd913b6b7290.html.

Themen nach wenigen Monaten an Konzeptarbeit in Umsetzung kommen. Bibliotheken sind flexibel und spontan.

14.5 Fazit

Diese und viele weitere Beispiele zeigen das enorme Potenzial öffentlicher Bibliotheken im Bereich sozial-integrativer Bibliotheksarbeit durch Anregung von Lernprozessen mit und durch Ältere. Punktuelle Erfolgsgeschichten dürfen aber nicht darüber hinwegtäuschen, dass diese und viele weitere erfolgreiche Initiativen bislang nicht in österreichweite Konzepte mit langfristiger Strategie eingebunden sind. Das Ländernetzwerk Bibliotheken, ein Forum der Bibliotheksverantwortlichen der Bundesländer, hat in den letzten Jahren damit begonnen, langfristige Zielgruppenarbeit für Kinder und Jugendliche zu entwickeln. SeniorInnen in gleicher Weise in die Überlegungen aufzunehmen, wäre der nächste logische Schritt und könnte die Basis für eine positive Einbeziehung der SeniorInnenarbeit in den vom Regierungsprogramm angekündigten Bibliotheksentwicklungsplan darstellen.

Da es in Österreich auch in nächster Zukunft kein Bibliotheksgesetz geben wird, in dem die Aufgaben öffentlicher Bibliotheken geregelt sind, kann Bildungsarbeit mit und für SeniorInnen auch nicht verpflichtend festgeschrieben werden. Vermutlich ist die gesetzliche Ebene auch nicht der richtige Ort für bibliothekarische Zielgruppenarbeit. Mit einer koordinierten Schwerpunktsetzung durch Bund und Länder, spezifischen Angeboten im Bereich der Weiterbildung sowie der Koppelung von Leistungen an die jeweiligen Fördersysteme gibt es starke Hebel, die in anderen Bereichen (Digitalisierung, Leseförderung für Kinder) starke und nachhaltige Wirkung entfaltet haben. Der Bereich der SeniorInnenbildung bietet sich hierzu als künftiges Betätigungsfeld an.

Literaturverzeichnis

Amt für Bibliotheken und Lesen (Hrsg.) (2018). Bibliotheksplan 2021. Bozen. http://www.provinz.bz.it/kunst-kultur/bibliotheken-lesen/downloads/Bibliotheksplan_2021(1).pdf. Zugegriffen: 9. April 2021.

Büchereien Wien (Hrsg.) (2019). Jahresbericht 2018. Wien. Büchereien Wien.

Büchereiverband Österreichs (BVÖ) (2010). Die Bibliothek der Zukunft – Die Zukunft der Bibliotheken. Leitbild der Öffentlichen Bibliotheken Österreichs. https://www.bvoe.at/epaper/leitbild/Leitbild.pdf. Zugegriffen: 9. April 2021.

Büchereiverband Österreichs (BVÖ) (2018a). Büchereistatistik 2018. https://www.bvoe.at/oeffentliche_bibliotheken/statistik_und_leistungsdaten/statistik. Zugegriffen: 11. Jänner 2020.

Büchereiverband Österreichs (BVÖ) (Hrsg.) (2018b). Curriculum. Ausbildungslehrgang für ehrenamtliche und nebenberufliche Bibliothekarinnen und Bibliothekare in öffentlichen Bibliotheken. https://www.bvoe.at/sites/default/files/attachments/bvoe_curriculum_ausbildungslehrgang_ea_nb_bibliothekarinnen_und_bibliothekare_korr_0.pdf. Zugegriffen: 9. April 2021.

Büchereiverband Österreichs (BVÖ) (2018c). Statistik zu »Leserstimmen«. https://www.leserstimmen.at/zahlen-fakten-bibliotheken-und-lesef%C3%B6rderung. Zugegriffen: 9. April 2021.

Bundesgesetz vom 21. März 1973 über die Förderung der Erwachsenenbildung und des Volksbüchereiwesens aus Bundesmitteln (BGBl. Nr. 171/1973) (1973). https://www.ris.bka.gv.at/Dokument.wxe?Abfrage=BgblPdf&Dokumentnummer=1973_171_0. Zugegriffen: 19. Mai 2021.

Canetti, E. (1936). Die Blendung. Wien: Reichner.

Deutscher Bibliotheksverband e. V. & Institut für Lese- und Medienforschung der Stiftung Lesen (2012). Ursachen und Gründe für die Nichtnutzung von Bibliotheken in Deutschland. Gefördert von der Bundesregierung für Kultur und Medien. https://www.stiftunglesen.de/download.php?type=documentpdf&id=632. Zugegriffen: 9. April 2021.

Döhmer, K. (1984). Merkwürde Leute. Würzburg: Königshausen und Neumann.

Eco, U. (1982). Der Name der Rose. München: Hanser.

Heine, H. (1823). Almansor. Altenmünster: Jazzybee Verlag. https://de.wikisource.org/wiki/Almansor_(Heine). Zugegriffen: 9. April 2021.

Kuhn, B. (2002). Familienstand: ledig. Ehelose Frauen und Männer im Bürgerstand (1850–1914). (2., ergänzte Aufl.). Köln, Weimar: Böhlau.

Öffentliche Bibliotheken in Bayern (ÖBiB) (2021). Landesstatistik 2018. https://www.oebib.de/bibliotheken/statistik/landesstatistik-2018/. Zugegriffen: 9. April 2021.

Ohneberg, A. (2017). Vorlesen ist Fernsehen ohne Strom. In Caritas der Diözese Feldkirch (Hrsg.), Ganz Ohr! Menschen begegnen. Vorlesegeschichten aus Vorarlberg. Feldkirch: Diözese Feldkirch.

Republik Österreich (2020). Aus Verantwortung für Österreich. Regierungsprogramm 2020–2024. Wien: Bundeskanzleramt Österreich. https://www.bundeskanzleramt.gv.at/bundeskanzleramt/die-bundesregierung/regierungsdokumente.html. Zugegriffen: 9. April 2021.

15 Bildung und Freiwilligenengagement

Martin Oberbauer

Zusammenfassung

Freiwilligentätigkeiten und Bildung im Alter wurden in Österreich erst in den letzten Jahren vermehrt miteinander in Verbindung gebracht. Ausgehend von theoretischen Überlegungen, wie Freiwilligenarbeit auch im Alter bildungswirksam werden kann, erfolgte zunächst eine zunehmende Reflexion der Relevanz dieser Verbindung. In der Folge entstanden zielgerichtete Maßnahmen in der Praxis der Freiwilligenkoordination, mit denen die Wechselwirkungen der beiden Bereiche gefördert werden konnten. Dieser Beitrag beleuchtet die Hintergründe und Perspektiven dieser Verknüpfung. Im Anschluss an eine Begriffsklärung folgt ein kurzer historischer Überblick, wie sich der Diskurs zu diesem Thema in Österreich in den vergangenen zwanzig Jahren entwickelt hat. Im Weiteren bilden österreichische Statistiken die Engagementquote von Menschen in der nachberuflichen Lebensphase ab. Der Hauptteil des Beitrags zeigt unterschiedliche auf den Lebenslauf bezogene Zeitdimensionen von Bildung für und im Freiwilligenengagement auf: die Vergangenheit in Hinsicht auf Kompetenzen, die Ältere in die Freiwilligenarbeit mitbringen; die Gegenwart mit Aspekten der Bildung, die in der oder für die Freiwilligentätigkeit stattfindet; die Zukunft mit Blick auf die Aneignung von Kompetenzen durch freiwilliges Engagement als Basis für geplante Tätigkeiten. Formate und Settings für die Anregung von Bildungsvorgängen im Freiwilligenengagement werden abschließend vorgestellt.

15.1 Einleitung

Mit freiwilligem Engagement werden vielfältige Wirkungen verbunden. Der erwartete positive Effekt für die EmpfängerInnen der freiwilligen Leistungen bildet eine Voraussetzung für die Entscheidung von Organisationen, Freiwillige einzusetzen, und Freiwillige selbst orientieren ihre Motive in einem hohen Ausmaß daran: 60 % der Freiwilligen stimmen der Aussage »Ich möchte damit anderen helfen« voll und ganz zu (Institut für Empirische Sozialforschung 2016). Auf der Grundlage einer hohen Bereitschaft von Menschen, sich unentgeltlich für gesellschaftliche Anliegen einzusetzen, generieren Freiwilligentätigkeiten einen beträchtlichen volkswirtschaftlichen Nutzen (Pennerstorfer et al. 2013). Darüber hinaus werden politische und soziale Wirkungen (Bundesministerium für Arbeit, Soziales und Konsumentenschutz 2015b) sowie gesundheitliche Effekte von Freiwilligeneinsätzen beschrieben wie z. B. ein verbessertes psychisches Wohlbefinden mit einer geringeren Neigung zu Depressionen, eine höhere Lebenszufriedenheit und eine gestiegene Lebenserwartung (Oberbauer 2020). Neuerdings finden zunehmend Bildungsaspekte von Freiwilligentätigkeiten Beachtung. Dazu zählt neben nonformaler Bildung, die für bestimmte Einsatzfelder vorausgesetzt wird (z. B. im Hospizbereich) oder durch entsprechende Bildungsangebote erweitert werden kann, um für die betreffenden Aufgabengebiete gut vorbereitet und ausgestattet zu sein, besonders die informelle Bildung, die durch Learning by Doing gerade auch in der nachberuflichen Lebensphase persönliche Entwicklungsprozesse in Gang bringen kann.

15.2 Klärung relevanter Begriffe

Der unbezahlte Einsatz Einzelner für die Gesellschaft bzw. deren notleidende oder bedürftige Mitglieder hat eine jahrhundertelange Geschichte. Dabei kamen und kommen unterschiedliche Begrifflichkeiten zum Einsatz, die heute noch teilweise synonym verwendet werden.

Ehrenamt

Die älteste heute noch verwendete Bezeichnung Ehrenamt oder ehrenamtliches Engagement geht ursprünglich auf die mit der Preußischen Städteordnung von 1808 eingeführte kommunale Selbstverwaltung zurück (Sachße 2000). Ehrenamt etablierte sich im 19. und bis ins späte 20. Jahrhundert als weithin üblicher Begriff für das große Feld unentgeltlicher Hilfeleistungen. Mit der zunehmenden Verwendung der Bezeichnung Freiwilligenarbeit rückte seit Anfang des 21. Jahrhunderts der Ausdruck Ehrenamt in Österreich etwas in den Hintergrund, er wird heute oft synonym zu Freiwilligenarbeit verwendet. Manche Vereine versuchen, die begriffliche Trennung aufrechtzuerhalten, indem sie nur die in den Vereinsvorstand (in ein »Amt«) gewählten FunktionärInnen als Ehrenamtliche, alle anderen unentgeltlich Aktiven jedoch als Freiwillige bezeichnen. 69,7 % der von More-Hollerweger und Hora (2012) befragten österreichischen gemeinnützigen Organisationen verwendeten die Bezeichnung Ehrenamtliche.

Freiwilligenarbeit

Vom englischen Begriff »volunteering« abgeleitet, finden die Bezeichnungen freiwilliges Engagement und Freiwilligenarbeit seit etwa zwanzig Jahren im deutschsprachigen Raum zunehmend Verwendung.[1] Röbke (2012) vertritt die Auffassung, dass sich die Begrifflichkeit vom Ehrenamt zur Freiwilligenarbeit gewandelt habe, weil sich die Voraussetzungen geändert hätten, welche die Menschen dazu brächten, sich zu engagieren. Der Unterschied bestehe in einem Perspektivenwechsel: Während es beim Ehrenamt um vorgegebene Aufgaben im Sinne eines zu erfüllenden Amtes gegangen sei (mit einem Fokus auf den Erwartungen der Organisation), berücksichtige freiwilliges Engagement die Wünsche und Fähigkeiten der Freiwilligen stärker (der Fokus liegt eher auf der Perspektive der Freiwilligen). 24,4% der österreichischen gemeinnützigen Organisationen, die von More-Hollerweger und Hora (2014) befragt wurden,[2] verwendeten die Bezeichnung Freiwillige. 5,9% verwendeten sowohl Ehrenamtliche als auch Freiwillige oder sonstige Begriffe wie z. B. FunktionärInnen, Aktive oder Volunteers.

In diesem Artikel werden die Begriffe freiwilliges Engagement oder Freiwilligenarbeit verwendet, wenn – entsprechend der Definition im österreichischen Freiwilligengesetz –

> »natürliche Personen 1. freiwillig Leistungen für andere, 2. in einem organisatorischen Rahmen, 3. unentgeltlich, 4. mit dem Zweck der Förderung der Allgemeinheit oder aus vorwiegend sozialen Motiven und 5. ohne dass dies in Erwerbsabsicht, aufgrund eines Arbeitsverhältnisses oder im Rahmen einer Berufsausbildung, erfolgt, erbringen. Als freiwilliges Engagement gelten auch Maßnahmen zur persönlichen und fachlichen Aus- und Fortbildung, die für die Freiwilligenorganisation und Umsetzung der freiwilligen Tätigkeit erforderlich sind« (Bundesgesetz zur Förderung von freiwilligem Engagement 2012, S. 3).

Mit dieser Definition grenzte der Gesetzgeber das freiwillige Engagement ab von Erwerbsarbeit, Familienarbeit (z. B. Hausarbeit, Betreuung von älteren Angehörigen oder Kindern in der eigenen Familie), Hobbys und Praktika und steckte damit erstmals in Österreich den Rahmen für Freiwilligentätigkeiten ab.

In der Kompetenzverteilung der österreichischen Bundesministerien ist der Bereich der Freiwilligenarbeit die Vereinsangelegenheiten betreffend im Innenministerium verankert, während für andere Aspekte des Freiwilligenwesens im Einvernehmen mit dem Bundesministerium für Arbeit, Familie und Jugend die Abteilung für Seniorenpolitische Grundsatzfragen und Freiwilligenangelegenheiten (Abtei-

---

1 Die in Freiwilligenorganisationen für Freiwillige, deren Aufnahme, Begleitung und Verabschiedung verantwortlichen MitarbeiterInnen werden meist FreiwilligenkoordinatorInnen genannt. Ihr Tätigkeitsspektrum umfasst neben Gewinnung, Auswahl und Führung von Freiwilligen u. a. auch die Etablierung einer Wertschätzungskultur gegenüber Freiwilligen, die Organisation von Bildungsmaßnahmen und die Gestaltung von Ausstiegsprozessen für Freiwillige.

2 Die befragten Organisationen stammten aus dem gesamten Spektrum des Freiwilligensektors, vorwiegend aus dem Bereich der sozialen Dienste und des Gesundheitswesens, aber auch aus dem Sport- und Freizeitbereich, aus dem Bildungsbereich und der Katastrophenhilfe, dem Kunst- und Kulturbereich sowie dem Bereich der internationalen Aktivitäten, des Umwelt-, Natur- und Tierschutzes.

lung V/A/6) des Bundesministeriums für Soziales, Gesundheit, Pflege und Konsumentenschutz zuständig ist. Zu den Agenden dieser Abteilung zählen neben dem Freiwilligengesetz u. a. auch der Österreichische Freiwilligenrat, die regelmäßigen, etwa alle vier bis sechs Jahre herausgegebenen Freiwilligenberichte, das Freiwilligenweb als Informationsportal im Internet und der Anerkennungsfonds für freiwilliges Engagement, mit dem innovative Projekte in der Freiwilligenarbeit finanziell unterstützt werden. Außerdem ist diese Abteilung des Sozialministeriums maßgeblich dafür verantwortlich, dass die Verbindungen zwischen dem Freiwilligen- und dem Bildungsbereich auch für die nachberufliche Lebensphase thematisiert werden (▶ Kap. 15.3).

Informelles und formelles Engagement

Die österreichischen Freiwilligenberichte (Bundesministerium für Arbeit, Soziales und Konsumentenschutz 2009; Bundesministerium für Arbeit, Soziales und Konsumentenschutz 2015b; Bundesministerium für Arbeit, Soziales, Gesundheit und Konsumentenschutz 2019) differenzieren zwischen informeller und formeller Freiwilligenarbeit. Informelles freiwilliges Engagement liegt vor, wenn jemand NachbarInnen, FreundInnen oder Bekannte unterstützt, ohne eine monetäre Gegenleistung dafür zu bekommen. Formelles freiwilliges Engagement findet in gemeinnützigen Organisationen in unterschiedlichen gesellschaftlichen Bereichen von Sport bis Katastrophenhilfe statt. Die folgenden Ausführungen in diesem Beitrag beziehen sich auf die formelle Freiwilligenarbeit.

Nach der Klärung der Begrifflichkeiten im Zusammenhang mit unentgeltlichem Engagement werden in den folgenden beiden Abschnitten Bezeichnungen erläutert, die im Hinblick auf Bildungsaspekte in der Freiwilligenarbeit besonders relevant sind.

Formale, nicht-formale und informelle Bildung

Das Bundesgesetz über den Nationalen Qualifikationsrahmen definiert in § 2 formale Qualifikationen (Abs. 4) als »Qualifikationen, die durch Gesetz oder Verordnung geregelt sind oder das Ergebnis einer Aus-, Fort- oder Weiterbildung sind, die durch Gesetz oder Verordnung geregelt ist«. Als nicht-formale Qualifikationen (Abs. 5) gelten »Qualifikationen, die das Ergebnis einer Aus-, Fort- oder Weiterbildung sind, die nicht durch Gesetz oder Verordnung geregelt ist«, und informelles Lernen (Abs. 3) wird verstanden als »[…] ein nicht geregelter Lernprozess, der beispielsweise im Alltag, am Arbeitsplatz oder in der Freizeit stattfindet« (NQR-Gesetz 2016, S. 1).

Bildung im Alter

Die folgenden Ausführungen zur Verbindung von Freiwilligentätigkeiten und Bildung im Alter orientieren sich an einer Praxis der Bildungsarbeit mit Menschen in der nachberuflichen Lebensphase, die stark von einem Erfahrungsbegriff geprägt ist und eine aktive Anpassung an geänderte Lebensumstände und eine Bewältigung der Umwelt fokussiert (Kolland 2016). Damit verbunden sind die Entfaltung von Identität und die Auseinandersetzung mit altersspezifischen Entwicklungsaufgaben (Kricheldorff 2010), die auch den Erwerb von Sozial- und Handlungskompetenzen sowie von biografischen und kreativen Kompetenzen umfassen.

Die Darstellung der Begriffe zeigt, dass sich Bildung im Alter und Freiwilligenarbeit nicht so leicht gemeinsam denken lassen. Die jüngere Geschichte dieser Begrifflichkeiten und die Auseinandersetzung mit daraus abgeleiteten Handlungsempfehlungen folgten in Österreich dementsprechend zwei verschiedenen Entwicklungslinien, im Freiwilligenbereich einerseits und ausgehend vom Bildungssektor andererseits.

15.3 Entwicklungslinien im Freiwilligen- und im Bildungsbereich in Österreich

Im Jahr 2001 erstellte das Österreichische Nationalkomitee zum Internationalen Jahr der Freiwilligen einen Forderungskatalog (»Freiwilligenmanifest«), der u.a. auch Ausbildung als Forderung enthielt. Parallel dazu wurden nationale Arbeitskreise eingerichtet, die sich auch den Schwerpunkten »Grundsatzfragen der Freiwilligenarbeit und Qualifikationsnachweis«, »Qualitätssicherung in der Aus- und Fortbildung« und »Kultur der Freiwilligenarbeit im Bildungswesen« widmeten. Daraus entstanden beispielsweise der österreichische Freiwilligennachweis und Curricula für die Ausbildung von FreiwilligenkoordinatorInnen. Der Fokus lag primär auf nonformaler Weiterbildung für Freiwillige und KoordinatorInnen und nicht auf Bildung durch Freiwilligentätigkeiten in der nachberuflichen Lebensphase.

Der erste von bislang drei österreichischen Freiwilligenberichten nahm zwar bereits auf Bildung unter mehreren unterschiedlichen Blickwinkeln Bezug (Bundesministerium für Arbeit, Soziales und Konsumentenschutz 2009), brachte sie aber nicht mit der nachberuflichen Lebensphase in Verbindung. Er beschrieb Bildung als Einsatzfeld für Freiwillige (z.B. in der Erwachsenenbildung oder in Bibliotheken) und nannte sie als Prädiktor für die Wahrscheinlichkeit, eine Freiwilligentätigkeit auszuüben, d.h. als Ressource, die die Beteiligung an Freiwilligenarbeit oder den Zugang zu verantwortungsvolleren Aufgaben in der Freiwilligenarbeit erleichtert. Bildung galt als Voraussetzung für die Übernahme bestimmter Tätigkeiten (z.B. der

Kurs in Lebens-, Sterbe- und Trauerbegleitung für Einsätze im Hospiz- und Palliativbereich). Jene Zeiten, die für ehrenamtsbezogene Bildungsmaßnahmen aufgewandt werden, wurden den Einsatzzeiten gleichgestellt und ebenfalls der Freiwilligenarbeit zugerechnet. Den Erwerb von Kompetenzen und deren Transfer in die Arbeitswelt thematisierte der Bericht im Hinblick auf Corporate Volunteering (Freiwilligeneinsätze von Mitarbeitenden aus For-Profit-Unternehmen in Non-Profit-Organisationen). Und schließlich wies schon dieser erste Freiwilligenbericht darauf hin, dass es eine Verbindung von Freiwilligenarbeit und lebenslangem Lernen und speziell eine besondere Bedeutung von informellem Lernen im Freiwilligenengagement gibt. Diese Verbindung wurde jedoch konkret nur im Abschnitt über das Freiwilligenengagement von Jugendlichen aufgezeigt, nicht aber im Abschnitt über die Freiwilligentätigkeiten älterer Menschen.

Zehn Jahre nach dem Internationalen Jahr der Freiwilligen wurde 2011 im Europäischen Jahr der Freiwilligentätigkeit zur Förderung der aktiven Bürgerschaft ein Nationaler Lenkungsausschuss eingerichtet. Er war für die Umsetzung der von der EU-Kommission vorgegebenen Ziele dieses Jahres verantwortlich und forderte in seinen Empfehlungen (Bundesministerium für Arbeit, Soziales und Konsumentenschutz 2015b, S. 163) u. a. die »Weiterentwicklung der Qualitätssicherung in der Aus- und Fortbildung von Freiwilligen und Freiwilligenbegleiterinnen und -begleitern«, die »stärkere Nutzung des Potenzials von älteren Menschen durch Freiwilligenorganisationen« und die »Weiterführung der Studie zur Anerkennung von informellen Lernergebnissen durch freiwillige Tätigkeit im Nationalen Qualifikationsrahmen«. Eine Verschränkung von Freiwilligentätigkeiten im höheren Alter mit Bildungsaspekten wird hier noch nicht vorgenommen.

Auch der zweite Österreichische Freiwilligenbericht (Bundesministerium für Arbeit, Soziales und Konsumentenschutz 2015b) bezog Bildung wiederum nur als Einsatzfeld für Freiwillige oder im Hinblick auf Kompetenzerwerb, Kompetenznachweis und Weiterbildungsaspekte zur Qualifizierung für bestimmte Tätigkeiten oder zum Transfer in die Berufswelt ein. Auch hier standen nonformale und informelle Bildungsaspekte bei Jugendlichen im Mittelpunkt.[3] Der Bericht legte kein spezielles Augenmerk auf Bildungsaspekte der Freiwilligenarbeit älterer Menschen. Die österreichische LLL-Strategie 2020 wurde nur mit dem »Ziel einer österreichweit anerkannten und anwendbaren Validierungsstrategie für non-formal und informell erworbene Kompetenzen« (ebd., S. 108) erwähnt. Zapotoczky (2015) verwies bei seinen Ausführungen zu bildungspolitischen Aspekten der Freiwilligenarbeit auf den Bericht der Deutschen UNESCO-Kommission (1997) und nannte als vier Säulen der Bildung »Lernen, Wissen zu erwerben«, »Lernen, verantwortlich zu handeln«, »Lernen, (friedlich) zusammen zu leben«, und »Lernen für das Leben« (ebd., S. 182). Aber auch er blieb bei allgemeinen Überlegungen hinsichtlich aller Altersgruppen und bezog sich nicht speziell auf ältere Menschen.

3 »Das freiwillige Engagement ist – vor allem auch für Jugendliche – ein Bereich der Persönlichkeitsentwicklung und Selbstbildung. Es stellt somit einen zentralen Ort lebensbegleitenden Lernens dar, an dem formale, non-formale und informelle Lernprozesse stattfinden.« (Bundesministerium für Arbeit, Soziales und Konsumentenschutz 2015b, S. 106).

Erst der dritte Freiwilligenbericht (Bundesministerium für Arbeit, Soziales, Gesundheit und Konsumentenschutz 2019) berücksichtigte beim Thema Bildung die nachberufliche Lebensphase. Heimgartner (2019) beschreibt verschiedene Bedeutungen von Freiwilligenarbeit im Lebenslauf und spricht neben Aus- und Weiterbildungsaspekten während des Erwerbslebens auch die nachberufliche Lebensphase und die Bedeutung von Freiwilligentätigkeiten für lebenslanges Lernen an, ohne jedoch näher darauf einzugehen, was das für die Praxis in Freiwilligenorganisationen bedeutet.

Wenngleich die Arbeitskreise zum Internationalen Jahr der Freiwilligen 2001 und zum Europäischen Jahr der Freiwilligentätigkeit 2011 sowie die drei österreichischen Freiwilligenberichte von 2009, 2015 und 2019 Bildungsaspekte in der Freiwilligenarbeit erwähnen, blieb die nachberufliche Lebensphase dabei weitgehend ausgeklammert. Explizite Überlegungen für diese Altersgruppe fehlten. Eine nähere Auseinandersetzung mit dieser Thematik blieb v.a. für die alltägliche Praxis in der Arbeit mit älteren Freiwilligen weitgehend aus.

Parallel zu diesen Entwicklungen im Freiwilligenbereich widmete sich auch der Bildungssektor ähnlichen Fragen. Freiwilligenarbeit und Bildung im Alter wurden aber auch hier weitgehend getrennt voneinander erörtert, wie die vom Bundesministerium für Unterricht, Kunst und Kultur et al. (2011) herausgegebene »Strategie zum lebensbegleitenden Lernen in Österreich LLL:2020« zeigt.

Die Aktionslinie 6 »Verstärkung von ›Community-Education‹-Ansätzen mittels kommunaler Einrichtungen und in der organisierten Zivilgesellschaft« fordert die »Aufwertung von ehrenamtlichem Engagement und Freiwilligenarbeit durch umfassende Anerkennungsverfahren für informell erworbene Fertigkeiten und Kompetenzen« (ebd., S. 35). Diese Aktionslinie bezieht sich auf den gesamten Lebenslauf und berücksichtigt keine Spezifika der nachberuflichen Lebensphase.

Zudem benennt die Aktionslinie 9 »Bereicherung der Lebensqualität durch Bildung in der nachberuflichen Lebensphase« die Bedeutung von Bildung im Alter für die »persönliche Weiterentwicklung, die Aktualisierung ihrer Alltagskompetenzen, verantwortungsvolle Gesundheitsprävention, soziale Integration und gesellschaftliche Mitwirkung« (ebd., S. 41). Sie fokussiert dabei primär auf Weiterbildungsangebote für Ältere, ohne jedoch explizit die Freiwilligenarbeit als Lernort anzusprechen.

Die beschriebenen Entwicklungslinien schufen wesentliche Grundlagen und einen fruchtbaren Nährboden für eine in den letzten Jahren stattfindende Diskussion, ob und wie eine Verbindung der beiden Bereiche Bildung im Alter und Freiwilligenarbeit gedacht und nutzbar gemacht werden könnte. Insbesondere deren wechselseitige Beeinflussung wurde vermehrt auch in der Praxis der Freiwilligenkoordination nicht nur allgemein zum Thema gemacht, sondern schließlich auch hinsichtlich der konkreten handlungsleitenden Folgerungen (▶ Kap. 15.4) besprochen.

Entscheidende Impulse für die vermehrte Beachtung von Bildungsaspekten im freiwilligen Engagement in der nachberuflichen Lebensphase setzte die Abteilung V/A/6 des Bundesministeriums für Soziales, Gesundheit, Pflege und Konsumentenschutz, indem sie seit 2015 VertreterInnen des Freiwilligen- und des Bildungsbereichs gezielt miteinander in Verbindung brachte und dadurch einen fruchtbringenden Austausch mit wechselseitigen Anregungen und praxisbezogenem Wissenstransfer ermöglichte.

So fanden 2016 (»SeniorInnenbildung: Lernprozesse durch freiwilliges Engagement?«) und 2019 (»Lernort Freiwilligenengagement: Chancen für Bildung im Alter?«) zwei Bildungswerkstätten mit VertreterInnen der beiden Bereiche statt. In sogenannten Werkstattgesprächen wurden Verbindungslinien zwischen den beiden Feldern ausgelotet und Netzwerke für zukünftige Kooperationen geknüpft. Im Jahr 2018 lud das Sozialministerium in Kooperation mit dem Bundesinstitut für Erwachsenenbildung im Rahmen der Reihe »Bildung im Alter im Fokus der Erwachsenenbildung« zu dem zweitägigen Workshop »Freiwilliges Engagement als Instrument für Bildung im Alter nutzen«, in dem die Teilnehmenden (sowohl aus dem Freiwilligen- als auch aus dem Bildungsbereich) ihre Zugänge zu diesem Thema reflektierten und im wechselseitigen Austausch neue Impulse für ihre organisationale Praxis erhielten. Im Zuge der regen Auseinandersetzung mit der Verbindung von Bildung im Alter und Freiwilligenengagement entstanden zudem zwei vom Sozialministerium initiierte Publikationen, die Broschüre »Perspektiven – Lebenslanges Lernen & freiwilliges Engagement« (Wiener Plattform für FreiwilligenkoordinatorInnen 2015) und das Factsheet »Freiwilligentätigkeit und Bildung im Alter inkl. Praxisleitfaden« (Kolland & Oberbauer 2020).

Bevor im Weiteren die Verbindung zwischen Freiwilligenengagement und Bildung im Alter ausführlicher besprochen wird, folgt im nächsten Abschnitt eine Übersicht über ausgewählte statistische Kennzahlen zur Freiwilligentätigkeit älterer Menschen in Österreich – dies auch zur Orientierung, dass das vorliegende Thema eine durchaus beachtliche Anzahl von Menschen betrifft und allein schon wegen der Größe der betroffenen Bevölkerungsgruppe relevant ist.

15.4 Ausmaß der Freiwilligenarbeit von älteren Menschen in Österreich

Die Erhebung von Feistritzer (2019) ergab, dass die Bereitschaft der Altersgruppe der ab 60-Jährigen, sich in Organisationen freiwillig zu engagieren, zwischen 2012 und 2016 mit einem Anstieg von 5 % deutlicher zugenommen hat als in der Bevölkerung ab 15 Jahren (► Abb. 15.1). Zudem zeigte sich, dass bei älteren Freiwilligen ab 60 die Intensität ihres Engagements zwischen 2012 und 2016 um 1,1 Stunden auf fünf Stunden pro Woche zugenommen hat.

In Abbildung 15.2 zeigt sich, dass sich bei älteren Frauen ab 70 ein deutlicher Rückgang des formellen Engagements feststellen lässt. Dies könnte u. a. damit zusammenhängen, dass Männer aller Altersgruppen häufiger als Frauen in ehrenamtlichen Vereinsfunktionen tätig sind. Sie üben diese Funktionen eher bis ins hohe

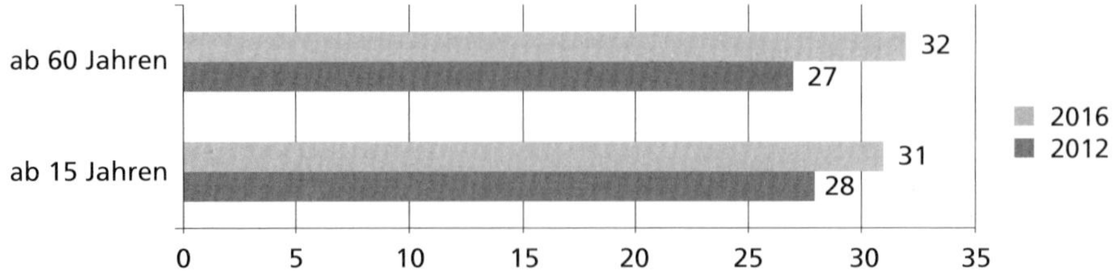

Abb. 15.1: Beteiligungsquote im formellen Engagement der ab 60-Jährigen im Vergleich zur Bevölkerung ab 15 Jahren zwischen 2012 und 2016 (in Prozent der Altersgruppe). Daten aus: Feistritzer (2019), Bundesministerium für Arbeit, Soziales und Konsumentenschutz (2015b)

Alter aus oder müssen sie mangels NachfolgerInnen weiterführen. Frauen beenden hingegen ihre unmittelbar operativen Aufgaben, z. B. in der Betreuung Hilfsbedürftiger oder im Bildungsbereich, möglicherweise früher, weil sie häufiger als Männer auch informelle Betreuungs- und Pflegetätigkeiten übernehmen.

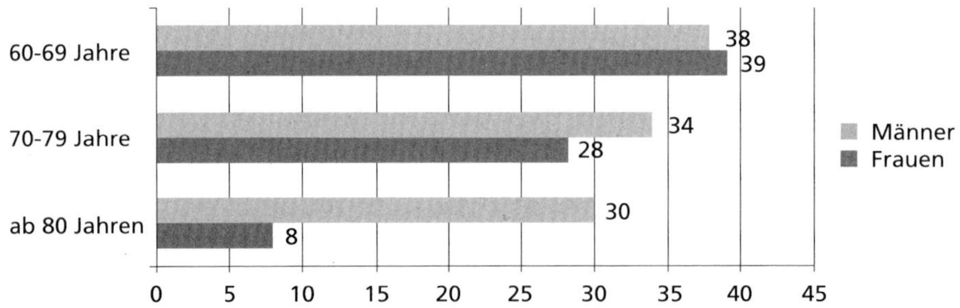

Abb. 15.2: Beteiligungsquote im formellen Engagement nach Alter und Geschlecht (in Prozent der Altersgruppe). Daten aus: Institut für Empirische Sozialforschung (2016)

Bevorzugte Einsatzfelder der Freiwilligen ab 60 Jahren sind nach Feistritzer (2019) mit jeweils 8 bis 9 % der kirchliche Bereich mit einem Frauenanteil von ca. 68 %, Sozial- und Gesundheitsdienste mit einem Frauenanteil von ca. 67 % sowie der Kunst- und Kulturbereich mit einem Frauenanteil von ca. 52 %.

75 % der Freiwilligen ab 60 Jahren haben vor, ihr freiwilliges Engagement im bisherigen Ausmaß beizubehalten. Ein deutlich vermehrtes Engagement beabsichtigen 29 % der Freiwilligen dieser Altersgruppe (ohne geschlechtsspezifische Unterschiede) im Bereich des Sozial- und Gesundheitswesens (Feistritzer 2019). Diese Altersgruppe stellt somit eine wichtige zusätzliche Ressource für Freiwilligenorganisationen dar.

15.5 Zusammenhang von freiwilligem Engagement und Bildung im Alter

Der Schaffung von Bildungs-, Lern- und Beratungsangeboten kommt im Bundesplan für Seniorinnen und Senioren (Bundesministerium für Arbeit, Soziales und Konsumentenschutz 2015a) große Bedeutung zu. Bildung soll Kenntnisse, Fähigkeiten und Schlüsselkompetenzen vermitteln, die ein möglichst selbstbestimmtes, sinnstiftendes und erfülltes Leben im Alter ermöglichen. Dabei zielt Bildung darauf ab, die soziale Teilhabe zu stärken. Dieses Ziel teilt die Bildung mit der Freiwilligentätigkeit.

Nach Amann (2019) kann »Teilhabe am Leben [...] als eine mehr oder weniger gelingende Einbindung und Entbindung im allgegenwärtigen Kampf um die Wahrung und Durchsetzung der eigenen Interessen in der Gesellschaft gelten« (Amann 2019, S. 5). Soziale, kulturelle und politische Teilhabe sind hier ebenso zu nennen wie ein »Rahmen aus Lebenslagen, welche die Ressourcen beinhalten und auch die sozialen Organisationsformen bieten, deutlich sichtbar z. B. an der ehrenamtlichen Tätigkeit in Vereinen, Verbänden und losen Gruppierungen« (ebd., S. 6). Im Konzept der Lebenslagen[4] enthalten ist auch die Frage nach sozialer Ungleichheit, denn soziale Lagen sind in der Bevölkerung nicht gleich verteilt. Nur eine Teilgruppe der Menschen in der nachberuflichen Lebensphase verfügt über die Voraussetzungen und Ressourcen für Teilhabe. Das wird auch im Feld der Freiwilligenarbeit sichtbar. In diesem Sinne »kann in aller Zukunft nichts wirksamer sein [für Eingebundenheit und Teilhabe, Anm.] als der Versuch, Unterschiede in der materiellen Lebenslage auszugleichen und jene der Benachteiligten anzuheben« (ebd., S. 20).

Zwischen Bildung und Freiwilligentätigkeiten bestehen spezifische Zusammenhänge und Wechselwirkungen: Personen mit höherem Bildungsstand finden eher einen Zugang ins freiwillige Engagement (Bundesministerium für Arbeit, Soziales und Konsumentenschutz 2015b). Sobald sie aber tätig geworden sind, beteiligen sie sich nicht stärker an Weiterbildungen als andere Freiwillige mit einem niedrigeren Bildungsstand. Die Wahrscheinlichkeit, an Weiterbildungen teilzunehmen, unterscheidet sich nicht bei Freiwilligen mit höherer oder niedrigerer Bildung (Simonson et al. 2017).

Allgemein üben beide Bereiche – Freiwilligenarbeit und Bildung – einen positiven Einfluss aufeinander aus, denn zum einen bilden sich Freiwillige im Vergleich zu nicht freiwillig Tätigen häufiger weiter und zum anderen engagieren sich Menschen, die sich weiterbilden, häufiger in der Freiwilligenarbeit (Baumgartner et al. 2013).

---

4 »Lebenslagen sind Konstellationen äußerer Bedingungen (externer Ressourcen), die Menschen im Lebenslauf vorfinden, sie stehen in engem Zusammenhang mit den in wechselseitiger Abhängigkeit sich entwickelnden kognitiven und emotionalen Deutungs- und Verarbeitungsmustern (internen Ressourcen), welche die Menschen hervorbringen.« (Amann 2019, S. 6).

Im Hinblick auf die nachberufliche Lebensphase weist der Zusammenhang von Bildung und Freiwilligenarbeit drei Besonderheiten auf: Erstens tritt der Bezug zu den im Laufe des bisherigen Lebens erworbenen Erfahrungen im Freiwilligenengagement wie auch bei den Lernprozessen vermehrt in den Vordergrund (Kade 2009). Zweitens verschiebt sich der Schwerpunkt der Bildungs- und Freiwilligenaktivitäten von stark formalisierten, in enge Organisationsstrukturen eingebundenen zu eher selbstgesteuerten Prozessen, in denen Freiwillige autonomer agieren und ihren Einsatzbereich selbstbestimmter gestalten. Erfahrungen bei der Aufnahme neuer Freiwilliger zeigen, dass sich nicht wenige ältere InteressentInnen mit Blick auf ihre zurückliegende Erwerbstätigkeit und die dort erlebten strukturellen Zwänge in der zukünftigen Freiwilligentätigkeit mehr Freiräume für autonomes Handeln wünschen. Und drittens gewinnt der unmittelbare Lebensraum sowohl in der Freiwilligentätigkeit als auch bei den mit ihr verbundenen Lernvorgängen zunehmend an Bedeutung (Kolland & Oberbauer 2020). Das kann zu einer stärkeren Orientierung an und Auseinandersetzung mit lokalen Erfordernissen z. B. eines Stadtteils oder einer Wohnhausanlage führen, wie Erfahrungen in der organisierten NachbarInnenschaftshilfe zeigen.

Insgesamt besteht bei älteren Menschen eine wechselseitige Beziehung zwischen den gesellschaftlichen Teilbereichen Bildung und aktiver bürgerschaftlicher Beteiligung, die sich darin zeigt, dass es zwischen beiden Systemen sich gegenseitig verstärkende Rückkopplungen gibt (Kolland & Ahmadi 2010).

In welcher Weise Bildungsaspekte in der Freiwilligenarbeit älterer Menschen relevant sind, zeigen die folgenden drei Abschnitte anhand einer zeitlichen Gliederung, bezogen auf die individuelle Biografie älterer Freiwilliger. Sie bringen aus ihrer Vergangenheit Kompetenzen mit, können weitere Kompetenzen während ihrer Tätigkeit als Freiwillige erwerben und richten ihre Pläne für zukünftige Freiwilligeneinsätze auch daran aus, welche neuen Lernerfahrungen sie dort machen könnten.

Aus früheren Lernerfahrungen in die Freiwilligentätigkeit mitgebrachte Kompetenzen

Der Übergang vom Berufsleben in die nachberufliche Lebensphase enthält einige Herausforderungen wie z. B. den Verlust von Sozialkontakten, Tagesstruktur und gewohnten Rollen. Die Entscheidung für ein freiwilliges Engagement stößt daher auch insofern Lernprozesse an, als eine Umstellung von der Logik des Erwerbslebens auf die Logik der Freiwilligentätigkeit erforderlich, aber nicht einfach zu bewältigen ist. Bubolz-Lutz und Steinfort-Diedenhofen (2018) sprechen davon, dass es gelte, »manche Verhaltensweisen zu ›verlernen‹ und neue hinzuzulernen« (Bubolz-Lutz & Steinfort-Diedenhofen 2018, S. 230). Aus diesem Blickwinkel betrachtet kommt gegen Ende des Erwerbslebens angebotenen Weiterbildungen zur Vorbereitung auf spätere Freiwilligentätigkeiten eine besondere Relevanz zu. Ein Beispiel hierfür ist das vom Unabhängigen Landes-Freiwilligenzentrum Oberösterreich durchgeführte Projekt »AFTER.WORK«, in dem Seminare für Interessierte ab 50 Jahren und Informationstage in Unternehmen stattfanden, in denen die Teilnehmenden erfuhren, wie sie nach dem Erwerbsleben freie Zeitressourcen sinnstiftend für andere Menschen einbringen könnten. Außerdem wurden in diesem Projekt Social Days von Unternehmen koordiniert, an denen sich noch aktiv im Erwerbsleben stehende Menschen einen Tag lang in einer sozialen Einrichtung engagieren konnten, um potenzielle zukünftige Einsatzbereiche kennenzulernen.

Geht man andererseits von den Bedarfslagen der Freiwilligenorganisationen aus, so treten die von Freiwilligen mitgebrachten Kompetenzen in den Vordergrund. In manchen Einsatzfeldern sind spezifische Kompetenzen die Voraussetzung für die Aufnahme einer bestimmten freiwilligen Tätigkeit, wobei Freiwilligenorganisationen dabei je nach Einsatzfeld unterschiedliche Bedingungen vorgeben: In bestimmten Einsatzbereichen sind gesetzlich geregelte, formale Bildungsabschlüsse Bedingung für die Aufnahme einer Tätigkeit, z. B. bei SanitäterInnen (Bundesgesetz über Ausbildung, Tätigkeiten und Beruf der Sanitäter [Sanitätergesetz – SanG] 2002) für Einsätze im Rettungsdienst. Bei anderen Aufgabenbereichen wird über die Eignung aufgrund bisheriger Ausbildungen und der bis dahin ausgeübten Berufstätigkeit entschieden, wie z. B. bei ehrenamtlichen BewährungshelferInnen (Bundesgesetz vom 27. März 1969 über die Bewährungshilfe [Bewährungshilfegesetz] 1969). Ähnliches gilt für freiwillige Tätigkeiten, die ganz bestimmte Berufsausbildungen voraussetzen wie z. B. Einsätze pensionierter ÄrztInnen oder Pflegekräfte für medizinische oder pflegerische Aufgaben. Hier finden auch im Freiwilligenbereich weiterhin die einschlägigen Berufsgesetze Anwendung, welche ein Vorgehen nach aktuellem Wissensstand und dementsprechend ein bestimmtes Ausmaß an Weiterbildungen als Voraussetzung für die Berufsausübung vorschreiben.

Weiter befähigen nicht-formale Ausbildungen, die von Einsatzorganisationen oder Bildungseinrichtungen angeboten werden, Freiwillige für spezifische, meist anspruchsvollere Tätigkeiten wie z. B. im Bereich der gesetzlichen Erwachsenenvertretung, von Hospiz- und Palliativeinsätzen oder der Sozialbegleitung für Menschen mit psychischen Beeinträchtigungen. Sie vermitteln sowohl fachliche (u. a. Rechtslage oder Krankheitsbilder) als auch persönliche Kompetenzen (u. a. Kommunikationsfähigkeiten, Abgrenzungstechniken). Ohne Nachweis der Absolvierung einer solchen einschlägigen Ausbildung darf keine freiwillige Tätigkeit in diesem Einsatzfeld ausgeübt werden. Dies kann als Fortführung der Qualifikationslogik des Erwerbslebens gesehen werden.

Für gewisse Einsatzfelder ist es außerdem erforderlich, ein bestimmtes Basiswissen mitzubringen, das keine speziellen zusätzlichen Ausbildungserfordernisse verlangt, sondern vorausgesetzt wird (z. B. Lesefähigkeiten für Einsätze in der LesepatInnenschaft oder Fremdsprachenkenntnisse für die Tätigkeit in der Lernhilfe).

Die am wenigsten formalisierte Form der Einstiegsqualifizierung bilden schließlich individuelle Einschulungen oder Unterweisungen, in denen neu beginnende Freiwillige mit ihrem Einsatzfeld, den Zielen und Herausforderungen vertraut gemacht und auf besondere Herangehensweisen oder Einstellungen hingewiesen werden, die der Einsatzstelle im Umgang mit den Hilfe-EmpfängerInnen wichtig sind.

Allen Bildungsvoraussetzungen für Freiwilligeneinsätze gemeinsam ist die Sicherstellung einer qualitätsvollen Ausübung der Tätigkeit im Sinne der Freiwilligenorganisationen zum Wohle der ihnen anvertrauten hilfe- oder schutzbedürftigen

Menschen und zur Risikominimierung für alle Beteiligten. Dieser Sachverhalt spiegelt eine gegen Ende des vorigen Jahrhunderts stattfindende Entwicklung wider, die eine »Professionalisierung der Freiwilligenarbeit« vorantrieb, eine Abkehr von der sogenannten »LaiInnenarbeit« forcierte und mit starker Weiterbildungsorientierung zum einen den Bereich des ehrenamtlichen Engagements gesellschaftlich aufwerten, zum anderen aber auch den gemeinnützigen Organisationen höherwertige Personalressourcen verfügbar machen sollte. Diese Entwicklung kann nicht ohne Bezug auf die gesellschafts- und sozialpolitische Problematik einer möglichen Verdrängung bezahlter Arbeitskräfte durch vergleichsweise hoch kompetente, weil speziell aus- und weitergebildete, Freiwillige beschrieben werden. Ein breiter gesellschaftlicher Diskurs hierzu steht jedoch in Österreich noch aus.

Gleichzeitig mit diesen Professionalisierungstendenzen trugen gesellschaftliche Veränderungen zu einem Wandel des Selbstverständnisses der Ehrenamtlichen teil: Bis in die 60er Jahre des 20. Jahrhunderts herrschte ein Bild des Ehrenamts vor, in dem sich Freiwillige den Anforderungen der von ihnen als Einsatzstelle gewählten Organisation unterordneten. Der uneigennützige, altruistische Dienst an der Gesellschaft und der Beitrag zur Erreichung von Organisationszielen standen hierbei im Vordergrund. Seither hat sich dieses Bild in Richtung eines zunehmend (positiv gesehenen) eigennützigen freiwilligen Engagements verschoben. Dieser Wandel zu mehr selbstbestimmtem Handeln der Freiwilligen, in dem eigennützige Erwartungen an das Engagement, z. B. das Einbringen eigener Kompetenzen, die Umsetzung eigener Ideen und die mitverantwortliche Beteiligung an Entscheidungsprozessen, als zentrale Beweggründe für freiwilliges Engagement die altruistische Grundhaltung substanziell erweiterten, wurde von Olk (1989) als »neues Ehrenamt« bezeichnet.

Vor diesem historischen Hintergrund bildet der Fokus auf Bildungsvoraussetzungen einen integralen Bestandteil von Erstgesprächen mit interessierten Freiwilligen, in denen sich Freiwillige der Ansprechperson in einer Organisation vorstellen und mit ihr mögliche zukünftige Einsatzfelder besprechen. Das können bereits bestehende Einsatzbereiche sein, an denen sich die Freiwilligen beteiligen, oder neu zu gestaltende, die sie auf Basis ihrer mitgebrachten Kompetenzen selbst aufbauen wollen.

Organisationen sind dabei gefordert, beim Einstieg in das freiwillige Engagement die Beweggründe der Freiwilligen sorgfältig zu erkunden, um entsprechend passende Einsatzfelder zur Verfügung zu stellen oder innovative, von den Freiwilligen eingebrachte Gestaltungsvorschläge zu sondieren. Der funktionale Ansatz (Clary & Snyder 1991) und das darauf aufbauende Freiwilligen-Prozess-Modell (Omoto & Snyder 2002) bieten einen theoretischen Bezugsrahmen für die Auseinandersetzung mit den Beweggründen von Freiwilligen. Der funktionale Ansatz geht davon aus, dass Menschen, die im gleichen Einsatzfeld tätig sind, zwar die gleichen Einstellungen zu diesem Feld haben können, aber von ganz verschiedenen Motiven geleitet sein können. Dieselbe Tätigkeit kann für verschiedene Menschen ganz unterschiedliche Funktionen erfüllen. Auf der Grundlage dieser Überlegungen erstellten Clary et al. (1998) einen Fragebogen (»Volunteer Functions Inventory«), der sechs Funktionen (= Motive) umfasst:

- Werte: Durch das freiwillige Engagement können eigene Werte zum Ausdruck gebracht werden.
- Erfahrung: Neues lernen, Interessen nachgehen, praktische Erfahrungen sammeln und sich selbst dadurch besser kennenlernen.
- Karriere: Kontakte knüpfen, Fähigkeiten und Fertigkeiten erwerben, die der eigenen beruflichen Karriere dienen, verschiedene berufliche Perspektiven ausloten.
- Selbstwert: Sich gebraucht fühlen und das Selbstwertgefühl steigern.
- Soziale Anpassung: Stärker in eine Gruppe eingebunden sein, einer eventuell vorhandenen Erwartung des sozialen Umfelds entsprechen.
- Schutz: Von eigenen Sorgen abgelenkt werden, Gefühle von Einsamkeit verringern, Gefühle von Schuld reduzieren, weil man es vielleicht besser hat als andere Menschen (Clary et al. 1998).

Gerade das Erfahrungsmotiv ist für den Zusammenhang von Freiwilligentätigkeit und Bildung im Alter von vorrangiger Bedeutung. Laut der Sozioemotionalen Selektivitätstheorie (Carstensen 1995) bleiben Motive aber zeitlich nicht konstant, sondern können sich im Laufe des Lebens verändern: Sobald die verbleibende Lebenszeit als limitiert wahrgenommen wird, verschiebt sich die Priorität von Bedürfnissen und Motiven. Beweggründe, die mit Horizonterweiterung, Kennenlernen neuer Menschen und Ausprobieren neuer Situationen einhergehen, verlieren an Bedeutung, während Motive, die auf wenige, aber dafür emotional lohnende Beziehungen oder die Auswahl besonders sinnstiftender Aktivitäten ausgerichtet sind und einen emotional stabilen Status aufrechterhalten helfen, wichtiger werden.

Ob dies auch auf Freiwilligenmotive zutrifft, überprüften Okun und Schultz (2003) in einer Metastudie auf Basis des Volunteer Functions Inventory. Sie stellten fest, dass neben den Beweggründen »Karriere« und »soziale Anpassung« (hier mit dem Teilaspekt der Gewinnung neuer FreundInnen) mit zunehmendem Alter auch das Motiv »Erfahrung« weniger wichtig ist. Trotz seiner mit zunehmendem Alter abnehmenden Bedeutung zählt aber das Erfahrungsmotiv bei älteren Freiwilligen relativ zu anderen Motiven dennoch zu den stärksten Beweggründen für freiwilliges Engagement.

Auf der Basis des funktionalen Ansatzes sieht das darauf aufbauende Freiwilligen-Prozess-Modell ein längerfristiges Engagement bestimmt durch das Ausmaß, in dem die Motive oder Bedürfnisse, mit denen Freiwillige an ihr Engagement herangehen, durch die tatsächlichen Erfahrungen im Engagement erfüllt werden. Ausschlaggebend dafür, ob Freiwillige mit ihrer Tätigkeit zufrieden sind, ist dabei die Möglichkeit, dass sie ihre ursprünglichen Motive in die Tat umsetzen können (Davis et al. 2003, Finkelstein 2008). Die in Organisationen für Freiwillige verantwortlichen Personen sind daher gefordert, die Motive auch der älteren Freiwilligen – wie oben erwähnt – gleich beim Einstieg so genau wie möglich zu erkunden, aber auch im Laufe des Engagements immer wieder darauf Bezug zu nehmen, um zu eruieren, ob sich an der Motivlage etwas geändert hat.

Dementsprechend wird im »Leitfaden für Curricula von Lehrgängen für Verantwortliche in der Arbeit mit Freiwilligen« (Bundesministerium für Arbeit, Soziales und Konsumentenschutz 2017) das Vermitteln motivationspsychologischer

Grundlagen des freiwilligen Engagements als zentraler Fokus des Lernfelds 2 »Grundlagen für das Führen von Freiwilligen« angeführt.

Bildung im und für das aktuelle freiwillige Engagement

Sobald ältere Freiwillige für das Engagement gewonnen sind und ihren Motiven entsprechend eingesetzt werden, setzen Maßnahmen zur Bindung dieser Personen an die Organisation ein. Dazu zählen neben einer Ansprechperson und einer zweckmäßigen Infrastruktur auch unterschiedliche Formen der Anerkennung und Wertschätzung, zu denen auch attraktive, ansprechend und hochwertig gestaltete Weiterbildungsangebote gehören (Reifenhäuser 2013; Biedermann 2012).

Freiwilligenorganisationen haben ein primäres Interesse daran, ihren Freiwilligen Bildungsangebote zu machen. Zum einen entwickeln sie damit deren fachliche und persönliche Eignung für die übernommenen Aufgaben weiter. Viele sehen ihre Bildungsangebote zum anderen aber auch als Anregung persönlicher Entwicklungsprozesse bei den Freiwilligen, die über die praktische Anwendbarkeit bei Freiwilligeneinsätzen hinausgehen. Hoffmann (2013) unterscheidet drei Lernfelder, die speziell für den Freiwilligenbereich relevant sind:

- Lernen im Engagement: u. a. Austauschrunden, Feedbackgespräche, Coaching und Supervision
- Lernen für das Engagement: nicht-formale Angebote wie z. B. Kurse, Seminare und Vorträge sowie Fachliteratur und E-Learning
- Engagement lernen: Freiwilligendienste und Service Learning, die in erster Linie aber für junge Freiwillige gedacht sind

Während bei den Einstiegsvoraussetzungen formal und nicht-formal erworbene Qualifikationen im Mittelpunkt der Aufmerksamkeit von Freiwilligenorganisationen stehen und sie anschließend nonformale Weiterbildungen begleitend zu den Freiwilligeneinsätzen anbieten, gewinnt informelles Lernen für die Freiwilligen im Zuge ihrer Einsätze zunehmend an Bedeutung. Sofern ältere Freiwillige nicht gerade eine einschlägige Berufserfahrung z. B. als SozialpädagogIn oder LehrerIn mitbringen, bewegen sie sich mit ihrem Engagement meist in Lebenswelten, die ihnen nicht von früher vertraut sind. Ihre Herausforderung ist es, damit in konstruktiver Weise zurechtzukommen, sich selbst in der Auseinandersetzung damit weiterzuentwickeln und gleichzeitig mit ihrem Einsatz auch einen Mehrwert für die Organisationen und die Hilfe-EmpfängerInnen zu generieren. Häufig reicht die individuelle Verarbeitung der Erlebnisse allein nicht aus, um das Erlebte einordnen und für persönliches Wachstum nutzen zu können. Externe Sichtweisen und der Austausch mit anderen können daran maßgeblich mitwirken. Daher erweisen sich regelmäßige Reflexionsmöglichkeiten wie z. B. in Teamtreffen, Inter- und Supervisionen sowie in MitarbeiterInnengesprächen (»Entwicklungsgespräche«, Reifenhäuser 2013, S. 150) mit der für Freiwillige verantwortlichen Person von herausragender Wichtigkeit.

Allen Formen des Lernens gemeinsam sind Kompetenzerwerb und Bildungsprozesse, deren Ergebnisse erfasst und sichtbar gemacht werden können.

Kompetenzerwerb für zukünftige Freiwilligenarbeit

Aktuelles freiwilliges Engagement kann ein Zwischenschritt auf dem Weg zu einem anderen, zukünftigen Engagement sein. Freiwillige, zu deren vorrangigen Motiven das Sammeln neuer Erfahrungen zählt, machen sich auf die Suche nach neuen Herausforderungen, sobald ihnen ein Einsatzfeld keine neuen Erfahrungen mehr bieten kann. Auch das ist im Sinne der Eigennutzorientierung ein Aspekt des von Olk (1989) beschriebenen »neuen Ehrenamts«. In der Folge kann es gelingen, in der gleichen Organisation andere interessante Mitwirkungsmöglichkeiten zu finden und z. B. statt des Einsatzes in der Lernhilfe für junge Geflüchtete die Begleitung eines Menschen mit Behinderung zu übernehmen. Oder es erfolgt ein Wechsel in eine andere Organisation, deren Mitarbeitsmöglichkeiten besser zu den Erwartungen der Freiwilligen passen und interessante neue Erfahrungen versprechen. Die für Freiwillige Verantwortlichen sind gefordert, diesen Übergang innerhalb der eigenen oder zu einer anderen Organisation hin professionell zu begleiten, indem sie die wechselwilligen Freiwilligen dabei unterstützen zu reflektieren, welche Veränderungen des Einsatzgebietes ihren aktuellen Bedürfnissen, aber auch ihren erworbenen oder angestrebten Kompetenzen entsprechen könnten. Für diese Reflexion bieten Verfahren zur Erfassung der in der Freiwilligenarbeit erworbenen Kompetenzen wertvolle Anhaltspunkte.

Validierung des Kompetenzerwerbs

Die Strategie zum lebensbegleitenden Lernen in Österreich (Bundesministerium für Unterricht, Kunst und Kultur et al. 2011, S. 4) nennt als strategische Ziele u. a. die »Implementierung des Nationalen Qualifikationsrahmens (NQR)« und die »Umsetzung einer Validierungsstrategie zur Anerkennung nonformalen und informellen Lernens«. Dies eröffnet dem Lernen Freiwilliger nach Kellner (2015) neue Entwicklungsmöglichkeiten. Einerseits könnten dadurch Aus- und Weiterbildungen im Freiwilligenbereich dem NQR zugeordnet werden, was derzeit eher als mittel- bis langfristige Zukunftsperspektive einzuschätzen ist. Andererseits kann der Kompetenzerwerb der Freiwilligen durch spezielle Erfassungsformate sichtbar gemacht werden, angefangen von Kompetenzportfolios[5] (Brandstetter & Kellner 2001) bis zum »Nachweis über freiwillige Tätigkeiten«[6]. Im Wesentlichen geht es dabei dar-

5 Im Rahmen eines mehrphasigen EU-Projekts vom Ring Österreichischer Bildungswerke Anfang der 2000er Jahre entwickeltes Format, das von Mitgliedseinrichtungen des Rings als Einzelbegleitung und in Workshops angeboten wird. Dabei erkunden Ehrenamtliche ihre bei Freiwilligentätigkeiten erworbenen Kompetenzen. Damit verbundene Ziele sind: Neuorientierungen im freiwilligen Engagement, persönliche Weiterentwicklung, Bewerbungen am Arbeitsmarkt.

6 Auf Initiative des Österreichischen Freiwilligenrates beim Bundesministerium für Arbeit, Soziales und Konsumentenschutz entwickeltes, im Vergleich zum Kompetenzportfolio

um, durch unterschiedlich komplexe Vorgehensweisen die Kompetenzen herauszufinden und zu beschreiben, die Freiwillige in Ausübung ihrer Tätigkeiten erworben haben.

Auch für Freiwillige in der nachberuflichen Lebensphase kann die Erfassung ihrer durch das Engagement erworbenen Kompetenzen sowohl eine wertschätzende Würdigung bisheriger Aneignungsleistungen im Sinne einer Bestandsaufnahme als auch eine Orientierungsbasis für zukünftig interessante Lernfelder im Hinblick auf die eigene Weiterentwicklung sein (Kellner 2015, S. 33). Um den »Nachweis über freiwillige Tätigkeiten« in der Routine der Freiwilligenorganisationen zu verankern, wurde »Kompetenzorientierung, -erwerb, -nachweis« als eines von sieben Lernfeldern[7] im Rahmen der Basiskompetenzen[8] in den »Leitfaden für Curricula von Lehrgängen für Verantwortliche in der Arbeit mit Freiwilligen« (Bundesministerium für Arbeit, Soziales und Konsumentenschutz 2017) aufgenommen.

Formate und Settings für die Förderung von Bildung durch freiwilliges Engagement

Die konsequente Einführung und Weiterentwicklung bildungsförderlicher Angebote und Formate in der Freiwilligenarbeit, wie anschließend im Überblick beschrieben, erweitern das Handlungsspektrum von Verantwortlichen in Freiwilligenorganisationen. So bezieht professionelles Handeln in der Freiwilligenkoordination auch hohes fachliches Know-how hinsichtlich der Gestaltung von Freiwilligenarbeit als Lernort ein. Eine mögliche Konsequenz davon ist, dass sich FreiwilligenkoordinatorInnen zu »Lernbegleitern« (Bubolz-Lutz & Steinfort-Diedenhofen 2018, S. 234) entwickeln.

Praxisleitfaden

Mit dem »Praxisleitfaden Freiwilligentätigkeit und Bildung im Alter« (Kolland & Oberbauer 2020) steht den für die Freiwilligen in Organisationen Verantwortlichen eine konkrete Anleitung zur Verfügung, die einen Überblick über bildungsförderliche Rahmenbedingungen (nicht nur) für ältere Freiwillige gibt. Eine entsprechende Haltung der Gesamtorganisation und ihrer verantwortlichen Mitarbeitenden hinsichtlich der Bildung im Alter bildet die Grundlage für ein zielorientiertes,

---

weniger aufwendiges Instrument zur Kompetenzerfassung, mit dem Freiwillige die von ihnen ausgeübten Tätigkeiten und die dabei erworbenen Kompetenzen bestätigt bekommen können. Der Nachweis ist mit einer Anleitung verbunden, wie die einzutragenden Informationen in einem Dialog zwischen der/dem Freiwilligen und einer/einem FreiwilligenkoordinatorIn erarbeitet werden können.

7 Weitere Lernfelder sind: allgemeine Grundlagen der Freiwilligenarbeit, Grundlagen der Führung von Freiwilligen, Begleitung von Freiwilligen, Kommunikation mit Freiwilligen, Gewinnung von Freiwilligen und Praxisorientierung (mittels Projektarbeit und/oder Exkursionen).

8 Mindeststandard für die Ausbildung von FreiwilligenkoordinatorInnen im Ausmaß von 56 Unterrichtseinheiten zu je 50 Minuten.

Bildungsprozesse anregendes Vorgehen von der Aufnahme der Freiwilligen über die Begleitung während ihrer Tätigkeit bis zur Beendigung ihres Engagements.

Einleitend weist der Leitfaden darauf hin, dass es grundlegend um eine bildungsfördernde Einstellung von Freiwilligenorganisationen geht, die ein lern- und bildungsfreundliches Umfeld schafft, in dem entsprechende Rahmenbedingungen auch älteren Freiwilligen adäquate Bildungschancen eröffnen. Zu diesen Rahmenbedingungen zählen u. a. die Einbeziehung von Bildungsfragen in das Kennenlerngespräch zu Beginn der Freiwilligentätigkeit, das systematische und mit den Freiwilligen abgestimmte Angebot von qualitativ hochwertigen Weiterbildungs- und Reflexionsmöglichkeiten (z. B. mit regelmäßigen Teamtreffen, Supervisionen und Feedbackgesprächen mit FreiwilligenkoordinatorInnen) sowie die strukturierte Evaluierung ihrer Bildungserfahrungen beim Ausstieg von Freiwilligen aus dem Engagement.

Während sich der Leitfaden primär auf klassische Freiwilligeneinsätze in gemeinnützigen Organisationen bezieht, sind darüber hinaus jedoch noch weitere Formen der Einbeziehung älterer Menschen sinnvoll und im Zuge gesellschaftlicher Entwicklungen (Stichwort: »neues Ehrenamt«, vgl. ▶ Kap. 15.5) in Zukunft auch häufiger zu erwarten. Im Unterschied zur klassischen Mitarbeit in einer Einrichtung werden Freiwillige dann zunehmend weniger eng in Organisationsstrukturen eingebunden, sondern agieren in unterschiedlichen Ausprägungen selbstbestimmt und in lockerer Anbindung an Organisationen. Sie entwickeln eigenständige Projekte und verwirklichen dabei eigene Ideen in Abstimmung mit der Einrichtung, aber ohne allzu enge Bindung an sie. Ein Beispiel dafür sind Kulturveranstaltungen, die für KlientInnen sozialer Einrichtungen sehr eigenverantwortlich von Freiwilligen organisiert und durchgeführt werden. Dadurch entstehen »neue Bildungskulturen« (Bubolz-Lutz & Steinfort-Diedenhofen 2018, S. 231). Mit der zunehmenden Vielfalt an Freiwilligenprofilen erhält der Prozess der Gestaltung von Bildungsvorgängen zusätzliche Facetten, die sich z. B. in einem Lern-Kompass abbilden lassen.

Lern-Kompass

Der Lern-Kompass ist ein von Bubolz-Lutz und Kricheldorff (2011) beschriebenes Lernkonzept, das in der freiwilligen Pflegebegleitung erprobt wurde. Es fokussiert besonders auf Praxisbezug, Erfahrungsorientierung und Selbstbestimmung. Dabei geht das Konzept weit über den Erwerb von Wissen, Kenntnissen und Fertigkeiten hinaus und bezieht z. B. die Arbeit in Netzwerken, das Einüben unterschiedlicher Sichtweisen, die Orientierung an Werten und Visionen ebenso ein wie ein ganzheitliches Ansprechen aller Sinne und die kritische Reflexion eigener Erfahrungen. Diese Aspekte sollten möglichst gleichwertig bei der Gestaltung von Kursen und bei Reflexionsgesprächen berücksichtigt werden.

Niederschwelliger Zugang

Bubolz-Lutz und Steinfort-Diedenhofen (2018) sehen im freiwilligen Engagement älterer Menschen ein wichtiges geragogisches Handlungsfeld, in dem es nicht nur darum gehe, entsprechende Methoden einzusetzen, um die Freiwilligentätigkeit zu einem Lernort zu machen, sondern auch darum, Teilhabehürden zu überwinden und auch weniger aktive Ältere einzubeziehen. Im Lichte der im Punkt 15.5 angeführten Zugangsvorteile für Menschen mit höherem Bildungsstand mag dieses Ziel überraschen. Es könne aber erreicht werden, indem die »Formate zum freiwilligen Engagement selbst niedrigschwellig angelegt sein müssen« (Bubolz-Lutz & Steinfort-Diedenhofen 2018, S. 235). Eine individuelle, zielgruppenorientierte und einladende Gestaltung[9] mit guter Erreichbarkeit (Bundesarbeitsgemeinschaft der Senioren-Organisationen 2017) kann auch im Freiwilligenbereich die Beteiligungshürden für ältere Menschen verringern.[10]

15.6 Fazit

Aus der Perspektive der Sozial- und Bildungswissenschaften ist die Verbindung von Bildung im Alter und Freiwilligenengagement unbestritten. Im Management und in der Koordination von Freiwilligen wächst zwar ein grundsätzliches Verständnis für diesen Zusammenhang, in der Praxis befindet sich die bewusste Berücksichtigung von Bildungsprozessen, die über den praktischen Nutzen für die ausgeübte Tätigkeit hinausgehen, jedoch noch eher am Anfang. Um aus der Wahrnehmung eines Zusammenhangs der beiden gesellschaftlich bislang voneinander eher abgegrenzten und mit einer jeweils eigenen internen Logik ausgestatteten Bereiche zu einem für beide Seiten förderlichen Zusammenspiel zu gelangen, bedarf es weiterer Bemühungen, einander den wechselseitigen Nutzen sichtbar zu machen, in einem kontinuierlichen Dialog miteinander befruchtende Beispiele guter Praxis auszutauschen und diese zum Wohl der Menschen in der nachberuflichen Lebensphase noch häufiger als bisher und zukunftsorientiert nachhaltig in die organisationale Praxis einzubauen.

Die enge Verschränkung und wechselseitige Beeinflussung von Freiwilligentätigkeiten und Bildungsprozessen im Alter stellt die Freiwilligenorganisationen vor die Herausforderung, die eigene Professionalität zu erweitern. Die Entwicklung des Rollenverständnisses von FreiwilligenkoordinatorInnen, in Zukunft auch Bildungsbegleitende für ältere Freiwillige zu sein, steht erst am Anfang und bedarf zusätzlicher Impulse und Anreize, um dauerhaft in Schwung zu kommen.

In der gesamten Chronologie der Freiwilligentätigkeit vom Beginn bis zur Beendigung des Engagements sind Organisationen gefordert, den Zusammenhang

9 Z. B. durch eine zielgruppenadäquate Sprache bei der Werbung, eine maßgeschneiderte Gestaltung der Einsatzzeiten (Tageszeit, Dauer, Pausen), barrierefreie Einsatzorte oder an geragogischen Standards orientierte Einschulungen und Weiterbildungsangebote.

10 Nicht zu vernachlässigen sind hierbei selbstverständlich auch die von Amann (2015) angesprochenen materiellen Rahmenbedingungen, die eine Teilhabe älterer Menschen einschränken (vgl. Punkt 3).

zwischen Bildung und Freiwilligenengagement in ihrer Beziehung zu den Freiwilligen und in ihren Angeboten zu berücksichtigen. Dabei gilt es insbesondere, unterschiedliche Grade an Selbstbestimmung und Autonomie der Freiwilligen zu respektieren.

Für eine möglichst optimale Förderung der Wechselwirkungen zwischen Bildungs- und Engagementprozessen im Alter stehen den Freiwilligenorganisationen wirkungsvolle Instrumente und Formate wie Supervision, Intervision, Feedbackgespräche oder der Lern-Kompass zur Verfügung. Die Entwicklung innovativer und attraktiver Formate könnte in Zukunft zusätzliche Impulse für ein noch intensiveres und fruchtbareres Zusammenspiel von Freiwilligenarbeit und Bildung im Alter setzen.

Literaturverzeichnis

Amann, A. (2019). Factsheet: Teilhabe im Alter: Theorie, Empirie, Praxis. Wien: Bundesministerium für Soziales, Gesundheit, Pflege und Konsumentenschutz.

Baumgartner, K., Kolland, F. & Wanka, A. (2013). Altern im ländlichen Raum. Entwicklungsmöglichkeiten und Teilhabepotentiale. Stuttgart: Kohlhammer.

Biedermann, C. (2012). Freiwilligen-Management: Die Zusammenarbeit mit Freiwilligen organisieren. In D. Rosenkranz & A. Weber (Hrsg.), Freiwilligenarbeit. Einführung in das Management von Ehrenamtlichen in der Sozialen Arbeit (S. 57–66). Weinheim: Beltz Juventa.

Brandstetter, G. & Kellner, W. (2001). Freiwilliges Engagement und Erwachsenenbildung. Wege der Identifikation und Bewertung des informellen Lernens. Wien: Ring Österreichischer Bildungswerke.

Bubolz-Lutz, E. & Kricheldorff, C. (2011). Pflegebegleiter. Schriftenreihe Modellprogramm zur Weiterentwicklung der Pflegeversicherung (Bd. 6). Berlin: GKV.

Bubolz-Lutz, E. & Steinfort-Diedenhofen, J. (2018). Freiwilliges Engagement als Lernfeld im Alter – ein geragogisches Handlungsfeld. In R. Schramek, C. Kricheldorff, B. Schmidt-Herta & J. Steinfort-Diedenhofen (Hrsg.), Alter(n) – Lernen – Bildung (S. 227–236). Stuttgart: Kohlhammer.

Bundesarbeitsgemeinschaft der Senioren-Organisationen (Hrsg.) (2017). BAGSO-Positionspapier: Engagement und Bildung im Alter. Bonn: BAGSO.

Bundesgesetz über Ausbildung, Tätigkeiten und Beruf der Sanitäter (Sanitätergesetz – SanG) (BGBl. I Nr. 30/2002) (2002). https://www.ris.bka.gv.at/GeltendeFassung/Bundesnormen/20001744/SanG%2c%20Fassung%20vom%2019.05.2021.pdf. Zugegriffen: 19. Mai 2021.

Bundesgesetz über den Nationalen Qualifikationsrahmen (NQR-Gesetz) (BGBI. I Nr. 14/2016) (2016). https://www.ris.bka.gv.at/Dokumente/BgblAuth/BGBLA_2016_I_14/BGBLA_2016_I_14.pdfsig. Zugegriffen: 19. Mai 2021.

Bundesgesetz vom 27. März 1969 über die Bewährungshilfe (Bewährungshilfegesetz) (BGBI Nr. 146/1969) (1969). https://www.ris.bka.gv.at/Dokumente/BgblPdf/1969_146_0/1969_146_0.pdf. Zugegriffen: 19. Mai 2021.

Bundesgesetz zur Förderung von freiwilligem Engagement (Freiwilligengesetz – FreiwG) (BGBI I Nr. 17/2012) (2012). https://www.ris.bka.gv.at/Dokumente/BgblAuth/BGBLA_2012_I_17/BGBLA_2012_I_17.pdfsig. Zugegriffen: 19. Mai 2021.

Bundesministerium für Arbeit, Soziales und Konsumentenschutz (Hrsg.) (2009). Freiwilliges Engagement in Österreich – 1. Freiwilligenbericht. Wien: BMASK.

Bundesministerium für Arbeit, Soziales und Konsumentenschutz (Hrsg.) (2015a). Bundesplan für Seniorinnen und Senioren: Altern und Zukunft (5., unveränderte Aufl.). Wien: BMASK.

Bundesministerium für Arbeit, Soziales und Konsumentenschutz (Hrsg.) (2015b). Bericht zur Lage und zu den Perspektiven des Freiwilligen Engagements in Österreich – 2. Freiwilligenbericht. Wien: BMASK.

Bundesministerium für Arbeit, Soziales und Konsumentenschutz (Hrsg.) (2017). Leitfaden für Curricula von Lehrgängen für Verantwortliche in der Arbeit mit Freiwilligen. Wien: BMASK.
Bundesministerium für Arbeit, Soziales, Gesundheit und Konsumentenschutz (Hrsg.) (2019). 3. Bericht zum freiwilligen Engagement in Österreich – Freiwilligenbericht 2019. Wien: BMASGK.
Bundesministerium für Unterricht, Kunst und Kultur, Bundesministerium für Wissenschaft und Forschung, Bundesministerium für Arbeit, Soziales und Konsumentenschutz & Bundesministerium für Wirtschaft, Familie und Jugend (Hrsg.) (2011). Strategie zum lebensbegleitenden Lernen in Österreich. LLL: 2020. Wien: Republik Österreich.
Carstensen, L. L. (1995). Evidence for a life-span theory of socioemotional selectivity. Current Directions in Psychological Science, 4/5 (S. 151–156).
Clary, E. G. & Snyder, M. (1991). A functional analysis of altruism and prosocial behaviour: The case of volunteerism. In M. S. Clark (Hrsg.), Review of personality and social psychology: Prosocial behavior (Bd. 12) (S. 119–148). Newbury Park, CA: Sage.
Clary, E. G., Snyder, M., Ridge, R. D., Copeland, J., Stukas, A. A., Haugen, J. & Miene, P. (1998). Understanding and assessing the motivations of volunteers: A functional approach. Journal of personality and social psychology, 74/6 (S. 1516–1530).
Davis, M. H., Hall, J. A. & Meyer, M. (2003). The first year: influences on the satisfaction, involvement, and persistence of new community volunteers. Personality and Social Psychology Bulletin, 29 (S. 248–260).
Deutsche UNESCO-Kommission (Hrsg.) (1997). Lernfähigkeit: Unser verborgener Reichtum. UNESCO-Bericht zur Bildung für das 21. Jahrhundert. Neuwied: Luchterhand.
Feistritzer, G. (2019). Quantitative und qualitative Entwicklung des freiwilligen Engagements in Österreich. In Bundesministerium für Arbeit, Soziales, Gesundheit und Konsumentenschutz, 3. Bericht zum freiwilligen Engagement in Österreich – Freiwilligenbericht 2019 (S. 13–36). Wien: BMASGK.
Finkelstein, M. A. (2008). Volunteer satisfaction and volunteer action: a functional approach. Social Behavior and Personality, 36/1 (S. 9–17).
Heimgartner, A. (2019). Das freiwillige Engagement im Lebenslauf. In Bundesministerium für Arbeit, Soziales, Gesundheit und Konsumentenschutz (Hrsg.), 3. Bericht zum freiwilligen Engagement in Österreich – Freiwilligenbericht 2019 (S. 109–136). Wien: BMASGK.
Hoffmann, S. G. (2013). Qualifizierungsformen für Freiwillige. In C. Reifenhäuser & O. Reifenhäuser (Hrsg.), Praxishandbuch Freiwilligenmanagement (S. 139–142). Weinheim: Beltz Juventa.
Institut für Empirische Sozialforschung (2016). Freiwilligenengagement. Bevölkerungsbefragung 2016. Studienbericht (erstellt für das Bundesministerium für Arbeit, Soziales und Konsumentenschutz). Wien: IFES.
Kade, S. (2009). Altern und Bildung. Bielefeld: Bertelsmann.
Kellner, W. (2015). Nationaler Qualifikationsrahmen, Validierung und die Kompetenzentwicklung im Freiwilligenbereich. In Wiener Plattform für FreiwilligenkoordinatorInnen (Hrsg.), Perspektiven – Lebenslanges Lernen und freiwilliges Engagement (S. 26–40). Wien: Wiener Plattform für FreiwilligenkoordinatorInnen.
Kolland, F. (2016). Bildungsmotivation im Alter. Modelle und Forschungserkenntnisse. Wien: Bundesministerium für Arbeit, Soziales und Konsumentenschutz.
Kolland, F. & Ahmadi, P. (2010). Bildung und aktives Altern. Bewegung im Ruhestand. Bielefeld: Bertelsmann.
Kolland, F. & Oberbauer, M. (2020). Factsheet: Freiwilligentätigkeit und Bildung im Alter inkl. Praxisleitfaden. Wien: Bundesministerium für Soziales, Gesundheit, Pflege und Konsumentenschutz.
Kricheldorff, C. (2010). Bildungsarbeit mit älteren und alten Menschen. In K. Aner & U. Karl (Hrsg.), Handbuch Soziale Arbeit und Alter (S. 99–109). Wiesbaden: VS-Verlag.
More-Hollerweger, E. & Hora, K. (2014). Rahmenbedingungen für freiwilliges Engagement in Österreich: Ergebnisse einer Organisationsbefragung. Wien: Kompetenzzentrum für Nonprofit Organisationen und Social Entrepreneurship.

Oberbauer, M. (2020). Produktive Aktivitäten in der Pension. Gesundheitliche Auswirkungen von freiwilligem Engagement. In F. Kolland & T. Dorner (Hrsg.), Gesundheitliche Lebensqualität im Alter – Ein interdisziplinäres Handbuch für Health Professionals (S. 43–59). Wien: Manz.

Okun, M. A. & Schultz, A. (2003). Age and motives for volunteering: testing hypotheses derived from socioemotional selectivity theory. Psychology and Aging, 18/2 (S. 231–239).

Olk, T. (1989). Vom »alten« zum »neuen« Ehrenamt. Ehrenamtliches Engagement außerhalb etablierter Träger. Blätter der Wohlfahrtspflege, 1 (S. 7–10).

Omoto, A. M. & Snyder, M. (2002). Considerations of community: the context and process of volunteerism. American Behavioral Scientist, 45/5 (S. 846–867).

Pennerstorfer, A., Schneider, U. & Badelt, C. (2013). Der Nonprofitsektor in Österreich. In R. Simsa, M. Meyer & C. Badelt (Hrsg.), Handbuch der Nonprofit Organisationen – Strukturen und Management (S. 55–75). Stuttgart: Schäffer-Poeschel.

Reifenhäuser, C. (2013). Freiwillige führen, fördern, qualifizieren, begleiten und anerkennen. In C. Reifenhäuser & O. Reifenhäuser (Hrsg.), Praxishandbuch Freiwilligenmanagement (S. 132–160). Weinheim: Beltz Juventa.

Röbke, S. (2012). Freiwilligenmanagement zwischen Engagementpolitik und Praxis vor Ort. In D. Rosenkranz & A. Weber (Hrsg.), Freiwilligenarbeit. Einführung in das Management von Ehrenamtlichen in der Sozialen Arbeit (S. 15–26). Weinheim: Beltz.

Sachße, C. (2000). Freiwilligenarbeit und private Wohlfahrtskultur in historischer Perspektive. In A. Zimmer & S. Nährlich (Hrsg.), Engagierte Bürgerschaft. Traditionen und Perspektiven (S. 75–88). Opladen: Leske + Budrich.

Simonson, J., Vogel, C. & Tesch-Römer, C. (Hrsg.) (2017). Freiwilliges Engagement in Deutschland. Der Deutsche Freiwilligensurvey 2014. Berlin: Deutsches Zentrum für Altersfragen.

Wiener Plattform für FreiwilligenkoordinatorInnen (Hrsg.) (2015). Perspektiven – Lebenslanges Lernen und freiwilliges Engagement. Wien: Wiener Plattform für FreiwilligenkoordinatorInnen.

Zapotoczky, K. (2015). Gestalterische Maßnahmen aus bildungspolitischer Sicht. In Bundesministerium für Arbeit, Soziales und Konsumentenschutz (Hrsg.), Bericht zur Lage und zu den Perspektiven des Freiwilligen Engagements in Österreich – 2. Freiwilligenbericht (S. 181–184). Wien: BMASK.

16 Wissenschaftliche Weiterbildung in der nachberuflichen Lebensphase: das Bildungsmodell »Vita activa«

Marcus Ludescher & Andrea Waxenegger

Zusammenfassung

Mit dem seit 2005/06 entwickelten Bildungsprogramm »Vita activa – Lernen verbindet Generationen«, das wissenschaftliche Allgemeinbildung mit Bildung im Alter verknüpft, wurde vom Zentrum für Weiterbildung der Universität Graz ein Modell für die wissenschaftliche Allgemeinbildung in der nachberuflichen Lebensphase erarbeitet. Es handelt sich um ein offenes, eigenständiges und strukturiertes Weiterbildungsprogramm, bei dem insbesondere die heterogenen Lerninteressen älterer Menschen Berücksichtigung finden. Zwei wesentliche Qualitätsmerkmale sind: erstens die forschungsgeleitete, begleitende Programmentwicklungsarbeit, die unter Konsultation geragogischer und andragogischer ForscherInnen und externer ExpertInnen erfolgt; zweitens die Förderung der Fähigkeit zur Gestaltung des eigenen (nachberuflichen) Lebens und der gesellschaftlichen Mitgestaltung auf Basis universitären Wissens. Dadurch sollen ältere Menschen befähigt werden, ihre Potenziale für neue gesellschaftliche Tätigkeitsfelder zu entdecken, auszuloten und zu entwickeln, damit ihr Wissen und ihre Erfahrung gesellschaftliche Wirkung entfalten können. Im Beitrag werden zunächst Bildungsansatz, Bildungsmodell und Hauptcharakteristika näher beschrieben, im Anschluss daran wird auf die Umsetzung (Programmstruktur, Programminhalte, Formate, Didaktik, Teilnehmende und Lehrende) eingegangen. Abschließend werden ausgewählte Aspekte und Herausforderungen wie Wissenschaftlichkeit, soziale Teilhabe und Intergenerationalität besprochen.

16.1 Einleitung

Universitäten sind heute im Vergleich zu früher durch eine zunehmende Diversität in puncto Bildungszugang, ethnischer Zugehörigkeit, Alter etc. gekennzeichnet. Das Bild von den 18-jährigen »traditional students«, die nach der Matura ein Vollzeitstudium absolvieren, stimmt oft nicht mehr mit der Realität überein (Slowey & Schuetze 2012). Universitäten müssen sich den damit verbundenen Herausforderungen stellen. Das zeigt ein Grundlagendokument zum lebenslangen Lernen der

European University Association, in dem nicht nur Studierende im Regelstudium als AdressatInnen universitären Lehrens definiert werden, sondern ein breites Spektrum von Erwachsenengruppen über die gesamte Lebensspanne. Die »senior citizens« werden darin explizit als eine wichtige Zielgruppe angeführt (EUA 2008, S. 5).

In diesem Zusammenhang ist auch das Feld der universitären Weiterbildung in Österreich, die neben Forschung und Lehre zu den Kernaufgaben der Universitäten gehört, zu sehen (UG 2002). Hier haben Universitäten verstärkt Initiativen gesetzt, um ihr Wissen der Öffentlichkeit sowohl in Form von beruflich qualifizierenden als auch allgemeinbildenden Angeboten zugänglich zu machen und so ihre gesellschaftliche Verantwortung wahrzunehmen. Es gibt heute eine Vielfalt an Angeboten, die sich an breit gestreute Zielgruppen richten (Gornik 2020). Anders als im Ausland hat es in Österreich jedoch lange Zeit keine von den Universitäten selbst verantworteten Bildungsangebote für ältere Lernende als Zielgruppe gegeben. Ein »SeniorInnenstudium« wie etwa in Deutschland, bei dem reguläre Lehrveranstaltungen, teilweise mit Zusatzangeboten, von Älteren (auch ohne Hochschulberechtigung und ohne Abschlussorientierung) besucht werden können, wurde zwar für Österreich diskutiert, hat sich aber nicht »flächendeckend« etabliert (Beirer 2008, S. 73 ff.; vgl. auch Arbeitsgruppe Weiter Bildung 2007). Erst seit Ende der 2000er Jahre gibt es auch an einigen österreichischen Universitäten (Graz, Klagenfurt, Salzburg, Wien) spezielle Bildungsangebote (in unterschiedlichen Organisationsformen, z. B. als Universitätslehrgang oder auch stark angelehnt an das deutsche Modell) für ältere Menschen, die sich für wissenschaftliche Themen interessieren, aber kein Regelstudium betreiben können oder wollen.[1]

An der Universität Graz, die sich als »Bildungspartnerin für alle Generationen über die gesamte Lebensspanne« versteht (KFUG 2015, S. 167 ff.), wurde mit der seit Jahren bestehenden Ausrichtung der Bildungsarbeit des Zentrums für Weiterbildung (ZfW) eine grundsätzliche Entscheidung getroffen, Bildungsangebote sowohl für die breite Bevölkerung als auch für die Zielgruppen der älteren und/oder sozial benachteiligten Menschen zu entwickeln. Dies wurde auch in ihren strategischen Dokumenten wie Entwicklungsplänen und Leistungsvereinbarungen mit dem Staat zum Ausdruck gebracht (KFUG 2017). Die Universität Graz baut dabei auf eine lange Tradition im Haus auf (Waxenegger et al. 2017). Beispiele dafür sind die Ringvorlesung »Alterswissenschaften« in den 1980er Jahren oder die Errichtung des österreichweit ersten Universitätslehrgangs Interdisziplinäre Gerontologie 1998. Mit den Bildungsprogrammen der Montagsakademie (seit 2001/02 bzw. seit 2003 in Verantwortung der Universität) und der MegaphonUni (seit 2004) wurden Bildungsprogramme geschaffen, die grundsätzlich von Menschen jeden Alters besucht werden können. In Ergänzung und vertiefend dazu wurde mit der »Vita activa«, die im Fokus dieses Beitrags steht, seit 2005/06 ein neues wissenschaftsbasiertes Angebot

1 »Studium liberale«, Universität Klagenfurt (seit 2007/08): https://www.aau.at/universitaetslehrgaenge/seniorstudium-liberale; »Uni 55-Plus«, Universität Salzburg (seit 2012/13): https://www.uni-salzburg.at/index.php?id=32240; »Studium generale«, Universität Wien (seit 2019): https://www.postgraduatecenter.at/weiterbildungsprogramme/bildung-soziales/studium-generale (Zugegriffen: 15. Juli 2020).

entwickelt, in dem die Bildungsinteressen älterer Menschen besondere Berücksichtigung finden. Erwähnt sei hier auch die Gründung eines SeniorInnenreferats (heute: Referat für Generationenfragen) an der Österreichischen HochschülerInnenschaft (ÖH) im Jahr 1986, das zahlreiche Aktivitäten in Kooperation mit der Universität Graz gesetzt hat.

16.2 Wissenschaftliche Weiterbildung in der nachberuflichen Lebensphase am Beispiel des Bildungsprogramms »Vita activa« der Universität Graz

Warum braucht es wissenschaftliche Allgemeinbildung für Ältere?

Bis in die Gegenwart hat die Verwissenschaftlichung der Gesellschaft immer mehr Lebensbereiche erfasst (zum Folgenden vgl. Ludescher 2016; Ludescher & Waxenegger 2016b). Das zeigt sich nicht nur im Alltag, sondern auch, wenn etwa in Politik und Wirtschaft wichtige Entscheidungen mit weitreichenden Folgen für alle Beteiligten auf Basis von wissenschaftlichen Studien, Expertisen etc. anstehen. In einer Demokratie brauchen BürgerInnen genauso wie die politisch Verantwortlichen ein »Wissen über Wissenschaft« (Faulstich 2015, S. 12), damit sie an diesen Entscheidungsprozessen – auf der Grundlage vernünftiger Argumente und auf Augenhöhe – mitwirken und die Zukunft aktiv mitgestalten können. Voraussetzung dafür ist eine *scientific literacy*, eine basale wissenschaftliche Allgemeinbildung, damit eine Verständigung zwischen LaiInnen sowie ExpertInnen überhaupt möglich werden kann. Die Dynamik der Wissenschaftsentwicklung (Stichwort: Wissensexplosion) und die damit einhergehende Verselbstständigung von Wissenschaft gegenüber der sogenannten Öffentlichkeit erfordern ein Forum, ein diskursives »Setting«, wo wissenschaftliches Wissen kritisch-reflexiv vermittelt, Bedeutungen ausgehandelt (z. B. welche Themen für wen wie relevant sind) und Meinungen ausgetauscht werden sowie Kritik geäußert wird. Dazu braucht es Vermittlungsagenturen, die Bildungsprozesse anregen, unterstützen, anleiten und begleiten. Bildung in diesem Sinne geht nicht im Lernbegriff auf, sie beinhaltet auch immer die Fähigkeit, Zusammenhänge zu erkennen, sich ein Urteil zu bilden und die Beziehungen zu anderen Individuen und die eigene Stellung in der Gemeinschaft zu reflektieren (Lenz 2011). So verstanden ist wissenschaftliche Allgemeinbildung ein Bündel von Grundkenntnissen und allgemeinen (»reflexiven«) Kompetenzen von »Nicht-Expertinnen und -Experten« (Fischer 2000; vgl. Faulstich 2006). Wie entsteht wissenschaftliches Wissen? Was unterscheidet es von Praxiswissen? Was ist eine wissenschaftliche Fragestellung? Wie recherchiert und bewertet man Information (Stichwort: Quellenkritik)? Wie kann man Wissen in einen größeren Zusammenhang stellen, anderen gegenüber verständlich darstellen und die eigene Position schlüssig argumentieren? Der Schwerpunkt liegt dabei weniger auf einem Bildungskanon (obwohl es – keine Frage – in der Wissenschaft verbindliche, definierte Wissensbestände geben muss, sonst würde sie sich selbst ad absurdum führen), sondern auf dem Herstellen der Kommunikationsfähigkeit von BürgerInnen und ExpertInnen und dem gemeinsamen Aushandeln von Inhalten bzw. der Frage, was als (individuell und gesellschaftlich) wichtig und bedeutsam anzusehen ist.

Die Notwendigkeit für wissenschaftliche Allgemeinbildung gilt in besonderem Maße für die durch eine geringere Bildungsbeteiligung gekennzeichnete nachberufliche Lebensphase (Kolland & Ahmadi 2010; Müllegger 2018). Nach dem Ausscheiden aus dem Erwerbsleben könnte so – mit Blick auf die positiven Effekte der Alternsbildung auf soziale Inklusion (Withnall 2010) – auch eine »Wissensexklusion« in dem Sinne drohen, dass der Anschluss an wissenschaftsbasierte, gesellschaftlich relevante Diskurse und Entscheidungsprozesse (wie oben skizziert) verloren geht. Es braucht also ein Bildungsmodell, das wissenschaftliche Allgemeinbildung mit Bildung und Lernen im späteren Lebensalter verknüpft, um die Kluft zwischen jenen, die an Wissen (das auch immer sozial vermittelt ist) teilhaben, und jenen, die das nicht können, zu überbrücken (vgl. dazu auch die Ziele und Empfehlungen in den betreffenden österreichischen Policy-Dokumenten: Republik Österreich 2011; BMASK 2015; Waxenegger et al. 2011).

Für eine Einrichtung der wissenschaftlichen Weiterbildung wie das Zentrum für Weiterbildung der Universität Graz (ZfW) ergeben sich daraus vor dem Hintergrund der gesellschaftlichen Notwendigkeit wissenschaftlicher Allgemeinbildung drei zentrale Entwicklungsfragen:

Wie kann man für die sehr heterogene Gruppe der (älteren) Erwachsenen im Einklang mit den allgemeinen Grundprinzipien wissenschaftlicher Weiterbildung – Forschungsbasiertheit, Sicherstellung universitären Lehrens und Lernens, forschungsgeleitete Programmentwicklung (vgl. AUCEN 2002; Ludescher & Waxenegger 2016a) – Zugänge zu für sie relevantem wissenschaftlichem Wissen schaffen?

Wie lässt sich der Anspruch einer ihre gesellschaftliche Verantwortung wahrnehmenden universitären Bildungseinrichtung, soziale Teilhabe im Wege wissenschaftlicher (Allgemein-)Bildung zu ermöglichen, in die Bildungspraxis umsetzen (Ludescher & Waxenegger 2019)?

Im Wege der wissenschaftlichen Weiterbildung fließen außeruniversitäre Erfahrungen und Sichtweisen in die Weiterentwicklung von Wissenschaft und Forschung ein. Vice versa wird die Universität durch wissenschaftliche Weiterbildung in den verschiedensten Berufs- und Lebensbereichen wirksam. Angesichts einer (verhältnismäßig gesund) älter werdenden Gesellschaft stellt sich die Frage: Wie muss ein Bildungsangebot für das spätere Lebensalter (oder in Vorbereitung darauf) inhaltlich gestaltet sein, das den Teilnehmenden ermöglicht, neue gesellschaftliche Tätigkeitsfelder zu erkunden und sich Wissen und Fähigkeiten anzueignen, um dieses erworbene Wissen und Können wieder gesellschaftlich wirksam werden zu lassen?

Das Bildungsmodell »Vita activa«

Entstehung des Modells

Das heutige Bildungsprogramm »Vita activa – Lernen verbindet Generationen« wurde vom Zentrum für Weiterbildung in Kooperation mit dem Sozialministerium und dem Wissenschaftsministerium 2005 auf Basis einer Anschubfinanzierung seitens der genannten Ministerien initiiert. Ziel war es, ein Konzept und ein Angebot für ein universitäres Bildungsangebot für und mit Ältere(n) – exemplarisch für andere österreichische Universitäten – zu erarbeiten. Zu diesem Zeitpunkt gab es an den heimischen Universitäten, wie in der Einleitung ausgeführt, so gut wie keine die Bedürfnisse von Lernenden in der nachberuflichen Lebensphase hinreichend berücksichtigenden und entsprechend an der Universität verankerten Angebote der wissenschaftlichen Weiterbildung. Damit sollte ein Beitrag zur Sicherung und Förderung der sozialen Teilhabe von älteren Menschen im Wege der wissenschaftlichen Weiterbildung geleistet werden.

Dadurch unterscheidet sich das entwickelte Modell und Bildungsangebot (seit 2009/10 in seinem heutigen Umfang) von Angeboten, wie sie unter dem Titel »University of the Third Age« weltweit, v. a. im fremdsprachigen Ausland, existieren (Formosa 2012; Formosa 2019). Hinter dieser Bezeichnung verbergen sich – ungeachtet ihres Nutzens im Hinblick auf ein aktives und erfolgreiches Altern – sehr unterschiedliche Organisationsmodelle mit teilweise sehr geringer Anbindung an Forschung und akademisches Lernen. Es wurde auch nicht auf einen in Deutschland verbreiteten Angebotstyp wie das »SeniorInnenstudium« (häufig unter der Bezeichnung »GasthörerInnenstudium« oder »Kontaktstudium«) zurückgegriffen, in dem ältere Lernende ausgewählte Lehrveranstaltungen aus dem Regelstudienangebot besuchen (Sagebiel 2006; Sagebiel & Dahmen 2009; Schmidt-Hertha 2020); stattdessen wurde ein neuer Weg beschritten und ein eigenständiges, universitäres Weiterbildungsangebot entwickelt. Dieses sieht keine kalendarische Altersbeschränkung für eine Teilnahme vor, sondern versteht sich als offenes wissenschaftsbasiertes Angebot für Menschen in der zweiten Lebenshälfte, die sich aktiv um ihr eigenes Lernen bemühen, ihr Leben selbstbestimmt führen und Wissen und Erfahrung mit der eigenen Altersgruppe, aber auch mit Jüngeren austauschen wollen.

Bildungsansatz und Hauptcharakteristika

Ausgehend von diesen grundlegenden Überlegungen soll im Folgenden ein Überblick über die Hauptcharakteristika und Prinzipien geboten werden, an denen sich die Bildungsarbeit der »Vita activa« orientiert. Diese basieren auf den allgemeinen Qualitätskriterien wissenschaftlicher Weiterbildung, die im Laufe der Jahre im Austausch mit andragogischer und geragogischer Bildungspraxis und -forschung weiterentwickelt und in der eigenen Bildungsarbeit erprobt wurden (Ludescher & Waxenegger 2016a).

Bildungsziele, Lernen und Lehren

Universitäres Lehren und Lernen sicherstellen: Lernen in diesem Modell bedeutet die Möglichkeit, sich – auch ohne Matura – mit aktuellen Entwicklungen in Wissenschaft und Technik aktiv auseinanderzusetzen und unter Anleitung eigenen Fragestellungen nachzugehen. Wichtige Merkmale universitären Lernens sind, dass es einen Einblick in das Entstehen von Wissen ermöglicht und dass es kritisch-reflexiv angelegt ist. Dazu gehören die Bereitschaft und die Fähigkeit, als LaiIn – auch kritische – Fragen an die Forschung zu stellen, Wissen zu recherchieren und zu interpretieren, in einen größeren Zusammenhang zu stellen und anderen gegenüber verständlich darzustellen. Die Lehr-/Lernsituation ist grundsätzlich durch ein hohes Ausmaß an Freiheit und Offenheit charakterisiert. Für Lehrende gibt es ein begleitendes Professionalisierungsangebot wie z. B. Briefings, Handreichungen/Leitfäden, Tandem-Teaching oder die Möglichkeit, an einschlägigen Tagungen oder Workshops teilzunehmen.

Niederschwelligkeit beachten: Bei diesem Modell handelt es sich um ein niederschwelliges Bildungsangebot, d. h., das Bildungsprogramm ist auch für Menschen ohne akademische Vorbildung oder spezielles Vorwissen zugänglich und didaktisch so gestaltet, dass die Teilnehmenden an universitäres, forschungsgeleitetes Lernen herangeführt werden.

Interessen der Teilnehmenden einbeziehen: Die Programmgestaltung verbindet grundsätzlich den universitären Bildungsanspruch mit den Interessen der Teilnehmenden und ermöglicht ihnen, an ihren Alltag anzuknüpfen. VertreterInnen der Zielgruppe werden – z. B. durch die Berücksichtigung von Themen- und Formatwünschen – in die Programmentwicklung einbezogen. Das Wissen und die Kompetenzen der Älteren fließen in das Lehr-/Lerngeschehen ein und erfahren so eine Wertschätzung. Es sind Beteiligungsmöglichkeiten am Forschungsprozess vorgesehen (z. B. Elemente des »forschenden Lernens«).

Selbstgesteuertes Lernen ermöglichen: Das Bildungsprogramm ist so aufgebaut, dass es einen systematischen und dennoch flexiblen Aufbau von universitärem Lernen (auch unter Nutzung digitaler Medien) über ein Studienjahr bzw. mehrere Studienjahre ermöglicht. Je nach Bildungsziel werden unterschiedliche Formate wie Einzelvorträge, Vortragsreihen, Arbeitskreise, Workshops oder Führungen angeboten. Die Veranstaltungen sind einzeln oder im Paket buchbar.

Leistungen Älterer sichtbar machen: Im Rahmen des Lehr-/Lerngeschehens erbrachte Leistungen seitens der Teilnehmenden werden, abgesehen von Teilnahmebestätigungen, nach Möglichkeit innerhalb und außerhalb des Kursgeschehens sichtbar gemacht. Dies kann z. B. durch die Veröffentlichung von eigenständig erarbeiteten Texten oder durch die Gestaltung einer kleinen Ausstellung geschehen.

Fähigkeit zur gesellschaftlichen Mitgestaltung stärken: Die inhaltliche und didaktische Gestaltung des Angebots erlaubt den Teilnehmenden, neue gesellschaftliche Tätigkeitsfelder zu erkunden und, aufbauend auf ihrem Vorwissen und ihrer Lebenserfahrung, sich universitäres Wissen anzueignen, um in diesen Aufgaben zu übernehmen. Auf diese Weise können sie, so sie es wünschen, wieder gesellschaftlich wirksam werden.

Programmentwicklung und Inhalte

Programm forschungsgeleitet entwickeln: Für die Entwicklungsarbeit werden Personen mit entsprechender wissenschaftlicher und professioneller Expertise in der universitären Bildungsarbeit eingesetzt. Sie erfolgt unter Konsultation geragogischer und andragogischer ForscherInnen und externer KooperationspartnerInnen sowie auf der Basis der Rezeption wissenschaftlicher Literatur. Die nationale und europäische/internationale Vernetzung zum Themenbereich universitäre Weiterbildung insgesamt und zu universitärer Bildung im Alter/intergenerationellem Lernen erfolgt begleitend (vgl. Waxenegger et al. 2016; Kolland et al. 2016)

Forschungsbasiertheit wissenschaftlicher Allgemeinbildung gewährleisten: Die Inhalte der Bildungsangebote basieren auf aktueller Forschung. Es werden ausschließlich Lehrkräfte eingesetzt, die mit dem Forschungsstand des jeweiligen Forschungsgebietes vertraut sind oder über entsprechende forschungsbasierte Expertise in ihrem Feld verfügen.

Fragen des Alter(n)s und der Generationenbeziehungen aufgreifen: Die altersspezifische und/oder generationenspezifische Dimension eines Themas wird, wo es inhaltlich möglich und sinnvoll ist, mit einbezogen und reflektiert. Außerdem gibt es auch eigene Angebote, die sich auf wissenschaftlicher Grundlage mit Aspekten des Alterns und dem Themenfeld »Alter(n) – Generation – Gesellschaft« beschäftigen. Der Austausch von Wissen und Erfahrungen mit anderen Generationen wird – durch intergenerationelle Lernsettings – aktiv gefördert.

Zugang und Beratung

Zugang offen gestalten: Das Bildungsprogramm ist grundsätzlich für Erwachsene jeden Alters offen, wobei der Fokus auf der zweiten Lebenshälfte liegt. Ältere Menschen werden in den Ausschreibungstexten nicht pauschal (wie z. B. SeniorInnen, 55+ etc.) angesprochen, sondern über gemeinsame, für ihre Interessen und Lebenswelten relevante Themen.

Ökonomische Situation der Teilnehmenden berücksichtigen: Es ist sicherzustellen, dass es kostenfreie Angebote gibt bzw. die Teilnahmebeiträge so gestaltet sind, dass die persönliche Einkommenssituation eine Teilnahme nicht ausschließt.

Information und Beratung bieten: Der Heterogenität der Zielgruppen Rechnung tragend, werden im Vorfeld bzw. begleitend ausführliche Informations- und Beratungsmöglichkeiten angeboten.

Umsetzung des Bildungsprogramms seit 2006

Das Programm im Überblick, Programmplanung, Inhalte und Themen

Im Zeitraum 2006 bis Juni 2019 betrug die Anzahl der einzeln buchbaren Veranstaltungen 204 (unterschiedliche Formate und Umfang: einwöchige Sommeruniversität; sich über ein Studienjahr erstreckender Arbeitskreis, zweistündiger Vortrag, zweistündige Führung etc.).[2] Pro Studienjahr gibt es 13 bis 15 Bildungsangebote, die sich wiederum aus 20 bis 24 einzeln buchbaren Veranstaltungen mit 32 bis 36 Einzelterminen zusammensetzen. Die Anzahl der Unterrichtseinheiten liegt zwischen 130 und 150 (Pausen und Lern- bzw. Projektphasen nicht mitgerechnet).

Es gibt eine wissenschaftliche und organisatorische Programmleitung, die am Zentrum für Weiterbildung angesiedelt ist. Für einzelne Bildungsangebote wie Vortragsreihen werden darüber hinaus fachwissenschaftliche Leitungen eingesetzt. Hinsichtlich der Inhalte und Themen ist das Programm multidisziplinär ausgerichtet in dem Sinn, dass ein breites Spektrum an wissenschaftlichen Fachgebieten und Forschungsfeldern vertreten ist, das von Geistes- und Sozialwissenschaften über Rechtswissenschaften bis hin zu Naturwissenschaften und Medizin und Technik reicht. Ergänzt wird das Angebot durch Veranstaltungen, die die Teilnehmenden dabei unterstützen sollen, Kompetenzen und Fertigkeiten im Bereich Studierfähigkeit (z. B. digitale Kompetenz) und Persönlichkeitsbildung zu erwerben.

Bei der Programmplanung wird einerseits versucht, »generative Themen« (Freire 1985, S. 91 ff.) zu identifizieren, d. h. solche wissenschaftsbasierten Themen, an die die Teilnehmenden von ihrer Alltagswelt her »andocken« können und die für sie eine lebensweltliche Bedeutung haben. Andererseits wird angestrebt, unterschiedliche Forschungsfelder und Fragestellungen miteinander zu verknüpfen.

Erfahrungen mit Formaten, Lernsettings und Didaktik

Bei den unterschiedlichen Formaten wird darauf geachtet, dass die Gruppen nicht zu groß werden, um das individuelle und gemeinsame Lernen bestmöglich zu fördern (zwischen sieben und maximal 40 Personen pro Veranstaltung). Interessierte Personen können sich ohne Terminkollision ihr individuelles Lernprogramm für ein Studienjahr zusammenstellen.

Es gibt keine formalen Teilnahmevoraussetzungen, eine Anmeldung ist aus organisatorischen Gründen nötig. Dies erfordert eine entsprechende Informations- und Beratungstätigkeit, vorab und begleitend. Einige der Bildungsveranstaltungen sind kostenfrei zugänglich, für einige Veranstaltungen (insbesondere Workshops) sind – ermöglicht durch Eigenleistung der Universität Graz und Förderungen seitens des Sozialministeriums – moderate Teilnahmebeiträge zu entrichten.

Was das Lernsetting und die Didaktik anlangt, so seien zwei Punkte beispielhaft herausgegriffen: Es hat sich bewährt, v. a. die stärker wissenschaftsorientierten Veranstaltungen in Tandems (Lehrende/Lehrender und ModeratorIn) durchzuführen. Diese Aufgabenteilung zwischen Lehrender/Lehrendem bzw. ExpertIn für das jeweilige Thema und ModeratorIn erlaubt es, besser auf die Interessen der Teilnehmenden einzugehen und flexibler auf das Lerngeschehen zu reagieren. Es sind Beteiligungsmöglichkeiten am Forschungsprozess vorgesehen. So kommen in einzelnen Veranstaltungen Elemente des »forschenden Lernens« zum Einsatz (Stadelhofer 2000, S. 304 ff.). Teilnehmende können selbst forschend aktiv werden,

2 Bei den Zahlenangaben hier und weiter unten wurden nur die »vollständigen« Studienjahre vor Ausbruch der Corona-Pandemie bis inklusive 2018/19 berücksichtigt.

indem sie etwa als »ExpertInnen « ihrer Biografie wie in einem Arbeitskreis zur Zeitgeschichte autobiografische Texte verfassen und so Erkenntnisse zur Alltagsdimension von Geschichte beisteuern; die Texte können von Sozial- und KulturwissenschaftlerInnen als Quellenmaterial für weitere Forschungsvorhaben genutzt werden. In einem zweiten Beispiel verfassten Teilnehmende einer Sommeruniversität zum Thema Nanoforschung unter Anleitung einer Tutorin einen Wikipedia-Artikel zum Thema Glasfärbung. Das Wissen und die Kompetenzen der Älteren können so in das Lehr-/Lerngeschehen einfließen und eine Wertschätzung erfahren.

Teilnahmen, Teilnehmende und Bildungsziele

Das Programm richtet sich an Erwachsene aller Altersstufen, wobei die Lernbedürfnisse von Menschen in der zweiten Lebenshälfte besondere Berücksichtigung finden. Die Anzahl der Teilnahmen seit dem Programmstart 2006 bis einschließlich Juni 2019 betrug 3.669.
Einen Überblick über die Teilnahmen und Teilnehmenden in einem Programmjahr bietet Tabelle 16.1.

Tab. 16.1: Teilnahmen und Teilnehmende 2018/19. Quelle: Anmeldebögen (n = 167); Feedbackbögen (n = 162)

Teilnahmen	**364**	
Ø Teilnehmendenzahl pro Veranstaltung	knapp 18	
Teilnehmende pro Studienjahr	167	
Frauen-/Männeranteil	66,5 % Frauen; 33,5 % Männer	
Alter	< 30	13,8 %
	30–39	4,2 %
	40–49	6,0 %
	50–59	12,0 %
	60–69	25,7 %
	> 70	23,4 %
	keine Angabe	14,9 %
Vorbildung	Lehre/Fachschule	21,6 %
	Matura	36,5 %
	Universität/FH	37,0 %
	keine Angabe	4,9 %

Die Bildungsziele der Teilnehmenden sind sehr unterschiedlich: Wunsch nach Wissenserweiterung, allgemeine berufliche Orientierung (Jobwechsel, weiterführende Ausbildung), spezielles berufliches Interesse (z. B. Unternehmensgründung,

Vorbereitung auf eine berufliche Tätigkeit), Teilnahme an einem anderen Weiterbildungsprogramm oder auch an einem Regelstudium.

Von den Motivlagen lassen sich folgende Kategorien unterscheiden.[3] An den Veranstaltungen der »Vita activa« nehmen Frauen und Männer teil, die

- sich punktuell über ausgewählte wissenschaftliche Fragestellungen und Themen informieren und mit anderen darüber austauschen wollen;
- im Übergang vom Berufsleben in die Pension stehen und Orientierung sowie neue Betätigungsfelder suchen (vgl. Ludescher 2017);
- sich eingehender mit ausgewählten wissenschaftlichen Fragestellungen/Themen beschäftigen wollen und bereit sind, sich durch »Selber-Tun« auf den Forschungsprozess einzulassen;
- sich gezielt Wissen und Kompetenzen für ein freiwilliges Engagement in verschiedenen Tätigkeitsfeldern aneignen wollen;
- einzelne Angebote etwa zur Persönlichkeitsbildung oder zu Study Skills auch als Fortbildung nutzen (z. B. TrainerInnen, BildungsberaterInnen, Studierende);
- nach dem Berufsleben ein Universitätsstudium nachholen (oder schon graduiert sind und ein anderes Fach studieren) wollen und nach Einführungen in ein bestimmtes Fach im Sinne eines Propädeutikums suchen (wie etwa Kunstgeschichte).

Das Gros der Teilnehmenden besucht die Veranstaltungen aus den unter den Punkten eins bis drei angeführten Motiven heraus. Ein Bildungsverständnis, das Bildung eher als Eigenwert denn als Mittel zum Zweck ansieht, dürfte überwiegen (z. B. »sozial-emotionaler« und »gemeinwohlorientiert-solidarischer« Typ: Tippelt et al. 2009, S. 174 ff.).

Die Rückmeldungen der Teilnehmenden zeigen, dass das Angebot sehr gut angenommen wird. So wurden etwa die hohe fachliche Qualität der Vortragenden und/oder TrainerInnen, die anschauliche Aufbereitung von komplexen Themen lobend erwähnt; die freundliche, gesprächsoffene Atmosphäre (kleine Gruppen, Bandbreite des Publikums hinsichtlich Alter, Wissen, Berufserfahrung usw.) und die Möglichkeit, sich mit den eigenen Fragen direkt einbringen zu können, wurden u. a. als Pluspunkte genannt. Je näher ein Thema an der Lebenswelt der Teilnehmenden war, desto besser waren die Ratings. Das ist naturgemäß bei praxisnahen Themen aus dem Gesundheits- und Ernährungsbereich eher der Fall als etwa bei abstrakteren Themen aus der Grundlagenforschung.

3 Die Aussagen hier und weiter unten stützen sich auf Informations- und Beratungsgespräche, teilnehmende Beobachtung, schriftliche Rückmeldungen (freies Textfeld in den Feedbackbögen) und mündliche Feedbackrunden bei den Workshops.

Lehrende und TrainerInnen

Seit Beginn des Programms im Jahr 2006 haben 124 Lehrende aller Fachrichtungen und aus 15 Universitäten und außeruniversitären Forschungseinrichtungen mitgewirkt. 10,5 % davon waren freiberufliche TrainerInnen oder ExpertInnen aus anderen Einrichtungen mit entsprechender wissenschaftsbasierter Expertise.

Lehrende werden vorab über die Ziele des Bildungsprogramms und das Lernsetting informiert. Sie benötigen einen Rahmen, um ihre Fachexpertise weitergeben zu können. Konkret hat sich bewährt, wie oben erwähnt, im Tandem vorzubereiten, durchzuführen und nachzubereiten (FachwissenschaftlerIn – ModeratorIn). Es hat sich gezeigt, dass Lehrende einen höheren Aufwand in die Vorbereitung – insbesondere bei intergenerationellen Lernsettings – investieren müssen, um gemeinsames Lernen angesichts der Heterogenität der Gruppe sicherzustellen. Eine Mitwirkung bei Evaluation und Reflexion ist ebenfalls erforderlich. Letztlich geht es für Lehrende darum, den Balanceakt zwischen Verbindlichkeit, Freiwilligkeit und angstfreiem, aber dennoch herausforderndem Lernen zu schaffen.

Arrivierte ForscherInnen haben rückgemeldet, dass für sie gerade die Diskussions- und Fragerunden besonders aufschlussreich waren, weil Aspekte aufgetaucht sind, die für sie (und die jeweilige Fachcommunity) neu waren, und sie in einigen Fällen dadurch zu Ideen für zukünftige Forschungsvorhaben angeregt wurden. Für jüngere ForscherInnen stellt die Mitwirkung eine gute Möglichkeit dar, schon am Beginn ihrer wissenschaftlichen Laufbahn in einen Dialog mit einer interessierten Öffentlichkeit zu treten.

16.3 Fazit

Wissenschaftlichkeit, soziale Teilhabe und Intergenerationalität sind besonders kritische Elemente universitärer allgemeinbildender Bildungsprogramme in der nachberuflichen Lebensphase und erfordern in der Umsetzung des vorgestellten Bildungsmodells besondere Beachtung.

Wissenschaftliche Inhalte verständlich zu vermitteln, ist schon im Bereich der Lehre an Universitäten eine anspruchsvolle Aufgabe. Dies gilt umso mehr, wenn es um Teilnehmende geht, die mit der betreffenden Materie gar nicht oder nur wenig vertraut sind. Lehrende müssen – abgesehen von den für gute Lehre im Allgemeinen zu beachtenden Punkten – den Spagat zwischen »zu wissenschaftlich« und »zu vereinfachend« schaffen. Dabei gibt es, wenn man so will, eine »Bringschuld« seitens der Lehrenden und eine »Holschuld« seitens der Teilnehmenden. Lehrende haben bei der Vorbereitung zu berücksichtigen, dass nicht die ausführliche Herleitung eines Themas, die umfassende Darstellung von Forschungsbefunden und Quellen von Bedeutung für die Teilnehmenden sind, sondern der Bezug zu deren Alltagswelt und die gemeinsame Erörterung von praxisnahen Beispielen. Umgekehrt muss Teilnehmenden bewusst sein, dass sie bestimmte Bilder von Wissenschaft und Erwartungen mitbringen, die stark medial geprägt sind und mit dem Forschungsalltag mitunter wenig gemein haben. Sie müssen als Teilnehmende Verständnis dafür aufbringen, dass sich ForscherInnen einer Arbeits- und Darstellungsweise verpflichtet fühlen, bei der sie strikt zwischen wissenschaftlichen Befunden in ihrem Forschungsfeld und ihrer persönlichen Meinung unterscheiden. ForscherInnen werden auch tunlichst vermeiden, »Rezepte« zu geben, bzw. werden klar kommunizieren, zu welchen Fragestellungen es in ihrem Forschungsbereich kein gesichertes Wissen gibt. Dazu gehört weiters, dass sie sich nicht zu Fragen äußern, die nicht in ihren Forschungsbereich fallen. Wissenschaftliche Allgemeinbildung besteht also auch darin, sich als Teilnehmende/Teilnehmender Kriterien für die angemessene Beurteilung der Qualität einer wissenschaftsbasierten Veranstaltung zu erarbeiten. Außerdem gibt es »natürliche« Grenzen des Verstehens, wenn – wie etwa auf Spezialgebieten der Molekularbiologie oder Physik – das Basiswissen fehlt.

Der Erfolg eines Bildungsprogrammes wie der »Vita activa« bemisst sich auch daran, in welchem Ausmaß und wie gut es gelingt, ältere Menschen für eine Teilnahme zu gewinnen, die ansonsten keinen Zugang zur universitären Wissenswelt hätten. Die bisherige Durchführung hat gezeigt, dass es möglich ist, für ein wissenschaftsbasiertes Bildungsprogramm auch Teilnehmende zu gewinnen, die als höchste Vorbildung eine Lehre/eine Fachschule oder Matura absolviert haben (▶ Tab. 16.1). Es ist gelungen, niederschwellige Zugänge zu für sie relevanten wissenschaftlichen Inhalten zu eröffnen. Aus der allgemeinen Erwachsenenbildung ist bekannt, dass es schwierig ist, ältere Männer für Bildungsveranstaltungen zu gewinnen. In der »Vita activa« ist auch dies gelungen. Insbesondere in einzelnen Veranstaltungen zu naturwissenschaftlichen/technischen Themen betrug ihr Anteil sogar 50 % und mehr. Es gibt darüber hinaus etliche Beispiele von einzelnen Teilnehmenden, die Wissen und Kompetenzen erworben haben, um für sich ein neues, nachberufliches Tätigkeitsfeld aufzubauen, z. B. als Kursleitende in der Erwachsenenbildung oder als LesepatIn.

Zu beachten ist, dass Teilhabe auch immer eine ökonomische Dimension hat (Amann et al. 2018). In Österreich sind viele ältere Menschen, insbesondere alleinstehende Frauen, die nur geringe Pensionsansprüche haben (Statistik Austria 2019), armutsgefährdet. Die »Vita activa« können (ermöglicht durch Förderungen) alle interessierten Erwachsenen kostenfrei oder zu moderaten Teilnahmebeiträgen in Anspruch nehmen; niemand soll aufgrund ihrer/seiner materiellen Lage von einer Teilnahme ausgeschlossen sein.

Generationenübergreifendes Lernen ist im universitären Kontext oft nur ein »Nebenprodukt«, etwas, das in alltäglichen Begegnungen und in bestimmten Settings mehr oder weniger zufällig »passiert« (Ludescher et al. 2016). Umso wichtiger ist es, im Hinblick auf den Abbau von stereotypen Alter(n)sbildern und den Zusammenhalt der Generationen ein Bildungsangebot im Sinne von »Begegnungszonen« für Erwachsene jeden Alters offenzuhalten. Thematisch eignet sich ein breites Spektrum, z. B. Ökologie und nachhaltiger Umgang mit unseren natürlichen Ressourcen, für einen generationenübergreifenden Diskurs. Klar ist: Damit intergenerationelle Lernprozesse im Sinne eines Miteinander-, Voneinander- und Übereinander-Lernens (Seidel & Siebert 1990; Meese 2005) angestoßen werden und das Generationenverhältnis selbst zum Thema gemacht wird, braucht es eine entsprechende (arbeitsintensive) didaktische Konzeption und Vermittlung. Trotzdem kann sich auch der Besuch eines Vortrags positiv auf Altersbilder auswirken, schon allein dadurch, dass sich in der Diskussionsrunde jüngere und ältere Menschen zu Wort melden und die Teilnehmenden so verschiedene Standpunkte und vielleicht auch Gemeinsamkeiten entdecken.

Literaturverzeichnis

Amann, A., Bischof, C. & Findenig, I. (2018). Teilhabe im Alter: Theoretische Konzeptionen, praktische Gegebenheiten (Forschungsbericht an das Bundesministerium für Arbeit, Soziales, Gesundheit und Konsumentenschutz). Wien.

Arbeitsgruppe Weiter Bildung (Hrsg.) (2007). Weiter Bildung im Alter. Positionen und Perspektiven. Strobl, Wien.

Austrian University Continuing Education Network (AUCEN) (2002). Mission Statement vom 11. März 2002. https://www.aucen.ac.at/fachbereiche/weiterbildung. Zugegriffen: 21. April 2020.

Beirer, A. (2008). Die Bedeutung wissenschaftlicher Weiterbildung im Alter. Bildung, Alter, Wissen, Seniorenstudium. Saarbrücken: VDM-Verlag Dr. Müller.

Bundesministerium für Arbeit, Soziales und Konsumentenschutz (BMASK) (Hrsg.) (2015). Altern und Zukunft. Bundesplan für Seniorinnen und Senioren (5., unveränderte Aufl.). Wien.

European University Association (EUA) (2008). European Universities' Charter on Lifelong Learning. Brüssel: EUA.

Faulstich, P. (2006). Öffentliche Wissenschaft. In P. Faulstich (Hrsg.), Öffentliche Wissenschaft. Neue Perspektiven in der wissenschaftlichen Weiterbildung (Theorie Bilden, Bd. 4) (S. 11–32). Bielefeld: Transcript-Verlag.

Faulstich, P. (2015). Aufklärung oder/und Management. Öffentlich und/oder unternehmerische Universität. Hochschule und Weiterbildung, 2/2015 (S. 10–14).

Fischer, R. (2000). Universitäre Allgemeinbildung. In M. Arnold & R. Fischer (Hrsg.), Studium Integrale (S. 35–40). Wien: Springer.

Formosa, M. (2012). Education and older Adults at the University of the Third Age. Educational Gerontology, 38 (S. 114–126).

Formosa, M. (2019). Active Ageing Through Lifelong Learning: The University of the Third Age. In M. Formosa (Hrsg.), The University of the Third Age and Active Ageing. European and Asian-Pacific Perspectives (International Perspectives on Aging 23) (S. 3–18). Cham: Springer.

Freire, P. (1985). Pädagogik der Unterdrückten. Bildung als Praxis der Freiheit. Reinbek bei Hamburg: Rowohlt Taschenbuch.

Gornik, E. (2020). Wissenschaftliche Weiterbildung in Österreich. In W. Jütte & M. Rohs (Hrsg.), Handbuch Wissenschaftliche Weiterbildung (S. 589–608). Wiesbaden: Springer VS.

Karl-Franzens-Universität Graz (KFUG) (Hrsg.) (2015). Entwicklungsplan 2013–2018. Anpassung 2015. Graz.

Karl-Franzens-Universität Graz (KFUG) (Hrsg.) (2017). Entwicklungsplan 2019–2024. Graz.

Kolland, F. & Ahmadi, P. (2010). Bildung und aktives Altern: Bewegung im Ruhestand. Bielefeld: Bertelsmann.

Kolland, F., Ludescher, M. & Waxenegger, A. (2016; recte: 2015). Research-practice partnership: improving links between research and professional practice in lifelong learning. In J. Field, B. Schmidt-Hertha & A. Waxenegger (Hrsg.), Universities and engagement. International perspectives on higher education and lifelong learning (S. 24–36). London, New York: Routledge.

Lenz, W. (2011). Wertvolle Bildung. Kritisch – skeptisch – sozial. Wien: Löcker.

Ludescher, M. (2016; recte 2015). Something for older people? Research-based general education and university lifelong learning. In J. Field, B. Schmidt-Hertha & A. Waxenegger

(Hrsg.), Universities and engagement. International perspectives on higher education and lifelong learning (S. 179–191). London, New York: Routledge.
Ludescher, M. (2017). Entwicklungspotenziale im Alter? Zur wissenschaftlichen Weiterbildung in der zweiten Lebenshälfte – Streiflichter auf Bildungsforschung und -praxis. Journal für Begabtenförderung 17/1 (S. 7–18).
Ludescher, M. & Waxenegger, A. (2016a). Qualitätskriterien wissenschaftlicher Weiterbildung in der nachberuflichen Lebensphase. Eine Handreichung. Unter Konsultation von C. Benischke, A. Brünner, G. Simon. Graz: Universität Graz.
Ludescher, M. & Waxenegger, A. (2016b). Wissenschaftliche Allgemeinbildung – ein Konzept und seine Umsetzung. Bildungsansatz und -arbeit des Zentrums für Weiterbildung an der Universität Graz. Magazin erwachsenenbildung.at. Das Fachmedium für Forschung, Praxis und Diskurs, Ausgabe 27, 07/1–9. http://www.erwachsenenbildung.at/magazin/16-27/meb16-27.pdf. Zugegriffen: 21. April 2020.
Ludescher, M. & Waxenegger, A. (2019). Soziale Teilhabe im Wege universitärer Allgemeinbildung fördern. In E. Hillebrand-Augustin, G. Salmhofer & L. Scheer (Hrsg.), Responsible University. Verantwortung in Studium und Lehre (Grazer Beiträge zur Hochschullehre, Bd. 9) (S. 199–215). Graz: Leykam.
Ludescher, M., Waxenegger, A. & Simon, G. (2016). Intergenerationelles Lernen. Ein Leitfaden für die wissenschaftliche Weiterbildung in der nachberuflichen Lebensphase. Unter Mitarbeit von A. Brünner, E. Hechl, C. Stöckl. Graz: Universität Graz.
Meese, A. (2005). Lernen im Austausch der Generationen. Praxissondierung und theoretische Reflexion zu Versuchen intergenerationeller Didaktik. DIE – Zeitschrift für Erwachsenenbildung, Nr. 2 (S. 39–41).
Müllegger, J. (2018). Ältere als Zielgruppe der Erwachsenenbildung: Bedarfe – Entwicklungen – Perspektiven. Befundaufnahme und Empfehlungen von Expertinnen und Experten für die Bildungspraxis (Forschungsbericht an das Bundesministerium für Arbeit, Soziales, Gesundheit und Konsumentenschutz). Wien.
Republik Österreich (2011). LLL:2020. Strategie zum lebensbegleitenden Lernen in Österreich. Wien.
Sagebiel, F. & Dahmen, J. (2009). Erforschung der Ist-Situation von Studienangeboten für Ältere an deutschen Hochschulen (DGWF – Deutsche Gesellschaft für wissenschaftliche Weiterbildung und Fernstudium e. V., Beiträge 48). Hamburg: DGWF.
Sagebiel, F. (2006). SeniorInnenstudium. In P. Faulstich (Hrsg.), Öffentliche Wissenschaft. Neue Perspektiven in der wissenschaftlichen Weiterbildung (Theorie Bilden, Bd. 4) (S. 189–210). Bielefeld: Transcript-Verlag.
Schmidt-Hertha, B. (2020). Wissenschaftliche Weiterbildung für Ältere. In W. Jütte & M. Rohs (Hrsg.), Handbuch Wissenschaftliche Weiterbildung (S. 369–384). Wiesbaden: Springer VS.
Seidel, E. & Siebert, H. (1990). SeniorInnen studieren. Zwischenbilanz des Seniorenstudiums an der Universität Hannover. Unter Mitarbeit von K. Griesbach und M. Beyersdorf (Dokumentationen zur wissenschaftlichen Weiterbildung 23). Hannover: ZEW – Zentrale Einrichtung für Weiterbildung.
Slowey, M. & Schuetze, H. G. (2012). All change – no change? Lifelong learners and higher education revisited. In M. Slowey & H. G. Schuetze (Hrsg.), Global perspectives on higher education and lifelong learners (S. 3–21). London, New York: Routledge.
Stadelhofer, C. (2000). »Forschendes Lernen« im dritten Lebensalter. In S. Becker, L. Veelken & K. P. Wallraven (Hrsg.), Handbuch Altenbildung. Theorien und Konzepte für Gegenwart und Zukunft (S. 304–310). Opladen: Leske + Budrich.
Statistik Austria (Hrsg.) (2019). Österreich. Zahlen – Daten – Fakten 18/19 (14. Aufl.). Wien: Statistik Austria.
Tippelt, R., Schmidt, B., Schnurr, S., Sinner, S. & Theisen, C. (2009). Bildung Älterer. Chancen im demographischen Wandel (DIE Spezial). Bielefeld: Bertelsmann.
Universitätsgesetz (UG) (2002). Bundesgesetz über die Organisation der Universitäten und ihre Studien (Universitätsgesetz 2002 – UG), BGBl. I Nr. 120/2002. http://www.ris.bka.gv.at/GeltendeFassung.wxe?Abfrage=Bundesnormen&Gesetzesnummer=20002128. Zugegriffen: 21. April 2020.

Waxenegger, A. namens der Projektgruppe Lernen im späteren Lebensalter (Hrsg.) (2011). Lernen und Bildung im späteren Lebensalter. Leitlinien und Prioritäten 2020. Graz: Universität Graz.
Waxenegger, A., Ludescher, M. & Brünner, A. (2016). Qualitätskriterien für die wissenschaftsbasierte Reflexion und Darstellung von Praxisprojekten zur Bildung im Alter. Ein Kurzleitfaden. Unter Mitarbeit von G. Simon und C. Benischke. Graz: Universität Graz.
Waxenegger, A., Simon, G., Benischke, C. & Ludescher, M. (2017). Wissenschaftliche Weiterbildung Älterer an der Universität Graz. »Lernen im Alter« und »Lernen für und über das Alter« ... 10 Fragen ... 10 kurze Antworten [Flugschrift]. Zentrum für Weiterbildung, Universität Graz.
Withnall, A. (2010). Improving Learning in Later Life. London, New York: Routledge.

Teil VI: Zukunftsfragen für die Bildung im Alter

17 Zukunftsfragen für die Bildung im Alter

Zusammenfassung

Im letzten Beitrag dieses Handbuchs werden Fragen behandelt, die sich für die Zukunft der Bildung im Alter stellen. Diese schließen an die in den vorangegangenen Kapiteln vorgelegte Bestandsanalyse an, denn es geht darum, Zukünftiges aus dem Gegenwärtigen zu entwickeln. Mit einem offenen Blick auf das Heute zeigen sich vielfältige Wege der Bildung in der nachberuflichen Lebensphase für die Zukunft. Dazu wurden AutorInnen dieses Handbuchs zu vier Workshops mit unterschiedlichen thematischen Schwerpunktsetzungen eingeladen. Anhand vorbereiteter Leitfragen wurden im Juni 2021 mit ihnen Perspektiven für die nächsten Jahrzehnte diskutiert. Nachdem sich die Bestandsanalyse weitgehend auf die letzten zwei Jahrzehnte bezieht, richtet sich die Trendanalyse ebenfalls auf die nächsten ein bis zwei Dekaden. Die Kernaussagen dieser Diskussionsrunden wurden zusammengefasst und bilden die Grundlage für dieses Kapitel. Es geht dabei nicht um Spekulation, um Utopie oder Dystopie, sondern darum, die ungewisse Zukunft an ein gestaltbares Handeln heranzuführen. Die Zukunft ist gegenwärtig vor dem Hintergrund von Klimawandel und Corona-Pandemie sehr stark von dystopischen Vorstellungen, d. h. Krisen- und Katastrophenvorstellungen geprägt. Wenn von Gestaltung die Rede ist, dann ist damit mehr gemeint als nur die Fortschreibung des Bestehenden. Potenzielle Veränderungen sollen positiv in den Blick genommen und Hinweise für die Praxis gegeben werden. Dabei geht es darum, die Vorstellungen von der Zukunft offen und beweglich zu halten, denn alle Überlegungen sind immer an Entscheidungen und Wertvorstellungen gebunden.

17.1 Einleitung

Die Zukunft der Bildung im Alter ist bestimmt von den gesellschaftlichen Veränderungen, wobei Digitalisierung und Informatisierung in besonderer Weise hervorstechen. Es geht zunehmend weniger um Wissen, sondern vielmehr um Information. Aber Informationen allein erhellen die Welt nicht, sondern wirken zum Teil sogar verwirrend und dadurch verdunkelnd. Mehr Information führt nicht unmittelbar zu mehr Wissen und Selbstbestimmung und damit zu Aufklärung. Entstanden ist im Zuge des Projekts der Aufklärung – und das zeigt sich sehr deutlich in der Informationsgesellschaft – Herrschaftswissen. Dieses gilt es im Blick zu haben, wenn über die Zukunft der Bildung im Alter gesprochen wird. Es braucht Weisheit im Sinne des Erkennens von Zusammenhängen und alternatives Wissen, um die Mechanismen der Informationsgesellschaft zu verstehen. Es sind nicht primär die Algorithmen, die als problematisch und verunsichernd eingestuft werden und die es zu verstehen gilt. Es sind die dahinter liegenden Herrschaftsmechanismen, die zu analysieren sind, um Mündigkeit und Handlungsmächtigkeit zu erreichen. Eine Perspektive dazu ist »fluid learning« (Falconer et al. 2013). Fluides Lernen stellt die autonom Lernenden in den Mittelpunkt, die ihre eigenen Entscheidungen treffen und sich in eine kritische Distanz gegenüber vorgefertigtem Wissen begeben.

Die Zukunft der Bildung im Alter in Verbindung mit dem Konzept des lebenslangen Lernens ist in den nächsten Jahrzehnten aber auch bestimmt von normativen Erklärungen, wie sie von den Institutionen der Europäischen Union formuliert werden. Dazu gehört der Entschluss beim Sozialgipfel der EU in Porto (07./08.05. 2021), die Erwachsenenbildung als ein zentrales Ziel bis 2030 in den Blick zu nehmen. Konkret wurde formuliert, dass bis zu diesem Zeitpunkt 60 % der Erwachsenen mindestens einmal im Jahr einen Kurs besucht haben sollen.[1] Im Februar 2021 haben sich die EU-Mitgliedsstaaten auf fünf strategische Prioritäten geeinigt:

- Verbesserung von Qualität, Gleichheit, Inklusion und Erfolg zugunsten eines fairen und gleichberechtigten Zugangs zum Bildungssystem für alle
- Verwirklichung von lebenslangem Lernen und Mobilität für alle
- Verbesserung der Kompetenzen und Motivation der Lehrenden in Bildungsberufen
- Stärkung der europäischen Hochschulbildung
- Unterstützung der grünen und digitalen Transformation in und durch (Aus-) Bildung[2]

Auch der OECD Skills Outlook 2021 widmet sich dem lebenslangen Lernen und formuliert dabei als zentralen Gedanken, dass es notwendig sei, einen grundlegenden Lernhabitus zu entwickeln. Im Bericht heißt es: »Learning is a dynamic and long-lasting process that begins in childhood, continues during the schooling years, and lasts well into adulthood and even retirement« (OECD 2021, S. 27). Es gehe darum, auch vor dem Hintergrund problematischer Narrative während der Corona-Pandemie ein »Lifelong Learning Mindset« zu entwickeln und zu unterstützen, um rationale und demokratische Entscheidungen zu gewährleisten.

Die Zukunft der Bildung im Alter ist darüber hinaus beeinflusst von den gleichzeitig lebenden verschiedenen soziokulturellen Generationen, die mit ihren Lebenserfahrungen, Werten und Einstellungen die Gesellschaft prägen. Während

1 https://www.europarl.europa.eu/RegData/etudes/BRIE/2021/690630/EPRS_BRI(2021)690630_EN.pdf.

2 https://www.consilium.europa.eu/media/48584/st06289-re01-en21.pdf.

gegenwärtig noch die Kriegs- und unmittelbare Nachkriegsgeneration und die frühen BabyboomerInnen das Bildungsgeschehen bestimmen, wird im Zeitraum 2030 bis 2040 zusätzlich die Generation X relevant werden. Diese Generation ist durch Phänomene wie Flexibilisierung der Arbeitswelt, Homeoffice, Prekarisierung der Arbeitsverhältnisse, voraussichtlich spätere Pensionierung, längere Erwerbsarbeit von Frauen und eine Zuspitzung in der Klimafrage gekennzeichnet. Diese Lebensbedingungen werden sich in den neuen Bildungsbedarfen und -bedürfnissen niederschlagen.

Welche Zukunftsfragen ergeben sich vor dem Hintergrund dieses sozial strukturellen Wandels? In der Folge sollen anhand von vier Fragestellungen unterschiedliche Aspekte für die Bildung im Alter aufgezeigt werden.

17.2 Welche gesellschaftliche Rolle hat Bildung im Alter?

Bildung ist eine wesentliche Voraussetzung für gelebte Demokratie. Auch wenn Demokratie selbst keineswegs einheitlich erklärt werden kann, u. a., weil sie ideengeschichtlich weit bis in die Antike zurückreicht (Heinisch & Wintersteiger 2020, S. 35), so kann sie dennoch in Zusammenhang mit Bildung gebracht werden. Demokratie und Bildung bedingen sich gegenseitig. Bildung spielt in Demokratien eine zentrale Rolle, auch weil gebildete Menschen ihre politischen Rechte und Pflichten besser und reflektierter wahrnehmen können (Ginner & Sandner 2019, S. 8). Zudem beteiligen sich gebildete Menschen viel häufiger an politischen Aktivitäten und dem Gemeinwohl (Vorländer 2020, S. 123; Ginner & Sandner 2019, S. 8). Nur in einem demokratischen politischen System gibt es Bildungsangebote, »die Menschen befähigen und ermutigen, das öffentliche Leben aktiv mitzugestalten und sich für das Gemeinwesen einzusetzen« (Ginner & Sandner 2019, S. 8). Bei Diskussionen um Bildung geht es also immer auch darum, den Demokratiebegriff mit Bildung zusammenzubringen. Demokratie nimmt im Bildungsdiskurs eine zentrale Stellung ein.

Die Rolle der Erwachsenenbildung im Kontext von Bildung im Alter und auch die Aufgaben von Bildung im Alter im Kontext von gelebter Demokratie verändern sich je nach zukünftigen – wirtschaftlichen, gesellschaftlichen und politischen – Bedingungen. Diese nehmen wiederum Einfluss auf die jeweiligen notwendigen Bildungsstrategien. Heute kann nur schwer prognostiziert werden, welche Bildung in zwanzig oder dreißig Jahren gebraucht wird, es können keine klaren Prognosen über wirtschaftliche, soziale und politische Prozesse abgegeben werden; zukünftige politische, wirtschaftliche und gesellschaftliche Entwicklungen bleiben im Grunde unbekannt. Aber prognostiziert werden kann, dass Bildung an sich für Fragen des Empowerments im Alter wesentlich sein wird.

Eine Möglichkeit, über die Zukunft der Bildung zu sprechen, ist die Ausarbeitung von Szenarien, indem beispielsweise positive Szenarien negativen gegenübergestellt werden. Die Corona-Pandemie wird vermutlich die soziale Ungleichheit vergrößern. Offen bleibt die Frage, ob die Zahl der Menschen mit Fachausbildung/Lehre in den nächsten zwanzig Jahren wachsen oder stagnieren wird. Doch bei Bildung geht es nicht ausschließlich um (berufliche) Fachqualifikationen. Heute werden zwar die Begriffe Erwachsenen- und Weiterbildung in der Bildungspraxis oft synonym gebraucht, es bleibt aber zu beachten, dass Erwachsenenbildung eher allgemeinbildend und Weiterbildung eher im beruflichen Sinne konnotiert ist. Entscheidend ist, einen übergeordneten Konsens zu finden, damit Bildung im Vordergrund bleibt. Denn hier tritt oft der viel zitierte Begriff des lebenslangen Lernens in den Mittelpunkt, wobei dieser aber breit zu verstehen ist, also nicht ausschließlich als ein Lernen vor, während und nach der schulischen Bildung definiert wird (Grotlüschen 2008, S. 17). Es geht um ein Lernen und eine Bildung über die gesamte Lebensspanne, d.h. weit über die Berufstätigkeit hinaus. Faulstich bevorzugt daher statt Weiterbildung und lebenslangen Lernens den Begriff der Lebensentfaltung und meint: »Ich bevorzuge deshalb zum einen – weil aktiv – ›lebensentfaltend‹, zum anderen halte ich fest am – stark aufgeladenen – Begriff Bildung, der gegenüber ökonomischen und sozialen Anpassungszwängen personale Entfaltungsmöglichkeiten betont« (Faulstich 2003, S. 14).

Die Welt verändert sich und Bildung muss darauf reagieren. Die Erwachsenenbildung hat schon früh damit begonnen (im Gegensatz zur Schule, die top-down entstanden ist, hat sich die Erwachsenenbildung bottom-up entwickelt), bildungsinteressierten Menschen entsprechende Lernsettings anzubieten, wo verschiedenste Aushandlungsprozesse angestoßen werden. Der Bildungsbereich tendiert aufgrund seiner Historie dazu, personenbezogene Konzepte zu empfehlen und zu entwickeln, doch zu beachten bleibt immer: Bildung führt kein Eigenleben außerhalb gesellschaftlicher Verhältnisse, sie muss immer wieder innerhalb der Gesellschaft neu ausgehandelt werden. Bildung wird – auch zukünftig – darauf abzielen, Vorschläge für Veränderungen vorzubringen und umzusetzen. Im Zentrum steht immer der erwachsene und ältere Mensch mit seinen individuellen Lebenssituationen. Bildung unterstützt den Menschen in den unterschiedlichsten Lebensphasen, die von der Ausbildung oder auch Langzeitarbeitslosigkeit bis hin zum Eintritt in die Pension reichen können.

Ein grundlegender Auftrag von Bildung im Alter ist, die individuelle Lebensqualität von älteren Menschen zu erhalten und/oder zu verbessern. Das ist eine zentrale Aufgabe der in diesem Feld entstandenen wissenschaftlichen Disziplin der Geragogik. Sie befasst sich in Theorie und Praxis mit Lern- und Bildungsprozessen älterer Menschen. Subjektive Bedeutungen und persönliche Verwertungszusammenhänge stehen im Fokus dieser Bildungsarbeit, die von der Sinnsuche und Kompetenzerweiterung bis hin zur Entdeckung neuer, bis dato vielleicht völlig unbekannter Potenziale reichen können (Bubolz-Lutz et al. 2010, S. 34f.). So können sich daraus beispielsweise gesellschaftliche Teilhabe und politische Mitsprache entwickeln. Menschen mit den unterschiedlichsten Voraussetzungen sind in gesellschaftlich-politische Gestaltungs- und Entscheidungsprozesse einzubeziehen, denn Teilhabemöglichkeit leistet einen essenziellen Beitrag zur persönlichen Lebensqualität.

Zentrale Herausforderungen im Kontext von Bildung im Alter werden weiterhin Fragen zum Empowerment bleiben. Wesentlich bleibt in jedem Fall – auch zukünftig, obwohl sich die nachfolgenden Generationen verändern werden –, älteren Menschen zu ermöglichen, die eigene Stimme selbstbestimmt zu erheben. Das heißt, Bildung im Alter muss weiterhin ältere Menschen in ihrem Tun und Handeln unterstützen und sie dazu befähigen, ihre Anliegen und Bedürfnisse zu äußern. Von Bedeutung dabei ist, dass die Stimme der Älteren mit all ihren Interessen und Anliegen gehört wird.

Nach wie vor existieren stereotype, am Defizitmodell des Alters orientierte Altersbilder in der Gesellschaft, die auch Einfluss auf Bildungsangebote nehmen (können). Insgesamt bleibt zu beachten, dass es kaum differenzierte Daten zu oder über ältere Menschen gibt. In Studien sind sie meist in einer großen Altersgruppe zusammengefasst dargestellt, was wiederum auf das Altersbild der Invisibilität (Unsichtbarkeit) schließen lässt. Ein nächster Schritt wäre, in der Lebensphase Alter zwischen beispielsweise Älteren und Hochaltrigen zu unterscheiden. Aktuell gibt es kaum bis kein Wissen über Hochaltrige, weder über deren Bedürfnisse noch darüber, welche Lebenskonzepte und -vorstellungen sie haben. Daher ist es wichtig, Ältere als Zielgruppe so zu thematisieren, dass sie nicht in benachteiligte Rollen gedrängt werden oder gar als vulnerable Gruppe – wie es derzeit oft gesellschaftspolitisch der Fall ist – adressiert sind. Auf diese Ambivalenz ist zu achten bzw. sind diese zwei Aspekte in der geragogischen Bildungsarbeit weiterhin herauszuarbeiten, wobei auch hier die Bedeutung von Empowerment im Alter nicht außer Acht gelassen werden sollte. Es geht darum, Ältere ernst zu nehmen, sie aber nicht zu bevormunden, sondern ihre Bedürfnisse und Einschränkungen entsprechend wahr- und anzunehmen. Keinesfalls sind Ältere pauschal als eine bedürftige Gruppe zu betrachten oder gar in der Gesellschaft so darzustellen. Diesbezügliche Pauschalisierungen und Stigmatisierungen sind aufzuheben, weil die Menschen in der nachberuflichen Lebensphase nicht als eine homogene Gruppe zu betrachten sind (Stichwort Diversität).

Es muss die Perspektive eingenommen werden, nicht etwas für, sondern etwas mit Älteren zu entwickeln. Die Person ist in den Fokus zu rücken, nicht das (kalendarische) Alter. Damit wird der Vielfalt des Alters entsprochen. Die Angebote, die von intergenerationellen Angeboten bis hin zu digitalen Angeboten reichen können, sollten gemeinsam mit der jeweiligen Zielgruppe entwickelt werden. In diesem Zusammenhang wird auch von kollaborativem Lernen gesprochen. Schwierigkeiten bestehen bereits darin, zu ermitteln, was Ältere gerne tun oder wissen wollen. Es geht um ein Miteinander, um einen gemeinsamen Aushandlungsprozess, denn nur zu sagen, was gebraucht und gewünscht wird, ist im Kontext von Bildung im Alter zu wenig. Mit einem Lernbegriff rund um das Probieren und den Versuch, etwas gemeinsam zu lösen (auszuhandeln), ist das möglich. In so einem Bildungssetting sind deutlich mehr Freiraum und Aushandlungsmöglichkeiten gegeben, als das etwa in der Schule der Fall ist.

Beispielsweise sind Angebote im digitalen Bereich hauptsächlich an digitale EinsteigerInnen gerichtet. Der Bereich der weiterführenden Angebote bzw. Fortgeschrittenenkurse ist aktuell noch nicht vorhanden, wobei hier wahrscheinlich bestehende Altersbilder die Angebotslandschaft prägen und gleichzeitig auch hemmen (Stichwort digital oder grey divide). Die Kluft wird sich nicht automatisch schließen, nur weil zukünftig mehr Lernende, die mit digitalen Medien aufgewachsen sind, nachkommen. Es macht einen Unterschied, ob jemand mit 40 Jahren technikfern ist oder mit über 60 Jahren. Relevant ist dies nicht nur bezogen auf das Lernen, sondern die Angebote unterscheiden sich auch inhaltlich. Beispielsweise zielen digitale Angebote für die nachberufliche Lebensphase auf digitale Alltagskompetenzen, während beruflich orientierte Angebote sehr spezifisch ausgerichtet sind. Hier ist zukünftig an Rahmenbedingungen für weitere Entwicklungen zu denken.

Alter(n) ist bereits ein (internes) universitäres Forschungsthema der Universität Graz, der damit in Österreich eine Vorbildfunktion zukommt. Sie ist die einzige Universität, die vom Wissenschaftsministerium eine Förderung bekommt, um sich dem Lernen im Alter und dem Lernen über das Alter im gesamten Bereich der Universität (Lehre und Personalentwicklung) zu widmen. Es wird geprüft, ob die Universität in der Weiterbildung wie auch im Regelstudium age friendly ist. Das Projekt hat eine bereichsübergreifende Perspektive (appreciative inquiry), wo Aspekte aufgegriffen werden, die einzelne Abteilungen vielleicht gar nicht bewusst wahrnehmen. Im Sinne der Interventionsforschung wird daran gearbeitet, schon während des Prozesses Impulse zu geben und Aktivitäten positiv zu stärken. Es werden auch Reflexionsprozesse zum Thema Diversität mit ExpertInnen geführt. Gemeinsam wird daran gearbeitet, das Thema Alter stärker in die Organisationsentwicklung einzubinden. Wichtig im Kontext der Diversitätsdebatte ist, mit Subthemen zu starten und das Thema Alter und Altern in bestehende Aktivitäten zu inkludieren. Mit Blick in die Zukunft soll das Projekt das Alter(n) in der Organisation thematisieren und bereichsübergreifende Maßnahmen initiieren bzw. Trainingsangebote zur Verfügung stellen. Zielführend wäre es, das Thema Alter(n) in ein erweitertes Diversitätskonzept miteinzubinden. Der Umbau der Organisation in Richtung altersfreundliche Organisation ist ein wesentlicher Stimulus für die Verstärkung der Bildung im Alter.

Bei der Frage nach den *Schnittstellen, die im Rahmen der Bildung im Alter eine zentrale Bedeutung erhalten* (z. B. Stadt/Land, Mobilität, soziale Situation, Gesundheit), ist auf die Bildungsberatung im Alter hinzuweisen, der zukünftig sicher eine wichtige Rolle zukommen wird. Altern ist einem fundamentalen Wandel unterzogen und daher sind soziale Innovationen wie beispielsweise Bildungsberatung im Alter notwendig. Nicht nur jüngere Generationen sollen von Beratungsleistungen profitieren, auch ältere Menschen sollen Zugang zu altersgruppenspezifischen Informationen und Beratungen erhalten (Kolland et al. 2018, S. 9). Wie und in welcher Form Bildungsberatung für ältere Menschen gestaltet werden kann und auf welche Faktoren im Besonderen zu achten ist, wird in der Publikation »Bildungsberatung für Menschen im Alter« (2019) von Franz Kolland, Vera Gallistl und Anna Wanka beschrieben. Mit dieser Publikation wird erstmals der Versuch unternommen, Grundlagen und Konzepte speziell für die Bildungsberatung älterer Menschen vorzustellen.

Als Herausforderungen bleiben für die nächsten Jahrzehnte die Gesundheit und die sozialen Unterschiede im Alter bestehen, wobei zu beachten ist, dass beispielsweise mit Freiwilligenarbeit sowohl die Psyche als auch die Gesundheit positiv beeinflusst werden können. Ebenfalls ein Thema bleibt die Niederschwelligkeit, weil diese besonders im Kontext der Digitalisierung nur selten gegeben ist (z. B. Leistbarkeit von Geräten und Grundausstattungen). Die sozialen Unterschiede sind hier dramatisch, besonders ältere Frauen sind oft von finanziellen Notlagen betroffen. Der Zugang zu technischen Geräten bzw. zur digitalen Welt ermöglicht gebrechlichen alten Menschen soziale Teilhabe.

Allgemein zeichnet sich jedoch ein verstärkter gesellschaftlicher Druck ab, sich mit der Digitalisierung auseinanderzusetzen. So zeigt sich auch im Kontext von Bildung im Alter an der Schnittstelle zu den Bibliotheken, dass ein zielorientiertes Arbeiten ohne digitale Kompetenz nicht mehr funktioniert. Die BesucherInnen freuen sich, »andocken« zu können, wobei Bibliotheken von ganz unterschiedlichen Zielgruppen besucht werden. Insgesamt ist der Kosmos Bildung, sind das Lernen und die digitale Aktivität vielseitig. Das Lernfeld ist im Kontext der Bibliotheken sehr breit und auch für die NutzerInnen fordernd. Aufgrund dessen ist eine verstärkte Information der Zielgruppe über die Vielfalt der Möglichkeiten notwendig.

17.3 Welche Angebote der Bildung im Alter braucht es?

Grundsätzlich ist bei der Sicherstellung der alters- und gendersensiblen Gestaltung von Angeboten darauf zu achten, dass sich die Begriffe gender- und alterssensibel von der Bedeutung her unterscheiden. Beispielsweise meint gendersensibel, die Situation der Frau historisch, in allen Altersgruppen und in ihren – nach wie vor bestehenden – gesellschaftlichen Unterschieden wahrzunehmen. Dies ist in der Bildungsarbeit zu thematisieren. Die gendersensible Bildungsarbeit braucht, wie auch die alterssensible, ein (gesellschafts-)kritisches Wissen (z. B. Wie ist es möglich, nicht nur situiertes Erleben zu thematisieren, sondern auch historische Gewachsenheit?). Bildung hat immer den Anspruch auf eine gesellschaftskritische Position, wobei Professionalisierung und Wissen über diese Aspekte notwendig sind, um die kritische Sichtweise zu ermöglichen. Es geht z. B. bei der gendersensiblen Gestaltung um Sensibilität und Empathie für Frauen wie auch um ein allgemeines Faktenwissen über die gesellschaftliche Situation von Frauen im Kontext des Alter(n)s. Gendersensibilität sollte in die Bildungsarbeit aufgenommen werden, um das Doing Gender und Doing Ageing in den Fokus zu stellen. Neben Alters- und Gendersensibilität gilt es in Bildungsangeboten aber auch, Kultur, Sprache und Behinderungen bzw. andere Diversitätsdimensionen einzubeziehen. Selbstverständlich können sich Diversitätsaspekte widersprechen; es gibt keine optimale Lösung, sondern immer nur Aushandlungsprozesse. Daher sollten gender- und alterssensible Angebote mit

Teilnehmenden gemeinsam geplant und durchgeführt werden. Bei solchen Angeboten geht es darum, das Lernen und Erleben von Bildung zu unterstützen. Doing Gender kann aufgegriffen, Intersektionalität thematisiert und Vielfalt gefördert werden, jedoch immer so, dass der Bildungsaspekt im Vordergrund bleibt.

Die Bedeutung von neuen Lernorten und neuen Lehr- und Lernformen (Methodik/Didaktik, Digitalisierung) für die Bildung im Alter ist immer im Kontext von Angeboten und Angebotsformen zu betrachten. Im Bereich Kompetenzentwicklung gilt es, neben traditionellen Formen der Bildung innovative Projekte zu forcieren, damit ein breiteres Spektrum von Bildung mit ihren unterschiedlichsten Formen und Settings stattfinden kann. Zukünftig sollten beide Aspekte – traditionelle und innovative Formen – kombiniert werden, damit es zu einer Vielfalt an Angeboten kommt. Das wäre kein Widerspruch, denn durch Öffnung und Vielfalt ergeben sich wieder neue, bis dato vielleicht noch nicht berücksichtigte Orte für Lernen und Bildung. In der Alltagspraxis werden oft neue Lernorte durch die Teilnehmenden selbst entdeckt, z. B. bei digitalen selbst organisierten Online-Treffen.

Bei der Frage nach Lernorten und Lehr-/Lernformaten ist für die erfolgreiche Entwicklung von Angebotsvielfalt zukünftig zu beachten, das Mit- und Nebeneinander von traditionellen und innovativen Angeboten (mit ihren eigenständigen Lernorten und -formen) sichtbar zu machen. Es geht dabei weniger um die Schaffung neuer oder innovativer Lernorte, im Zentrum steht ganz wertneutral der Lernort an sich. Als ein Beispiel dafür kann das freiwillige Engagement genannt werden. Eine ältere Person, die sich dafür interessiert und engagiert, braucht möglicherweise neben dem Lernort Ehrenamt (Lernen durch und für das Ehrenamt) auch eine Kinder- oder Pflegebetreuung. Personen, die im Alter lernen und sich ehrenamtlich engagieren, brauchen genauso – wie auch jüngere oder mittlere Generationen – entsprechende Strukturen und Rahmenbedingungen. Im Kontext von Freiwilligenangeboten scheinen drei Punkte zentral: Erreichbarkeit, Zugänglichkeit, Transparenz. Transparenz bedeutet, Interessierten zu zeigen, wo welche Angebote zu finden sind. Zugänglichkeit schaffen bzw. Zugangsbarrieren abbauen ist mit dem Ziel verbunden, Teilhabemöglichkeit trotz geringer finanzieller Ressourcen zu schaffen. Erreichbarkeit bedeutet, wohnortnahe Angebote zu realisieren.

Die Grenzen des Stellenwerts niederschwelliger, allgemeinbildender und inklusiver Bildungsangebote verschwimmen mit dem Altersstrukturwandel. Es geht heute nicht mehr nur darum, dass die Phase der Berufstätigkeit von der nachberuflichen Lebensphase abgelöst wird, sondern auch darum, dass sich einzelne Lebensphasen verändern, Übergänge fließender werden. In Zukunft werden die Menschen vielleicht länger arbeiten wollen bzw. müssen, wodurch andere Bedürfnisse als in der jetzigen nachberuflichen Lebensphase entstehen werden.

Im Kontext der Bedeutung von intergenerationellen Angeboten ist anzumerken, dass Intergenerationalität initiiert und angestoßen werden muss. Intergenerationelles Lernen soll den Generationen die Möglichkeit eröffnen, in Kontakt sowie in einen dialogischen Austausch zu treten. Bildung bietet die Möglichkeit, generationenspezifische Vorurteile und Stereotype zu reflektieren und das Verständnis füreinander zu verbessern.

Bei der Nutzung von öffentlichen Gebäuden als Lernorte (z. B. Schulen, Bibliotheken, Räumlichkeiten von Gemeinden) zeigt sich, dass Teilnehmende immer weniger »schultypische« Lernumgebungen wünschen. Vorrangig geht es um die Öffnung und Schaffung neuer (untypischer) physischer Lernorte und -räume für eine doch sehr heterogene Gruppe. Lernort ist als ein physischer Ort zu verstehen, hingegen ist Lernraum das, was über den Ort hinausreichen kann. Beispiele für Orte des Lernens sind Museen, Bibliotheken oder Stadtteile, aber auch der intergenerationale Dialog im informellen Setting. Institutionen wird in der Bildungsarbeit für Ältere weiterhin eine wichtige Rolle zukommen, daher sollten Einrichtungen der Erwachsenenbildung gestärkt werden, jedoch auch andere Orte des Lernens, wie beispielsweise Museen und Bibliotheken, verstärkt Beachtung finden. Die Verantwortlichen brauchen daher ein entsprechendes Wissen über Lernen und Bildung für Ältere und darüber, wo Bildung und Lernen (räumlich/örtlich) stattfinden können. Es gibt nach wie vor kaum ein gesellschaftliches Bewusstsein darüber, auf wie vielfältige Art und Weise Lernen erfolgen kann – Menschen lernen immer und überall. Im ländlichen Raum gibt es teilweise nur wenige Orte, wo physischer Raum vorhanden ist, an dem Menschen zusammenkommen können (z. B. Schule oder Sitzungssaal am Gemeindeamt). Es braucht wohnortnahe Angebote, die durch entsprechend aufbereitete inhaltliche Angebote Begegnungsräume schaffen und auch Bildungsferne ansprechen können. Bildung hat die Aufgabe, soziale sowie gesellschaftliche Teilhabe zu verbessern und persönliche Begegnung, sozialen Kontakt, gesellschaftliche Integration zu ermöglichen.

Die Frage, wie sehr in Zukunft die Veränderung/Differenzierung der Zielgruppe und ihrer Bildungsbedürfnisse für das lebenslange Lernen und die Bildung im Alter an Bedeutung gewinnen und welche Auswirkungen das auf das Feld haben wird, kann nur schwer beantwortet werden, weil hier viele unvorhersehbare Faktoren miteinfließen. Zum Beispiel zeigt sich schon heute im Kontext der Digitalisierung eine Spaltung von digital kompetenten Personen und all jenen, die diese Kompetenz nicht besitzen. Erkennbar ist in der wissenschaftlichen Weiterbildung, dass sich mittlerweile die Grenzen zwischen Regelstudium und Bildung in der nachberuflichen Lebensphase immer mehr auflösen. Begleitet werden diese Entwicklungen von Fragen zur Finanzierung. Angebote werden aus organisatorischen Gründen immer teurer, gleichzeitig sollen sie aber mit Blick auf die Zielgruppe so kostengünstig wie möglich sein. Die Frage ist, wer sich Bildung über die Lebensspanne hinweg überhaupt wird leisten können. Und welchen Stellenwert wird Freiwilligenarbeit einnehmen – auch mit Blick darauf, dass Freiwilligenarbeit ein Lernort sein kann?

17.4 Wie entwickeln sich Qualitätssicherung und Professionalisierung der Bildung im Alter?

Qualitätssicherung hat einen zentralen Stellenwert für die Professionalisierung des Bildungsfeldes. Damit eine qualitätsvolle Bildungsarbeit stattfinden kann, braucht es spezifische Kompetenzen aller Beteiligten. Es gilt zunächst, die Frage zu klären, wie Qualitätssicherung und Professionalisierung konzipiert sein müssen, um Kompetenzentwicklung und qualitätsvolle Bildungsarbeit zu fördern. Kann Qualitätssicherung mit Zertifizierung gleichgesetzt werden? Gibt es eine Professionalisierung ohne Zertifizierung? In jedem Fall ist die Professionalisierung aufgrund notwendiger Modifizierungen ein wichtiges Thema. Beispielsweise hat die Bibliothek in Dornbirn im Jahr 2020 eine Stelle ausgeschrieben, für die keine bibliothekarische Ausbildung Voraussetzung war, da im Aufgabenfeld der Bibliotheken heute eher eine elementarpädagogische Ausbildung oder Kenntnisse im Veranstaltungsmanagement bzw. in der Öffentlichkeitsarbeit gebraucht werden und das Wissen im Bereich der Bibliotheksarbeit im Rahmen der Tätigkeit erworben werden kann. Damit rückt der Kompetenzansatz in den Mittelpunkt, der sicher auch näher an der Realität der Bildungsarbeit im Alter ist als ein standardisierter Zertifizierungsvorgang, der spezifische Aspekte des Alters nicht berücksichtigt.

ReferentInnen, die mit älteren Menschen arbeiten, müssen entsprechende Kompetenzen mitbringen. Dazu gehören ein allgemeines Grundlagenwissen über Gerontologie, ein zeitgemäßes Bild von Alter und – auf der Grundlage der Reflexion eigener Altersbilder – Kenntnisse über die gesellschaftliche Bedeutung und Wirkung von Altersbildern. Grundlegend sind Kenntnisse über die Lebensphase Alter aus interdisziplinärer Perspektive und die Kompetenz, die Diversität von Lebenssituationen zu erkennen und ältere Menschen aktiv in Bildungsprozesse miteinzubeziehen. All die angesprochenen Kompetenzen im Bereich der Geragogik (▸ Kap. 7, ▸ Kap. 5) sind auch im Bereich der Digitalisierung im Auge zu behalten, da nicht jede/jeder, die/der sich mit der EDV auskennt, dazu geeignet ist, dieses Wissen an ältere Lernende weiterzugeben. Zusätzlich zum Fachwissen braucht es dafür geragogisches Wissen. Zudem werden in Zukunft Betreuung, Begleitung und Weiterbildung von Menschen, die in unterschiedlichen Bereichen freiwillig tätig werden und/oder Projekte durchführen wollen, einen größeren Stellenwert erhalten. Ein Ziel ist, dass Peer Groups zukünftig im Sinne von Diversität selbst Bildungsangebote für Ältere durchführen können. Peers sind nicht nur als Lernende zu verstehen, sondern auch als AnbieterInnen. Im Feld passiert sehr viel im eigenen Lebensumfeld. Bildung für Ältere umfasst auch einen Austausch von Personen, die aus lebensweltnahen Situationen heraus Angebote organisieren und anbieten.

Im Mittelpunkt stehen dabei das Ermöglichen und Vermitteln (Stichwort Ermöglichungsdidaktik). Die Vielfalt von Angeboten würde jedoch eingeschränkt, wenn diese Personengruppe zuerst – im Sinne einer Zertifizierung – eine Aus- und Weiterbildung absolvieren müsste.

Hochschulen sind die Einrichtungen mit den umfassendsten Qualitätsstandards. Mittlerweile haben sie begonnen, eine diversitätsorientierte Altersperspektive umzusetzen. Durch die große Anzahl Älterer, die in der formellen und informellen Freiwilligentätigkeit engagiert sind, sind auch in diesem Bereich Anpassungen zu verzeichnen. Das Thema Alter ist hier zunehmend mitzudenken, genauso wie der Bildungsaspekt. Bildung sollte ähnlich dem Prinzip der Gesundheitsförderung »Health in all Policies« im Sinne von »Education in all Policies« in alle Angebote inkludiert werden. In der Freiwilligentätigkeit drückt sich dies im Bereich der Koordination aus, die die Aufgabe hat, für die jeweilige Person die passende Aufgabe zu finden, die ihr eine Weiterbildungsmöglichkeit und Möglichkeiten zur Weiterentwicklung bietet. Das bedeutet in der Folge, dass einerseits BildungsberaterInnen zunehmend Freiwilligenarbeit und andererseits Freiwilligenzentren verstärkt Bildung thematisieren sollten.

Prozesse der Qualitätssicherung und Professionalisierung werden für die Weiterentwicklung des Bildungsfeldes der Bildung in der nachberuflichen Lebensphase auch in Zukunft von wesentlicher Bedeutung sein. Da Bildung im Alter ein breites Verständnis von Bildung und Lernen umfasst, kommt der Definition, was ein Bildungsangebot ist, besondere Bedeutung zu, da die Qualitätssicherung je nach Angebot zu differenzieren ist.

Zu beachten sind hier die Unterschiede und die dadurch entstehenden Spannungen zwischen dem Anliegen der Professionalisierung und dem Bestreben der Schaffung zusätzlicher Angebote. Für die Bildung in der nachberuflichen Lebensphase sind eine größere Vielfalt und weniger Anpassung wünschenswert. Der Blick ist auf Differenz und Diversität zu lenken, weniger auf ein standardisiertes Top-down-Vorgehen. Diese sind für die Entwicklung eines diversitätsorientierten Bildungsfeldes eher skeptisch zu betrachten, weil damit möglicherweise vielfältige Potenziale nicht berücksichtigt und daher nicht genutzt werden und gewünschte Angebote nicht zustande kommen (können).

Im Kontext der Professionalisierung in Organisationen ist zu beachten, dass alle Ebenen der jeweiligen Organisation miteinbezogen werden müssen, d. h. nicht nur die Ebene des Lehr-Lern-Geschehens, sondern alle Bereiche einschließlich der Leitungsebene. Dafür ist eine gezielte Förderung bzw. Aus- und Weiterbildung erforderlich, da es eine entsprechende Position in der Organisation und Organisationskompetenz braucht, um ein gutes altersspezifisches Programm entwickeln und anbieten zu können. Mindeststandards für die Erwachsenen- und Weiterbildung sind dabei von Relevanz. Der Qualitätsrahmen der österreichischen Erwachsenenbildung, Ö-Cert, hat nur implizit etwas mit den Angeboten zu tun, da es hier primär um die Institutionen an sich geht. Zukünftig wäre es wünschenswert, dass bereits vorhandene Qualitätskriterien für die nachberufliche Bildung in Zertifizierungen miteinbezogen werden. Offen bleibt die Frage nach der Durchführung der altersspezifischen Weiterbildung.

Im Bereich der Bildungsberatung zeichnet sich aktuell ein Paradigmenwechsel ab. Zukünftig werden klassische Beratungskonzepte eher an Bedeutung verlieren. Stattdessen wird die Bildungsberatung eine zentrale Schnitt- und Verbindungsstelle für soziale Teilhabe, aktives Altern, Bildung, Freiwilligentätigkeit und andere Lernfelder werden. Ziel ist es, die Partizipation Älterer zu fördern, um Ältere als aktive AkteurInnen im Bildungsfeld (die selbst Projekte initiieren) zu gewinnen. In diesem Sinne gilt es, kollaboratives Arbeiten (gemeinsames Arbeiten/Lernen) zwischen allen Beteiligten zu forcieren und Netzwerke und Kooperationen zwischen allen Lernfeldern im Bildungsbereich zu fördern.

17.5 Welche Fragen ergeben sich für die Grundlagenforschung zu Bildung im Alter?

Zur *Grundlagenforschung, einschließlich der Erhebung aussagekräftiger statistischer Grundlagen*, ist anzumerken, dass nicht nur die erwachsenenpädagogische Praxis wenig theorie- oder forschungsgeleitet ist, sondern auch der Bereich der Elementarbildung. Das ist daher nicht als ein spezifisches Problem für den Bereich der nachberuflichen Lebensphase auszumachen. Für die Zukunft ist zu überlegen, wie sinnvolle Grundlagenforschung aussehen soll, und auch zu reflektieren, warum etwas nicht funktioniert bzw. existiert. Notwendig ist eine Dokumentation bzw. eine Vernetzung der Ergebnisse (z. B. eine Plattform für interdisziplinäre Altersforschung oder ein Netzwerk). Dadurch soll eine Art Bündelung von Anstrengungen und Altersforschungsgrundlagen erfolgen und eine Datenbank, in der alle Daten gespeichert und sekundäranalysiert werden können, entstehen, die WissenschaftlerInnen zur Verfügung steht. Die systematische Nutzung von sozialwissenschaftlichen Daten würde aber Institute voraussetzen, die auch systematisch an Alterfragen forschen.

Eine *Voraussetzung für die Förderung und Verstärkung des interdisziplinären Diskurses im Bereich Bildung im Alter* ist die Weiterführung der Diskussion in der Community. Auch konstruktive Diskussionen in der Gesellschaft sind bedeutend, da derzeit noch die Auseinandersetzung und der öffentliche Diskurs weitgehend fehlen. Es geht hier um Öffentlichkeit und das Sichtbarmachen der Thematik. Darüber hinaus sind interuniversitäre Institute für Forschung wesentlich, da wissenschaftsgeleitete Entwicklungsarbeit zur Weiterentwicklung der Angebote beiträgt. Interuniversitäre Institute sind Bildungseinrichtungen innerhalb der Universität und müssen ihr Bildungshandeln immer begründen. Das ist der wesentliche Unterschied zwischen Praxis, Profession und wissenschaftlichem Wissen. Dies wiederum geht einher mit der Frage der Professionalisierung von Bildungseinrichtungen und der Frage, wie sich diese Einrichtungen von wissenschaftlichen Einrichtungen unterscheiden. Unterscheiden sich diese systematisch von Freiwilligenorganisationen oder sind sie auf der gleichen Ebene anzusiedeln wie Freiwilligenbildung und andere Weiterbildungsaktivitäten? Aus der Perspektive der Teilnehmenden sind sie natürlich offen. Lehrende müssen das Wissen so aufbereiten, dass sie an der Lebenswelt der Teilnehmenden andocken können. Ziel ist es, dass die Teilnehmenden am Ende ein befriedigendes Lerngefühl haben (auch weil Lernen immer ein soziales Einbetten in eine Gemeinschaft ist).

Die Bemühung universitären Lernens ist die Verwirklichung eines Vermittlungsniveaus, auf dem Lehren und Lernen sich auf dem neuesten Stand befinden.

Das Urprinzip der wissenschaftlichen Weiterbildung ist das kritische Element des Hinterfragens. Es ist daher bei niederschwelligen Bildungsangeboten darauf zu achten, dennoch den wissenschaftlichen Prinzipien der Universität zu entsprechen. Dementsprechend ist der Begriff der Niederschwelligkeit immer in Bezug zum Gesamtsystem zu sehen. Es geht nicht nur um Niederschwelligkeit an sich, sondern um Modelle der Niederschwelligkeit und um Überlegungen dazu, was im aktuellen Lehr- und Lernwesen passiert und wie man das Lehren und Lernen im Bildungsbereich besser unterstützen kann. Diversität und Alters- bzw. Gendersensibilität sind dabei wichtig. Die Universitäten wollen weg vom Elfenbeinturm und sind aus diesem Grund bestrebt, Wissen durch unterschiedliche Formate an die Öffentlichkeit zu bringen. Durch die Auswahl der Themen und der didaktischen Gestaltung gelingt es, auch Menschen anzusprechen, die sonst nicht zur Universität gehen würden.

Bezüglich der Notwendigkeit der Verankerung der Grundlagenforschung für lebenslanges Lernen in allen Altersstufen und Bildung im Alter mit ihren besonderen Voraussetzungen und Bedürfnissen in der universitären Forschung ist anzumerken, dass es beides braucht – universitäre und nicht-universitäre Forschung. Wissenschaft kann hier dann auch als Begleitforschung und nicht ausschließlich als Grundlagenforschung verstanden werden. Derzeit gibt es noch kein Forum, in dessen Rahmen Forschungsergebnisse und Erkenntnisse in Bezug auf die nachberufliche Lebensphase vorgestellt werden oder ein Austausch über abgeschlossene, laufende und geplante wissenschaftliche Arbeiten stattfindet.

17.6 Fazit – und zum Schluss?

Am Schluss sollen nochmals verschiedene Szenarien zur Frage der Bildung im Alter in zwanzig Jahren benannt werden.

Ein Szenario für die Zukunft ist, dass die nachberufliche Lebensphase für alle Altersgruppen relevant wird, und zwar nicht nur im Hinblick auf die Planung der finanziellen Absicherung im Alter. Es geht auch um die Rolle von Lern- und Bildungsprozessen im Lebenslauf, die soziale Teilhabe jenseits der Erwerbstätigkeit gewährleisten. Entwicklungen über die Lebensspanne hinweg sind für alle in der Gesellschaft relevant und schließen den Generationendialog als Voraussetzung für den sozialen Zusammenhalt unserer Gesellschaft ein (Intergenerationalität als Grundintention). Daher ist der Intergenerationalität ebenfalls eine größere Bedeutung als bisher beizumessen.

In einem zweiten Szenario geht es um eine Auflösung der Trennung von Bildung im Alter und (beruflicher) Erwachsenenbildung. Das gilt nicht nur für die Bildungspraxis, sondern auch für die wissenschaftliche Befassung mit Bildungsfragen. Nichtsdestotrotz muss Bildung in der nachberuflichen Lebensphase aufgrund der demografischen Entwicklung eine stärkere Bedeutung erhalten, als dies heute der Fall ist.

Ein drittes Szenario beschreibt eine stärkere Berücksichtigung der Heterogenität der älteren Lernenden. Da sich die Unterschiede in der Zielgruppe/den Zielgruppen verstärken, muss Bildung in der nachberuflichen Lebensphase stark ausdifferenziert sein/werden und verschiedenste Angebote bereitstellen, die sowohl Antworten auf die Anforderungen der gesellschaftlichen, kulturellen, ökologischen und technischen Veränderungen geben als auch unterschiedlichste Lernorte und Lernräume berücksichtigen, eine adäquate Methodik und Didaktik einsetzen und die Bedürfnisse, die Fähigkeiten und das Wissen der Teilnehmenden berücksichtigen.

Ein weiteres Szenario geht von einer starken Verankerung der Forschung und Wissenschaft über Altersfragen an Universitäten aus (age friendly University). Am Ende sollte Alter auf allen Ebenen der Universität (Verwaltung, Weiterbildung, Lehre etc.) Thema sein. Wenn Bildung eine Wirkung auf alles haben soll, was eine demokratische Gesellschaft ausmacht, braucht es eine Strategie, die sichtbar macht, welche Formate und Möglichkeiten von Bildung zielführend sind. Altersbilder sind kurz- oder langlebig und von größerer und kleinerer Bedeutung. Es handelt sich um gedankliche Konstruktionen, die wie soziale Institutionen wirken. Es braucht hier eine akribische Diagnose, um zu verstehen, wie sie wirken, damit man sie schlussendlich verändern kann.

Das Zukunftsszenario für den Bereich digitale Medien ist, dass es in zwanzig Jahren durch Ausbildungsstätten für TrainerInnen eine ausreichende Anzahl gut ausgebildeter TrainerInnen für die digitale SeniorInnenbildung gibt, die leistbare und mutige Angebote (z. B. an neuen Lernorten) für interessierte Teilnehmende in ganz Österreich anbieten.

Für den Bereich der Freiwilligentätigkeit besteht das Szenario, dass in zwanzig Jahren die Freiwilligenkoordination etabliert und ihre Finanzierung gesichert ist. Das heißt, Freiwilligenzentren oder -agenturen gibt es in allen Bundesländern, Bildung wie auch Supervisionsrunden sind ein integraler Bestandteil ihrer Tätigkeit, die sich nicht mehr nur darauf beschränken, den Einsatz der Freiwilligen vorzubereiten.

Schließlich ist noch das Szenario für die Bibliotheken anzuführen, die als starkes Element in der Bildung im Alter etabliert sind, sich zu regionalen Kulturknotenpunkten entwickeln und allen Generationen als innovative Lern- und Begegnungsorte dienen. Die verschiedenen Organisationen sind regional und überregional miteinander vernetzt, um Synergien zu nutzen und vereinsübergreifend zu arbeiten.

Literaturverzeichnis

Bubolz-Lutz, E., Gösken, E., Kricheldorff, C. & Schramek, R. (2010). Geragogik. Bildung und Lernen im Prozess des Alterns. Das Lehrbuch. Stuttgart: Kohlhammer.

Falconer, J., Littlejohn, A. & McGill, L. (2013). Fluid Learning: Vision for Lifelong Learning 2030. OpenEducation Europe. http://blogs.ec.europa.eu/openeducation2030/files/2013/04/Falconer-et-al-OE2030-LLL.pdf.

Faulstich, P. (2003). Weiterbildung. Begründungen Lebensentfaltender Bildung. München: R. Oldenbourg.

Ginner, B. & Sandner, G. (2019). Einleitung. In G. Sandner & B. Ginner (Hrsg.), Warum Demokratie Bildung braucht? (S. 8–10). Wien, Berlin: Mandelbaum.

Grotlüschen, A. (2008). Vom regionalen Gutachten zum strategischen Monitoring. In A. Grotlüschen & P. Beier (Hrsg.), Zukunft Lebenslangen Lernens. Strategisches Bildungsmonitoring am Beispiel Bremens (S. 17–25). Bielefeld: Bertelsmann.

Heinisch, R. & Wintersteiger, M. (2020). 2. Demokratie: Grundlagen, Probleme, Antworten. In R. Heinisch (Hrsg.), Kritisches Handbuch der österreichischen Demokratie. BürgerInnen, Verfassung, Institutionen, Verbände (S. 27–62). Wien: Böhlau.

Kolland, F., Gallistl, V. & Wanka, A. (2018). Bildungsberatung im Alter. Stuttgart: Kohlhammer.

OECD (2021). OECD Skills Outlook 2021: Learning for Life. Paris: OECD Publ. https://doi.org/10.1787/0ae365b4-en

Vorländer, H. (2020). Demokratie. Geschichte, Formen, Theorien (4. Aufl.). München: C. H. Beck.

Teil VII: Dokumentation

Aktivitäten des Sozialministeriums im Bereich Bildung im Alter 2001–2021[1]

Alle in dieser Dokumentation genannten Forschungen, Projekte, Materialien und Veranstaltungen wurden durch das Sozialministerium beauftragt oder gefördert. Sie spiegeln die Vielfalt der thematisch-inhaltlichen Schwerpunktsetzungen im Bereich Bildung im Alter der letzten zwei Jahrzehnte wider und zeigen die Diversität der Bildungsarbeit. In chronologischer Reihenfolge nach Entstehen des Werkes und bibliografiert mit aktuellem Erscheinungsjahr.

Forschung

Kolland F. & Kahri, S. (2004). Bildung im Alter. Die Praxis der Altenbildung in Österreich. Anbieter und Angebote. Wien: BMSGK.

Strümpel, C. & Giedenbacher, Y. (2004). Die Lebenssituation älterer Frauen in Österreich: Wissen und Wissenslücken. Wien: BMSGK.

Kolland, F., Benda-Kahri, S. & Ahmadi, P. (2006). Good Practice in der Bildungsarbeit mit älteren Menschen. Wien: BMSK.

Strümpel, C. (2007). Gender Mainstreaming in der Österreichischen Politik für Seniorinnen und Senioren. Wien: BMSK.

Amann, A. & Ehgartner, G. (2007). Produktivität und Ressourcen des Alter(n)s in Österreich. Wien: BMSK.

Simon, G. (2007). Lernen und Bildung im Interesse älterer Menschen. Untersuchung der wichtigsten Konzepte zum lebenslangen Lernen im 3. und 4. Lebensalter. Wien: BMSK.

Kolland, F., Ahmadi, P., Benda-Kahri, S., Kranzl, V. & Neururer, M. (2007). Lernbedürfnisse und Lernarrangements von älteren Menschen. Wien: BMSK.

Kolland, F., Ahmadi, P. & Hauenschild, B. (2009). Bildung, aktives Altern und soziale Teilhabe. Wien: BMASK.

Kolland, F., Ahmadi, P. & Haas, K. (2009). Good Practice in der Seniorenbildung. Wien: BMASK.

Amann, A., Ehgartner, G. & Felder, D. (2009). Produktivität im Alter. Wien: BMASK.

Amann, A. (2009). Bundesplan für Seniorinnen du Senioren. Wien: BMASK.

Amann, A. (2010). Alter und Zukunft. Wissen und Gestalten. Forschungsexpertise für einen Bundesplan für Seniorinnen und Senioren. Wien: BMASK.

Waxenegger, A. (Hrsg.). (2011). Lernen und Bildung im späteren Lebensalter. Leitlinien und Prioritäten 2020. Graz: Karl-Franzens-Universität.

Kolland, F., Baumgartner, K. & Wanka, A. (2011). Bildung für ältere Menschen. Soziale Teilhabe unter besonderer Berücksichtigung der Aspekte Gender und ländlicher Raum. Wien: BMASK.

Kolland, F., Wanka, A. & Nentwich, K. (2012). Good Practice in der Seniorenbildung. Wien: BMASK.

1 Alle in dieser Auflistung genannten Projekte wurden durch das Sozialministerium beauftragt oder gefördert.

Simon, G. (2012). Geragogisches Grundwissen. Untersuchung zur Qualitätssicherung für Bildung in der nachberuflichen Lebensphase. Wien: BMASK.
Haring, S. (2012). Bildungsbedürfnisse älterer Frauen (60+). Wien: BMASK.
Amann, A. & Kolland, F. (2013). Intensivierung der Grundlagenforschung zum Lebensbegleitenden Lernen und zur Lebensqualität im Alter – Analyse des Forschungsbedarfs. Wien: BMASK.
Kolland, F., Wanka, A. & Heinrich, M. (2014). Good Practice in der SeniorInnenbildung. Wien: BMASK.
Kolland, F., Gallistl, V. & Wanka, A. (2014). Nachberufliche Bildungsberatung. Wien: BMASK.
Hechenberger-Amann, B. (2014). Maßnahmen für SeniorInnen in der digitalen Welt. Wien: BMASK.
Haring, S. (2014). Didaktik und Methodik für älter werdende Frauen und Männer. Wien: BMASK.
Simon, G. (2015). Lernen und Bildung als Bausteine für »erfolgreiches« Altern? Ein Beitrag zur Bildung im Alter (LLL). Wien: BMASK.
Kolland, F. (2015). Neue Kultur des Alterns. Forschungsergebnisse, Konzepte und kritischer Ausblick. Wien: BMASK.
Oberbauer, M., Arbesleitner, B., Strümpel, C., Kellner, W., Lesky, M. & Stadler-Vida, M. (2015). Perspektiven. Lebenslanges Lernen und freiwilliges Engagement. Wien: Wiener Plattform für FreiwilligenkoordinatorInnen.
Österreichisches Institut für angewandte Telekommunikation (2016). Qualitätskriterien für senior/innengerechtes Lehren und Lernen mit digitalen Technologien. Wien: BMASK.
Amann, A., Bischof, C. & Salmhofer, A. (2016). Intergenerationelle Lebensqualität. Diversität zwischen Stadt und Land. Wien: BMASK.
Kolland, F., Wanka, A., Gallistl, V. & Heinrich, M. (2016). Good Practice in der SeniorInnenbildung. Wien: BMASK.
Kolland, F. (2016). Bildungsmotivation im Alter. Modelle und Forschungserkenntnisse. Wien: BMASK.
Kolland, F., Gallistl, V. & Wanka, A. (2016). Spezielle Erfordernisse der Bildungsberatung in der nachberuflichen Lebensphase. Wien: BMASK.
Brünner, A. (2017). Qualitätssicherung und Qualitätsentwicklung im Bereich Bildung im Alter. Wien: BMASK.
Amann, A. (2018). Teilhabe im Alter: Theoretische Konzeptionen, praktische Gegebenheiten. Wien: BMASGK.
Kolland, F., Birke, J., Fassl, A. & Gallistl, V. (2018). Good Practice in der SeniorInnenbildung. Wien: BMASGK.
Müllegger, J. (2018). Ältere als Zielgruppe der Erwachsenenbildung: Bedarfe – Entwicklungen – Perspektiven. Befundaufnahme und Empfehlungen von Expertinnen und Experten für die Bildungspraxis. Wien: BMASGK.
Kolland, F., Gallistl, V. & Fassl, A. (2018). Kurzlehrgang: Bildungsberatung für ein aktives Altern. Externe Evaluation. Wien: BMASGK.
Kolland, F., Gallistl, V., Parisot, V. & Birke, J. (2019). Bildung als Voraussetzung für soziokulturelle Teilhabe. Wien: BMASGK.
Simon, G. & Benischke, C. (2019). Frauen (60+) in Österreich. Fakten, Fragen, Forschungslücken: Grundalgen zum Empowerment. Wien: BMASGK.
Brünner, A. (2020). Lernorte und Lernwelten Älterer. Wien: BMSGPK.
Kolland, F., Gallistl, V. & Bohrn, K. (2021). Externe wissenschaftliche Evaluation des Kurzlehrgangs »Aktiv im Alter – Aktiv im Leben« 2020 und Weiterentwicklung des Curriculums. Wien: BMSGPK.

Factsheets

Brünner, A. (2022). Qualitätskriterien für Weiterbildungsangebote im Bereich Bildung im Alter (3., überarbeitete Aufl.). Wien: BMSGPK.
Simon, G. (2021). Geragogisches Grundwissen (3., überarbeitete Aufl.). Wien: BMSGPK.

Brünner, A. (2021). Selbstevaluation – Kurzeinführung (3., überarbeitete Aufl.). Wien: BMSGPK.

Brünner, A. (2021). Projektmanagement – Kurzeinführung (3., überarbeitete Aufl.). Wien: BMSGPK.

Hechl, E. (2021). Projektcontrolling (3. Aufl.). Wien: BMSGPK.

Giedenbacher, Y., Rappauer, A. & Stadler-Vida, M. (2016). Mobilität – Unterwegs im Leben. Wien: BMASK.

Feigl, S. (2021). Frauenpolitische Errungenschaften. Geschichte und Gegenwart (2., überarbeitete Aufl.). Wien: BMSGPK.

Brantner, U., Paulweber, U. & Platter, M. (2022). Barrierefreiheit in der SeniorInnenbildung & Checkliste (2., überarbeitete Aufl.). Wien: BMSGPK.

Pleschko-Röthler, A. & Röthler, D. (2020). Online-Bildungsmöglichkeiten für Multiplikator_innen in der Senior_innenarbeit (2., überarbeitete Aufl.). Wien: BMSGPK.

Sauer, D. & Hechl, E. (2022). Umsetzung der Gleichstellungsstrategie in der Bildungsarbeit mit älteren Menschen (3. überarbeitete Aufl.). Wien: BMSGPK.

Kolland, F. & Oberbauer, M. (2020). Freiwilligentätigkeit und Bildung im Alter inkl. Praxisleitfaden (4., überarbeitete Aufl.). Wien: BMSGPK.

Röthler, D. (2020). Webinare & Videokonferenzen (2., überarbeitete Aufl.). Wien: BMSGPK.

Haring, S. (2017). Videographie. Grundlagen der sozialwissenschaftlichen Videographieforschung. Qualitative Videoerhebung und Analyse als Methode für die Evaluation und Darstellung der Bildungsarbeit mit älteren Menschen. Wien: BMASK.

Röthler, D. (2020). Organisation & Moderation von Webinaren (2., überarbeitete Aufl.). Wien: BMSGPK.

Paulweber, U. & Platter, M. (2018). Intergenerationelle Methodik und Didaktik. Wien: BMASGK.

Paulweber, U. & Platter, M. (2018). Intergenerationelle Methodik und Didaktik – Methodensammlung. Wien: BMASGK.

Müllegger, J. (2020). Ältere als Zielgruppe: Entwicklungen und Perspektiven (2., unveränderte Aufl.). Wien: BMSGPK.

Kolland, F., Birke, J., Fassl, A. & Gallistl, V. (2019). Good Practice in der Bildung von Seniorinnen und Senioren – Qualitätskriterien. Wien: BMASGK.

Amann, A. (2020). Teilhabe im Alter: Theorie, Empirie, Praxis (2., unveränderte Aufl.). Wien: BMSGPK.

Röthler, D., Reiter, K. & Folie, A. (2020). Senior:innen & Online-Freiwilligenarbeit (2., unveränderte Aufl.). Wien: BMSGPK.

Amann, A. (2020). Altersbilder: Hintergründe und Wirkung. Wien: BMSGPK.

Brünner, A. (2022). Lernorte im Alter – eine Konzeptionierungshilfe (2., korrigierte Aufl.). Wien: BMSGPK.

Amann, A. (2020). Lebensqualität im Alter. Die Bedeutung von Bildung und Teilhabe. Evidenzen und Vorschläge. Wien: BMSGPK.

Amann, A. (2021). Mobilität und Teilhabe im Alter. Über Zusammenhänge zwischen Mobilität, Gesundheit, Teilhabe und Einsamkeit. Wien: BMSGPK.

Müllegger, J. & Hechl, E. (2021). Nachberufliche Bildung: sozial- und bildungspolitische Dokumente. Wien: BMSGPK.

Gallistl, V. & Müllegger, J. (2021). Nachberufliche Bildung: wissenschaftliche, sozial- und bildungspolitische Grundlagen. Wien: BMSGPK.

Hechl, E. & Müllegger, J. (2021). Nachberufliche Bildung: Frauenpolitische Dokumente und Grundlagen. Wien: BMSGPK.

Gallistl, V. & Parisot, V. (2021). Kulturelle Teilhabe und kulturelle Bildung im Alter – Wissen für die Praxis. Wien: BMSGPK.

Haring, S. (2022). Kulturelle Bildung: Didaktisch-methodische Vielfalt und innovative Lernorte. Wien: BMSGPK.

Leitfäden

Ludescher, M., Waxenegger, A. & Simon, G. (2016). Intergenerationelles Lernen. Ein Leitfaden für die wissenschaftliche Weiterbildung in der nachberuflichen Lebensphase. Graz: Karl-Franzens-Universität.

Ludescher, M. & Waxenegger, A. (2016). Qualitätskriterien wissenschaftlicher Weiterbildung in der nachberuflichen Lebensphase. Eine Handreichung. Graz: Karl-Franzens-Universität.

Paulweber, U., Haring, S. & Kreilinger, B. (2016). Leitfaden Intergenerationelles Lernen. Graz: Katholisches Bildungswerk Steiermark.

Waxenegger, A., Ludescher, M. & Brünner, A. (2016). Qualitätskriterien für die wissenschaftliche Reflexion und Darstellung von Praxisprojekten zu Bildung im Alter. Ein Kurzleitfaden. Graz: Karl-Franzens-Universität.

Waxenegger, A. & Ludescher, M. (2021). Wissenschaftsbasierte Praxisreflexion als Instrument zur Qualitätssteigerung der Bildung im Alter in der nachberuflichen Lebensphase. Graz: Karl-Franzens-Universität.

Ludescher, M., Waxenegger, A. & Brünner, A. (2022). Wissenschaftsbasierte Praxisreflexion. Ein Leitfaden zur Qualitätsentwicklung der Bildung im Alter. Graz: Karl-Franzens-Universität.

Materialien für die Weiterbildung (Auswahl)

Österreichisches Institut für angewandte Telekommunikation (2010). Internet-SeniorInnenkurse – Leitfaden für TrainerInnen. Wien: BMASK.

Österreichisches Institut für angewandte Telekommunikation (2017). Das Internet sicher nutzen. Informationen und Tipps für Seniorinnen und Senioren (9. Aufl.). Wien: BMASK.

Österreichisches Institut für angewandte Telekommunikation, Simöl, E. (2019–2022). Train-the-Trainer. Update Service zu aktuellen Digitalthemen. Wien: BMSGPK.

Platter, M., Brantner, U. & Paulweber, U. (2020). Methodenbox »Intergenerationelle Methodik und Didaktik«. Wien: BMSGPK.

Bidasio, D. & Reiter, K. (2020). Handbuch für das Projektmanagement von Kooperationsprojekten. Salzburg: Verein Salzburger Erwachsenenbildung.

Arbeitsunterlagen für Tabletkurse und Erstellung von Arbeitsunterlagen für Smartphonekurse (2020). Graz: Katholisches Bildungswerk in der Steiermark.

Filme

Haring, S. (2014). Audiovisuelle Materialien zur Methodik und Didaktik mit älteren Menschen. DVD zum Methodenhandbuch und Didaktikleitfaden. Wien: BMASK. https://www.youtube.com/watch?v=fIAmYpZ7JWY

Haring, S. (2015). Medienkompetenz von Frauen 60 plus. 14 Interviews über den Umgang von Frauen mit den neuen Medien. Wien: BMASK. https://youtube.com/playlist?list=PLjdSE966k44a4yLAFooH4bpvZYlRlrXP_

Haring, S. (2016). Intergenerationelles Lernen. Alt & Jung lernen gemeinsam. Voneinander, miteinander, übereinander. Beispiele aus der Praxis. Wien: BMASK. https://youtu.be/1T722OOo6wc

Haring, S. (2017). Lernen bis ins hohe Alter. Ein forschungsgeleiteter Lehrfilm zur Darstellung der Montessori-Geragogik in den USA und in Österreich. Wien: BMASK. https://youtu.be/Ec7yHWQmMCA

Haring, S. (2019). Aktiv Altern. Empowerment durch Bildung. Wien: BMASGK. https://youtu.be/l-wkLpySsbs

Haring, S. (2021). Kulturelle Bildung in der nachberuflichen Zeit. Innovative Lernorte. Kreative Didaktik und Methodik. Malworkshop. Wien: BMSGPK. https://youtu.be/vwOU7KN2rYY

Haring, S. (2021). Kulturelle Bildung in der nachberuflichen Zeit. Innovative Lernorte. Kreative Didaktik und Methodik. Theaterprojekt. Wien: BMSGPK. https://youtu.be/s-otX-n6J7k
Haring, S. (2021). Kulturelle Bildung in der nachberuflichen Zeit. Innovative Lernorte. Kreative Didaktik und Methodik. Online Poetryslam Workshop. Wien: BMSGPK. https://youtu.be/0ut17nXjpkg
Haring, S. (2021). Kulturelle Bildung in der nachberuflichen Zeit. Innovative Lernorte. Kreative Didaktik und Methodik. Seniorencolleg Wien. Wien: BMSGPK. https://youtu.be/6a5pH9GGEd4

Tagungen

- Lebensqualität im Alter (2010)
- Bildungsberatung für ein aktives Altern (2016)

Tagungen LLLplus

- Produktivität und Bildung im Alter (2007)
- Bildung im Alter. Theorie und Praxis (2009)
- Lebenslanges Lernen und Partizipation. Freiwilliges Engagement im Alter (2011)
- Alter hat Zukunft. Zukunft braucht Bildung (2013)
- Bildung wirkt – ein Leben lang! (2014)
- Bildung im Alter: Vielfalt und Innovation (2017)
- Bildung im Alter: Qualität in Theorie und Praxis (2019)

Fachveranstaltungen in Kooperation mit dem Zentrum für Weiterbildung der Universität Graz

- Impulse 2016: Intergenerationelles Lernen (2016)
- Weiterbildung – Chancen für spätere Lebensphasen. Dialog Wissenschaft – Praxis (2018)

Online-Vortragsreihe

- Frauen 60+ in Österreich: Wir gestalten unsere Zukunft! Informationen zu aktuellen Themen und Entwicklungen (2021)
- Lebenssituation älterer Frauen in Österreich: Bildung macht einen Unterschied (April 2021)
- Kulturelle Teilhabe älterer Frauen in Österreich: Bildung als Impuls (Mai 2021)
- Ältere Frauen: Emanzipation und Diskriminierungen kennen keine Altersgrenzen (Juni 2021)

Workshops Bildung im Alter (2004–2019) in Kooperation mit dem Bundesinstitut für Erwachsenenbildung

- Das Leben – ein langer Fluss: Konzepte, Herausforderungen, Konsequenzen für Bildung im Alter (2004)
- Wie sollen Bildungsangebote mit älteren Menschen gestaltet sein? Informelles Lernen; Konzepte und Erfahrungen aus Großbritannien (2005)
- Good-Practice-Kriterien für die Bildungsarbeit mit älteren Menschen. Konzepte und Erfahrungen aus der Schweiz (2006)
- Lernbedürfnisse und Lernarrangements von älteren Menschen. Forschungsergebnisse und Konzepte (2007)
- Ältere Frauen – neue Bilder, neue Wege (2008)
- Qualität in der SeniorInnenbildung (2009)
- Ältere Frauen – zwischen Tradition und Moderne (2010)
- Social Inclusion und Bildung in der nachberuflichen Lebensphase (2011)
- Generation/en – Generativität – Lebenslanges Lernen: Intergenerationelles Lernen fördern (2012)
- Bildungschancen für ältere Frauen: Von Bildungsbedürfnissen zu Partizipation (2013)
- Wissensgesellschaft. Bildungschancen für ältere Menschen. Möglichkeiten für lebenslanges Lernen schaffen (2014)
- Bildung im Alter: Voraussetzung zur Sicherung der Lebensqualität (2015)
- Bildung im Alter: Niederschwelligkeit in hoher Qualität (2016)
- Bildung im Alter: Die soziale Dimension (2017)
- Bildung im Alter: Zielgruppe(n) (2018)
- Bildung im Alter: Zukunftsfragen (2019)

Weiterbildungsworkshops (2016–2020) in Kooperation mit dem Bundesinstitut für Erwachsenbildung St. Wolfgang

- Weil auch im Alter Vielfalt ist. Chancengleichheit in der Älterenbildung (2016)
- Zugänge mit Aussicht auf Erfolg: Methodik und Didaktik (2017)
- Qualitätsentwicklung in der Bildungsarbeit mit Älteren: Selbstevaluation (2017)
- Lernen älterer Menschen – Entwicklungsfeld für Personen und Organisationen: Kommunikation und Bewerbung (2017)
- Freiwilliges Engagement als Instrument für Bildung im Alter nutzen (2018)
- Voneinander – miteinander – übereinander lernen. Intergenerationelle Methoden (2018)
- Digital Fit: Senior/innen und digitale Medien – Bildungsangebote zielgruppengerecht planen, gestalten und durchführen (2019)
- Fokusgruppen als Entwicklungsmethode zur Ideen- und Projektgenerierung (2019)
- Digitale Alltagskompetenzen (2020)
- Praxis trifft Wissenschaft (2020)

Lehrgänge (Auswahl)

- Weiterbildungszertifikat »Bildung im Alter«. Eine Weiterbildung für Bildungsmitarbeiter/innen (2015–2020)
  (in Kooperation mit dem Bundesinstitut für Erwachsenbildung St. Wolfgang)
- Zusatzqualifikation für LIMA- und SelbA-Trainer/innen in der Montessori-Geragogik (2015/2016)
  (durchgeführt vom Institut für lebensgleitendes Lernen)
- Lehrgang »Digital Fit« (2016, 2017, 2018)
  (durchgeführt vom Österreichischen Institut für angewandte Telekommunikation)
- Kurzlehrgang Bildungsberatung für ein aktives Altern (2018, 2020/2021)
  (durchgeführt vom Verein Salzburger Erwachsenenbildung)
- Lehrgang SeniorentrainerIn für digitale Alltagskompetenzen (2021)
  (durchgeführt vom Österreichischen Institut für angewandte Telekommunikation)

Workshops zum Thema Gesundheitsbildung in Kooperation mit dem Amt der Stmk. Landesregierung, Abteilung 8 – Wissenschaft und Gesundheit

- Gesundheit kennt kein Alter. Empowerment, Chancengleichheit und Qualitätssicherung (2013)
- Gesundheit kennt kein Alter. Potentiale – Projekte – Prozesse (2014)

Forum Bildung im Alter in Kooperation mit dem Zentrum für Weiterbildung der Universität Graz

- Lernen und Bildung im späteren Lebensalter (2011)
- Aktuelle Entwicklungen auf nationaler und europäischer Ebene (2012)
- Effekte von Bildung (2013)
- Alter(n)sbilder – Lebenswirklichkeiten statt Stereotype (2014)
- Qualität entwickeln – der Weg in die Zukunft (2015)
- Didaktik – Wie kann Lernen bestmöglich gefördert werden (2016)
- Aktives Altern – Visionen und Perspektiven (2017)

Forum »Seniorinnen und Senioren in der digitalen Welt« in Zusammenarbeit mit dem Österreichischen Institut für angewandte Telekommunikation

- Competencies in Later Life (CiLL) (2015)
- Zukunftsfähige Bildung gegen digitale Spaltung und Vermittlung digitaler Kompetenzen (2015)
- Das Private in der Online-Welt (Datensicherheit) und vom Umgang mit technologischen Umbrüchen durch ältere Menschen (2016)

- Die Wirkung von Bildung und digitalen Medien auf soziale Teilhabe im Alter (2017)
- Technologien für selbstbestimmtes Leben im Alter (2018)
- Künstliche Intelligenz und Bildung, Projekte entwickeln (2019)

Bildungswerkstatt in Kooperation mit dem Wiener Hilfswerk

- SeniorInnenbildung: Lernprozesse durch freiwilliges Engagement? (2016)
- Lernort Freiwilligenengagement: Chancen für Bildung im Alter? (2019)

AutorInnenverzeichnis

Anton Amann ist Univ.-Prof. i. R. für Soziologie und Sozialgerontologie der Universität Wien und war wissenschaftlicher Leiter des Paul F. Lazarsfeld Archivs an der Universität Wien bis 2021. Er forscht zu Lebenslangem Lernen und Teilhabe im Alter.
Kontakt: anton.amann@univie.ac.at

Danielle Bidasio ist Leiterin des Lehrgangs »Aktiv im Alter – Gemeinsam Gestalten« zur Entwicklung und Umsetzung von alltagspraktischen Kooperationsprojekten von und für ältere GestalterInnen.
Kontakt: danielle.bidasio@outlook.com

Anita Brünner ist freiberufliche Bildungswissenschafterin. Ihre Lehr- und Forschungsschwerpunkte liegen im Bereich der Andragogik und Geragogik – Lernen und Bildung Erwachsener/Älterer, Bildung und Lernen über die Lebensspanne, Didaktik und Methodik.
Kontakt: anita.bruenner@aon.at

Reinhard Ehgartner ist Geschäftsführer des Österreichischen Bibliothekswerks. Themen und Arbeitsschwerpunkte sind Lernen in Projekten und Netzwerken, Lebenspuren – Begegnung der Generationen und Kulturen. Er ist ehrenamtlicher Leiter der Bücherei Michaelbeuern und Projektleiter von »Buchstart Österreich«.
Kontakt: reinhard.ehgartner@biblio.at

Vera Gallistl ist wissenschaftliche Mitarbeiterin am Kompetenzzentrum Gerontologie und Gesundheitsforschung der Karl Landsteiner Privatuniversität Krems und am Institut für Soziologie der Universität Wien. Ihre Arbeitsschwerpunkte sind Bildungsberatung im Alter, Techniknutzung älterer Menschen und kulturelle Teilhabe älterer Menschen.
Kontakt: vera.gallistl@kl.ac.at

Elke Gruber ist Inhaberin des Lehrstuhls für Erwachsenenbildung/Weiterbildung an der Karl-Franzens-Universität Graz. Sie lehrt und forscht in den Bereichen Erwachsenenbildung/Weiterbildung/Lebenslanges Lernen, Berufspädagogik und Qualität in der Erwachsenenbildung. Sie ist Vorsitzende der Akkreditierungsgruppe von Ö-Cert.
Kontakt: elke.gruber@uni-graz.at

Solveig Haring ist selbstständige Wissenschaftlerin, Videografin und Lehrende im Hochschulbereich. Ihre Lehr- und Forschungsschwerpunkte sind Videografie – Neue Medien – Alter – Gender.
Kontakt: solways@mur.at

Franz Kolland ist seit 2019 Leiter des Kompetenzzentrums Gerontologie und Gesundheitsforschung an der Karl Landsteiner Privatuniversität Krems. Er ist Co-Editor des International Journal of Education and Ageing und forscht in den Bereichen Gesundheit, Pflege, Kultur, Bildung im Alter.
Kontakt: franz.kolland@kl.ac.at

Marcus Ludescher ist akademischer Koordinator für Weiterbildung und Lifelong Learning und wissenschaftlicher Programmleiter am Zentrum für Weiterbildung der Karl-Franzens-Universität Graz. Seine Arbeitsschwerpunkte liegen in den Bereichen Bildungsangebote für nicht-traditionale Lernende und Ältere, wissenschaftliche Allgemeinbildung und Public Understanding of Science.
Kontakt: marcus.ludescher@uni-graz.at

Julia Müllegger ist wissenschaftliche Mitarbeiterin im Bereich Bildungswissenschaften an der Universität Salzburg. Ihre Arbeitsschwerpunkte sind allgemeine Pädagogik, lebenslanges Lernen und aktives Altern.
Kontakt: julia.muellegger@plus.ac.at

Martin Oberbauer ist Leiter des Freiwilligen-Managements und der Ehrenamtsbörse des Wiener Hilfswerks sowie Obmann des Netzwerks Freiwilligenkoordination.
Kontakt: martin.oberbauer@wiener.hilfswerk.at

Viktoria Parisot ist wissenschaftliche Mitarbeiterin am Institut für Soziologie der Universität Wien. Neben diversen Sozialwissenschaftlichen Schwerpunkten forscht und lehrt sie im Bereich der Soziologie, des Alterns und der Generationen.
Kontakt: viktoria.parisot@univie.ac.at

Katrin Reiter ist Projektleiterin bei der Salzburger Erwachsenenbildung. Ihre Arbeitsschwerpunkte sind Strategische Vernetzung, Entwicklung, Koordination und Prozessbegleitung für das Netzwerk Bildungsberatung Salzburg, die Bildungsberatung Österreich und den Lehrgang »Aktiv im Alter – Gemeinsam Gestalten«.
Kontakt: katrin.reiter@eb.salzburg.at

Rebekka Rohner ist wissenschaftliche Mitarbeiterin des Departments Allgemeine Gesundheitsstudien, Kompetenzzentrum Gerontologie und Gesundheitsforschung der Karl Landsteiner Privatuniversität Krems. Ihre Arbeitsschwerpunkte liegen im Fachbereich der Soziologie.
Kontakt: rebekka.rohner@kl.ac.at

Gertrud Simon war ao. Univ.-Prof.in am Institut für Erziehungs- und Bildungswissenschaften der Karl-Franzens-Universität Graz und wissenschaftliche Leiterin des

Universitätslehrgangs »Interdisziplinäre Gerontologie«. Sie erforscht Bildung über die Lebensspanne – vom Pflichtschulbereich bis zur nachberuflichen Lebensphase, insbesondere genderspezifische Fragen.
Kontakt: gertrud.simon@uni-graz.at

Edith Simöl ist Leiterin der »Servicestelle digitale SeniorInnen« des Österreichischen Instituts für angewandte Telekommunikation (ÖIAT). Ihr Arbeitsschwerpunkt liegt im Bereich der Koordination, Konzeption und Durchführung von Weiterbildungsmaßnahmen zu digitalen Medien für ältere Menschen.
Kontakt: simoel@oiat.at

Claudia Stöckl ist Hochschulprofessorin für Erziehungswissenschaft und Allgemeine Didaktik an der Pädagogischen Hochschule Steiermark. Ihre Lehr- und Forschungsschwerpunkte reichen von der erziehungswissenschaftlichen Bildungsforschung bis hin zu Geragogik, Qualitätsentwicklung und Gesundheitskompetenz.
Kontakt: claudia1.stoeckl@phst.at

Anna Teufel (geb. Fassl) ist wissenschaftliche Mitarbeiterin am Ludwig Boltzmann Institut Digital Health and Patient Safety (LBI DHPS). Ihre Arbeitsschwerpunkte liegen im Bereich Gesundheit und Sozialraum älterer Menschen.
Kontakt: anna.teufel@univie.ac.at

Andrea Waxenegger ist Leiterin des Zentrums für Weiterbildung der Karl-Franzens-Universität Graz. Im Kontext des Themas »universitäre Weiterbildung/lebenslanges Lernen« liegt ihr Arbeitsschwerpunkt im Bereich der forschungsbasierten Entwicklung von Lernangeboten der wissenschaftlichen Allgemeinbildung im späteren Lebensalter.
Kontakt: andrea.waxenegger@uni-graz.at

Stichwortverzeichnis

A

B

D

E

F

G

H

K

L

M

N

O

Q

R

S

T

V

W

Z